J. von Staudingers
Kommentar zum Bürgerlichen Gesetzbuch
mit Einführungsgesetz und Nebengesetzen
ErbbauRG
(Erbbaurechtsgesetz)

Kommentatorinnen und Kommentatoren

Dr. Christoph Althammer
Professor an der Universität Regensburg

Dr. Georg Annuß, LL.M., M.A.
Rechtsanwalt in München, Außerplanmäßiger Professor an der Universität Regensburg

Dr. Christian Armbrüster
Professor an der Freien Universität Berlin, Richter am Kammergericht a. D.

Dr. Arnd Arnold
Professor an der Universität Trier, Dipl.-Volksw.

Dr. Karin Arnold
Wiss. Mitarbeiterin an der Universität Tübingen

Dr. Markus Artz
Professor an der Universität Bielefeld

Dr. Martin Avenarius
Professor an der Universität zu Köln

Dr. Ivo Bach
Professor an der Universität Göttingen

Dr. Christian Baldus
Professor an der Universität Heidelberg

Dr. Wolfgang Baumann
Rechtsanwalt und Notar a. D. in Wuppertal, Professor an der Bergischen Universität Wuppertal

Dr. Winfried Bausback
Professor a. D. an der Bergischen Universität Wuppertal, bayerischer Staatsminister der Justiz a. D., Mitglied des Bayerischen Landtags

Dr. Oliver Becker
Notarassessor Notarkammer Pfalz

Dr. Roland Michael Beckmann
Professor an der Universität des Saarlandes, Saarbrücken

Dr. Andreas Bergmann
Professor an der Fernuniversität in Hagen

Dr. Falk Bernau
Richter am Bundesgerichtshof, Karlsruhe

Dr. Felix Berner, M. Jur.
Akad. Rat a. Z., Privatdozent an der Universität Tübingen

Dr. Martin Bialluch, LL.M.
Rechtsanwalt in Hamburg

Dr. Stephanie Bialluch-von Allwörden
Notarin in Hamburg

Dr. Marcus Bieder
Professor an der Universität Osnabrück

Dr. Werner Bienwald †
Professor an der Evangelischen Fachhochschule Hannover, Rechtsanwalt in Oldenburg

Dr. Tom Billing
Rechtsanwalt in Berlin

Dr. Reinhard Bork
Professor (em.) an der Universität Hamburg

Dr. Jan Busche
Professor an der Universität Düsseldorf

Dr. Georg Caspers
Professor an der Universität Erlangen-Nürnberg

Dr. Dr. h. c. Tiziana Chiusi
Professorin an der Universität des Saarlandes, Saarbrücken

Dr. Michael Coester, LL.M.
Professor an der Universität München

Dr. Dr. h. c. Dagmar Coester-Waltjen, LL.M.
Professorin an der Universität Göttingen

Dr. Johanna Croon-Gestefeld, LL.M.
Professorin an der Universität Lüneburg

Dr. Thomas Diehn, LL.M.
Notar in Hamburg, Lehrbeauftragter an der Universität Hamburg

Dr. Katrin Dobler
Richterin am Oberlandesgericht Stuttgart

Dr. Heinrich Dörner
Professor an der Universität Münster

Dr. Werner Dürbeck
Vorsitzender Richter am Oberlandesgericht Frankfurt a. M., Honorarprofessor an der Universität Frankfurt a. M.

Dr. Anatol Dutta, M. Jur.
Professor an der Universität München

Dr. Christina Eberl-Borges
Professorin an der Universität Mainz

Dr. Dres. h. c. Werner F. Ebke, LL.M.
Professor an der Universität Heidelberg

Dr. Jan Eickelberg, LL.M. †
Professor an der Hochschule für Wirtschaft und Recht, Berlin

Jost Emmerich
Richter am Oberlandesgericht München

Dr. Volker Emmerich
Professor an der Universität Bayreuth, Richter am Oberlandesgericht Nürnberg a. D.

Dr. Cornelia Feldmann
Rechtsanwältin in Freiburg i. Br.

Dr. Matthias Fervers
Professor an der Universität zu Kiel

Dr. Timo Fest, LL.M.
Professor an der Universität Erlangen-Nürnberg

Dr. Karl-Heinz Fezer
Professor em. an der Universität Konstanz, Honorarprofessor an der Universität Leipzig, Richter am Oberlandesgericht Stuttgart a. D.

Dr. Philipp S. Fischinger, LL.M.
Professor an der Universität Mannheim

Dr. Holger Fleischer
Direktor am Max-Planck-Institut für ausländisches und internationales Privatrecht in Hamburg, Professor an der Bucerius Law School, Hamburg

Dr. Robert Freitag, Maître en droit
Professor an der Universität Erlangen-Nürnberg

Dr. Jörg Fritzsche
Professor an der Universität Regensburg

Dr. Tobias Fröschle
Professor an der Universität Siegen

Dr. Susanne Lilian Gössl, LL.M.
Professorin an der Universität Bonn

Dr. Beate Gsell, Maître en droit
Professorin an der Universität München, Richterin am Oberlandesgericht München

Dr. Thomas Gutmann, M. A.
Professor an der Universität Münster

Dr. Martin Gutzeit
Professor an der Universität Gießen

Dr. Martin Häublein
Professor an der Universität Innsbruck

Dr. Johannes Hager
Professor an der Universität München

Dr. Felix Hartmann, LL.M.
Professor an der Freien Universität Berlin

Dr. Wolfgang Hau
Professor an der Universität München, Richter am Oberlandesgericht München a. D.

Dr. Rainer Hausmann
Professor an der Universität Konstanz

Dr. Stefan Heilmann
Vorsitzender Richter am Oberlandesgericht Frankfurt, Honorarprofessor an der Frankfurt University of Applied Sciences

Dr. Jan von Hein
Professor an der Universität Freiburg i. Br.

Dr. Jörn Heinemann
Notar a. D. in Neumarkt i.d. Opf., Professor an der Hochschule für Wirtschaft und Recht, Berlin

Dr. Christian Heinze
Professor an der Universität zu Köln

Dr. Stefan Heinze
Notar in Köln

Dr. Tobias Helms
Professor an der Universität Marburg

Dr. Silas Hengstberger, LL.B.
Wiss. Mitarbeiter an der Universität Mannheim

Dr. Dr. h. c. mult. Dieter Henrich
Professor an der Universität Regensburg

Dr. Carsten Herresthal, LL.M.
Professor an der Universität Regensburg

Christian Hertel, LL.M.
Notar in Weilheim i. OB.

Dr. Stephanie Herzog
Fachanwältin für Erbrecht in Würselen

Dr. Clemens Höpfner
Professor an der Universität zu Köln

Dr. Bernd von Hoffmann †
Professor an der Universität Trier

Dr. Rainer Hüttemann
Professor an der Universität Bonn

Dr. Martin Illmer, M. Jur.
Richter am Landgericht Hamburg, Privatdozent an der Bucerius Law School

Dr. Florian Jacoby
Professor an der Universität Bielefeld

Dr. Ulrich von Jeinsen
Rechtsanwalt und Notar in Hannover, Honorarprofessor an der Universität Hannover

Dr. Dagmar Kaiser †
Professorin an der Universität Mainz

Dr. Bernd Kannowski
Professor an der Universität Bayreuth

Dr. Christoph A. Kern, LL.M.
Professor an der Universität Heidelberg

Dr. Christian Kesseler
Notar in Düren, Honorarprofessor an der Universität Trier

Dr. Walter Klein
Rechtsanwalt in Köln

Dr. Fabian Klinck
Professor an der Universität Bochum

Dr. Frank Klinkhammer
Richter am Bundesgerichtshof a.D., Karlsruhe, Honorarprofessor an der Universität Marburg

Dr. Steffen Klumpp †
Professor an der Universität Erlangen-Nürnberg

Dr. Jürgen Kohler
Professor an der Universität Greifswald

Dr. Sebastian Kolbe
Professor an der Universität Bremen

Dr. Stefan Koos
Professor an der Universität der Bundeswehr München

Dr. Lena Kunz, LL.M.
Privatdozentin an der Universität Heidelberg

Dr. Steffen Kurth, LL.M.
Rechtsanwalt, Fachanwalt für Erbrecht, Notar und Fachberater für Unternehmensnachfolge (DStV e.V.) in Bielefeld

Dr. Friederike Lang
Richterin am Oberlandesgericht Celle

Dr. Clemens Latzel
Privatdozent an der Universität München

Dr. Arnold Lehmann-Richter
Professor an der Hochschule für Wirtschaft und Recht Berlin

Dr. Saskia Lettmaier, B.A., LL.M.
Professorin an der Universität Hamburg, Richterin am Schleswig-Holsteinischen Oberlandesgericht in Schleswig

Stefan Leupertz
Richter a. D. am Bundesgerichtshof, Honorarprofessor an der TU Dortmund

Dr. Johannes Liebrecht
Professor an der Universität Zürich

Dr. Jan Lieder, LL.M.
Professor an der Universität Freiburg i. Br., Richter am Schleswig-Holsteinischen Oberlandesgericht

Dr. Dimitrios Linardatos
Professor an der Universität des Saarlandes, Saarbrücken

Dr. Martin Löhnig
Professor an der Universität Regensburg

Dr. Dirk Looschelders
Professor an der Universität Düsseldorf

Dr. Stephan Lorenz
Professor an der Universität München

Dr. Sigrid Lorz
Professorin an der Universität Greifswald

Dr. Katharina Lugani
Professorin an den Universitäten Düsseldorf und Linz

Dr. Tobias Lutzi, LL.M., M. Jur.
Professor an der Universität Augsburg

Dr. Gerald Mäsch
Professor an der Universität Münster, Richter am Oberlandesgericht Hamm a. D.

Dr. Robert Magnus
Professor an der Universität Bayreuth

Dr. Ulrich Magnus
Professor an der Universität Hamburg, Affiliate des MPI für ausländisches und internationales Privatrecht, Hamburg, Richter am Hanseatischen Oberlandesgericht zu Hamburg a. D.

Dr. Mark Makowsky
Professor an der Universität Mannheim

Dr. Peter Mankowski †
Professor an der Universität Hamburg

Dr. Dr. h. c. Heinz-Peter Mansel
Professor an der Universität zu Köln

Dr. Peter Marburger †
Professor an der Universität Trier

Dr. Wolfgang Marotzke
Professor an der Universität Tübingen

Dr. Sebastian A. E. Martens
Professor an der Universität Passau

Dr. Dr. Dr. h. c. mult. Michael Martinek, M.C.J.
Professor an der Universität des Saarlandes, Saarbrücken, Honorarprofessor an der Universität Johannesburg, Südafrika

Dr. Annemarie Matusche-Beckmann
Professorin an und Vizepräsidentin der Universität des Saarlandes, Saarbrücken, Stellv. Richterin am Verfassungsgerichtshof des Saarlandes

Dr. Felix Maultzsch, LL.M.
Professor an der Universität Frankfurt a. M.

Dr. Johannes Meier
Akad. Rat a. Z. an der Universität Marburg

Dr. Patrick Meier
Notar in Bischofsheim i.d. Rhön, Privatdozent an der Universität Würzburg

Dr. Dr. Detlef Merten
Professor an der Deutschen Universität für Verwaltungswissenschaften Speyer

Dr. Tanja Mešina
Staatsanwältin, Stuttgart

Dr. Rudolf Meyer-Pritzl †
Professor an der Universität zu Kiel, Richter am Schleswig-Holsteinischen Oberlandesgericht in Schleswig

Dr. Morten Mittelstädt
Notar in Hamburg

Dr. Oliver Moufang
Rechtsanwalt in Frankfurt a. M., Honorarprofessor an der Hochschule Wiesbaden

Dr. Peter O. Mülbert
Professor an der Universität Mainz

Dr. Hans-Heinrich Nöll
Rechtsanwalt in Hamburg

Dr. Jürgen Oechsler
Professor an der Universität Mainz

Dr. Hartmut Oetker
Professor an der Universität zu Kiel, Richter am Thüringer Oberlandesgericht in Jena a. D.

Wolfgang Olshausen
Notar a. D. in Rain am Lech

Dr. Dirk Olzen
Professor an der Universität Düsseldorf

Dr. Sebastian Omlor, LL.M., LL.M.
Professor an der Universität Marburg

Dr. Gerhard Otte
Professor an der Universität Bielefeld

Dr. Frank Peters †
Professor an der Universität Hamburg, Richter am Hanseatischen Oberlandesgericht zu Hamburg a. D.

Dr. Christian Picker
Professor an der Universität Tübingen

Dr. Andreas Piekenbrock
Professor an der Universität Heidelberg

Dr. Jörg Pirrung †
Richter am Gericht erster Instanz der Europäischen Gemeinschaften i. R., Honorarprofessor an der Universität Trier

Dr. Paul Popescu
Rechtsanwalt in Köln

Dr. Maximilian Freiherr von Proff zu Irnich
Notar in Köln

Dr. Lukas Rademacher M. Jur.
Professor an der Universität zu Kiel

Dr. Thomas Raff
Notar in Ludwigshafen

Dr. Manfred Rapp †
Notar a. D., Landsberg am Lech

Dr. Dr. h.c. Dipl. math. Thomas Rauscher
Professor a. D. an der Universität Leipzig, Professor h.c. an der Eötvös Loránd Universität Budapest

Dr. Peter Rawert, LL.M.
Notar in Hamburg, Honorarprofessor an der Universität zu Kiel

Dr. Wolfgang Reetz
Notar in Köln

Eckhard Rehme
Vorsitzender Richter am Oberlandesgericht Oldenburg i. R.

Dr. Moritz Renner
Professor an der Universität Mannheim

Dr. Tilman Repgen
Professor an der Universität Hamburg

Dr. Robin Repnow, M.A.
Akademischer Mitarbeiter an der Universität Heidelberg

Dr. Bettina Rentsch, LL.M.
Professorin an der Freien Universität Berlin

Dr. Philipp Reuß, M. Jur.
Professor an der Universität Göttingen

Dr. Christoph Reymann, LL.M. Eur.
Notar in Landsberg am Lech, Professor an der Privaten Universität Liechtenstein

Dr. Reinhard Richardi
Professor an der Universität Regensburg, Präsident a. D. des Kirchlichen Arbeitsgerichtshofs der Deutschen Bischofskonferenz, Bonn

Dr. Volker Rieble
Professor an der Universität München, Direktor des Zentrums für Arbeitsbeziehungen und Arbeitsrecht

Dr. Daniel Rodi
Akad. Rat a. Z. an der Universität Heidelberg

Dr. Christian Rolfs
Professor an der Universität zu Köln

Dr. Dr. h. c. Herbert Roth
Professor an der Universität Regensburg

Dr. Ludwig Salgo
Apl. Professor an der Universität Frankfurt a. M.

Dr. Adam Sagan, M. Jur.
Professor an der Universität Bayreuth

Dr. Anne Sanders
Professorin an der Universität Bielefeld

Dr. Daniel Schäuble
Notar in Waldshut-Tiengen

Dr. Renate Schaub, LL.M.
Professorin an der Universität Bochum

Dr. Martin Josef Schermaier
Professor an der Universität Bonn

Dr. Gottfried Schiemann
Professor an der Universität Tübingen

Dr. Eberhard Schilken
Professor an der Universität Bonn

Dr. Martin Schmidt-Kessel
Professor an der Universität Bayreuth

Ulf Schönenberg-Wessel
Notar und Rechtsanwalt in Kiel

Dr. Günther Schotten
Notar a. D. in Köln, Honorarprofessor an der Universität Bielefeld

Dr. Andrea Schulz
Bundesministerium der Justiz und für Verbraucherschutz

Dr. Holger Schulz
Direktor des Amtsgerichts Meldorf

Dr. Roland Schwarze
Professor an der Universität Hannover

Dr. Andreas Schwennicke
Rechtsanwalt und Notar a. D. in Berlin

Dr. Stephan Seiwerth, LL.M.
Professor an der Universität Halle-Wittenberg

Dr. Stephan Serr
Notar in Ochsenfurt

Dr. Reinhard Singer
Professor an der Humboldt-Universität Berlin, Richter am Oberlandesgericht Rostock a. D.

Dr. Stephanie Sittmann-Haury, M.M.
Wiss. Mitarbeiterin an der Universität Mainz

Dr. Martin Soutier
Notar in Roth

Dr. Dr. h. c. Ulrich Spellenberg
Professor an der Universität Bayreuth

Dr. Ansgar Staudinger
Professor an der Universität Bielefeld

Dr. Björn Steinrötter
Professor an der Universität Potsdam

Dr. Malte Stieper
Professor an der Universität Halle-Wittenberg

Dr. Markus Stoffels
Professor an der Universität Heidelberg

Dr. Benedikt Strauß
Notar in Illertissen

Dr. Michael Stürner, M. Jur.
Professor an der Universität Konstanz, Richter am Oberlandesgericht Karlsruhe

Dr. Felipe Temming, LL.M.
Professor an der Universität Hannover

Burkhard Thiele
Präsident des Oberlandesgerichts Rostock a. D., Präsident des Landesverfassungsgerichts Mecklenburg-Vorpommern a. D.

Dr. Christoph Thole
Professor an der Universität zu Köln

Dr. Karsten Thorn
Professor an der Bucerius Law School, Hamburg

Dr. Gregor Thüsing, LL.M.
Professor an der Universität Bonn

Dr. Madeleine Tolani, LL.M.
Professorin an der Hochschule Wismar

Dr. Johannes Ungerer, LL.M. oec.
Senior Research Lecturer in Law an der University of Oxford, Global Associate Professor of Law an der University of Notre Dame (USA) in England

Dr. Barbara Veit
Professorin an der Universität Göttingen

Dr. Bea Verschraegen, LL.M., M.E.M.
Professorin an der Universität Wien, adjunct professor an der Universität Macao

Dr. Klaus Vieweg
Professor an der Universität Erlangen-Nürnberg

Dr. A. Olrik Vogel
Rechtsanwalt in München

Dr. Markus Voltz
Notar in Offenburg

Dr. Reinhard Voppel
Rechtsanwalt in Köln

Dr. Rolf Wagner
Professor an der Universität Potsdam, Ministerialrat im Bundesjustizministerium

Dr. Christoph Andreas Weber
Privatdozent an der Universität München

Gerd Weinreich
Vorsitzender Richter am Oberlandesgericht Oldenburg a. D., Rechtsanwalt in Oldenburg

Dr. Matthias Wendland, LL.M.
Professor an der Universität Oldenburg

Dr. Domenik H. Wendt, LL.M.
Professor an der Frankfurt University of Applied Sciences

Dr. Olaf Werner
Professor an der Universität Jena, Richter am Thüringer Oberlandesgericht Jena a. D.

Dr. Denise Wiedemann, LL.M.
Professorin an der Universität zu Kiel

Dr. Daniel Wiegand, LL.M.
Rechtsanwalt in München

Dr. Wolfgang Wiegand †
Professor an der Universität Bern

Dr. Peter Winkler von Mohrenfels †
Professor an der Universität Rostock, Richter am Oberlandesgericht Rostock a. D.

Dr. Felix Wobst
Notar in Gerolzhofen

Heinz Wöstmann
Richter am Bundesgerichtshof, Karlsruhe

Dr. Luitpold Graf Wolffskeel von Reichenberg, LL.M.
Notar in Bamberg

Dr. Hans Wolfsteiner †
Notar a. D., Rechtsanwalt in München

Dr. Anton S. Zimmermann, B.Sc.
Professor an der Universität Heidelberg

Dagmar Zorn
Dipl.-Rechtspflegerin, Großbeeren

Redaktorinnen und Redaktoren

Dr. Christian Baldus

Dr. Christine Budzikiewicz

Dr. Dr. h. c. mult. Christian von Bar, FBA

Dr. Tobias Fröschle

Dr. Hans Christoph Grigoleit

Dr. Johannes Hager

Dr. Rafael Harnos

Dr. Dr. h. c. mult. Dieter Henrich

Dr. Carsten Herresthal, LL.M.

Sebastian Herrler

Dr. Jürgen Kohler

Stefan Leupertz

Dr. Dr. h. c. Manfred Löwisch

Dr. Robert Magnus

Dr. Heinz-Peter Mansel

Dr. Peter O. Mülbert

Dr. Gerhard Otte

Dr. Thomas Raff

Dr. Volker Rieble

Dr. Christian Rolfs

Dr. Markus Stoffels

Dr. Barbara Veit

J. von Staudingers
Kommentar zum Bürgerlichen Gesetzbuch mit Einführungsgesetz und Nebengesetzen

ErbbauRG
(Erbbaurechtsgesetz)

Neubearbeitung 2026
von
Luitpold Graf Wolffskeel von Reichenberg

ottoschmidt – De Gruyter · Berlin

Die Kommentatorinnen und Kommentatoren

Neubearbeitung 2026
ErbbauRG: LUITPOLD GRAF WOLFFSKEEL VON REICHENBERG

Neubearbeitung 2021
ErbbauRG: MANFRED RAPP

Neubearbeitung 2017
ErbbauRG: MANFRED RAPP

Neubearbeitung 2009
ErbbauRG: MANFRED RAPP

Neubearbeitung 2002
ErbbVO: MANFRED RAPP

Dreizehnte Bearbeitung 1994
ErbbVO; §§ 1018–1029; 1090–1093: WOLFGANG RING

Sachregister

Dr. MARTINA SCHULZ, Pohlheim

Zitierweise

STAUDINGER/GRAF WOLFFSKEEL VON REICHENBERG (2026) Einl 1 zum ErbbauRG
STAUDINGER/GRAF WOLFFSKEEL VON REICHENBERG (2026) § 1 ErbbauRG Rn 1

Zitiert wird nach Paragraph bzw Artikel und Randnummer.

Hinweise

Der **Staudinger ist auf juris und Otto Schmidt online** abrufbar.
Nähere Angaben dazu finden Sie auf www.staudinger-bgb.de.

Der **Stand der Bearbeitung** ist März 2026.

Am Ende eines jeden Bandes befindet sich eine Übersicht über den aktuellen Stand des Gesamtwerks STAUDINGER.

Die Deutsche Nationalbibliothek verzeichnet diese Publikation in der Deutschen Nationalbibliografie; detaillierte bibliografische Daten sind im Internet über http://dnb.dnb.de abrufbar.

ISBN 978-3-8059-0007-2

Satz: jürgen ullrich typosatz, Nördlingen.

Druck und Bindearbeiten: CPI books GmbH, Leck.

Umschlaggestaltung: Bib Wies, München.

∞ Gedruckt auf säurefreiem Papier, das die DIN ISO 9706 über Haltbarkeit erfüllt.

Fragen zur allgemeinen Produktsicherheit: productsafety@degruyterbrill.com

Inhaltsübersicht

Seite*

* Zitiert wird nicht nach Seiten, sondern nach Paragraph bzw Artikel und Randnummer; siehe dazu auch „Zitierweise“.

Gesetz über das Erbbaurecht (Erbbaurechtsgesetz – ErbbauRG)

vom 15. Januar 1919 (RGBl 1919 Nr 14 S 72 und 122); geändert durch Gesetze vom 18. 7. 1930 (RGBl I 305); vom 30. 5. 1973 (BGBl I 501); vom 30. 7. 1973 (BGBl I 910); vom 8. 1. 1974 (BGBl I 41); vom 29. 3. 1983 (BGBl I 377); vom 8. 6. 1988 (BGBl I 710); vom 21. 9. 1994 (BGBl I 2455); vom 9. 6. 1998 (BGBl I 1242); vom 23. 7. 2002 (BGBl I 2850); vom 22. 5. 2005 (BGBl I 1373); vom 19. 4. 2006 (BGBl I 866); vom 26. 3. 2007 (BGBl I 370); vom 23. 11. 2007 (BGBl I 2614, 2617); vom 17. 12. 2008 (BGBl I 2585, 2726); vom 8. 12. 2010 (BGBl I 1864); zuletzt geändert durch Gesetz zur Einführung eines Datengrundbuchs vom 1. 10. 2013 (BGBl I 3719, 3726).

Durch die am 22. 1. 1919 in Kraft getretene, mit Gesetzeskraft versehene VO sind die §§ 1012–1017 BGB für die von da ab begründeten Erbbaurechte außer Kraft getreten. Für die an diesem Tage bereits bestehenden Erbbaurechte bleibt das frühere Recht maßgebend (s § 38 ErbbauRG). Erläuterung des früheren Rechts, insbes der §§ 1012–1017 BGB, s § 38 ErbbauRG Rn 6 ff.

Einleitung zum Erbbaurechtsgesetz

Systematische Übersicht

Alphabetische Übersicht

I. Begriff, Sprachgebrauch und geschichtliche Entwicklung des Erbbaurechts

1. Begriff des Erbbaurechtes

1 Das **Erbbaurecht** ist das **dingliche** (dh grundbuchmäßige, gegen Dritte wirkende), veräußerliche und vererbliche **Recht zum Haben eines Bauwerks** auf oder unter der Oberfläche eines Grundstücks (§ 1 Abs 1 ErbbauRG). Der Eigentümer des Erbbaugrundstücks behält das Eigentum am Grund und Boden, der Erbbauberechtigte nutzt das Grundstück als Baugrund kraft eigenen grundbuchmäßigen, veräußerlichen und vererblichen Rechts (§ 1 Abs 1 ErbbauRG) und wird Eigentümer des Bauwerks (§ 12 ErbbauRG). Das Erbbaurecht wird juristisch einem Grundstück grundsätzlich gleichgestellt (vgl § 11 Abs 1 ErbbauRG); insbesondere erhält es ein eigenes Grundbuchblatt und kann selbständig mit Rechten belastet werden. Es ist ein grundstücksgleiches Recht.

Der **Unterschied** zu **schuldrechtlichen Nutzungsrechten** wie Miete oder Pacht liegt darin, dass das Erbbaurecht als ein Sachenrecht gegen jeden Dritten wirkt. Nur der Erbbauberechtigte, nicht der nur schuldrechtlich Berechtigte, kann sein Recht veräußern oder belasten, zB mit Grundpfandrechten. Zudem führt das Erbbaurecht anders als ein schuldrechtlicher Nutzungsvertrag zu einer Trennung vom Eigentum an Grundstück und Bauwerk. Während Dauerschuldverhältnisse zeitlich nicht unbegrenzbar abgeschlossen werden können (vgl etwa § 544 BGB), kann das Erbbaurecht als Sachenrecht für unbegrenzte Zeit bestellt werden.

Der **Unterschied** zu (anderen) **dinglichen Nutzungsrechten** wie Nießbrauch (§§ 1030 ff BGB) oder Dienstbarkeit (§§ 1018 ff, 1090 ff BGB), die auch zu einer Trennung vom Eigentum am Bauwerk vom Grundstück führen können (§ 95 Abs 1 S 2 BGB), liegt darin, dass diese Rechte anders als das Erbbaurecht nicht selbständig veräußerlich, belastbar und vererbbar sind.

2. Sprachgebrauch

Das Charakteristische des Erbbaurechts liegt darin, dass es dem Berechtigten ein Baurecht auf fremdem Grund verleiht; sein Recht ist zugleich vererblich, daher die Bezeichnung „Erbbaurecht". Der Berechtigte ist der Erbbauberechtigte; die Amtliche Erläuterung zum Entwurf der ErbbVO spricht auch vom „Erbbaurechtsnehmer". In der Praxis wird das Erbbaurecht fehlerhaft sehr häufig auch als „Erbpacht" bezeichnet; eine solche kennt das deutsche Recht jedoch nicht (mehr) (vgl Rn 23). 2

3. Die geschichtliche Entwicklung

Vgl hierzu insbesondere die Hinweise Staudinger/Rapp (2009), sowie Knothe §§ 5 u 6. Ein dingliches Baurecht auf fremdem Boden bestand schon im römischen Recht in der Gestalt der superficies (s hierzu DNotI Fax-Pool Gutachten v 17. 11. 2009 kl-as 98606). In Deutschland wurde ein ähnliches Rechtsinstitut von alters her als städtische Bauleihe („Bodenleihe") ausgebildet. Auf dieser Rechtsform wurden die deutschen Städte erbaut; aber diese (meist erbliche und ewige) Bauleihe, von den Juristen als dominium utile, Nutz- oder Untereigentum aufgefasst, verwandelte sich mit der Zeit schlechthin in Eigentum, teils mit, teils ohne Ablösung. Nach der Rezeption des Römischen Rechts wurden diese deutschrechtlichen Leihverhältnisse mit der römischen superficies verquickt und als Superfiziar-, Platz-, Keller- usw Recht dargestellt, wobei man jedoch seit Savigny nicht mehr eine Unterart des Eigentums, sondern ein das Grundeigentum beschränkendes Recht am fremden Grundstück als Grundlage annahm. Die superficies wurde im 19. Jahrhundert nur mehr selten angewendet. Das Bürgerliche Gesetzbuch hatte das Institut nur in §§ 1012–1017 BGB abstrakt und lückenhaft (vgl Rn 6) geregelt. Die Motive begründen seine Aufnahme im Wesentlichen damit, dass es in Deutschland nirgends ausdrücklich abgeschafft worden sei. 3

Erst nach dem Erlass des BGB trat plötzlich ein Wandel in der Auffassung von der Bedeutung des Erbbaurechts und auch in seiner praktischen Anwendung ein, hauptsächlich durch die zielbewusste Werbearbeit der deutschen Bodenreformer, an deren Spitze hier Damaschke stand, der auch von juristischer Seite (Erman/Sohm/Oertmann) unterstützt wurde. Die Bodenreform erkannte im Erbbaurecht ein Hauptmittel zur Verwirklichung ihres praktischen Ideals, dass nämlich der Gemeinschaft auch die aus ihrem Wachsen hervorgehende Bodenwertsteigerung zugewendet werden müsse und dass hauptsächlich die Gemeinden ihren Baugrund planmäßig erweitern und absolut festhalten sollten, indem sie ihn den Bauwilligen nicht zu Eigentum, sondern nur im langfristigen Erbbaurecht gäben; durch Erhöhung des Bodenzinses bei erneuter Ausleihung fiele ihnen dann die inzwischen gestiegene Bodenrente von selbst zu. Außerdem wurde von den Bodenreformern auch auf andere Vorzüge des Erbbaurechts gegenüber dem Bau auf gekauftem Boden hingewiesen, insbesondere darauf, dass auch der Kapitallose fortan bauen könne, da er ja kein Geld zum Grunderwerb brauche, das Baugeld aber durch Beleihung des Erbbaurechts sich verschaffen könne. Dagegen trat in der Folge wieder eine Gegenströmung ein sowohl von nationalökonomischer als auch von juristischer Seite, wobei insbesondere auf die rechtlichen Mängel des Erbbaurechts des BGB, hauptsächlich in Fragen seiner Beleihbarkeit, hingewiesen wurde. Die Praxis hielt sich sozusagen auf einer mittleren Linie. Namentlich großstädtische Gemeinwesen gingen, veranlasst durch die unzulänglichen Wohnungsverhältnisse der unbemittelten Bevölkerung und zum Zwecke der Bekämpfung des Bodenwuchers, mehr und mehr dazu über, möglichst große Teile des städtischen Grundbesitzes in ihrer Hand zu behalten oder in ihre Hand zu bringen und im Wege des Erbbaurechts teils an gemeinnützige Baugesellschaften teils unmittelbar an Private zu vergeben. So insbesondere die Städte Leipzig, Halle, Elberfeld, Essen, Dresden und Ulm.

Man empfand aber allgemein die Grundlage des Rechtsgebildes im BGB als ungenügend und unsicher. Auf dem Wiener Juristentag 1912 bestand Übereinstimmung dahin, dass eine gesetzliche Neuregelung erforderlich sei (vgl Beiträge zu den Verhandlungen des 31. Deutschen Juristentags DJZ 1912, 1035; v Pechmann, Entwurf eines Reichsgesetzes betreffend das Erbbaurecht [Hirths Anm 15, 255]; ferner Michaelis ZBlFG 19, 21 ff).

Im Reichswirtschaftsamt wurde während des Ersten Weltkriegs ein „Entwurf eines Reichsgesetzes über das Erbbaurecht" ausgearbeitet, der zuerst in der Sonderbeilage zu Nr 104 des Reichsanzeigers vom 3. 5. 1918 veröffentlicht wurde (wiedergegeben von Schmidt-Räntsch ZfIR 2019, 166 ff).

Die Reichsregierung hat diesen Entwurf mit geringen, meist nur sprachlichen Änderungen durch die Verordnung vom 15. 1. 1919 mit Gesetzeskraft versehen und an die Stelle der §§ 1012–1017 BGB und des § 7 GBO gesetzt (diese Vorschriften bleiben aber für die bereits bestehenden Erbbaurechte nach § 38 der Verordnung maßgebend, s näher die Erl zu § 38 ErbbauRG). Die Verordnung ist am 22. 1. 1919 in Kraft getreten (RGBl Nr 14/1919, 72 ff); s näher § 35 der VO mit Bem.

Die einwandfreie Rechtsgültigkeit der Verordnung wurde gesichert durch das Übergangsgesetz vom 4. 3. 1919, in Kraft getreten am 7. 3. 1919 (RGBl Nr 55, 285 § 1). Hiernach blieben in Kraft alle von dem Rat der Volksbeauftragten oder der Reichsregierung bisher erlassenen und verkündeten Verordnungen. Ein Verzeichnis dieser Verordnungen war der Nationalversammlung innerhalb einer Frist von einem Monat nach Inkrafttreten dieses Gesetzes vorzulegen. Eine Verordnung war von der Reichsregierung außer Kraft zu setzen, wenn die Nationalversammlung dieses innerhalb dreier Monate nach dem Inkrafttreten dieses Gesetzes beschließt. Ein derartiger Beschluss ist aber hinsichtlich der Erbbaurechtsverordnung nicht bekannt geworden (vgl auch JW 1919, 3, 106 und 360 unter Ziffer 7).

Im Reichsanzeiger 1919 Nr 26, 1. Beilage wurde ferner eine umfangreiche Begründung zur Verordnung über das Erbbaurecht („Erläuterungen der Verordnung über das Erbbaurecht von 1919" veröffentlicht (abgedruckt bei SCHMIDT-RÄNTSCH ZfIR 2019, 169 ff).

II. Die wirtschaftliche und soziale Bedeutung des Erbbaurechts

1. Motivlage, Vor- und Nachteile

Abstrakter **Zweck** einer jeden Erbbaurechtsbestellung ist es, selbständiges, vom Eigentum an dem betreffenden Grundstück weitgehend losgelöstes Eigentum an Bauwerken zu beschaffen. Die Motivlage hierzu kann vielfältig sein. Für die Beteiligten wird es darauf ankommen, der Abfassung des Erbbaurechtsvertrages besondere Sorgfalt zuzuwenden und darin ihre gegenseitigen Rechte und Pflichten den verschiedenen Interessen des Einzelfalles entsprechend anzupassen. **4**

Einige **Grundstückseigentümer** (insbesondere Stiftungen, Kirchen, Gemeinden, Adelsfamilien) möchten häufig ihr **Grundstück nicht veräußern**, sondern es langfristig im Eigentum behalten. Soweit diese Eigentümer ihre Grundstücke nicht selbst bebauen, aber dennoch **gewinnbringend nutzen** möchten, bietet das Erbbaurecht eine Lösung: Der typischerweise vereinbarte Erbbauzins gibt dem Grundstückseigentümer eine Rendite für sein Grundstück, ohne dass er das Eigentum (völlig) aufgeben oder selbst bebauen muss. Die Wertsteigerung, die der Grund und Boden an sich im Laufe der Zeit erfährt, kommt nicht dem Erbbauberechtigten zugute, sondern dem Grundeigentümer (BGH 26. 6. 2015 – V ZR 144/14, BGHZ 206, Rn 26; NK-BGB/HELLER ErbbauRG Einl Rn 6; INGENSTAU/HUSTEDT Einl Rn 20), der sie seinerseits aber erst realisieren kann, wenn das Erbbaurecht durch den Ablauf der vertragsmäßigen Zeitdauer sein Ende findet. Anders als bei einem Verkauf des Grundstücks kann der Grundstückseigentümer bei einer Erbbaurechtsbestellung durch Regelungen über die Art der Verwendung und durch die Ausgestaltung des Heimfallrechts dauerhaften Einfluss auf die Nutzung des Grundstücks behalten (vgl BGH 26. 6. 2015 – V ZR 144/14, BGHZ 206, 120 Rn 24; BGH 8. 2. 2019 – V ZR 176/17, NJW 2019, 2016 Rn 21; BGH 16. 3. 2018 – V ZR 306/16, DNotZ 2019, 91 Rn 28). Das Erbbaurecht eignet sich insbesondere auch dafür, dass bei der Vergabe durch die öffentliche Hand, insbesondere von Gemeindegrundstücken für sog „Einheimischenmodelle", Kirchengrundstücken und Stiftungsgrundstücken soziale Zwecke verfolgt werden (BGH 26. 6. 2015 – V ZR 144/14, BGHZ 206, 120 Rn 14, 23).

Schließlich können auch **steuerliche Aspekte** für die Bestellung eines Erbbaurechts streiten: Speziell bei Landwirten kann die Bestellung des Erbbaurechts von Vorteil sein, weil entgeltliche Erbbaurechte idR keine Entnahme aus dem Betriebsvermögen oder eine Betriebsaufgabe gemäß § 16 Abs 3 EStG darstellen und somit kein steuerpflichtiger Veräußerungsgewinn entsteht (SPIEGELBERGER/SCHALLMOSER, Immobilien im Zivil- und Steuerrecht [3. Aufl 2018] Kap 5.77 f; ERMAN/GRZIWOTZ vor § 1 ErbbauRG Rn 8). Das Erbbaurecht ist auch bei der „Drei-Objekt-Grenze" (Beginn einer gewerblichen Betätigung am Grundstücksmarkt) nicht zu berücksichtigen (BFH DB 2007, 2234; ERMAN/GRZIWOTZ vor § 1 ErbbauRG Rn 10, 34).

Der wesentliche wirtschaftliche **Vorteil für den Erbbauberechtigten** im Vergleich zum Erwerb des Grundstücks besteht darin, dass er kein Kapital zum Erwerb des Grundstücks aufzuwenden braucht; er muss nur den jährlichen Zins für die Bewirtschaftung des Grundstücks (Erbbauzins) zu bezahlen. Baugeld kann er sich regelmäßig durch die Beleihung des Erbbaurechts selbst verschaffen. Der Bauwillige (besonders im Wohnungsbau), der seinen Bau im Erbbaurecht durchführen will, muss sich aber im Hinblick auf den in aller Regel vereinbarten wertgesicherten Erbbauzins darüber klar sein, dass er das Inflationsrisiko voll selbst trägt. Der Eigentümer, der ein Erbbaurecht ausgibt, behält die volle Wertsteigerung seines Grundstücks und ist zusätzlich gegen das Inflationsrisiko abgesichert (vgl Götz DNotZ 1980, 3). Zudem droht dem Erbbauberechtigten der Verlust des Bauwerkseigentums bei Erlöschen des Erbbaurechts durch Zeitablauf. Diese Nachteile für den Erbbauberechtigten können etwa dadurch gemildert werden, dass dem Erbbauberechtigten ein Ankaufsrecht am Grundstück eingeräumt wird (§ 2 ErbbauRG Rn 82 ff).

Einen breiten Raum nimmt das Erbbaurecht in jüngerer Zeit auch beim Bau von **gewerblichen Gebäuden** ein.

2. Insbesondere: Weg zur Behebung der Wohnungsnotlage

5 Der Wohnungsmarkt in der Bundesrepublik Deutschland ist nicht einheitlich: Während in wirtschaftlich schwachen Gebieten ein Wegzug von Menschen mit der Folge des Leerstandes von Wohnungen zu verzeichnen ist, haben sich vor allem in und um Großstädte herum Ballungsgebiete entwickelt, in denen Wohnungsknappheit, in vielen Fällen auch Wohnungsnot, festzustellen ist. Steigende Preise für Wohnimmobilien und im Gefolge davon auch steigende Wohnungsmieten sind das Ergebnis. In diesen Ballungsräumen ist ein Eigentumserwerb an Wohnraum für Menschen mit einem durchschnittlichen Einkommen und ohne erbschaftsmäßige oder schenkungsmäßige Unterstützung der Elterngeneration nicht mehr möglich. Die Gründe für die Preissteigerungen sind vielfältig; neben einer Erhöhung der Baukosten, auch wegen der erwarteten Komforterhöhung, sowie wegen neuer Umwelt- und Sicherheitsvorschriften ist die Hauptursache die Knappheit des Baugrundes. Der Nachfrageüberhang gegenüber dem Angebot erzeugt die Preissprünge bei Bauland. Damit gedeiht auch die Bodenspekulation. In Boom-Regionen ist es für Grundstückseigentümer vorteilhafter, ein Grundstück nicht zu verkaufen oder zu bebauen, sondern die spekulative Preiserhöhung abzuwarten.

Bei dieser Lage ist das Erbbaurecht eine wirksame Gegenstrategie. Sie wird in zunehmendem Umfang von den Kommunen praktiziert (Winkler/Schlögel § 1 Rn 15 f). Bei der Vergabe eines Erbbaurechtes, vor allem durch die öffentliche Hand, durch Kirchen oder durch Stiftungen, ist regelmäßiger Inhalt des Erbbaurechtsvertrages die Verpflichtung, ein Wohngebäude binnen bestimmter Frist bezugsfertig herzustellen. Dieses Grundstück ist alsdann der spekulativen Weiterveräußerung ohne Gebäude entzogen. Ein Verstoß gegen die Bauverpflichtung kann mit einem Heimfall (§ 2 Nr 4 ErbbauRG) an den Erbbaurechtsausgeber sanktioniert werden. Die Wohnungsnutzung kann unter Berücksichtigung sozialer Gesichtspunkte gesteuert werden. Zahlreiche Kommunen sind deshalb dazu übergegangen, städtischen Grund und Boden nicht mehr für Wohnzwecke zu verkaufen, sondern im Erbbaurecht zu vergeben (vgl auch MünchKommBGB/Weiss vor § 1 ErbbauRG Rn 9, 10).

III. Lücken und Mängel der früheren Regelung durch das BGB

Da man bei der Abfassung des BGB an eine sozialpolitische Verwendung des Erbbaurechts nicht dachte, ist seine Regelung in sechs Paragrafen (§§ 1012–1017 aF) sehr abstrakt und lückenhaft ausgefallen. 6

Eine Reihe rechtlicher Streitfragen, gerade in den wichtigsten Punkten, waren aufgetaucht, zB über die Anwendbarkeit des § 311b Abs 1 (früher § 313) BGB auf den schuldrechtlichen Vertrag oder über die rechtliche Wechselbeziehung zwischen Bauwerk und Erbbaurecht. Da das Gesetz über die gegenseitigen Pflichten der Beteiligten keine Bestimmungen aufstellte, wurden die Beteiligten zu einer möglichst eingehenden vertraglichen Regelung gezwungen. Hierbei konnte der wirtschaftlich regelmäßig überlegene Grundstückseigentümer etwa auflösende Bedingungen zu seinen Gunsten aufstellen und dadurch den Erbbauberechtigten der ständig drohenden Gefahr eines vorzeitigen Erlöschens aussetzen. Diese Rechtsunsicherheit untergrub die Beleihungsfähigkeit des Erbbaurechts. Dazu kamen die Zweifel an der Mündelsicherheit der Erbbaurechtshypothek. Auch hinsichtlich der rechtlichen Grundlage des Erbbauzinses bestand Unsicherheit. Auch die beste Regelung in dieser Hinsicht musste aber dem Rechtsnachfolger des Erbbauberechtigten gegenüber versagen, da den Vereinbarungen eine dingliche Wirkung fehlte.

IV. Der wesentliche Inhalt der Erbbaurechts-Verordnung vom 15. 1. 1919 bzw des Erbbaurechtsgesetzes

Nach der amtlichen Begründung hatte sich die Erbbaurechts-Verordnung vom 15. 1. 1919 als Hauptziele gesetzt: „Das Erbbaurecht für den praktischen Gebrauch wirksam zu gestalten“ und „die Marktgängigkeit und Beleihungsfähigkeit des Erbbaurechtes“ zu heben. 7

Die Bestimmungen der Erbbaurechts-Verordnung, deren Titel ohne inhaltliche Änderung durch Art 25 des Gesetzes vom 29. 11. 2007 (BGBl S 2614) in „Erbbaurechtsgesetz“ (ErbbauRG) geändert wurde, lassen sich nach folgenden Gesichtspunkten gruppieren:

1. Förderung der allgemeinen Rechtssicherheit auf dem Gebiete des Erbbaurechts

a) Das Erbbaurecht als dingliche Grundstücksbelastung

Der gesetzliche Begriff des Erbbaurechts als einer dinglichen Belastung eines Grundstückes, zugleich veräußerlich und vererblich, ist geblieben (§ 1 ErbbauRG). Das Recht kann auch auf einen für das Bauwerk nicht erforderlichen Teil des Grundstückes erstreckt werden, wenn nur das Bauwerk wirtschaftlich die Hauptsache ist (dies gilt zB für einen Nutz- oder Ziergarten, einen Lager- oder Werkplatz, Sportplatz usw), s § 1 Abs 2 ErbbauRG. 8

b) Rechtliche Bestandssicherung für das Erbbaurecht

Das Erbbaurecht kann nicht durch auflösende Bedingungen beschränkt werden; auch kann sich der Grundstückseigentümer nicht auf eine Vereinbarung berufen, durch die sich der Erbbauberechtigte verpflichtet, beim Eintreten bestimmter Vor- 9 aussetzungen das Erbbaurecht aufzugeben und seine Löschung im Grundbuch zu bewilligen (§ 1 Abs 4 ErbbauRG). Dies sichert den Bestand des Erbbaurechts für seine ganze von Anfang an vorgesehene Dauer und ist ein Grundpfeiler für die Festigung der Erbbaurechtsverhältnisse überhaupt. Ersatz und Abhilfe schafft hier das Heimfallrecht (§ 2 ErbbauRG Rn 44). Dadurch wird für Zuwiderhandlungsfälle gegen Vertragspflichten oder beim Eintritt sonstiger Vertragsklauseln ein direktes Erlöschen des Erbbaurechts vermieden, es tritt vielmehr in solchen Fällen eine Rückübertragung auf den Grundstückseigentümer ein, bei dem es bis auf weiteres als Eigentümer-Erbbaurecht fortbesteht. Im Zusammenspiel werden die Marktgängigkeit und die Beleihungsfähigkeit des Erbbaurechts gewährleistet.

c) Begrenzte dingliche Vertragsfreiheit

10 Die näheren Verhältnisse des Erbbaurechts regeln sich im einzelnen Fall nach den Vereinbarungen der Beteiligten. Hierbei handelt es sich hauptsächlich um Vereinbarungen wirtschaftlicher und sozialer Art, durch welche die zweckentsprechende Verwendung des Rechts und des zu errichtenden Gebäudes sichergestellt werden soll. Als solche Vereinbarungen kommen, insbesondere gem § 2 ErbbauRG, in Betracht: Vereinbarungen über Errichtung, Instandhaltung und Verwendung des Bauwerkes; Versicherung des Bauwerkes und sein Wiederaufbau im Falle der Zerstörung; Zahlung von Vertragsstrafen bei Verletzung der vom Erbbauberechtigten übernommenen Verpflichtungen; Tragung der öffentlichen und privatrechtlichen Lasten und Abgaben; Bindung der Veräußerung oder Belastung des Erbbaurechts an die Zustimmung des Grundeigentümers; ferner die Verpflichtung des Erbbauberechtigten, das Erbbaurecht beim Eintritt bestimmter Voraussetzungen auf den Grundstückseigentümer zu übertragen (sog Heimfallrecht).

Derartige Vereinbarungen hatten früher nur die beiden Vertragsteile gebunden, also nicht den Rechtsnachfolger des Erbbauberechtigten. Nach aktuellen Gesetzeslage werden alle derartigen Vereinbarungen zum unmittelbaren dinglichen Inhalt des Erbbaurechts und erhalten Wirkung gegen den Rechtsnachfolger, vorausgesetzt natürlich, dass die Vereinbarungen auch im Erbbaugrundbuch eingetragen werden (vgl §§ 2–8 ErbbauRG). Dadurch wird Doppeltes erreicht: Es wird die Rechtslage des Grundstückseigentümers und des Erbbauberechtigten gefestigt und für die ganze Dauer des Rechts vor Änderungen gegen den Willen der Parteien entsprechend geschützt; es ist aber nunmehr auch für jeden Dritten, der das mit dem Erbbaurecht belastete Grundstück oder das Erbbaurecht selbst zum Gegenstand eines Rechtsgeschäfts oder einer Zwangsvollstreckung machen will, die Möglichkeit gegeben, zuverlässige Auskunft über Bestand und Umfang des Erbbaurechts zu erhalten, da die ganze Rechtslage aus dem über das Erbbaurecht anzulegenden Grundbuch ersichtlich sein muss.

d) Das Erbbaurecht als grundstücksgleiches Recht

11 Auf das Erbbaurecht finden grundsätzlich die sich auf Grundstücke beziehenden Vorschriften des BGB entsprechende Anwendung (§ 11 Abs 1 ErbbauRG), jedoch mit Ausnahme der §§ 925, 927, 928 BGB. Die Form für die rechtsgeschäftliche Begründung des Erbbaurechts ist demnach seiner Rechtsnatur entsprechend die der Belastung eines Grundstücks mit einem begrenzten Recht; dies gilt auch für eine Übertragung des Rechts. Es wird im Grundbuch nicht nur über das belastete Grundstück, sondern auch in jedem Falle über das Erbbaurecht ein besonderes Grund-

buchblatt geführt, das auch alle Belastungen des Erbbaurechts auszuweisen hat, s §§ 14 ff ErbbauRG.

e) Die Eigentumsverhältnisse am Bauwerk

Die Fragen über das Eigentum am Bauwerk und die Wechselbeziehungen zwischen Bauwerk und Erbbaurecht werden in § 12 ErbbauRG dahingehend geregelt, dass sowohl das aufgrund des Erbbaurechts errichtete, wie auch das bei Bestellung des Erbbaurechts schon vorhandene Bauwerk während der Dauer des Erbbaurechts wesentlicher Bestandteil des Erbbaurechts ist. Die Bestandteile des Erbbaurechts sind nicht zugleich Bestandteile des Grundstücks (§ 12 Abs 2 ErbbauRG). Erst mit dem Erlöschen des Erbbaurechts werden die Bestandteile des Erbbaurechts Bestandteile des Grundstücks (§ 12 Abs 3 ErbbauRG). Das Eigentum am Gebäude ist sonach während des Bestandes des Erbbaurechtes dem Erbbauberechtigten und danach dem Grundstückseigentümer zwingend zugeordnet. Es ist somit sonderrechtsunfähig. Damit unterscheidet sich das Eigentum am Gebäude von den sonstigen Fällen der Scheinbestandteile gem § 95 BGB (Staudinger/Stieper [2021] § 95 BGB Rn 24). Hat zB ein Nießbrauchsberechtigter auf dem ihm zur Nutzung überlassenen Grundstück ein Gebäude errichtet, so bestimmen sich die Eigentumsverhältnisse hieran nach den Regeln über bewegliche Sachen (Staudinger/Stieper [2021] § 95 BGB Rn 24, 28). 12

f) Die Erbbauzinsreallast

Wird für die Bestellung des Erbbaurechts ein Entgelt in wiederkehrenden Leistungen (Erbbauzins) ausbedungen, so finden die Vorschriften des BGB über die Reallasten entsprechende Anwendung (§ 9 Abs 1 S 1 ErbbauRG). 13

g) Laufzeit des Erbbaurechtes

Eine Mindest- oder Höchstdauer des Erbbaurechts legt das Gesetz nicht fest, um den Beteiligten freien Spielraum zu belassen. Erbbaurechtsausgeber kann jeder Grundstückseigentümer (oder bzgl des Untererbbaurechtes jeder Erbbauberechtigte) sein. 14

h) Erbbaurecht und Miet- und Pachtverträge

Auf die Miet- und Pachtverträge, die der Erbbauberechtigte während der Dauer seines Rechts abgeschlossen hat, finden beim Erlöschen oder beim Heimfall oder bei sonstiger Übertragung des Erbbaurechts auf einen anderen im Allgemeinen die Vorschriften Anwendung, die bei Übertragung des (Voll-) Eigentums gelten (§ 30 ErbbauRG). Hinzuweisen ist auf das außerordentliche Kündigungsrecht, das dem Grundstückseigentümer zusteht, wenn das Erbbaurecht durch Zeitablauf erlischt (§ 30 Abs 2 ErbbauRG). 15

2. Sicherung des Erbbauberechtigten

Das Interesse des wirtschaftlich regelmäßig schwächeren Erbbauberechtigten, der in der Regel mit fremdem Geld auf fremdem Grund und Boden bauen muss, erfordert, dass das Erbbaurecht von langer Dauer und gegen vorzeitige willkürliche Beendigung geschützt ist; auch soll das Erbbaurecht leicht beleihbar sein. Diesem Ziel dienen folgende Bestimmungen: 16

a) das Erbbaurecht erhält ausschließlich erste Rangstelle, die ihm stets verbleibt (§ 10 ErbbauRG),

b) das Erbbaurecht wird durch eine Zwangsvollstreckung in das Grundstück nicht berührt; im Falle einer Zwangsversteigerung bleibt es bestehen (§ 25 ErbbauRG),

c) auflösende Bedingungen sind unwirksam, sodass der Kreditgeber mit einer bestimmten Dauer des Erbbaurechts rechnen kann (§ 1 Abs 4 ErbbauRG),

d) über die Erbbauzinspflicht sind für die ganze Dauer des Rechts klare Verhältnisse geschaffen; die Erbbauzinsreallast kann so gestaltet werden, dass sie in der Zwangsversteigerung des Erbbaurechts selbst dann bestehen bleibt, wenn sie nicht in das geringste Gebot fällt (§ 9 Abs 3 ErbbauRG);

e) für den Heimfall ist die Sicherheit der Hypothekengläubiger gewährleistet; Hypotheken usw bleiben bestehen, die persönliche Schuldverpflichtung geht auf den Eigentümer oder einen von ihm benannten Dritten über,

f) beim Erlöschen des Rechts bleiben die dinglichen Rechte an der Entschädigungsforderung bestehen (§§ 28, 29 ErbbauRG),

g) die Rechtsverhältnisse am Bauwerk sind dadurch, dass es als Bestandteil des Erbbaurechts erklärt und von allen dinglichen (Grundstücks-)Rechten freigestellt ist, für alle Beteiligten, insbesondere den Kreditgeber, klargestellt.

h) Es soll dafür gesorgt werden, dass der Erbbauberechtigte Geld, das er durch die Errichtung des Bauwerks auf fremdem Grund und Boden festgelegt hat, bei Beendigung des Erbbaurechts nicht verliert; deshalb wird bestimmt, dass der Erbbauberechtigte bei Beendigung des Erbbaurechts durch Zeitablauf eine Entschädigung für das Bauwerk (§ 27 ErbbauRG) und bei Eintritt des Heimfallrechts eine angemessene Vergütung für das Erbbaurecht verlangen kann (§ 32 ErbbauRG).

i) Das Erbbaurecht ist frei veräußerlich und vererblich; es kann auch vom Erbbauberechtigten nach seinem Belieben belastet werden. Mit dinglicher Wirkung (vgl § 5 ErbbauRG) können Veräußerung und Belastung an die Zustimmung des Grundstückseigentümers gebunden werden. Hier wird jedoch Vorsorge dagegen getroffen, dass der Erbbauberechtigte durch eine solche Regelung wirtschaftlich zu schwer belastet wird: Für die Fälle nämlich, dass eine Unschädlichkeit der Veräußerung oder Belastung für die Erfüllung der übernommenen Vertragspflichten oder für die Erreichung der Zwecke des Erbbaurechts anzunehmen ist, kann die Einwilligung des Grundstückseigentümers erzwungen werden (§ 7 ErbbauRG).

k) Mit dinglicher Wirkung können ferner Vereinbarungen getroffen werden dahin, dass dem Erbbauberechtigten ein Vorrecht auf Erneuerung des Erbbaurechts nach dessen Ablauf eingeräumt wird (§ 2 Nr 6 ErbbauRG), ferner, dass eine Verpflichtung des Grundstückseigentümers, das Grundstück an den jeweiligen Erbbauberechtigten zu verkaufen (§ 2 Nr 7 ErbbauRG), festgelegt wird.

3. Sicherung des Grundstückseigentümers

a) Der Grundstückseigentümer hat ein besonderes Interesse, dass die Bestimmungen des Erbbauvertrags (zB Verwendung des Bauwerks zu bestimmten Zwecken, Instandhaltung des Bauwerkes usw) von jedem Erbbauberechtigten eingehalten werden. Dem trägt § 2 ErbbauRG dadurch Rechnung, dass die darin aufgeführten Vereinbarungen mit der Eintragung zum unmittelbaren Inhalt des Erbbaurechts werden und dingliche Wirkung erlangen. **17**

b) Er kann nach §§ 5 ff ErbbauRG insbesondere die Veräußerung und Belastung (mit Verwertungsrechten, nicht jedoch mit sonstigen Belastungen der Abt II des Grundbuchs) des Erbbaurechts mit dinglicher Wirkung an seine Zustimmung binden.

c) Ein Interessenausgleich zwischen dem Grundstückseigentümer und dem Erbbauberechtigten wird verschiedentlich angebahnt, insbesondere: Bei Beendigung des Erbbaurechts durch Zeitablauf kann der Grundstückseigentümer seine Verpflichtung zur Zahlung einer Entschädigung für das Bauwerk dadurch abwenden, dass er dem Erbbauberechtigten das Erbbaurecht vor dessen Ablauf für die voraussichtliche Standdauer des Bauwerkes verlängert; lehnt der Erbbauberechtigte die Verlängerung ab, so erlischt der Anspruch auf die Entschädigung; das Erbbaurecht kann auf diese Weise wiederholt verlängert werden (§ 27 Abs 2 ErbbauRG); beim Heimfall des Erbbaurechts muss der Grundstückseigentümer nach § 33 Abs 2 ErbbauRG gewisse Lasten, für die der Erbbauberechtigte persönlich haftet, zur weiteren Haftung übernehmen; ein Ausgleich findet hier in der Weise statt, dass der Grundstückseigentümer derartige Forderungen auf die Vergütung anrechnen darf, die er dem Erbbauberechtigten für das Erbbaurecht zu gewähren hat (§ 33 Abs 3 ErbbauRG).

d) Ferner ist in diesem Zusammenhang auf die Vorschriften hinzuweisen, wonach der Erbbauberechtigte das Erbbaurecht nur mit Zustimmung des Grundstückseigentümers aufheben (§ 26 ErbbauRG), und der Erbbauberechtigte bei Beendigung des Erbbaurechts durch Zeitablauf und beim Heimfall das Bauwerk oder dessen Teile sich nicht aneignen darf (§ 34 ErbbauRG).

4. Sicherungen der Belastungen des Erbbaurechts

Eine besondere Sorgfalt hat das Gesetz der Sicherung der Belastungen des Erbbaurechts zugewendet, um dadurch sowohl die Marktgängigkeit als auch die Beleihungsfähigkeit des Erbbaurechts zu heben (Winkler/Schlögel § 1 Rn 11). **18**

a) Eine Reihe der hier einschlägigen Bestimmungen wurde bereits oben hervorgehoben, so insbesondere das Verbot der auflösenden Bedingungen (Rn 9), die Sicherung des Erbbaurechts bei Zwangsvollstreckungen in das Grundstück und das strikte Gebot der ersten Rangstelle für das Erbbaurecht, die erhalten bleiben muss.

b) Beim Heimfall des Erbbaurechts bleiben die Belastungen des Erbbaurechts zumindest teilweise bestehen (§ 33 Abs 1 ErbbauRG). Die grundbuchrechtliche Stütze wird dadurch geschaffen, dass das Erbbaurecht als Eigentümer-Erbbaurecht weiter besteht.

c) Die Sicherheit der auf das Erbbaurecht hypothekarisch ausgeliehenen Gelder ist derart gewährleistet, dass das Gesetz die Aufnahme von mündelsicheren Hypotheken auf das Erbbaurecht und seine Beleihung durch Versicherungsunternehmungen vorsieht. Solche Hypotheken müssen freilich nach §§ 19 ff ErbbauRG besondere Voraussetzungen erfüllen.

V. Systematik des Gesetzes

19 Die Erbbaurechts-Verordnung bzw das ErbbauRG hat selbst eine systematische Gliederung des Stoffes in folgender Weise vorgenommen:

1. Begriff und Inhalt des Erbbaurechts: 1. Gesetzlicher Inhalt (§ 1 ErbbauRG). 2. Vertragsmäßiger Inhalt (§§ 2–8 ErbbauRG). 3. Erbbauzins (§§ 9, 9a ErbbauRG). 4. Rangstelle (§ 10 ErbbauRG). 5. Anwendung des Grundstücksrechts (§ 11 ErbbauRG). 6. Bauwerk, Bestandteile (§§ 12, 13 ErbbauRG).

2. Grundbuchvorschriften (§§ 14–17 ErbbauRG).

3. Beleihung: 1. Mündelhypothek (§§ 18–20 ErbbauRG). 2. § 21 ErbbauRG (regelte die Beleihung von Erbbaurechten durch Versicherungsunternehmen) aufgehoben gem Gesetz v 8. 12. 2010 (BGBl I 1864); s jetzt § 2 Abs 1 Nr 1 AnlV iVm §§ 13 Abs 2, 14 PfandBG. 3. Landesrechtliche Vorschriften (§ 22 ErbbauRG).

4. Feuerversicherung, Zwangsversteigerung: 1. Feuerversicherung (§ 23 ErbbauRG). 2. Zwangsversteigerung: a) des Erbbaurechts (§ 24 ErbbauRG); b) des Grundstücks (§ 25 ErbbauRG).

5. Beendigung, Erneuerung, Heimfall: 1. Beendigung: a) Aufhebung (§ 26 ErbbauRG); b) Zeitablauf (§§ 27–30 ErbbauRG). 2. Erneuerung (§ 31 ErbbauRG). 3. Heimfall (§§ 32, 33 ErbbauRG). 4. Bauwerk (§ 34 ErbbauRG).

6. Schlussbestimmungen (§§ 35–39 ErbbauRG).

VI. Mängel des Erbbaurechtsgesetzes

20 Das Gesetz ist sozialpolitisch wohlwollend gedacht. Es wird ihm aber vorgeworfen, dass es zu sehr mit Zwangsbestimmungen arbeitet und die zu starre „Inhaltsnatur“, wie sie insbes die §§ 2, 5, 27, 32 ErbbauRG widerspiegeln, mehr „dispositiv“ hätte gestalten sollen, wodurch mehr Bewegungsfreiheit geschaffen worden wäre (vgl auch die einengenden §§ 5–8 ErbbauRG).

Zurecht angegriffen wurde und wird auch die unglückliche Heimfall-Regelung, hauptsächlich § 33 ErbbauRG, der – als der Rechtslogik zuwiderlaufend und ohne besondere Zweckmäßigkeitsgründe – alle Belastungen beim Heimfall (der doch im Grunde eine „Übertragung“ des Erbbaurechts darstellt) erlöschen lässt mit Ausnahme nur der – nicht dem Erbbauberechtigten selbst zustehenden – Hypotheken, Grund- und Rentenschulden und Reallasten, sowie Dauerwohn- und -nutzungsrechte. Hierdurch wird in der Praxis die Bestellung eines Untererbbaurechts (§ 11 ErbbauRG Rn 17) nahezu unmöglich gemacht und die Beschaffung der nach § 10 ErbbauRG erforderlichen ersten Rangstelle deutlich erschwert (§ 10 ErbbauRG Rn 22 ff, § 33 ErbbbauRG Rn 4).

Eines der Haupthindernisse bei der Beleihung des Erbbaurechts, dass nämlich der Eigentümer kaum bereit sein dürfte, dem Grundpfandgläubiger den Vorrang vor dem Erbbauzins zu lassen, ließ sich lange Zeit nur mit der ziemlich umständlichen Lösung der sog „Stillhalteerklärung" beseitigen (vgl § 9 ErbbauRG Rn 52 f). Die Problematik bestand darin, dass eine Erbbauzinsreallast, mit der der Grundstückseigentümer hinter Finanzierungsgrundpfandrechte des Erbbauberechtigten zurückgetreten war, bei einer vom Grundpfandrechtsgläubiger betriebenen Zwangsversteigerung des Erbbaurechtes nicht in das geringste Gebot fiel und damit bei Zuschlagserteilung erlosch (§ 91 Abs 1 ZVG). Dem Grundstückseigentümer fiel damit ein etwa verbleibender Versteigerungserlös nach Befriedigung der Grundpfandrechtsgläubiger zu, der Ersteher hatte jedoch wegen Erlöschens der Belastung des Erbbaurechtes mit der Erbbauzinsreallast für die Zukunft keinen Erbbauzins mehr zu bezahlen. Blieb dagegen die Erbbauzinsreallast im Vorrang vor den Grundpfandrechtsgläubigern, so führte eine Geltendmachung der Reallast bei einer Zwangsversteigerung des Erbbaurechtes dazu, dass deren Kapitalwert festzusetzen war mit der Folge, dass die Beleihungsfähigkeit des Erbbaurechtes aus bankmäßigen Sicherheitsaspekten verringert bzw ganz ausgeschlossen war. Die Praxis behalf sich mit der sogenannten „Stillhalteerklärung". Der Gesetzgeber hat diese Problematik nunmehr dahingehend gelöst, dass eine vollstreckungsfeste Erbbauzinsreallast zugelassen wird (§ 9 Abs 3 Nr 1 ErbbauRG). **21**

VII. Sachenrechtsbereinigung und Erbbaurecht

Das Zivilrecht der DDR hat zahlreiche Nutzungsformen für Grundstücke geschaffen, bei denen der Grundsatz der Einheitlichkeit der Rechte am Grundstück und am Gebäude aufgehoben wurde. Zu nennen sind das Gebäudeeigentum, dingliche Nutzungsrechte, Bebauung anlässlich vertraglicher Überlassung oder mit Billigung staatlicher Stellen sowie Fälle rein faktischer Grundstücksnutzungen ohne Rechtsgrundlage (Schmidt-Räntsch, in: FS 25 Jahre DNotI [2018] 235; Ingenstau/Hustedt ErbbauRG Einl Rn 29 ff). Durch das Sachenrechtsbereinigungsgesetz soll das Auseinanderfallen von Grundeigentum und Gebäudeeigentum überwunden werden (Palandt-Archiv, Teil II, www.palandt.beck.de) oder doch in Rechtsformen der alten Bundesrepublik überführt werden. Hierzu gehört das Erbbaurecht. **22**

Der Grundstücksnutzer kann die Bestellung eines solchen (alternativ zum Grundstückskauf) vom Grundstückseigentümer verlangen (§§ 32 ff SachenRBerG). Der Inhalt des zu bestellenden Erbbaurechts ist dabei gesetzlich vorgegeben (§§ 42 ff SachenRBerG). Der Erbbauzins schwankt zwischen 2 % des Verkehrswertes (Eigenheime, Mietwohngebäude) und 3,5 % (gewerbliche Grundstücke etc) und mehr, beträgt also die Hälfte des üblichen Erbbauzinses (§ 43 SachenRBerG). Weitere Einzelheiten zur Ausgestaltung ergeben sich aus dem Gesetz (insbesondere Laufzeit, Rangprobleme bezüglich Erbbauzinsreallast, Wohnungserbbaurechte, s Ingenstau/Hustedt ErbbauRG Einl 29 ff; Winkler/Schlögel § 1 Rn 37 ff).

VIII. Weitere selbständige Rechte; Wohnungseigentum

23 **1.** Vgl näher Art 68 EGBGB über Belastung eines Grundstücks mit dem vererblichen und veräußerlichen Recht zur Gewinnung eines den bergrechtlichen Vorschriften nicht unterliegenden Minerals. Vgl ferner hierher Art 196, 197 EGBGB. Wegen des Erbpachtrechts nach PLR vgl RG Recht 1907 Sp 997.

2. Über **Bergwerk**seigentum und Kohlenabbaugerechtigkeiten und über sonstige sog **selbständige Gerechtigkeiten** s Staudinger/Ring[11] Einl 13.

3. Hinsichtlich des **Stockwerkeigentums** s Art 131, 182 EGBGB, Bem zu § 1010 BGB, sowie § 1014 BGB und § 1 Abs 3 des Gesetzes sowie Staudinger/Lehmann-Richter (2023) Einl 6 ff zum WEG.

4. Weitere Rechtsgebilde sind durch das Gesetz über das Wohnungseigentum und das Dauerwohnrecht vom 15. 3. 1951 (BGBl I 175) in den veräußerlichen und vererblichen Formen des **Wohnungseigentums**, des Dauerwohnrechts, des Dauernutzungsrechts sowie des Wohnungserbbaurechts und des Teilerbbaurechts geschaffen worden (vgl hierüber §§ 1, 30 u 31 WEG).

IX. Übergangsbestimmungen

1. Übergang zum BGB

24 Sonstige superfiziarische Rechte, wie sie nach dem Recht vor Inkrafttreten des BGB entstanden sind und bestehen, fallen nicht unter den Begriff des Erbbaurechts; sie bleiben im Hinblick auf Art 184 S 1 EGBGB unverändert mit ihrem bisherigen Inhalt bestehen (nur § 1017 BGB findet Anwendung, vgl OLG Colmar ElsLothrZ 28, 90); auch bei wirklichen bereits bestehenden Erbbaurechten bestimmt sich der Inhalt nach den früheren Gesetzen, nach denen sie entstanden sind, mit Ausnahme der Vorschriften des § 1017 BGB.

2. Erbbaurechte gem BGB

25 Für den Übergang vom BGB zum ErbbauRG entscheidet § 38 ErbbauRG, dass für ein Erbbaurecht, mit dem ein Grundstück zur Zeit des Inkrafttretens dieser damaligen VO belastet ist, die früheren Gesetze maßgebend bleiben.

3. Rechtsinstitute nach dem Recht der DDR

26 Im Gebiet der **Neuen Bundesländer** hat die Gesetzgebung der früheren DDR gemäß §§ 288 Abs 4, 292 Abs 3 ZGB das Rechtsinstitut des **Gebäudeeigentums** geschaffen. Es hebt generell die römisch-rechtliche Einheit von Grundstück und seinen wesentlichen Bestandteilen, insbesondere des auf ihm errichteten Gebäudes, auf. Nach Artikel 233 § 4 EGBGB besteht das Gebäudeeigentum grundsätzlich weiter. Der Gesetzgeber hat jedoch mit dem Sachenrechtsbereinigungsgesetz eine Überleitungsmöglichkeit bezüglich des Gebäuderechts der DDR in die Rechtsinstitute des BGB geschaffen, wobei das Instrument eines gesetzlichen Kontrahierungszwanges zwischen dem Grundstückseigentümer und dem Gebäudeeigentümer gewählt wurde (Bauer/vOefele/

Krauss, GBO E II Rn 11). Hierbei findet auch das Institut des Erbbaurechtes Anwendung. So kann der Gebäudeeigentümer vom Grundstückseigentümer die Annahme eines Angebotes auf Bestellung eines Erbbaurechtes verlangen (§ 32 SachenRBerG), wenn der Inhalt des Angebotes den § 43 bis 58 des Gesetzes entspricht. Dabei findet sich in § 39 Abs 2 des Gesetzes die Anerkennung eines Gesamterbbaurechtes. Der regelmäßige Erbbauzins beträgt dabei die Hälfte des für die entsprechende Nutzung üblichen Zinses (§ 43 SachenRBerG). Das Gesetz ist geprägt vom „Halbteilungsgrundsatz" (Vossius, Sachenrechtsbereinigung [1995] § 43 Rn 8 ff). Das Gesetz enthält weitere Vorgaben für den Inhalt des abzuschließenden Erbbaurechtsvertrages (§ 42 des Gesetzes).

X. Internationales Privatrecht

Angeknüpft wird an das Recht des Ortes, an dem das mit dem Erbbaurecht zu belastende Grundstück gelegen ist (Art 11 EGBGB). 27

I. Begriff und Inhalt des Erbbaurechts

1. Gesetzlicher Inhalt

§ 1
ErbbauRG

(1) Ein Grundstück kann in der Weise belastet werden, daß demjenigen, zu dessen Gunsten die Belastung erfolgt, das veräußerliche und vererbliche Recht zusteht, auf oder unter der Oberfläche des Grundstücks ein Bauwerk zu haben (Erbbaurecht).

(2) Das Erbbaurecht kann auf einen für das Bauwerk nicht erforderlichen Teil des Grundstücks erstreckt werden, sofern das Bauwerk wirtschaftlich die Hauptsache bleibt.

(3) Die Beschränkung des Erbbaurechts auf einen Teil eines Gebäudes, insbesondere ein Stockwerk ist unzulässig.

(4) Das Erbbaurecht kann nicht durch auflösende Bedingungen beschränkt werden. Auf eine Vereinbarung, durch die sich der Erbbauberechtigte verpflichtet, beim Eintreten bestimmter Voraussetzungen das Erbbaurecht aufzugeben und seine Löschung im Grundbuch zu bewilligen, kann sich der Grundstückseigentümer nicht berufen.

Systematische Übersicht

Alphabetische Übersicht

I. Allgemeines

1. Gesetzlicher Inhalt

§ 1 ErbbauRG stellt den **gesetzlichen**, also begriffsnotwendigen **Inhalt** des Erbbaurechts fest, dem in jedem Einzelfall genügt sein muss. Die Voraussetzungen des § 1 ErbbauRG müssen erfüllt sein, um ein Erbbaurecht im Sinne des Gesetzes annehmen zu können. Angesichts des sachenrechtlichen Typenzwanges haben die Vertragsteile insoweit keine Vertragsfreiheit. Ein dem § 1 ErbbauRG widersprechendes Erbbaurecht ist inhaltlich unzulässig und damit nichtig, auch wenn es im Grundbuch eingetragen ist (BGH 19. 12. 2025 – V ZR 15/24 Rn 19, BeckRS 2025, 35774). Ein gutgläubiger Erwerb nach § 892 BGB ist ausgeschlossen, da ein solcher nur bei einer inhaltlich zulässigen Eintragung möglich ist (BGHZ 130, 171; BGH 19. 12. 2025 – V ZR 15/24 Rn 19, BeckRS 2025, 35774). Die inhaltliche Unzulässigkeit führt zur Amtslöschung nach § 53 GBO. Die Eintragung eines Amtswiderspruchs ist nicht erforderlich, da ein gutgläubiger Erwerb nicht stattfinden kann. Ist das Erbbaurecht wegen eines Verstoßes gegen den sachenrechtlichen Typenzwang nichtig, ist den Parteien grundsätzlich nicht nach Treu und Glauben verwehrt, sich auf die daraus erfolgenden Rechtsfolgen zu berufen, selbst wenn das Erbbaurecht seit Jahrzehnten als wirksam betrachtet und entsprechend durchgeführt wurde (BGH 19. 12. 2025 – V ZR 15/24 Rn 17 ff, BeckRS 2025, 35774). 1

Die §§ 2–8 ErbbauRG enthalten nähere Vorschriften darüber, durch welche besonderen Vereinbarungen die Beteiligten den **Inhalt** des Erbbaurechts in zulässiger Weise und mit **dinglicher Rechtsfolge erweitern** können (vgl näher § 2 ErbbauRG Rn 1 ff). Für andere zulässige Erweiterungen des Inhalts sehen § 27 Abs 1 S 2 ErbbauRG (Vereinbarungen über die Entschädigung für das Bauwerk bei Beendigung des Erbbaurechts durch Zeitablauf) und § 32 Abs 1 S 2 ErbbauRG (Vergütung für das Erbbaurecht beim Heimfall des Erbbaurechts) Bestimmungen vor. Das ErbbauRG erweitert die Zahl der gesetzlich zugelassenen dinglichen Rechte, gibt aber keine volle Vertragsfreiheit mit dinglicher Wirkung; für schuldrechtliche Vereinbarungen dagegen besteht Vertragsfreiheit (vgl Ingenstau/Hustedt § 1 ErbbauRG Rn 4). 2

2. Begriff des Erbbaurechtes

a) Veräußerliches und vererbliches Recht zum Haben eines Bauwerks

Das Erbbaurecht ist ein dingliches, veräußerliches und vererbliches Recht, ein fremdes Grundstück in einer bestimmten Weise zu benutzen, nämlich dazu, auf oder unter der Oberfläche des belasteten Grundstücks ein **Bauwerk zu haben**. Diese bestimmte Benutzungsart und die Veräußerlichkeit und Vererblichkeit gehören zum 3

Wesen des Erbbaurechts (vgl RGZ 61, 2; BayObLGZ 14, 254). Das Erbbaurecht ist einerseits Belastung des Grundstücks und zugleich selbst grundstücksgleiches Recht.

4 Umstritten ist, ob ein Erbbaurecht wirksam entstehen kann, wenn eine Nutzung des Grundstücks als Baugrund bei Bestellung des Erbbaurechts aus Rechtsgründen dauernd ausgeschlossen ist. Nach einer Entscheidung des BGH aus dem Jahr 1985 (BGH 20. 12. 1985 – V ZR 263/83, NJW 1986, 1605) soll dies nicht der Fall sein. In einer kurz danach ergangenen Entscheidung hat der BGH ausgeführt, dass es der Wirksamkeit nicht entgegenstehe, wenn es sich bei Bestellung des Erbbaurechts um Bauerwartungsland handele und dass das Erbbaurecht nicht untergehe, wenn sich die Erwartung der Bebaubarkeit später zerschlage (vgl auch BGH 12. 6. 1987 – V ZR 91/86, NJW 1987, 2674). Im Jahr 2014 hat der BGH offengelassen, ob er an seiner Rechtsprechung aus dem Jahr 1985 noch festhält. Jedenfalls wenn kein öffentlich-rechtliches Bauverbot bestehe, könne ein Erbbaurecht wirksam entstehen; es gehe auch nicht unter, wenn die Bebaubarkeit nach der Bestellung des Erbbaurechts entfällt (BGH 19. 12. 2014 – V ZR 81/14, BeckRS 2015, 2885). Diese Entscheidung des BGH aus dem Jahr 1985 wird in der Literatur mit den Argumenten kritisiert, dass öffentlich-rechtliche Beschränkungen und privatrechtliche Befugnisse zu trennen seien und eine Prüfung der Bebaubarkeit durch das Grundbuchamt kaum möglich sei (Kohler JR 1989, 317; Winkler/Schlögel § 5 Rn 10). Dieser Kritik ist sowohl aus dogmatischen als auch praktischen Erwägungen zuzustimmen. Zwingender Inhalt des Erbbaurechts ist die zivilrechtliche, dem Grundstückeigentümer gegenüber wirkende, Befugnis, ein Bauwerk zu haben. Ob die Bebauung öffentlich-rechtlich zulässig ist, ist eine andere Frage, die auf die zivilrechtliche Wirksamkeit des Erbbaurechts keinen Einfluss hat.

b) Zu errichtendes oder bereits bestehendes Bauwerk

5 Ob das Bauwerk zur Zeit der Begründung des Erbbaurechts schon besteht oder von dem Berechtigten erst errichtet wird, ist für den gesetzlichen Begriff selbst gleichgültig. Eine inhaltlich gleichlautende Regelung besteht für das Wohnungseigentum; auch dieses kann begründet werden bezüglich eines bereits errichteten oder erst noch zu errichtenden Gebäudes (§ 3 Abs 1 WEG).

c) Eigentümer und Besitzer des Bauwerkes

6 Die Fassung „ein Bauwerk zu haben“ hat mehr als nur wörtliche Bedeutung: Sie schließt die Befugnis in sich, ein Bauwerk zu errichten, das Errichtete zu besitzen und dem Gesetz und Vertrag entsprechend zu nutzen. Steht auf dem Grundstück zur Zeit der Bestellung des Erbbaurechts bereits ein Bauwerk, so schließt das Erbbaurecht im Zweifel nicht nur den Besitz und die freie Nutzung dieses Bauwerks in sich, sondern auch die Befugnis, es abzureißen und ein neues herzustellen (vgl § 12 ErbbauRG Rn 10).

Dabei ist nicht notwendig, dass der Erbbauberechtigte auch Eigentümer oder unmittelbarer Besitzer des Bauwerks ist. Beim Untererbbaurecht ist Eigentümer und unmittelbarer Besitzer der Untererbbauberechtigte (vgl § 11 ErbbauRG Rn 13 ff).

d) Teile eines Bauwerkes

7 Nur auf das Halten eines ganzen Bauwerks kann das Erbbaurecht gerichtet sein, es darf nicht auf einen horizontalen Teil eines Gebäudes, insbesondere ein Stockwerk,

beschränkt werden (Abs 3), auch nicht bei einem Untererbbaurecht. Inwieweit eine vertikale Teilung zulässig ist, ist umstritten (Rn 70 ff).

3. Erbbaurecht als dingliches Recht

Das Erbbaurecht als Grundstücksbelastung ist ein dingliches Recht (MünchKommBGB/Heinemann § 1 ErbbauRG Rn 4; Ingenstau/Hustedt § 1 ErbbauRG Rn 5), und keine Sache. Es wird aber nach Maßgabe des § 11 ErbbauRG rechtlich wie ein Grundstück behandelt und kann daher auch belastet werden (vgl näher § 11 ErbbauRG mit Erl). 8

Das Erbbaurecht unterscheidet es sich unter anderem hierdurch von anderen Rechtsformen, insbesondere Dienstbarkeiten (vgl MünchKommBGB/Weiss § 1 ErbbauRG Rn 7).

Über Behandlung in der Zwangsvollstreckung vgl §§ 24, 25 ErbbauRG mit Erl.

4. Berechtigter

a) Natürliche/Juristische Person als Erbbauberechtigter

Das Erbbaurecht kann von jedem Grundstückseigentümer zugunsten einer jeden natürlichen oder juristischen Person oder rechtsfähigen Gesellschaft bestellt werden. 9

Der **Grundstückseigentümer** kann auch **für sich selbst** ein Erbbaurecht am eigenen Grundstück (**Eigentümererbbaurecht**) bestellen (BGH NJW 1982, 2381; Ingenstau/Hustedt § 1 ErbbauRG Rn 11; MünchKommBGB/Weiss § 1 ErbbauRG Rn 66). 10

Die hinsichtlich § 873 BGB denkbare Argumentation, die „Einigung des Berechtigten und des anderen Teils" setze notwendig zwei verschiedene Personen voraus, ist durch die Entscheidung des RG zur Zulässigkeit der Eigentümergrunddienstbarkeit (RGZ 142, 231 = JW 1934, 282) und die Entscheidungen des BGH zur Bestellung einer beschränkten persönlichen Dienstbarkeit (BGHZ 41, 209) und eines Nießbrauchs am eigenen Grundstück (BGH NJW 2011, 3517 Rn 7 f), überholt. Ein besonderes Rechtsschutzbedürfnis ist nicht erforderlich. Zudem hat das ErbbauRG selbst das Eigentümererbbaurecht beim Heimfall in § 33 ErbbauRG zugunsten des Grundeigentümers, sowie beim Vorkaufsrecht des Erbbauberechtigten zu dessen Gunsten nach § 2 Nr 7 ErbbauRG, zugelassen. Es ist kein Grund ersichtlich, warum das Erbbaurecht nicht bereits von Beginn an als Eigentümererbbaurecht begründet werden kann. Die Zulässigkeit des Eigentümererbbaurechts wird daher allgemein angenommen (statt aller BGH NJW 1982, 2381; BayObLGZ 1996, 108; Ingenstau/Hustedt § 1 ErbbauRG Rn 11; Winkler/Schlögel § 3 Rn 8 ff; MünchKommBGB/Weiss § 1 ErbbauRG Rn 66, jew mwNw). Die Bestellung des Eigentümererbbaurechts erfolgt durch einseitige Erklärung des Grundstückseigentümers gegenüber dem Grundbuchamt. Praktisch bedeutsam ist es, wenn der Grundstückseigentümer Wohnungserbbaurechte schaffen und veräußern will, da er hierfür zunächst das Erbbaurecht begründen muss, um es nach §§ 30 Abs 2, 8 WEG teilen zu können.

Da es beim Eigentümererbbaurecht keine Vertragsparteien gibt, können bei der Bestellung eines Eigentümererbbaurechts jedoch nur die im Rahmen der §§ 2, 27, 32 ErbbauRG zum dinglichen Inhalt des Erbbaurechts zulässigen Vereinbarungen sowie die (variable) Erbbauzinsreallast gem 9 ErbbauRG mit Wirkung für den etwaigen Rechtsnachfolger festgelegt werden. Schuldrechtliche Vereinbarungen, insbesondere eine schuldrechtliche Anpassungsklausel bezüglich des Erbbauzinses (evtl vormerkungsgesichert), können hingegen nicht begründet werden (BGH NJW 1982, 2382; Staudinger/Kesseler [2026] § 883 BGB Rn 168, 187, 188; Winkler/Schlögel § 3 Rn 11 u § 6 Rn 91; Böttcher Rn 94). Sie müssen vielmehr bei der Veräußerung des Erbbaurechts mit dem Erwerber vereinbart werden. In der Literatur daher wird vorgeschlagen, die Erbbaurechtsbestellung im eigenen Namen und vorbehaltlich nachträglicher Genehmigung des Erbbaurechtserwerbers abzuschließen (Winkler/Schlögel § 3 Rn 11).

11 Ein **Eigentümererbbaurecht entsteht nachträglich**, wenn der Grundstückseigentümer das Erbbaurecht, gleich auf welcher Rechtsgrundlage, selbst erwirbt. Erwirbt der Erbbauberechtigte bei Ausübung seines Vorkaufsrechtes das Erbbaugrundstück, so entsteht ebenfalls ein Eigentümererbbaurecht.

Bei einem nachträglichen Zusammenfall von Eigentum und Erbbaurecht, zB bei Ausübung des Heimfallrechts, erlöschen – auch wenn ein anderes Ergebnis aus praktischen Gründen wünschenswert wäre – sämtliche schuldrechtlichen Vereinbarungen zwischen dem Grundstückseigentümer und dem Erbbauberechtigten durch Konfusion (NK-BGB/Heller § 1 ErbbauRG Rn 7; BeckOK-BGB/Maass [1. 11. 2025] § 1 ErbbauRG Rn 52; **aA** Winkler/Schlögel § 3 Rn 13). Bei der erneuten Veräußerung eines solchen Erbbaurechts müssen daher alle schuldrechtlichen Vereinbarungen neu vereinbart werden, wenn sie weiter bzw wieder gelten sollen. Anders ist die Rechtslage, wenn beim Heimfall das Erbbaurecht unmittelbar auf einen Dritten übergeht, wobei dieser dann allerdings auch in die nur schuldrechtlichen Vereinbarungen eintreten muss. Es handelt sich hier dann nicht um die Neuvereinbarung bereits erloschener Ansprüche. Das Gegenteil gilt jedoch bei dem dinglich wertgesicherten Erbbauzins des § 1105 Abs 1 S 2 BGB.

Bei Vereinigung von Erbbaurecht und Grundstückseigentum in einer Person hat der Eigentümer die Möglichkeit, das Erbbaurecht aufzuheben und damit den vollen Wert des nunmehr unbelasteten Grundstücks zu realisieren (BGH 19. 5. 1989 – V ZR 103/88, DNotZ 1990, 93).

b) Mehrere Erbbauberechtigte

12 Die Bestellung eines Erbbaurechts ist auch für **mehrere** zulässig, gleichviel ob diese in einer Bruchteilsgemeinschaft oder in einem Gesamthandverhältnis stehen; die Grundsätze über Gemeinschaft oder Miteigentum sind aber nicht ohne Weiteres anwendbar, da das Erbbaurecht ein unteilbares Recht ist, vom Fall des § 30 WEG abgesehen.

Die Bestellung eines Erbbaurechtes für **mehrere Berechtigte** als Gesamtberechtigte nach § 428 BGB ist umstritten. Für dingliche Nutzungsrechte wie dem Nießbrauch, der beschränkten persönlichen Dienstbarkeit und bei der Grunddienstbarkeit hält die Rechtsprechung eine Gesamtberechtigung entsprechend § 428 BGB für rechtlich möglich (BGHZ 46, 253, 255). Unter dem Blickwinkel, dass das Erbbaurecht zumindest auch ein Nutzungsrecht ist, wird diese Auffassung teilweise auch auf dasselbe angewendet (Ingenstau/Hustedt § 1 ErbbauRG Rn 52 f; Grüneberg/Wicke § 1

ErbbauRG Rn 12; OLG Hamm RNotZ 2006, 478). Diese Auffassung berücksichtigt allerdings nicht den strukturellen Unterschied zwischen dinglichen Nutzungsrechten wie Nießbrauch, beschränkte persönliche Dienstbarkeit, Wohnungsrecht, Grunddienstbarkeit einerseits und dem Erbbaurecht andererseits. Das Erbbaurecht wird in § 11 Abs 1 ErbbauRG dem Eigentum gleichgestellt. Das Eigentum am Gebäude, gleichgültig ob dieses erst noch errichtet wird oder bereits errichtet ist, ist gemäß § 1 Abs 2 ErbbauRG die wirtschaftliche Hauptsache des Erbbaurechtes. An ihm besteht das Eigentum des Erbbauberechtigten. Beim Eigentum ist jedoch eine Gesamtgläubigerschaft gemäß § 428 BGB ausgeschlossen; hier gibt es nur **Miteigentum nach Bruchteilen oder Gesamthandseigentum** (Staudinger/Looschelders [2022] § 428 BGB Rn 114; BayObLGZ 1963, 128, 131). Ein Schuldrechtsverhältnis, wie es § 428 BGB voraussetzt, besteht zwischen dem Grundstückseigentümer und dem Erbbauberechtigten in Ansehung des Eigentums am Gebäude nicht. Die Rechtszuständigkeit am Gebäude ist definitiv geklärt, da dieses wesentlicher Bestandteil des Erbbaurechtes ist. Eine Gesamtberechtigung gemäß § 428 BGB ist deshalb beim Erbbaurecht ausgeschlossen (MünchKommBGB/Weiss § 1 ErbbauRG Rn 68 ff; Winkler/Schlögel § 2 Rn 126 ff; Böttcher Rn 89 f; Staudinger/Looschelders [2022] § 428 BGB Rn 114; Erman/Grziwotz § 1 ErbbauRG Rn 16).

Eine Erbengemeinschaft kann ein Erbbaurecht an einem Nachlassgrundstück für einen **Miterben** bestellen (LG Düsseldorf DNotZ 1955, 155; KGJ 26, 130).

c) Kein subjektiv-dingliches Erbbaurecht

Erbbauberechtigter kann stets nur eine oder können mehrere natürliche oder juristische Personen sein. Ausgeschlossen ist es, ein Erbbaurecht als subjektiv-dingliches Recht zugunsten des jeweiligen Eigentümers eines Grundstücks (herrschendes Grundstück) zu bestellen (Winkler/Schlögel § 2 Rn 121). 13

5. Eigentums- und Besitzfragen

a) Eigentum am Grundstück

Am Eigentum am Grundstück wird durch Begründung eines Erbbaurechts nichts geändert. Das Eigentum am Grundstück verbleibt beim bisherigen Eigentümer. 14

b) Subjektiv-dingliche Rechte zugunsten des Grundstücks

Die mit dem Eigentum am Grundstück zu dessen Gunsten verbundenen subjektiv dinglichen Rechte, wie zB Grunddienstbarkeiten, werden durch die Bestellung des Erbbaurechts nicht vom Grundstück gelöst, sondern **bleiben** nach § 96 BGB **Bestandteil des Grundstücks**; eine Abtretung dieser Rechte an den Erbbauberechtigten ist ausgeschlossen. 15

Fraglich ist aber, ob der Eigentümer des herrschenden Grundstücks (also des Erbbaugrundstücks) die Rechte aus der Dienstbarkeit dem Erbbauberechtigten zur Ausübung überlassen kann. Sofern sich aus der Grunddienstbarkeit nichts anderes ergibt, können die Rechte nicht nur vom Eigentümer des herrschenden Grundstücks, sondern auch von dritten Personen ausgeübt werden, denen der Berechtigte dies gestattet (vgl BGH DNotZ 1971, 471). Somit kann der Eigentümer des herrschenden Grundstücks in aller Regel die **Ausübung** der Rechte aus der Grunddienstbarkeit **dem Erbbauberechtigten überlassen** (DNotI-Rep 2016, 101, 102). Diese Überlassung der

Ausübungsbefugnis kann nach überzeugender Ansicht nicht nur mit schuldrechtlicher Wirkung zwischen Eigentümer des Erbbaugrundstücks und dem Erbbauberechtigten vereinbart werden; vielmehr gehört diese Befugnis mangels abweichender Vereinbarungen bereits zum Inhalt des Erbbaurechts (DNotI-Rep 2016, 101, 103; WINKLER/SCHLÖGEL § 4 Rn 59a).

c) Eigentum am Bauwerk

16 Das **Eigentum am Bauwerk** steht dem Erbbauberechtigten zu und zwar gleichgültig, ob es sich um ein erst nach Begründung des Erbbaurechts errichtetes oder bereits vor diesem Zeitpunkt vorhandenes Bauwerk handelt.

Ein **nach Eintragung des Erbbaurechts erstelltes Bauwerk** geht mit seiner Errichtung ohne Weiteres in das Eigentum des Erbbauberechtigten über. Das folgt aus § 12 Abs 1 S 1 ErbbauRG iVm § 93 BGB, wonach ein derartiges Bauwerk als wesentlicher Bestandteil des Erbbaurechts gilt. Dadurch wird das Bauwerk schon mit seiner Entstehung der Rechtssphäre des Erbbauberechtigten unterstellt und zwar unter Ausschluss der Rechte eines Dritten, auch des Grundeigentümers.

Das bei der Bestellung des Erbbaurechts **bereits vorhandene Bauwerk** wird mit Entstehung des Erbbaurechts wesentlicher Bestandteil desselben und geht daher zu diesem Zeitpunkt in das Eigentum des Erbbauberechtigten über (INGENSTAU/HUSTEDT § 1 ErbbauRG Rn 24; WINKLER/SCHLÖGEL § 2 Rn 51). Der Erbbauberechtigte erwirbt somit rechtsgeschäftlich durch die Erbbaurechtsbestellung **kraft Gesetzes** die Rechtsstellung eines **Eigentümers** an allen wesentlichen Bestandteilen des fiktiven Grundstücks (vgl Erl zu § 12 ErbbauRG), also auch am **schon vorhandenen Bauwerk**. Gleichzeitig erlischt die Haftung des Grundstücks für etwaige Belastungen des Baugrundes (§ 12 Abs 1 S 3 ErbbauRG). Soll ein bereits bestehendes Gebäude ohne das Eigentum am Grundstück verkauft und an einen Dritten übereignet werden, ist die Bestellung eines Erbbaurechts am Grundstück der einzige Weg. Bezüglich des Grundstücks wird der durch die §§ 93, 94 BGB aus dem Römischen Recht übernommene Grundsatz der Einheitlichkeit der Eigentumsverhältnisse am Grundstück und darauf errichtetem Gebäude bei Bestellung eines Erbbaurechtes durchbrochen. Es liegt ein Fall des § 95 Abs 1 S 2 BGB vor, wonach zu den Bestandteilen eines Grundstücks ein Gebäude nicht gehört, das in Ausübung eines Rechtes an einem fremden Grundstück von dem Berechtigten mit dem Grundstück verbunden worden ist. Die Rechtsausübung ist dabei die Erstellung des Bauwerkes aufgrund des eingeräumten Erbbaurechtes. Um ein Erbbaurecht auch bei einem bereits bebauten Grundstück zu ermöglichen, war deshalb die Vorschrift des § 12 Abs 1 S 2 ErbbauRG erforderlich, wonach das bereits bestehende Bauwerk dem zu errichtenden Bauwerk in der Eigentumszuordnung gleichgestellt wird. In beiden Fällen gilt das Bauwerk als wesentlicher Bestandteil des Erbbaurechtes. Damit ist es für das Grundstück lediglich **Scheinbestandteil**.

Zu Recht wird deshalb das Gebäude auch als Sondereigentum bezeichnet (MünchKommBGB/WEISS § 1 ErbbauRG Rn 4 f). Dieses Sondereigentum ist von seiner Struktur her vergleichbar mit dem wohnungseigentumsrechtlichen Sondereigentum; auch dieses ist ein Scheinbestandteil des Grundstücks und eine Abweichung zu § 93 BGB (RAPP, in: FS Wenzel [2005] 274 ff).

Dass Eigentümer des Bauwerks im Normalfall der Erbbauberechtigte ist, ist aber nicht zwingend. Beim Untererbbaurecht ist der Untererbbauberechtigte der Eigentümer (§ 11 ErbbauRG Rn 13 ff). Auch beim Erbbaurecht gibt es Scheinbestandteile nach § 95 BGB, die nicht dem Erbbauberechtigten gehören, zB ein aufgrund eines Nießbrauchs am Erbbaurecht errichtetes Gebäude (Winkler/Schlögel § 2 Rn 57). 17

Hierher gehört auch der Fall, dass sich im Ausübungsbereich des Erbbaurechtes mehrere Bauwerke befinden, aber nicht alle Bestandteile des Erbbaurechtes werden sollen. Diese Bauwerke bleiben wesentlicher Bestandteil des Grundstücks.

d) Grundstücksgleiches Recht

Auf das bestehende Erbbaurecht finden die Vorschriften über Ansprüche aus dem Eigentum entsprechende Anwendung, soweit sich nicht aus dem Gesetz selbst ein anderes ergibt (§ 11 S 1 ErbbauRG). Im Hinblick auf diese Regelung ist das Erbbaurecht selbst seiner tatsächlichen und rechtlichen Wirkung nach ein eigentumsähnliches Recht. 18

e) Besitzfragen

Der Erbbauberechtigte ist Besitzer des Bauwerks und des Grundstücks und, wenn sich sein Recht nach Abs 2 auf einen weiteren unbebauten Teil des Grundstücks erstreckt, auch Besitzer dieses Grundstückteils. Als Besitzer hat er auch die Besitzklagen mit den Rechten der Selbsthilfe (§ 859 BGB) und der Klage wegen Entziehung (§ 861 BGB) oder wegen Störung (§ 862 BGB) des Besitzes; hat er den Sachbesitz selbst nicht, so ist § 1029 BGB entsprechend anwendbar (zu Besitzfragen vgl auch Weitnauer DNotZ 1968, 303). Dem Grundstückseigentümer verbleibt am Grund und Boden der mittelbare Besitz nach Maßgabe des § 868 BGB (vgl BGH MDR 1970, 669; Ingenstau/Hustedt § 1 ErbbauRG Rn 26 ff). Zum Bauwerk steht der Grundeigentümer in keinem (auch nicht mittelbaren) Besitzverhältnis, außer im Falle des Eigentümererbbaurechts (Rn 10). Rechte aus Besitz und Besitzschutz stehen ihm daher nicht zu. Der Erbbauberechtigte kann in bestimmten Fällen auch nur mittelbarer Besitzer des Bauwerks sein, so zB bei Vermietung des Bauwerks, bei Bestellung eines Nießbrauchs. 19

6. Subjektiv-persönliches Recht

Das Erbbaurecht ist ein **subjektiv-persönliches Recht**, es kann daher nur für eine bestimmte natürliche oder juristische Person oder rechtsfähige Personengesellschaft begründet werden. 20

Ein subjektiv-dingliches, dh mit dem Eigentum an einem anderen Grundstück verbundenes Erbbaurecht gibt es nicht (vgl Mot III 468). Ein Erbbaurecht für den jeweiligen Eigentümer eines anderen Grundstücks ist danach unzulässig. Es kann allerdings die Benutzung eines fremden Grundstücks als Baugrund oder das Recht an einem Bauwerk auf fremdem Grund und Boden auch zum Inhalt einer Grunddienstbarkeit (§§ 1018 ff BGB) gemacht und dadurch mit einem Grundstück verbunden werden (vgl Mot III 468 Ziff 7 und 475).

Eine im wirtschaftlichen Ergebnis einem subjektiv-dinglichen Erbbaurecht nahekommende Konstruktion ist eine – in der Zulässigkeit umstrittene – Verbindung mit einem Grundstück im Wege der Vereinigung oder Bestandteilszuschreibung nach § 890 Abs 1 und 2 BGB (vgl näher § 11 ErbbauRG Rn 22)

7. Das Erbbaurecht als Heimstätte

21 Das Reichsheimstättengesetz wurde mit Gesetz vom 17. 6. 1993 (BGBl I 912) aufgehoben.

II. Bauwerk

22 Die wirtschaftliche Benutzung des Grundstücks für ein **Bauwerk** ist für das Erbbaurecht charakteristisch. Das vom Erbbaurecht erfasste Bauwerke muss im Erbbaurechtsvertrag konkretisiert werden: Mit sachenrechtlicher Bestimmtheit muss aus dem Erbbauvertrag hervorgehen, für welches Bauwerk das Erbbaurecht bestellt wurde. Ferner soll der für eine Belastung des Erbbaurechtes mit Grundpfandrechten maßgebliche Beleihungswert wenigstens einigermaßen erkennbar sein (BGHZ 47, 191; MünchKommBGB/Weiss § 1 ErbbauRG Rn 15; Erman/Grziwotz § 1 ErbbauRG Rn 1 „gemäßigter Bestimmtheitsgrundsatz"). Zudem soll, als Ausprägung des sachenrechtlichen Bestimmtheitsgrundsatzes, hinreichende Klarheit über Inhalt und Umfang der Berechtigung zur Nutzung des Grundstücks bestehen (BGHZ 126, 15). Bei Heimfall (§ 2 Nr 4 ErbbauRG) oder Beendigung des Erbbaurechtes durch Zeitablauf (§ 27 ErbbauRG) soll für den Eigentümer die Höhe der Vergütung bzw Entschädigung kalkulierbar sein. Schließlich soll die Prüfung ermöglicht werden, ob das Bauwerk bei Erstreckung des Erbbaurechts auf einen für die Bebauung nicht benötigten Teil des Grundstücks gem § 1 Abs 2 ErbbauRG wirtschaftlich die Hauptsache bleibt (BGHZ 47, 191).

Ein genehmigter Bauplan für das Gebäude oder ein amtlicher Lageplan für die Nebenflächen gem § 1 Abs 2 ErbbauRG sind nicht erforderlich (anders als bei der Begründung von Wohnungseigentum, vgl §§ 3 Abs 3, 7 Abs 4 Nr 1 WEG). Natürlich ist ein Plan, in dem die Lage und die Größe des Gebäudes dargestellt ist, auch für das Erbbaurecht nützlich; ausreichend ist jedoch auch eine verbale Beschreibung des Gebäudes, die eine unzweifelhafte Identifizierung ermöglicht.

1. Begriff des Bauwerks

23 Der Begriff eines Bauwerks ist weitergehend als der eines Gebäudes (vgl Mot III 470), jedoch enger als der eines bloßen Werkes (vgl §§ 95, 836 ff, 908 BGB); der Begriff kommt auch in § 650a BGB vor. Ein Erbbaurecht kann auch bei raumlosen Bauwerken bestehen.

Für die Begrenzung des Begriffs ist in Ermangelung einer gesetzlichen Festlegung der allgemeine Sprachgebrauch maßgebend (vgl RGZ 56, 42). Danach ist unter Bauwerk eine durch Verwendung von Arbeit und Material in Verbindung mit dem Erdboden hergestellte Sache zu verstehen. Oertmann ArchBürgR 38, 169 definiert: Bauwerk ist ein Werk, das mit einem Grundstück oder Gebäude verbunden und nach seiner typischen Zweckbestimmung (physikalisch betrachtet) unbeweglich ist, das ferner nicht in einer bloßen Umarbeitung des Bodens selbst bestehen darf (OLG Hamm MittBayNot 2020, 346). Wesentlich ist die feste Verbindung mit dem Boden (vgl

Winkler/Schlögel § 2 Rn 8), die nicht allein durch die Schwerkraft herbeigeführt wird (vgl LG Oldenburg Rpfleger 1983, 105 bei Gastank).

Das Bauwerk kann sich **auf oder unter der Oberfläche** befinden. Daher ist es auch zulässig, dass sich das Erbbaurechtsbauwerk ganz unter der Oberfläche befindet. Die Oberfläche und etwaige darauf befindliche Bauwerke können dann – von Zugang bzw Zufahrt abgesehen – vollständig in Nutzung und Eigentum des Grundstückseigentümers verbleiben. Das Bauwerk des Erbbauberechtigten kann zB eine Tiefgarage sein, während sich ein Gebäude des Grundstückseigentümers, zB ein Wohn- oder Geschäftshaus – auch aufgeteilt in Wohnungs-/Teileigentum – darüber befindet. Maßgeblich ist jedoch, dass **beide Bauwerke keine Einheit** sondern nach der Verkehrsanschauung selbständige Bauwerke bilden (Winkler/Schlögel § 2 Rn 9; MünchKommBGB/Weiss § 1 ErbbauRG Rn 12), wobei dem Erbbauberechtigten aber auch gemäß § 1 Abs 2 ErbbauRG die Nutzung der Grundstücksoberfläche erlaubt sein kann. Ein Bauwerk– zB Brücke, Leitung, Seilbahn –, das nicht wenigstens an einem Punkt des Grundstücks mit diesem verbunden ist, ist dagegen nicht möglich, da es dann an der begriffsnotwendigen festen Verbindung fehlt (Winkler/Schlögel § 2 Rn 10; MünchKommBGB/Weiss § 1 ErbbauRG Rn 12). Es handelt sich dann nicht um ein Bauwerk auf dem Grundstück (**aA** Erman/Grziwotz § 1 ErbbauRG Rn 6).

2. Beispiele aus der Praxis

Außer Gebäuden aller Art kommen etwa in Betracht: Monumente (auch Grabdenk- **24**
male, vgl OLG Stuttgart OLGE 8, 123), Hafenanlagen, Gleisanlagen (vgl KGJ 29, 130; OLGE 10, 412), Wasserkanäle mit eingemauerten Schächten (RG JW 1910, 148), Flusswehre (vgl BayObLGZ 14, 254), Viadukte, Windkraftanlagen (OLG Hamm Rpfleger 2006, 9; LG Flensburg NJW-RR 2005, 1610) und stationäre (ortsfeste) Sendeanlagen. Auch Brücken sind dann Bauwerke, wenn sie feste Stützpunkte, Pfeiler usw haben. Auch eine Drahtseilbahn mit stützenden Trägern ist ein Bauwerk (vgl OLGE 26, 126). Bei Kellern ist im Hinblick auf Abs 3 stets im Einzelfall zu prüfen, ob sie nach der Verkehrsanschauung wirklich selbständige Gebäude sind oder nur Gebäudeteile; sehr häufig sind die sog Kellerrechte rechtlich lediglich Dienstbarkeiten (Silberschmidt, Das Recht an Kellern, SeuffBl 69, 409 ff; auch OLG Jena LZ 1924, 764; KG JW 1933, 1334). Ein Brunnen ist nur dann Bauwerk, wenn er mittels eines gemauerten Schachtes hergestellt ist oder ein Brunnengebäude über ihm errichtet wurde; deshalb zählt ein sog artesischer Brunnen nicht hierher (vgl RGZ 30, 153), ebenso wenig ein Röhrentiefbrunnen, bei dem das Wasser durch Röhren an die Oberfläche gepumpt wird (vgl RGZ 56, 43). Eine Röhrenleitung, die lediglich durch Ausheben einer Grube, Hineinragen der Rohre, Verbindung dieser untereinander und Wiederzuschütten der Grube hergestellt wird, ist kein Bauwerk (vgl KGJ 29 A, 132 ff = RJA 5, 202); anders dagegen, wenn zB für die Aufnahme der Rohre ein gemauerter Kanal hergestellt wird. Gräben und Lärmschutzwalle (als Erdaufschüttungen konstruiert) sind in der Regel keine Bauwerke (vgl RGZ 30, 154); auch eine Grube ist kein Bauwerk, wenn sie nur durch Ausheben der Erdmasse hergestellt wird.

Drainage-Anlagen sind kein Bauwerk, falls dabei nur Gräben gezogen und Rohre hineingelegt sind (vgl RGZ 56, 43; 74, 292); Tankstelle ist Bauwerk (BayObLG MDR 1958, 691). *Sportplätze* sind nur dann Bauwerke, wenn mehr als nur Erdarbeiten (Planierung und Aufschüttung) vorgenommen werden (vgl OLG Hamm MittBayNot 2020, 346 re;

LG Braunschweig MDR 53, 480; LG Itzehoe Rpfleger 1973, 304). Wird bei einem Sportplatz die Bauwerkeigenschaft bejaht (zB bei Umkleidekabinen), so erstreckt sich das Erbbaurecht auf den gesamten Bereich des Sportplatzgeländes (vgl Ingenstau/Hustedt § 1 ErbbauRG Rn 80). Ein *Golfplatz* ist in der Regel deshalb ein Bauwerk, weil bei einem Teil des Platzes nicht nur Erdarbeiten durchgeführt werden, sondern der Untergrund bauwerkartig neu aufgebaut wird, sowie Aufschüttungen mit bodenfremdem Material und Abgrabungen in großem Umfang vorgenommen werden (BGHZ 117, 19); ein Campingplatz mit Wirtschaftsgebäuden ist Bauwerk (LG Paderborn MDR 1976, 579).

3. Pflanzen

25 An Pflanzungen allein kann ein selbständiges Erbbaurecht nicht begründet werden. Einige Abhilfe schafft hier aber Abs 2, wonach das Erbbaurecht auf die Benutzung eines für das Bauwerk nicht erforderlichen Teils des Grundstücks erstreckt werden kann, sofern das Bauwerk wirtschaftlich die Hauptsache bleibt (zB auf einen Nutz- und Ziergarten); Gewächshäuser einer Handelsgärtnerei (vgl Mot III 470) sind Bauwerke.

4. Grundstücksfläche

26 Das Bauwerk muss nicht notwendig die gesamte Fläche des Grundstücks einnehmen (vgl näher Rn 33 ff).

Die bauliche Anlage kann im Einzelfall auch in einer Mehrheit von Bauwerken bestehen, so insbes bei industriellen Anlagen.

5. Bauwerk und Bestimmtheitsgrundsatz

27 Das vom Erbbaurecht erfasste **Bauwerk** muss im Bestellungsvertrag entsprechend dem sachenrechtlichen und grundbuchverfahrensrechtlichen **Bestimmtheitsgrundsatz** festgelegt und von der dinglichen Einigung mit umfasst werden (BGHZ 47, 190, s auch Rn 22). Fehlt diese Bestimmtheit, ist das Erbbaurecht ohne den gesetzlich gebotenen Inhalt vereinbart und daher als inhaltlich unzulässig von Amts wegen zu löschen (OLG Frankfurt OLGZ 1983, 165; MünchKommBGB/Weiss § 1 ErbbauRG Rn 15).

Davon zu trennen ist die Frage nach den Folgen, wenn zwar der Erbbaurechtsvertrag das Bestimmtheitserfordernis erfüllt, aber das Bauwerk tatsächlich anders als vereinbart errichtet wird (vgl hierzu § 12 ErbbauRG Rn 4)

28 An das Erfordernis der sachenrechtlichen Bestimmtheit sind jedoch **keine allzu großen Anforderungen** zu stellen (vgl dazu eingehend Winkler/Schlögel § 2 Rn 20 ff).

Bereits nach der älteren Rechtsprechung musste sich aus den Angaben im Erbbaurechtsvertrag nur die ungefähre Bestimmtheit des Bauwerks ergeben (BGHZ 47, 190; KG Rpfleger 1979, 208; § 11 ErbbauRG Rn 18). Eine Bezugnahme auf öffentliche Bauvorschriften ist möglich (BGH 23. 5. 2014 – V ZR 208/12, NJW 2014, 3439 Rn 25; BGHZ 126, 12; 101, 143; OLG München RNotZ 2013, 226, 228 f). Die Rechtsprechung hat das Bestimmtheitserfordernis immer weiter dadurch aufgelockert (hierzu Schreinert notar 2019, 364f), dass als Inhaltsangabe auch genügt, dass jedes baurechtlich zulässige Bauwerk errichtet werden darf (BGH 23. 5. 2014 – V ZR 208/12, NJW 2014, 3439 Rn 25; BGHZ 126, 14), wobei auch eine dynamische Verweisung auf die baurechtliche Zulässigkeit zulässig ist (BGH 23. 5. 2014 – V ZR 208/12, NJW 2014, 3439 Rn 25; BGH BeckRS 2015, 2885 Rn 10; Dieckmann ErbbauR 2020, 104, 109).

Diesem weiten Verständnis der Rechtsprechung ist auch im Hinblick auf die sonst drohende Nichtigkeit des Erbbaurechts zuzustimmen. Die sachenrechtlich gebotene Bestimmtheit erfordert keine detaillierte Beschreibung des Bauwerks (etwa nach Art und Zahl der Bauwerke), sondern lediglich eine Formulierung, aus der erkennbar ist, welche Bauwerke vom Erbbaurecht erfasst sind. Auch aus praktischen Erwägungen ist es regelmäßig sinnvoll, dem Erbbauberechtigten einen Gestaltungsspielraum zu belassen, der durch den Zweck der Bauwerke definiert und ausgefüllt werden kann (MünchKommBGB/Weiss § 1 ErbbauRG Rn 14). Umgekehrt kann es für den Grundstückeigentümer jedoch sinnvoll sein, das vom Erbbaurecht erfasste Bauwerk im Erbbaurechtsvertrag genauer zu bestimmen.

III. Belastungsgegenstand

Mit einem Erbbaurecht belastet werden kann ein Grundstück, aber auch ein Erbbaurecht selbst, auf welches nach § 11 ErbbauRG die sich auf Grundstücke beziehenden Vorschriften anzuwenden sind, sog **Untererbbaurecht** (s hierzu § 11 ErbbauRG Rn 13 ff). 29

1. Belastung eines Grundstücks

Nur ein **Grundstück im Ganzen** kann mit dem Erbbaurecht belastet werden. 30

Begrifflich **ausgeschlossen** ist die Bestellung eines Erbbaurechts **an einem Bruchteil eines Grundstücks**, auch wenn er in dem Anteil eines Miteigentümers besteht, da das Erbbaurecht ein Gebrauchsrecht ist und das ganze Grundstück unmittelbar trifft (vgl Mot III 470; Prot III 282). Zulässig dagegen ist es, dass mehrere Mit-(Gesamthands-)eigentümer ein Erbbaurecht an einem zum Miteigentum (oder ungeteilten Nachlass) gehörenden Grundstück zugunsten eines Miteigentümers (Miterben) bestellen (§ 1009 BGB; vgl LG Düsseldorf DNotZ 1955, 155). Ausgeschlossen ist es, ein Wohnungseigentum mit einem Erbbaurecht zu belasten, da es kein Grundstück ist (MünchKommBGB/Weiss § 1 ErbbauRG Rn 31 mwNw).

2. Belastung eines Wohnungseigentumsgrundstücks

Fraglich ist, ob ein Erbbaurecht an einem **Grundstück** bestellt werden kann, das **nach WEG aufgeteilt** ist (vgl Graf Wolffskeel von Reichenberg DNotZ 2024, 62, 64 f). 31

Nach einem DNotI-Gutachten aus dem Jahr 1998 (DNotI-Rep 1998 13 ff) soll dies nur möglich sein, wenn sich das Erbbaurecht nicht auf das Gebäude erstreckt, an dem Sondereigentum begründet ist und wenn im Ausübungsbereich des Erbbaurechts weder Sondernutzungsrechte bestehen noch „sonstige Regelungen der Gemeinschaftsordnung eingreifen“.

Zutreffend hat bereits Rapp in der Vorbearbeitung die Gegenansicht vertreten. Auch an einem nach dem WEG aufgeteilten Grundstück **kann** richtigerweise ein **Erbbaurecht begründet werden**. Es kommt dabei nicht darauf an, worauf sich der Ausübungsbereich des Erbbaurechts erstreckt. Es ist insbesondere irrelevant, ob vom Erbbaurecht Gemeinschafts- oder Sondereigentum oder Sondernutzungsrechtsflächen betroffen sind. Die Überlegung, nur bei fehlender Überschneidung des Erbbaurechts mit vorstehend genannten Flächen sei § 10 Abs 1 ErbbauRG nicht verletzt, ist von vornherein nicht stringent: Unterstellt man – fälschlicherweise, dazu sogleich –, dass die Aufteilung nach dem WEG der ersten Rangstelle des Erbbaurechts entgegensteht, müsste dies unabhängig davon gelten, ob sich das Erbbraucht auf ein Gebäude bzw eine Fläche erstreckt, woran Gemeinschafts- oder Sondereigentum oder ein Sondernutzungsrecht besteht. Denn die Aufteilung nach dem WEG betrifft das gesamte Grundstück und das Erbbaurecht hat nach § 10 Abs 1 ErbbauRG selbst bei eingeschränktem Ausübungsbereich am gesamten belasteten Grundstück erste Rangstelle zu erhalten. Zwar kann ein Erbbaurecht nicht zulasten eines einzelnen Miteigentumsanteils und somit auch nicht zulasten einer einzelnen Sondereigentumseinheit bestellt werden (Rn 30). Jedoch können alle Miteigentümer gemeinschaftlich das Grundstück im Ganzen belasten (§§ 747 Satz 2, 1009 BGB). Dies gilt auch, wenn das Grundstück nach dem WEG aufgeteilt ist (vgl etwa BGH 17. 1. 2019 – V ZB 81/18, DNotZ 2019, 680, 681), denn insoweit handelt es sich um gewöhnliches Miteigentum (insoweit zutreffend etwa OLG Hamm NJW-RR 1999, 234). Dann gibt es aber keinen Grund, eine Belastung des gesamten Grundstücks mit einem Erbbaurecht abzulehnen, auch wenn das Grundstück nach dem WEG aufgeteilt ist. Mit Entstehung des Erbbaurechts geht das Eigentum am betroffenen Bauwerk (§ 12 ErbbauRG) bzw das Nutzungsrecht an unbebauten Flächen, auf die sich das Erbbaurecht gemäß § 1 Abs 2 ErbbauRG erstreckt, auf den Erbbauberechtigten über und zwar unabhängig davon, ob Gemeinschafts- oder Sondereigentum bzw eine Sondernutzungsrechtsfläche betroffen ist. Zur Klarstellung: Die Aufteilung des Grundstücks nach dem WEG bleibt auch nach Belastung mit dem Erbbaurecht rechtlich weiter bestehen und bei Erlöschen des Erbbaurechts wird das Gemeinschafts- und Sondereigentum wieder substanzhaltig, § 12 Abs 3 ErbbauRG.

Zu der **umgekehrten Situation**, also zur Aufteilung eines erbbaurechtsbelasteten Grundstücks nach WEG, sind in jüngerer Zeit verschiedene Entscheidungen ergangen. Während das OLG Karlsruhe (OLG Karlsruhe 22. 12. 2022 – 14 W 75/22 (Wx), DNotZ 2023, 460) davon ausgeht, dass eine Aufteilung des Grundstücks nach WEG nicht möglich sei, wenn das Gebäude vom Erbbaurecht erfasst ist, entschied das OLG München (OLG München 24. 8. 2023 – 34 Wx 202/23 e, DNotZ 2024, 59 m Anm Graf Wolffskeel von Reichenberg) entgegengesetzt. Der Ansicht des OLG München ist zuzustimmen. Die dagegen vorgebrachten Argumente, insbesondere das Erfordernis der ersten Rangstelle des Erbbaurechts die fehlende Verfügungsbefugnis des Grundstückeigentümers über das Gebäude und das sonst entstehende „substanzlose“ Sondereigentum, verfangen nicht (Forschner FGPrax 2023, 11 f; Bernert DNotZ 2023, 464 ff; DNotI-Report 2022, 129): Die Teilung des Grundstücks nach dem WEG als Inhaltsänderung des Eigentums am Grundstück ficht die erste Rangstelle des Erbbaurechts nicht an; trotz Erbbaurechts ist der Grundstückseigentümer verfügungsbefugt über das Grundstück und nur hierauf kommt es bei einer Aufteilung nach dem WEG an; wie die unstrittig zulässige Vorratsteilung eines unbebauten Grundstücks (vgl § 3 Abs 1 Satz 1 WEG – „zu errichtenden Gebäude“) zeigt, steht es der Begründung von Wohn- und Teileigentum nicht entgegen, dass die Substanz des Sondereigentums (noch) nicht vorhanden ist. Die überzeugende Ansicht des OLG München stützt auch das oben vertretene Ergebnis zur umgekehrten Situation: Denn es kann nicht darauf ankommen, ob zuerst das Erbbaurecht bestellt oder zuerst das Grundstück nach WEG aufgeteilt wird.

3. Belastung einer realen Teilfläche

Fraglich ist, ob ein Erbbaurecht an einer sog **realen Teilfläche** eines Grundstücks bestellt werden kann. Grundbuchverfahrensrechtlich ist die Belastung eines realen Teils des Grundstücks mit einem Erbbaurecht nicht möglich, sondern der Grundstücksteil ist zuvor nach § 7 Abs 1 GBO von dem Grundstück abzuschreiben und als selbständiges Grundstück einzutragen (vgl hierzu KG OLGE 18, 145; BayObLG OLGE 20, 405; OLGE 14, 86). 32

Erfolgt – was in der Praxis die absolute Ausnahme sein dürfte – die Eintragung des Erbbaurechts unter Verstoß gegen diese Vorschrift, ist das Erbbaurecht nach überzeugender Ansicht materiell-rechtlich dennoch entstanden, da es sich bei § 7 Abs 1 GBO um eine reine verfahrensrechtliche Ordnungsvorschrift ohne materiell-rechtlichen Wirkungen handelt und auch der Wortlaut des § 1 ErbbauRG nicht entgegensteht (eingehend, auch zu den verfahrensrechtlichen Folgen, DNotI-Report 2023, 97).

4. Beschränkung des Ausübungsbereichs

Unstrittig zulässig ist jedoch, dass nach der Vereinbarung das **ganze** Grundstück mit dem Erbbaurecht **belastet**, die tatsächliche **Ausübung** aber nur auf einen **Grundstücksteil beschränkt** wird, ohne dass eine Abschreibung im Sinne des § 7 GBO erfolgt ist und ohne dass eine Erstreckung einer Nutzungsbefugnis auf letzteren Teil (im Sinne des Abs 2) besonders vereinbart wurde. 33

In diesem Fall ergreift das Erbbaurecht das ganze Grundstück als Belastungsgegenstand; zum Rechtsinhalt desselben gehört aber nicht die Benutzungsbefugnis über das ganze Grundstück. Die Nutzung anderer Flächen und der darauf befindlichen Gebäude kann dem Grundstückseigentümer ganz oder teilweise verbleiben. Die materiellrechtlich belastete Grundstücksfläche muss also nicht identisch sein mit der der Nutzungsbefugnis des Erbbauberechtigten unterliegenden Grundstücksfläche. Die Zulässigkeit des Auseinanderfallens von Belastungsgegenstand und Rechtsinhalt ergibt sich zwingend aus der Gesetzesformulierung „kann … erstreckt" werden (Winkler/Schlögel § 2 Rn 69). Die Vereinbarung des Ausübungsbereichs hat dingliche Wirkung.

Wird ein Erbbaurecht in dieser Weise bestellt, dass zwar ein ganzes Grundstück Belastungsgegenstand ist, die Ausübung des Erbbaurechts aber auf eine reale Teilfläche beschränkt ist, so hat dies zur Folge:

a) Eigentumslage bzgl des/der Gebäude(s)

Der Erbbauberechtigte wird nur Eigentümer der Bauwerke, die sich auf der Ausübungsfläche befinden; nur an der Ausübungsfläche steht ihm ein Nutzungsrecht zu. Gebäude, die auf der von der Ausübung nicht betroffenen Fläche stehen, bleiben im Eigentum des Grundstückseigentümers (Ott notar 2014, 265, 266 re). 34

b) Nutzungsrecht gem § 1 Abs 2 ErbbauRG und Teilflächen-Erbbaurecht

35 § 1 Abs 2 ErbbauRG bezieht sich dann lediglich auf diese Teilfläche. Für die Frage, ob das Gebäude wirtschaftlich die Hauptsache darstellt, kommt es nur auf die von der Ausübung des Erbbaurechts betroffene Fläche und auf das auf dieser errichtete Gebäude an (vgl LG Ingolstadt MittBayNot 1992, 56; Ott notar 2014, 265, 266 li).

c) Änderung des Ausübungsbereiches

36 Soll der tatsächliche Ausübungsbereich für das Erbbaurecht geändert werden, so bedarf das schuldrechtliche Grundgeschäft der notariellen Beurkundung, während die dingliche Einigung materiell-rechtlich formfrei ist, grundbuchrechtlich jedoch des Nachweises in der Form des § 20 GBO bedarf. Die **Erweiterung** des Ausübungsbereiches stellt sich dabei als eine **teilweise Neubestellung** des Erbbaurechtes dar; die **Einschränkung** des Ausübungsbereiches stellt sich als **teilweise Aufhebung** des Erbbaurechtes dar (Ott notar 2014, 265, 267 li).

Zu diesen Änderungen des Ausübungsbereiches ist jeweils nach §§ 877, 876 BGB die Zustimmung der am Erbbaurecht dinglich Berechtigten als auch die Zustimmung der im Range nach dem Erbbaurecht am Grundstück dinglich Berechtigten (§ 876 S 2 BGB) erforderlich (Ott notar 2014, 267 re). Im Hinblick auf die Zustimmung der Drittberechtigten am Erbbaurecht gem §§ 877, 876 BGB ist bei einer Erweiterung oder Einschränkung der Erbbaurechtsfläche eine Pfandunterstellung oder Pfandfreigabe nicht erforderlich (Ott notar 2014, 268 re).

d) Teilung des belasteten Grundstücks

37 Bei einer späteren Teilung des belasteten Grundstücks ist § 1026 BGB nach hM entsprechend anwendbar, sodass die Teilfläche, die nicht vom Rechtsinhalt des Erbbaurechts betroffen ist, ohne Zustimmung des Erbbauberechtigten lastenfrei abgeschrieben werden kann (OLG Koblenz 13. 3. 2024 – 3 U 970/23, ZfIR 2024, 342 m zust Anm Heinemann; Ingenstau/Hustedt § 1 ErbbauRG Rn 36; Winkler/Schlögel § 5 Rn 174 mwNw; **aA** Reichel ErbbauZ 2024, 115).

5. Belastung der nicht bebauten Teile, Abs 2

a) Bauwerk und unbebaute Fläche

38 Nach Abs 2 kann das Erbbaurecht auch auf einen für das Bauwerk nicht erforderlichen Teil des Grundstücks erstreckt werden, sofern das Bauwerk wirtschaftlich die Hauptsache bleibt.

In der Regel wird dem Erbbauberechtigten mit dem Baugrund allein nicht gedient sein, er wird zur vorteilhaften Benutzung des Bauwerks zumeist noch weitere Grundstücksflächen benötigen, die ihm als Hof, PKW-Abstellplatz, Werk- oder Lagerplatz, Zugangsweg, Garten, Park usw dienen sollen.

Dieser wirtschaftliche Erfolg könnte erreicht werden durch Bestellung einer besonderen Dienstbarkeit (zB einer Grunddienstbarkeit zugunsten des jeweiligen Erbbauberechtigten). Der Vorteil der Gesetzesbestimmung des § 1 Abs 2 ErbbauRG besteht aber gerade darin, dass dadurch ohne Bestellung einer Grunddienstbarkeit die Erstreckung des Erbbaurechts selbst auf die Benutzung der an sich vom Erbbauberechtigten nicht als Baugrund unmittelbar benutzten Fläche ermöglicht wird.

b) Bauwerk als wirtschaftliche Hauptsache

Diese Nutzungsbefugnis wird vom Erbbaurecht als solchem mitumfasst und bildet neben der Baubefugnis und der Nutzung des Baues den Gegenstand des Erbbaurechts. Die Vereinbarungen der Parteien hierüber müssen daher auch von der Einigung über das Erbbaurecht selbst mitumfasst werden; die Einigung muss die Einzelheiten der Erweiterung und die dort zulässigen Nutzungen näher angeben (BayObLG in OLGE 41, 165; OLG Kiel JW 1932, 1977; Ingenstau/Hustedt § 1 ErbbauRG Rn 42). 39

Notwendige Voraussetzung muss aber stets sein, dass das **Bauwerk** wirtschaftlich die **Hauptsache** bildet, wobei die Teile des Grundstücks, die von der Ausübung des Erbbaurechts nicht betroffen sind, außer Betracht bleiben (vOefele MittBayNot 1992, 29; Winkler/Schlögel § 2 Rn 70 mwNw). Bei der Auslegung dieser Voraussetzung der „wirtschaftlichen Hauptsache" entscheidet die **Verkehrsauffassung**, wobei eine großzügige Auslegung vorzunehmen ist (Ingenstau/Hustedt § 1 ErbbauRG Rn 40). Maßgebend ist dabei allein, ob die Nutzung des Bauwerks das eigentliche Motiv für die Bestellung des Erbbaurechts und die Nutzung der weiteren Flächen eine Nebenfolge derselben ist. Die (Größen- oder) Wertverhältnisse zwischen überbauter und nicht überbauter Fläche sind dabei nicht allein entscheidend. Nur wenn die Hauptsacheeigenschaft nicht schon anderweitig feststeht, ist ein wirtschaftlicher Wertvergleich vorzunehmen (vOefele MittBayNot 1992, 29). Bei wirtschaftlichen Betrieben muss man in der Regel davon ausgehen, dass das Gebäude wirtschaftlich die Hauptsache bleibt, wenn es auch den Mittelpunkt des Betriebes darstellt. Bei Tierzucht im größeren Stil ist die Voraussetzung des Abs 2 erfüllt, wenn die Wirtschaftsgebäude und insbes die Stallungen nebst Zubehör wirtschaftlich als Hauptsache im Einzelfall anzusehen sind (zB bei Schweinezucht im großen Stil), vgl BayObLGZ 20, 139. Dagegen sind die Gebäude eines Landgutes iS des § 98 Nr 2 BGB idR nicht als Hauptsache anzusehen (vgl Günther JW 1919, 357; Michaelis BayZ 1919, 168). Verträge über die Bestellung von Erbbaurechten, die in Wahrheit nur die langjährige landwirtschaftliche Nutzung des belasteten Grundstücks sichern sollen, sind zwar wegen inhaltlicher Unzulässigkeit nichtig, sie können aber unter Umständen in langfristige schuldrechtliche Pachtverträge umgedeutet werden (RG LZ 1926, 693).

Ergeben sich begründete Zweifel, ob im Hinblick auf die Größe des Grundstücks und der geringen Größe des Bauwerks das Bauwerk wirtschaftlich die Hauptsache ist (zB Garage auf einem 1700 qm großen Grundstück; BayObLG NJW-RR 1991, 718), können diese Zweifel nur in der Form des § 29 GBO ausgeräumt werden (BayObLGZ 1991, 97; dazu auch vOefele MittBayNot 1992, 29).

Befindet sich auf dem Erbbaurechtsgrundstück außerhalb des für die Gebäudeerrichtung notwendigen Bereichs und außerhalb der Fläche des § 1 Abs 2 ErbbauRG ein weiteres Bauwerk, so werden die Eigentumsverhältnisse hieran durch die Erbbaurechtsbestellung nicht betroffen (OLG Zweibrücken MittBayNot 1996, 299).

Der Rechtsgedanke des § 1 Abs 2 ErbbauRG ist auch anzuwenden, wenn es sich bei einem Gesamterbbaurecht um zwei oder mehrere Grundstücke handelt, bei denen das zu bebauende Grundstück die wirtschaftliche Hauptsache ist und das andere, nicht zu bebauende Grundstück nur von geringer wirtschaftlicher Bedeutung ist, aber dem anderen Grundstück wirtschaftlich dienen soll. 40

41 Bei einem **Verstoß** gegen Abs 2 tritt eine vollständige inhaltliche Unzulässigkeit und damit Nichtigkeit des Erbbaurechts nach § 139 BGB nur dann ein, wenn ohne die unzulässige Erstreckung der Erbbaurechtsnutzung auf die Nebenflächen der Erbbaurechtsvertrag nicht geschlossen worden wäre. Dies ergibt sich daraus, dass die Gestattungsmöglichkeit nach Abs 2 nicht zwingender Inhalt eines Erbbaurechts ist (vOEFELE MittBayNot 1992, 29; **aA** BayObLGZ 1991, 97).

c) Inhalt des Nebennutzungsrechtes gem § 1 Abs 2 ErbbauRG

42 Das Nebennutzungsrecht ist Bestandteil des Erbbaurechtes. Für seine Nutzung kann eine Vereinbarung nach § 2 Nr 1 ErbbauRG getroffen werden. Es kann nicht vom Erbbaurecht getrennt und einer anderen Person übertragen werden. Soll ein Teil der Fläche des § 1 Abs 2 ErbbauRG veräußert werden, ist das Erbbaurecht hieran aufzuheben.

Dieses Nebenbenutzungsrecht ist rechtlich im Übrigen nach Art der Grunddienstbarkeiten (vgl §§ 1018 ff BGB) zu behandeln und auszuüben. Entsprechend anzuwenden sind insbesondere die Vorschriften der §§ 1020 ff BGB über Schonung der Interessen des Grundstückseigentümers (MünchKommBGB/WEISS § 1 ErbbauRG Rn 24). Für die Bestellung (von Anfang an oder nachträglich usw) bestehen dieselben Grundsätze, die für das Erbbaurecht selbst vorgeschrieben sind. Das Nebennutzungsrecht des § 1 Abs 2 ErbbauRG muss im Erbbaurechtsvertrag ausdrücklich bestellt werden; fehlt eine solche Erklärung, so besteht das Nebennutzungsrecht nicht. Bei Belastung des ganzen Grundstücks mit dem Erbbaurecht kann jedoch die Auslegung ergeben, dass der nicht bebaute Teil des Grundstücks dem Nebennutzungsrecht unterstellt ist (MünchKommBGB/WEISS § 1 ErbbauRG Rn 25).

d) Wesentliche Bestandteile der Nebennutzungsfläche

43 Bei einer Erstreckung des Erbbaurechts gemäß Abs 2 auf unbebaute Grundstücksteile wird der Erbbauberechtigte auch kraft Gesetzes Eigentümer der wesentlichen Bestandteile des Grundstücks gemäß den §§ 93, 94 BGB, die sich auf der unbebauten Grundstücksfläche befinden (§ 12 Abs 2 ErbbauRG; § 12 ErbbauRG Rn 11 zu Zubehör). Dies gilt jedoch mit der Einschränkung, dass es sich bei den wesentlichen Bestandteilen nicht um Bauwerke handelt, da diese dem Abs 1 unterfallen. Hier besteht ein Unterschied zu dem „Annex-Sondereigentum" der §§ 3 Abs 2, 5 Abs 1 S 2 WEG, bei dem auch (mit Einschränkungen) Sondereigentum an Räumen außerhalb des Wohngebäudes möglich ist. Der Erbbauberechtigte ist sonach auch Eigentümer der Pflanzen, die sich auf dem unbebauten Grundstücksteil befinden, und zwar unabhängig davon, ob sie bei Begründung des Erbbaurechts schon vorhanden waren oder von ihm selbst eingepflanzt wurden. Die Bepflanzungen fallen nach § 12 ErbbauRG beim Erlöschen des Erbbaurechts an den Eigentümer. Eine Entschädigung iS des § 27 ErbbauRG (betrifft nur Bauwerke) kann hier der frühere Erbbauberechtigte nicht verlangen, soweit dies nicht im Erbbaurechtsvertrag ausdrücklich vereinbart ist.

Dieses Ergebnis rechtfertigt sich dadurch, dass das Erbbaurecht ein grundstücksgleiches Recht ist, § 11 ErbbauRG. Damit wäre es unvereinbar, wenn der Grundstückseigentümer bezüglich der Bepflanzungen weiterhin ein Nutzungsrecht hätte.

6. Teilung des Erbbaurechtsgrundstücks

Entsprechend anzuwenden ist § 1026 BGB für den Fall der **Teilung** des belasteten **Grundstücks** (Rn 37). 44

7. Gesamterbbaurecht

a) Zulässigkeit des Gesamterbbaurechtes

Es war früher umstritten (bejahend: BGHZ 65, 345; BayObLG DNotZ 1985, 375; Demharter DNotZ 1986, 458; Böttcher MittBayNot 1993, 129; **aA** Staudinger/Ring[12] Rn 22 mwNw), ob mehrere Grundstücke (desselben oder verschiedener Eigentümer) mit einem einzigen Erbbaurecht belastet werden können (sog **Gesamterbbaurecht**). 45

Diese Streitfrage wurde vom Gesetzgeber im Sinne der Zulässigkeit gelöst. Durch Gesetz vom 20. 12. 1993 (BGBl I 2182) wurde in § 6a GBO bestimmt, dass dem Antrag auf Eintragung eines Erbbaurechts an mehreren Grundstücken oder Erbbaurechten nur dann entsprochen werden soll, wenn diese Grundstücke bzw Erbbaurechte im Bezirk desselben Grundbuch- und Vermessungsamtes liegen und unmittelbar aneinandergrenzen. Eine Ausnahme ist nur zulässig, wenn die Grundstücke nahe beieinander liegen und entweder das Erbbaurecht in Wohnungs- oder Teilerbbaurechte aufgeteilt werden soll oder Gegenstand des Erbbaurechts ein einheitliches Bauwerk ist; die Ausnahme soll wirtschaftlich sinnvolle Gestaltungen möglich machen (BayObLGZ 2003, 219). Das „nah beieinander liegen" von Grundstücken ist dabei nicht durch generell festliegende Entfernungen zu ermitteln, sondern hängt von der erbbaurechtsmäßigen Nutzung des/der Bauwerke ab, welche trotz der Entfernungen sinnvoll möglich sein muss (Winkler/Schlögel § 3 Rn 41). Dies ist mittels eines amtlichen Lageplanes aller Grundstücke nachzuweisen (§ 29 GBO). Die **Zulässigkeit** eines Gesamterbbaurechts ist heute daher **allgemein anerkannt** (BGH 19. 12. 2025 – V ZR 15/24 Rn 26, BeckRS 2025, 35774).

Ein Gesamterbbaurecht führt zu einigen dogmatischen, kautelarjuristischen und praktischen Herausforderungen, insbesondere bezüglich der Ausübung des Heimfalls (§ 3 ErbbauRG Rn 8), den Eigentumsverhältnissen am Bauwerk nach Beendigung (§ 12 ErbbauRG Rn 17), der Zahlung der Entschädigungsforderung durch mehrere Grundstückseigentümer bei Beendigung des Erbbaurechts durch Zeitablauf (§ 27 ErbbauRG Rn 12) und der Vergütungspflicht mehrerer Grundstückseigentümer bei Ausübung des Heimfallrechtes (§ 32 ErbbauRG Rn 9). 46

b) Entstehung eines Gesamterbbaurechtes

Ein Gesamterbbaurecht kann auf verschiedene Weisen entstehen (Wilsch ErbbauZ 2024, 2, 3 f): 47

- Es entsteht, wenn mehrere rechtlich selbständige Grundstücke von Anfang an mit *einem* Erbbaurecht belastet werden, gleichgültig ob diese einem oder mehreren Eigentümern gehören.

- Es entsteht nachträglich, wenn das mit einem Einzelerbbaurecht belastete Grundstück geteilt wird.

- Es entsteht ferner durch Erstreckung eines Einzelerbbaurechts auf ein anderes Grundstück.

- Es entsteht schließlich durch Vereinigung von Einzelerbbaurechten gem § 890 BGB (BayObLGZ 1995, 381; Böttcher MittBayNot 1993, 129, 132 f; Wilsch ErbbauZ 2024, 2, 4 mwNw). Werden dagegen die belasteten Grundstücke gem § 890 BGB vereinigt (was nur möglich ist, wenn identische Eigentumsverhältnisse bei beiden Grundstücken bestehen) so müssen zwingend die Erbbaurechte ebenfalls nach § 890 BGB vereinigt werden, da an einem Grundstück nach hM nur *ein* Erbbaurecht bestehen kann (§ 10 ErbbauRG Rn 9). Durch die Vereinigung entsteht ein einziges einheitliches Recht, das als materiell-rechtliche Gesamtbelastung auf den verschiedenen Grundstücken lastet (BayObLGZ 1995, 382). Die Aufhebung der Vereinigung stellt deshalb die Teilung eines Erbbaurechtes dar, die der Zustimmung des Grundstückseigentümers bedarf (§ 11 ErbbauRG Rn 16).

c) Gesamterbbaurecht bei verschiedenen Grundstückseigentümern

48 Die Bestellung eines Gesamterbbaurechts an mehreren Grundstücken **desselben Eigentümers** bringt keine Probleme mit sich. Wenn man aber ein Erbbaurecht an mehreren Grundstücken **verschiedener Eigentümer** bei der Errichtung eines Gebäudes bestellt und vergleicht die bei einem Gesamterbbaurecht auftretenden Schwierigkeiten mit denjenigen, die bei mehreren Einzelerbbaurechten auftreten, so ergibt sich, dass das Gesamterbbaurecht erheblich risikoreicher ist (vgl hierzu die ausführlichen Abhandlungen von Rothoeft NJW 1974, 665; Esser NJW 1974, 921 und Schaepler NJW 1974, 2076; Winkler/Schlögel § 3 Rn 45 ff; vgl auch Haegele Rpfleger 1967, 279).

Insbesondere das Heimfallrecht birgt nahezu unlösbare Schwierigkeiten, wenn es sich um mehrere Grundstücke verschiedener Eigentümer handelt und eine genaue Regelung im Erbbaurechtsvertrag fehlt (vgl Winkler/Schlögel § 3 Rn 46 f; § 3 ErbbauRG Rn 8). Zu beachten ist, dass es sich bei dem Gesamtrechtsvertrag um einen **einheitlichen Vertrag** handeln muss, der nicht bei einzelnen Grundstücken Sondervereinbarungen enthalten darf (BayObLG MittBayNot 1996, 34; Winkler/Schlögel § 3 Rn 44; Böttcher Rn 46). Insbesondere müssen die Dauer des Erbbaurechts (BayObLGZ 1995, 379), die Art der zu errichtenden Bauwerke und die Vereinbarungen, die nach § 2 ErbbauRG Inhalt des Erbbaurechts werden sollen – vor allem Heimfallrecht –, für alle Grundstücke einheitlich vereinbart werden. Lediglich der Erbbauzins, der ja nicht Inhalt des Erbbaurechts ist, kann unterschiedlich gestaltet sein (vgl BGH NJW 1986, 932; Winkler/Schlögel § 3 Rn 49), ebenso wie Vorkaufsrechte (Winkler/Schlögel § 3 Rn 50: Vorkaufsrecht für das einzelne Grundstück oder – bei entsprechender Vereinbarung – ein „Gesamtvorkaufsrecht"). Im Hinblick auf Abs 2 muss auch auf jedem der vom Gesamtrecht belasteten Grundstücke zumindest ein Teil des Bauwerks stehen oder das Grundstück zulässigerweise Nebenfläche nach Abs 2 sein (BayObLG DNotZ 1985, 375).

d) Gesamterbbaurecht und Wohnungserbbaurecht

49 An einem Gesamterbbaurecht können nach § 30 WEG **Wohnungserbbaurechte** gebildet werden (Staudinger/Wobst [2023] § 30 WEG Rn 11; Demharter DNotZ 1986, 460; Wiesner/Stephan ErbbauZ 2020, 164). Eine Vereinigung der Grundstücke ist dabei nicht erforderlich, da nicht die Grundstücke, sondern das Erbbaurecht von der Aufteilung in Wohnungseigentum betroffen ist und das Gesamterbbaurecht ein einheitliches Recht darstellt (Demharter DNotZ 1986, 462).

8. Ein Erbbaurecht pro Grundstück

Die Belastung eines Grundstücks mit **mehreren Erbbaurechten** ist im Hinblick auf § 10 ErbbauRG nach ganz hM nicht möglich, auch nicht wenn sie gleichen Rang haben sollen (§ 10 ErbbauRG Rn 9). 50

IV. Veräußerlichkeit, Vererblichkeit, Bedingungen und Zeitbestimmungen

1. Veräußerlichkeit

a) Grundsatz: Freie Veräußerlichkeit

Die in § 1 Abs 1 S 1 ErbbauRG ausdrücklich erwähnte grundsätzliche **Veräußerlichkeit** gehört zum **wesentlichen Inhalt** des Erbbaurechts. Sie kann nicht mit dinglicher Wirkung abbedungen werden. 51

b) Zulässige Veräußerungsbeschränkungen

Das ErbbauRG selbst sieht jedoch einige **Beschränkungen der Veräußerlichkeit** vor. Mit dem Wesen des Erbbaurechts vereinbar und deshalb rechtlich zulässig sind solche Beschränkungen der Veräußerlichkeit, die eine Veräußerung des Erbbaurechts nicht allgemein und nicht für einen gewissen Zeitraum völlig ausschließen. 52

Für Vereinbarungen, die eine Beschränkung der Veräußerlichkeit enthalten, sind die Vorschriften in §§ 2–8, 27 und 32 ErbbauRG zu beachten; von **besonderer Bedeutung ist § 5 ErbbauRG**, wonach jede Veräußerung mit dinglicher Wirkung an die Zustimmung des Grundstückseigentümers gebunden werden kann. Im Hinblick auf die zwingende Veräußerlichkeit des Erbbaurechtes (§ 1 Abs 1 ErbbauRG) ist bei einer dinglich wirkenden Veräußerungsbeschränkung der Zustimmungsanspruch des Erbbauberechtigten gegenüber dem Grundstückseigentümer gem § 7 Abs 1 ErbbauRG zwingend.

Eine **Verpflichtung** des Erbbauberechtigten, sein Recht **nicht** zu **veräußern**, ist im Hinblick auf § 137 S 2 BGB mit schuldrechtlicher Wirkung sowohl gegenüber dem Grundstückseigentümer wie auch gegenüber einem Dritten rechtlich zulässig (vgl KG RJA 9, 128 und 271). Die zwingende dingliche Veräußerbarkeit des Erbbaurechtes steht dem nicht entgegen; eine solche schuldrechtliche Vereinbarung wird nicht Inhalt des Erbbaurechtes und hindert auch nicht das rechtliche Können (vgl § 137 S 1 BGB). Die Rechtsfolge eines Verstoßes gegen ein schuldrechtliches Veräußerungsverbot ist auf Schadensersatzansprüche begrenzt (Ingenstau/Hustedt § 1 ErbbauRG Rn 69; DNotI Abruf-Gutachten Nr 129093). Eine solche schuldrechtliche Unterlassungsverpflichtung kann als solche nicht durch eine Vormerkung gesichert werden (Winkler/Schlögel § 2 Rn 133; Böttcher Rn 80; Ingenstau/Hustedt § 1 ErbbauRG Rn 70; Erman/Grziwotz vor § 1 ErbbauRG Rn 6). Zulässig ist dagegen die Eintragung einer Vormerkung zur Sicherung des Anspruchs auf Übertragung des Erbbaurechts an den Eigentümer oder einen Dritten für den Fall, dass der Erbbauberechtigte gegen das schuldrechtliche Veräußerungsverbot verstößt (Ingenstau/Hustedt § 1 ErbbauRG Rn 70).

Im Übrigen kann ein Bedürfnis nach einer wirksamen Beschränkung der Veräußerlichkeit zugunsten des Grundstückseigentümers durch eine Vereinbarung im Sinne des § 5 Abs 1 ErbbauRG gedeckt werden. Das Interesse, insbesondere von öffentlichen Körperschaften, dass die auf deren Grund im Erbbaurecht errichteten Gebäude dem sozialen Zwecke, dem sie dienen sollen, erhalten bleiben, kann auch durch eine Vereinbarung im Sinne des § 2 Nr 1 ErbbauRG (Vereinbarung über die „Verwendung des Bauwerkes") entsprechend geschützt werden.

c) Verkaufsverpflichtung des Grundstückseigentümers

53 Die Eingehung einer Verpflichtung des Grundstückseigentümers, das Grundstück an den jeweiligen Erbbauberechtigten zu verkaufen, steht dem Wesen des Erbbaurechts nicht im Wege; eine solche Verpflichtung kann nach § 2 Nr 7 ErbbauRG mit dinglicher Wirkung vereinbart werden (§ 2 ErbbauRG Rn 82 ff).

2. Vererblichkeit

54 Auch die in § 1 Abs 1 ErbbauRG ausdrücklich erwähnte **Vererblichkeit** gehört zum **wesentlichen Inhalt** des Erbbaurechts und kann weder allgemein noch auf Zeit vollständig ausgeschlossen werden. Nur in diesem Rahmen sind auch gewisse Beschränkungen zulässig; als solche kommen insbesondere die in den §§ 2–8, 27 und 32 des Gesetzes aufgeführten in Frage. Unwirksam ist deshalb ein nur für die Lebenszeit einer bestimmten Person, zB des Erbbauberechtigten oder des Grundeigentümers, bestelltes Erbbaurecht (Ingenstau/Hustedt § 1 ErbbauRG Rn 74); eine derartige Vereinbarung kann allenfalls als beschränkte persönliche Dienstbarkeit (§ 1090 BGB) oder als beschränkter Nießbrauch (§ 1030 Abs 2 BGB) umgedeutet werden, wenn die sonstigen Voraussetzungen hierfür gegeben sind (Winkler/Schlögel § 2 Rn 134).

Das Erbbaurecht kann nach gesetzlicher oder gewillkürter Erbfolge vererbt werden.

Die Begründung eines Heimfallanspruchs beim Tode des Erbbauberechtigten verletzt die Vererblichkeit nicht und ist zulässig (OLG Hamm MDR 1965, 574; Ingenstau/Hustedt § 1 ErbbauRG Rn 75). Entsprechendes gilt für in Rahmen von Überlassungsverträgen üblichen Rückforderungsrechten des Veräußerers, wenn der Erwerber vor dem Veräußerer verstirbt.

3. Bedingungen

55 **Auflösende** Bedingungen (§ 158 Abs 2 BGB) sind nach der Vorschrift in Abs 4 unzulässig oder wenigstens in ihrer Rechtswirkung gehindert (Rn 76 ff); damit soll die Beleihbarkeit des Erbbaurechts ermöglicht werden, da eine auflösende Bedingung regelmäßig eine unsichere Rechtslage schafft und bei ihrem Eintritt zum Verlust des Erbbaurechtes und der hieran bestehenden Rechte führt.

Aufschiebende Bedingungen (§ 158 Abs 1 BGB) für die Entstehung des Erbbaurechts sind hingegen zulässig (Rn 76 ff).

Die dingliche Übertragung des Erbbaurechts kann nicht unter einer Bedingung – weder einer aufschiebenden noch einer auflösenden – erfolgen (§ 11 Abs 1 S 2 ErbbauRG).

4. Zeitbestimmungen

a) Freie Laufzeitvereinbarung

Die Festsetzung einer bestimmten Zeitgrenze ist beim Erbbaurecht zulässig. Das Gesetz hat davon abgesehen, eine Höchstdauer oder eine Mindestdauer beim Erbbaurecht festzulegen (s die amtliche Erläuterung zu § 1 der VO, veröffentlicht von SCHMIDT-RÄNTSCH ZfIR 2019, 169). 56

Ein zu kurz bemessenes Erbbaurecht schließt sich in der Praxis von selbst aus, einerseits im Hinblick auf die erforderliche Amortisierung der Baukosten, andererseits aus dem Grund, weil bei einem derartigen Erbbaurecht die Beleihungsfähigkeit gering wäre. Der Wesensgrundsatz der Vererblichkeit steht hingegen einem kürzer bemessenen Erbbaurecht nicht im Wege.

Ein unbefristeter Erbbauvertrag, also die Begründung eines sogenannten ewigen Erbbaurechts, ist zwar zulässig (LG Deggendorf MittBayNot 1987, 254; WINKLER/SCHLÖGEL § 2 Rn 146), dürfte aber selten vorkommen. Es ist aber von einigen deutschen Städten ein Erbbaurecht zur Errichtung von Kirchen und Museen „bis zum Fortfall des Gebäudes oder seines Zweckes" gewährt worden (vgl ERMAN, Jahrbuch der Bodenreform 4, 263 Anm 3).

Die Angabe der Dauer des Erbbaurechts in der Bestellungsurkunde kann grundsätzlich den **Anfangs-** und den **Endzeitpunkt** des Erbbaurechts als dingliches Recht bezeichnen. Dies gilt auch für Bedingungen, Befristungen und Verfügungsbeschränkungen. Alle Umstände, die den Bestand des Erbbaurechtes als solches betreffen, müssen im Erbbaugrundbuch eingetragen werden; insoweit ist eine Bezugnahme auf die Eintragungsbewilligung gem § 874 BGB, § 14 ErbbauRG, ausgeschlossen. Es darf bezüglich des Anfangszeitpunkts allerdings nicht gegen § 873 BGB (erforderliche Einigung und Eintragung) verstoßen werden (vgl BGH Rpfleger 1973, 355; PROMBERGER Rpfleger 1975, 233). Möglich ist es auch, dass ein vor der Eintragung liegendes Anfangsdatum nur schuldrechtlich vereinbart wird und erkennbar zur Bestimmung des Endzeitpunkts des Erbbaurechts dienen soll (BayObLGZ 1991, 97; OLG Zweibrücken MittBayNot 1994, 542). Die Dauer bis zur Beendigung des Erbbaurechts kann auch von einem vor der Eintragung des Rechts liegenden Zeitpunkt ab berechnet werden (LG Würzburg Rpfleger 1975, 249). 57

b) Beendigung des Erbbaurechtes

Die Beendigung des Erbbaurechts kann an ein bestimmtes Ereignis im Sinne eines **Endtermins** geknüpft werden. Es dürfen aber dadurch die Wesensmomente der Veräußerlichkeit und Vererblichkeit nicht in Frage gestellt werden (vgl Rn 51 ff); andererseits darf sich eine solche Nebenbestimmung im Grunde nicht als eine auflösende Bedingung darstellen. 58

Die Unterscheidung, ob Endtermin oder auflösende Bedingung vorliegt, ist hauptsächlich aus dem Parteiwillen und dessen Auslegung zu entnehmen; ein Ereignis, das als incertus an und incertus quando (ungewiss ob und ungewiss wann) anzusehen ist, wird regelmäßig als auflösende Bedingung gelten (vgl die Erl STAUDINGER/BORK [2025] § 163 BGB Rn 4); darunter fällt zB auch der Fall einer Zerstörung des Bauwerkes. Wegen der Unzulässigkeit eines Erbbaurechts auf Lebenszeit des Berechtigten s Rn 54.

Befristungen mit einem ungewissen Endtermin, bei dem das Fristende von einem bestimmten Ereignis abhängt, dessen Eintritt zwar sicher ist, dessen Zeitpunkt jedoch ungewiss ist, stehen einer unzulässigen auflösenden Bedingung gleich (BGH DNotZ 1970, 32; Winkler/Schlögel § 2 Rn 144).

Die vereinbarten Fristen müssen bestimmt sein. Zulässig ist eine zeitliche Begrenzung in der Weise, dass zunächst ein bestimmter Zeitraum als Laufzeit vereinbart wird, der sich um eine bei Vertragsschluss schon festgelegte Frist **verlängert**, wenn nicht ein Vertragsteil dieser automatischen Verlängerung widerspricht (BGH NJW 1969, 2043; OLG München MittBayNot 2019, 144 Rn 20). Es handelt sich hierbei um eine aufschiebend bedingte Verlängerung. Da es um den Bestand des Erbbaurechtes geht, genügt eine Bezugnahme gem § 874 BGB zur Eintragung der aufschiebenden Bedingung in das Grundbuch nicht. Die Bedingung selbst ist ausdrücklich einzutragen (OLG München MittBayNot 2019, 144 Rn 24; DNotI-Gutachten Nr 185211).

c) Rechtsfolgen der Beendigung des Erbbaurechtes

59 Für die Fälle der Beendigung des Erbbaurechts durch Zeitablauf gelten die besonderen Bestimmungen der §§ 27 ff ErbbauRG, für die Gläubiger des Erbbaurechts ist insbesondere § 29 ErbbauRG von Bedeutung; dem Erbbauberechtigten ist hier eine Entschädigung für das Bauwerk zu leisten (vgl näher § 27 ErbbauRG Rn 1 ff)

d) Verlängerung des Erbbaurechtes

60 Zur Verlängerung des Erbbaurechts s § 27 ErbbauRG Rn 19 ff und den besonderen Fall des § 27 Abs 3 ErbbauRG s § 27 ErbbauRG Rn 23 ff; über Erneuerung des Erbbaurechts in dem Sinne, dass dem Erbbauberechtigten ein dahingehendes Vorrecht (§ 2 Nr 6 ErbbauRG) eingeräumt ist, s weiter § 31 ErbbauRG.

e) Übertragung des Erbbaurechtes

61 Eine Übertragung des Erbbaurechts darf nicht unter einer Zeitbestimmung erfolgen, s § 11 Abs 1 S 2 ErbbauRG.

5. Notwendige Grundbucheintragungen

62 Bedingungen und Zeitbestimmungen bedürfen der Eintragung im Erbbaugrundbuch (§ 14 ErbbauRG, s § 14 ErbbauRG Rn 11 f: Bezugnahme ausgeschlossen), wenn sie Dritten gegenüber wirksam sein sollen; vgl §§ 161 Abs 3, 163 BGB.

V. Beschränkung des Erbbaurechts auf einen Teil eines Gebäudes (Abs 3)

1. Normzweck, Anwendungsbereich

63 Nach § 1 Abs 3 ErbbauRG ist die Beschränkung des Erbbaurechts auf **einen Teil eines Gebäudes**, insbesondere ein Stockwerk, unzulässig.

§ 1 Abs 3 ErbbauRG bringt den Gedanken zum Ausdruck, dass sich das Erbbaurecht auf ein selbständiges Gebäude in seiner Gesamtheit beziehen muss. Dieser Grundsatz der Rechtseinheit ergibt sich sowohl aus § 94 Abs 2 BGB und aus den Überbauvorschriften der §§ 912 ff BGB. Dieser Grundsatz der Rechtseinheit am Gebäude wird damit begründet, dass es dem „Sinn des Gesetzes und der praktischen

Vernunft" entspricht, wirtschaftliche Einheiten grundsätzlich auch rechtlich als Eigentumseinheiten zu erhalten (Winkler/Schlögel § 1 Rn 28; BGH 12. 7. 1984 – IX ZR 124/83, NJW 1985, 789).

In § 1 Abs 3 ErbbauRG wird – in Abweichung von der sonstigen Terminologie des Gesetzes – ausdrücklich von „Gebäude" gesprochen. Das Verbot des § 1 Abs 3 ErbbauRG betrifft danach nicht Bauwerke, die kein Gebäude sind. Bei **sonstigen Bauwerken** kann eine Trennung zweckmäßig sein; sie ist deshalb vom Gesetzgeber zugelassen (Erman/Grziwotz § 1 ErbbauRG Rn 19; Ingenstau/Hustedt § 1 ErbbauRG Rn 105; Grüneberg/Wicke § 1 ErbbauRG Rn 4; **aA** Winkler/Schlögel § 2 Rn 34; MünchKommBGB/Weiss § 1 ErbbauRG Rn 20). 64

Das Verbot der Begründung eines auf ein Stockwerk beschränkten Erbbaurechtes gilt auch für das **Untererbbaurecht** (§ 11 ErbbauRG Rn 13 ff): So kann zB die Aufstockung eines im Erbbaurecht errichteten Gebäudes um ein weiteres Stockwerk nicht im Wege des Untererbbaurechtes erfolgen. Möglich ist hier lediglich die Begründung von Wohnungs-/Teilerbbaurechten. 65

Nicht von § 1 Abs 3 ErbbauRG betroffen ist die **zulässige Beschränkung** des Erbbaurechts **auf eines von mehreren** auf demselben Grundstück stehenden **selbstständigen Gebäuden.** (vgl Rn 33 ff). 66

Ebenso abzugrenzen ist § 1 Abs 3 ErbbauRG von **Überbau**konstellationen, die nach §§ 912 ff BGB zu beurteilen sind. Die Überbauvorschriften der §§ 912 ff BGB gelten auch für das Erbbaurecht, § 11 ErbbauRG (BGH NJW 1985, 790; Tersteegen RNotZ 2006, 457; ausführlich Winkler/Schlögel § 3 Rn 86 ff). 67

Die Vorschrift in § 1 Abs 3 ErbbauRG hat an Bedeutung verloren, weil **§ 30 WEG** vom 15. 3. 1951 (BGBl 1 175) die Möglichkeit bietet, Sondereigentum an bestimmten Räumen (sei es an Wohnungen oder an gewerblichen Räumen) in einem aufgrund des Erbbaurechts errichteten oder zu errichtenden Gebäude zu erwerben (**Wohnungserbbaurecht oder Teilerbbaurecht**). Allerdings ist hierfür Voraussetzung, dass mindestens zwei Wohnungs- oder Teilerbbauberechtigte als gemeinschaftliche Inhaber des Erbbaurechts nach Bruchteilen vorhanden sind oder dass ein Erbbauberechtigter eine Teilung seines Rechts mit einem oder mehreren Interessenten als Mitberechtigten in Bruchteilsgemeinschaft gemäß § 8 WEG durchführt. Das Wohnungserbbaurecht ist sonach ein Mitberechtigungsanteil nach Bruchteilen gem §§ 741 ff BGB an einem Erbbaurecht, verbunden mit dem Sondereigentum an einer Wohnung (Winkler/Schlögel § 3 Rn 96 ff). Auch das Dauernutzungsrecht nach §§ 31 ff WEG bietet einen guten Ausweg gegen das Verbot in § 1 Abs 3 ErbbauRG. 68

2. Keine Horizontale Teilung

Unstrittig ist nach § 1 Abs 3 ErbbauRG die Bestellung eines Erbbaurechts an nur einem **horizontal geteilten Teil** eines Gebäudes **unzulässig** (statt aller Ingenstau/Hustedt § 1 ErbbauRG Rn 92; Winkler/Schlögel § 2 Rn 32). 69

Die Frage, ob ein horizontaler Teil eines Gebäudes oder ein selbstständiges Gebäude vorliegt, kann in der Praxis durchaus diffizil zu beantworten sein, etwa wenn ein Erbbaurecht für eine Tiefgarage bestellt werden soll, nicht jedoch für das über der Tiefgarage bestehende Gebäude. Für die Beantwortung der Frage, wann ein selbstständiges Gebäude in diesem Sinne vorliegt, kann Anlehnung bei der aktuellen Rechtsprechung des BGH zur Aufteilbarkeit nach WEG einer grenzüberschreitenden Tiefgarage (BGH 15. 6. 2023 – V ZB 12/22, NJW 2023, 3090) genommen werden (Winkler/Schlögel § 2 Rn 29). Hiernach kommt es für die Beurteilung der Einheitlichkeit von Gebäuden auf die Verkehrsanschauung an; die körperlich-technische Beschaffenheit stellt nach dieser Rechtsprechung nicht das allein entscheidende Kriterium dar.

3. Vertikale Teilung

70 Heftig umstritten ist die Frage, ob ein Erbbaurecht an einem vertikal geteilten Teil eines Gebäudes bestellt werden kann. Hierbei sind verschiedene Konstellationen zu unterscheiden, die in der Frage nach der Zulässigkeit sog Nachbarerbbaurechte (Rn 73 ff) gipfeln.

a) Selbstständiger Gebäude“teil“

71 Möglich ist die Bestellung des Erbbaurechts an einem **vertikal abgegrenzten selbstständigen Gebäude“teil“** eines Gebäudes (Winkler/Schlögel § 2 Rn 33). Bei genauer Betrachtung liegt in diesem Fall keine Beschränkung auf einen Teil eines Gebäudes vor, sondern es mehrere Gebäude vor, wobei sich das Erbbaurecht nur auf eines dieser selbstständigen Gebäude bezieht. Befinden sich diese Gebäude“teile“ auf einem Grundstück, liegt der unstrittig zulässige Fall der Beschränkung des Erbbaurechts auf eines von mehreren Gebäuden vor (Rn 33 ff).

Für die Beantwortung der Frage, wann ein selbstständiges Gebäude in diesem Sinne vorliegt, kann Anlehnung bei der aktuellen Rechtsprechung des BGH zur Aufteilbarkeit nach WEG einer grenzüberschreitenden Tiefgarage (BGH 15. 6. 2023 – V ZB 12/22, NJW 2023, 3090) genommen werden (Winkler/Schlögel § 2 Rn 29). Hiernach kommt es für die Beurteilung der Einheitlichkeit von Gebäuden auf die Verkehrsanschauung an; die körperlich-technische Beschaffenheit stellt nach dieser Rechtsprechung nicht das allein entscheidende Kriterium dar. Dies fügt sich insoweit ein in die ältere Entscheidung des BayObLG, wonach sich die Gebäude unter einem gemeinsamen Dach befinden können (BayOblG RPflG 1958, 383).

b) Unselbstständiger Teil eines Gebäudes auf einem Grundstück

72 Nach ganz überwiegender Ansicht unzulässig ist hingegen die Beschränkung des Erbbaurechts auf einen **unselbständigen Teil** eines Gebäudes, das in Gänze zum dem Erbbaurechtsgrundstück gehört (statt vieler [weitere Nachweise bei BGH 19. 12. 2025 – V ZR 15/24 Rn 34, BeckRS 2025, 35774]: OLG Düsseldorf, DNotZ 1974, 698, 699 f; OLG Stuttgart NJW 1975, 786; Ingenstau/Hustedt § 1 ErbbauRG Rn 94; Staudinger/Rapp [2021] § 1 ErbbauRG Rn 34d; Grüneberg/Wicke § 1 ErbbauRG Rn 11; Winkler/Schlögel § 3 Rn 71 ff; Nagel/Nagel § 1 ErbbauRG Rn 187 ff; Heckscher RNotZ 2016, 1, 2 ff; Weitnauer DNotZ 1958, 413, 414 f; **aA** [§ 1 Abs 3 ErbbauRG erfasse nur horizontale Teilungen]: Tersteegen RNotZ 2006, 433, 458; Rothoeft NJW 1974, 665, 666; Esser NJW 1974, 921, 922).

Der **BGH** hat in seiner Entscheidung zur Zulässigkeit von Nachbarerbbaurechten **offengelassen**, ob § 1 Abs 3 ErbbauRG einer vertikalen Beschränkung entgegensteht (BGH 19. 12. 2025 – V ZR 15/24 Rn 34, BeckRS 2025, 35774).

Auch wenn man mit dem BGH die Zulässigkeit von Nachbarerbbaurechten annehmen möchte, spricht dennoch viel dafür, dass § 1 Abs 3 ErbbauRG der vertikalen Beschränkung des Erbbaurechts auf einen unselbständigen Teil eines Gebäudes, das in Gänze zum dem Erbbaurechtsgrundstück gehört, entgegensteht. Hierfür spricht insoweit bereits der Wortlaut des § 1 Abs 3 ErbbauRG, der nicht zwischen einer vertikalen und einer horizontalen Teilung unterscheidet (**aA** Tersteegen RNotZ 2006, 433, 458). Zudem würde es sich – anders als nach Ansicht des BGH beim Nachbarerbbaurecht – um eine „Beschränkung" handeln, da sich das Erbbaurecht nicht auf das gesamte Gebäude auf dem Erbbaugrundstück erstrecken würde. Zudem drohen hier die Streitigkeiten unter den dinglich Berechtigten an einem Gebäude, die § 1 Abs 3 ErbbauRG verhindern möchte (vgl BGH 19. 12. 2025 – V ZR 15/24 Rn 33, BeckRS 2025, 35774).

c) Unselbstständige Teile eines Gebäudes auf benachbarten Grundstücken, sog Nachbarerbbaurecht

Zumindest bis zur Entscheidung des BGH vom 19. 12. 2025 (BGH 19. 12. 2025 – V ZR 73 15/24 Rn 34, BeckRS 2025, 35774), stellte die Frage, ob die Bestellung eines sog **Nachbarerbbaurechts** zulässig ist, eine sehr umstrittene und zugleich praxisrelevante Frage des Erbbaurechts dar.

Unter einem Nachbarerbbaurecht wird nach der **Definition** des BGH „ein Erbbaurecht verstanden, das für ein bestehendes oder noch zu errichtendes Gebäude bestellt wird, das sich auf ein oder mehrere benachbarte Grundstücke erstreckt und nicht an den Grundstücksgrenzen teilbar ist. Wesentliches Merkmal des Nachbarerbbaurechts ist also, dass sich nur ein Teil des Gebäudes auf dem Erbbaugrundstück befindet, während andere Gebäudeteile auf einem oder mehreren Nachbargrundstück(en) errichtet sind oder errichtet werden sollen. Dagegen ist unerheblich, ob diese Nachbargrundstücke im Eigentum des Erbbauberechtigten stehen, er an diesen ebenfalls selbststände Erbbaurechte hat oder sie ihm auf andere Weise zur Bebauung zur Verfügung stehen" (BGH 19. 12. 2025 – V ZR 15/24 Rn 11, BeckRS 2025, 35774).

Mit dem Nachbarerbbaurecht nicht zu verwechseln ist das Gesamterbbaurecht: Dabei handelt es sich um *ein* Erbbaurecht, das sich über mehrere Grundstücke erstreckt (§ 1 ErbbauRG Rn 45 ff). Bei ihm gehört gemäß § 12 Abs 1 ErbbauRG das Gebäude dem Erbbauberechtigten.

Zumindest bis zur Entscheidung des BGH vom 19. 12. 2025 (BGH 19. 12. 2025 – V ZR 74 15/24 Rn 34, BeckRS 2025, 35774 mit zahlreichen Nachweisen zum Meinungsstand) war die Frage, ob ein Nachbarerbbaurecht zulässig oder im Hinblick auf § 1 Abs 3 ErbbauRG unzulässig ist, heftig umstritten:

Für die Zulässigkeit des Nachbarerbbaurechts sprachen sich Teile der Rechtsprechung und Teile der Literatur aus (etwa OLG Düsseldorf DNotZ 1974, 698; OLG Stuttgart NJW 1975, 786; Tersteegen RNotZ 2006, 458; Weitnauer DNotZ 1958, 414; Schraepler NJW 1973, 738 u 1974, 2076; Krämer DNotZ 1974, 647; Rothoeft NJW 1974, 665; Esser NJW 1974, 921; Stahl/Sura DNotZ 1981, 604; Ingenstau/Hustedt § 1 ErbbauRG Rn 100 ; Erman/Grziwotz § 1 ErbbauRG Rn 19; Schöner/Stöber Rn 1694; Böttcher Rn 72 ff; Heckscher RNotZ 2016, 1, 11 ff; Staudinger/Rapp [2021] § 1 ErbbauRG Rn 34a ff; weitere Nachweise bei BGH 19. 12. 2025 – V ZR 15/24 Rn 34, BeckRS 2025, 35774).

Gegen die Zulässigkeit des Nachbarerbbaurechts sprachen sich frühere BGH-Entscheidungen und andere Teile der Rechtsprechung und Literatur aus (BGH DNotZ 1973, 609; BGH 15. 7. 2016 – V ZR 195/15, NZM 2017, 90; OLG Köln MittBayNot 2014, 157; WINKLER/SCHLÖGEL § 3 Rn 71 ff; MünchKommBGB/WEISS § 1 ErbbauRG Rn 56 ff; GRÜNEBERG/WICKE § 1 ErbbauRG Rn 11; BeckOK-BGB/MAASS [1. 11. 2025] § 1 ErbbauRG Rn 22; tendenziell auch KRAUSS Immobilienkaufverträge in der Praxis Rn 5590 f; weitere Nachweise BGH 19. 12. 2025 – V ZR 15/24 Rn 34, BeckRS 2025, 35774).

75 Nach **aktueller Rechtsprechung** des **BGH** ist ein **Nachbarerbbaurecht zulässig** (BGH 19. 12. 2025 – V ZR 15/24 Rn 34, BeckRS 2025, 35774 unter Aufgabe seiner vorherigen Rechtsprechung).

Der BGH argumentiert zum einen mit dem Wortlaut des § 1 Abs 3 ErbbauRG, da im Falle des Nachbarerbbaurechts keine „Beschränkung" vorliege, sondern das Erbbaurecht das gesamte Grundstück erfasse. Nach Ansicht des BGH sprechen auch weder eine historische noch eine teleologische Auslegung gegen die Zulässigkeit eines Nachbarerbbaurechts: Der historische Gesetzgeber habe Streitigkeiten unter den dinglich Berechtigten vermeiden wollen, die aus einer bereichsmäßigen Aufteilung eines Gebäudes resultieren können; dies drohe bei einem Nachbarerbbaurecht nicht. Aus § 39 Abs 3 SachenRBerG könne kein Umkehrschluss gezogen werden. Auch eine teleologische Auslegung führe zu keinem anderen Ergebnis, da keine Zuordnungsprobleme entstünden, da der Bereich des Erbbaurechts durch die Grundstücksgrenzen klar begrenzt sei. Dass es bei der Beendigung des Erbbaurechts oder bei Heimfall zu Schwierigkeiten kommen könne, wenn das Gebäude an der Grundstücksgrenze nicht teilbar ist, sei ein allgemeines sachenrechtliches Problem. Schließlich bestünde für die Zulässigkeit des Nachbarerbbaurechts auch ein praktisches Bedürfnis.

Der BGH hat seine Entscheidung eingehend und vertretbar begründet, wenngleich man einige Aspekte auch ebenso gut anders hätte beurteilen können. So scheint zB das Wortlautargument nicht zwingend, da das Erbbaurecht letztlich nur an einem Teil eines Gebäudes besteht und bei einer gebäudebezogenen Betrachtung insoweit beschränkt ist. Schließlich verbleiben bei Erlöschen oder Heimfall des Erbbaurechts erhebliche Fragen. Nicht auszuschließen erscheint, dass der BGH auch berücksichtigt hat, dass bei einer Unzulässigkeit unter Umständen zahlreiche seit Jahrzehnte eingetragene Erbbaurechte für unwirksam erklärt würden.

Für die **Praxis** ist die **Frage** nach der Zulässigkeit eines Nachbarerbbaurechts mit der Entscheidung des BGH freilich **geklärt**.

VI. Bedingungen (Abs 4)

1. Die Bestandssicherung des Erbbaurechtes

a) Auflösende und aufschiebende Bedingung

76 Nach Abs 4 S 1 kann das Erbbaurecht allgemein nicht durch **auflösende Bedingungen** bei der Bestellung beschränkt werden (vgl hierzu Rn 55). Dies bezieht sich auf das **dingliche Rechtsgeschäft** gem § 11 Abs 1 S 1 ErbbauRG, § 873 Abs 1 BGB („dingliche Einigung"). § 1 Abs 4 ErbbauRG stellt danach eine Abweichung vom Grundsatz dar,

da die dingliche Einigung iSd § 873 Abs 1 BGB grds sowohl unter einer aufschiebenden wie auch einer auflösenden Bedingung stehen kann (Grüneberg/Herrler § 873 BGB Rn 9). Vom dinglichen Rechtsgeschäft zu unterscheiden ist der schuldrechtliche Teil: Er kann, auch bei einem Erbbaurecht, sowohl unter einer aufschiebenden wie auch unter einer auflösenden Bedingung abgeschlossen werden. Ein Verstoß gegen Abs 4 S 1 hat die Nichtigkeit des Erbbaurechtes zur Folge. Das Erbbaurecht hat dann einen gesetzlich unzulässigen Inhalt, was zwar zur Unrichtigkeit des Grundbuchs führt, jedoch einen gutgläubigen Erwerb ausschließt (BGH 30. 6. 1995 – V ZR 118/94, BGHZ 130, 159, 170 f; vgl auch BGH 19. 12. 2025 – V ZR 15/24).

Das dingliche Rechtsgeschäft kann jedoch, dem Wortlaut des § 1 Abs 4 ErbbauRG entsprechend, unter einer **aufschiebenden Bedingung** abgeschlossen werden (MünchKommBGB/Weiss § 1 ErbbauRG Rn 77; Ingenstau/Hustedt § 1 ErbbauRG Rn 113). Trotz vorheriger Grundbucheintragung entsteht das Erbbaurecht alsdann erst mit Eintritt der aufschiebenden Bedingung. Die Einigung wird erst mit Eintritt der aufschiebenden Bedingung wirksam; sie folgt also der Eintragung nach. Erst mit Bedingungseintritt ist der Rechtserwerb gem § 873 Abs 2 BGB vollendet (vgl BGH 26. 11. 1999 – V ZR 432/98, BGHZ 143, 179 f). Die aufschiebende Bedingung hat Auswirkungen nur auf den Zeitpunkt des Entstehens des Erbbaurechtes, nicht aber auf jenen seiner Beendigung.

b) Bestellung eines Erbbaurechtes durch nicht befreiten Vorerben

§ 1 Abs 4 S 1 ErbbauRG ist entsprechend anzuwenden, wenn ein **nicht befreiter Vorerbe** ohne Zustimmung des Nacherben ein Erbbaurecht bestellt. Die Bestellung ist daher unwirksam, da auflösend bedingt durch Eintritt des Nacherbfalls (BGHZ 52, 271; Winkler/Schlögel § 2 Rn 152 ff; Ingenstau/Hustedt § 1 ErbbauRG Rn 122; Böttcher Rn 98; Nagel/Nagel § 1 ErbbauRG Rn 265; **aA** Winkler DNotZ 1970, 651; Hönn NJW 1970, 138). 77

Zweck des § 1 Abs 4 S 1 ErbbauRG ist es, die Beleihbarkeit des Erbbaurechtes zu gewährleisten. Die Beleihbarkeit setzt voraus, dass der Grundpfandrechtsgläubiger für die vereinbarte Laufzeit des Kredits, längstens jedoch für die feststehende Laufzeit des Erbbaurechtes, die Sicherheit des Grundpfandrechtes hat. Besonders bedeutsam wird dieser Gesichtspunkt, wenn die Rechte des Grundpfandrechtsgläubigers bei Beendigung des Erbbaurechtes an der Entschädigungsforderung gemäß §§ 27, 29 ErbbauRG dadurch eingeschränkt oder gar beseitigt sind, dass sie nur auf einen Teilbetrag des Wertes des Gebäudes beschränkt ist oder gar vollkommen ausgeschlossen ist. Eine unmittelbare Anwendung des § 1 Abs 4 S 1 ErbbauRG auf eine Vorerbenverfügung ohne Zustimmung des Nacherben scheidet zwar aus, weil die zeitliche Beschränkung der Wirksamkeit des Vertrages auf die Dauer der Vorerbschaft keine Bedingung im Rechtssinne gemäß § 158 Abs 2 BGB ist. Sie beruht nämlich auf Gesetz und nicht auf Rechtsgeschäft und das künftige Ereignis, das die Wirkung beendigen soll, ist nicht in seinem Eintritt, sondern nur in seinem Zeitpunkt ungewiss (BGHZ 52, 269, 272). Der Umstand, dass der Nacherbfall mit seinen Konsequenzen gemäß § 2113 BGB für den Erbbauberechtigten eintreten wird, dass jedoch die Frage, wann es eintreten wird, einen so starken Unsicherheitsfaktor begründet wie er einer auflösenden Bedingung entsprechen würde, macht die Vorschrift jedoch entsprechend anwendbar. Dem gegenüber nimmt Winkler (DNotZ 1970, 651, 653) an, dass bei einer Nacherbfolge, die mit dem Tode des Vorerben eintritt, der Eintritt der Nacherbfolge zwar gewiss, ihr Zeitpunkt jedoch ungewiss sei. Die begrenzte Wirkung der Verfügung des Vorerben komme in diesem Falle also einer Befristung weit näher als einer Bedingung. Im Abstellen auf den Tod einer Person liege daher grundsätzlich eine Zeitbestimmung, die nicht dem § 1 Abs 4 ErbbauRG unterfalle. Dem ist jedoch entgegenzuhalten, dass das Erbbaurecht rechtlich verkehrsfähig sein muss und seine Beleihbarkeit gesichert werden muss. Die formale Unterscheidung zwischen Bedingung und Befristung als einen sicher eintretenden, allenfalls dem Zeitpunkt des Eintretens nach ungewissem Ereignis, kann dann nicht maßgebend sein. Das einzelne Erbbaurecht muss in seinem Bestand für potenzielle Erwerber und Geldgeber kalkulierbar sein (Ingenstau/Hustedt § 1 ErbbauRG Rn 122).

Die vorstehenden Gesichtspunkte gelten nicht für einen gemäß §§ 2136, 2113 BGB befreiten Vorerben: Ein von ihm bestelltes entgeltliches Erbbaurecht, das keine (auch nur teilweise) Schenkung darstellt, ist stets wirksam. Der Vorerbe muss jedoch dem Grundbuchamt die Entgeltlichkeit der Verfügung in der Form des § 29 GBO nachweisen.

2. Verpflichtung zur Aufhebung

a) Heimfall statt Aufhebung

78 § 1 Abs 4 S 2 ErbbauRG bestimmt, dass sich der Grundstückseigentümer auf eine Vereinbarung, durch die sich der Erbbauberechtigte verpflichtet, beim Eintreten bestimmter Voraussetzungen das Erbbaurecht aufzuheben und sein Erlöschen im Grundbuch zu bewilligen, nicht berufen kann.

Es ist nicht zulässig, die Rechtsfolge des Erlöschens des Rechts an eine Zuwiderhandlung gegen Vertragsbestimmungen zu knüpfen. Den wirtschaftlich besser wirkenden Ersatz für dieses Verbot bildet das sog Heimfallrecht (vgl näher § 2 Nr 4, § 6 Abs 2 u § 32 Abs 2 ErbbauRG). Bei allen Vertragsverletzungen darf bei den Vereinbarungen die Rechtsfolge nur sein, dass der Erbbauberechtigte in diesen Fällen verpflichtet ist, das Erbbaurecht auf den Grundstückseigentümer zu übertragen. Dadurch bleibt das Erbbaurecht als solches bestehen, was insbesondere für die Gläubiger von Bedeutung ist.

b) Aufhebungsverpflichtung

79 Während § 1 Abs 4 S 1 ErbbauRG ein klares Verbot enthält, wird in S 2 eine andere Formulierung gebraucht: „Der Grundstückseigentümer kann sich auf eine Vereinbarung … **nicht berufen**“. Aus dem Wortlaut des S 2 und der Gegenüberstellung zu S 1 ist zu entnehmen, dass zwar der Grundstückseigentümer durch die Unwirksamkeit der fraglichen Vereinbarung getroffen, der Erbbauberechtigte dadurch aber nicht benachteiligt werden soll. Durch die Vorschrift in § 1 Abs 4 S 2 ErbbauRG wird somit lediglich die Verpflichtung des Erbbauberechtigten, sein Recht aufzugeben und löschen zu lassen, als rechtsunwirksam erklärt, der Erbbaurechtsvertrag selbst jedoch in seinem Bestand nicht berührt (Ingenstau/Hustedt § 1 ErbbauRG Rn 119). Die Vorschrift stellt sich sonach als Ausnahme zu § 139 BGB dar: Die Unwirksamkeit einer Vertragsbestimmung hat – ausnahmsweise – gem § 1 Abs 4 S 2 ErbbauRG – nicht die Gesamtunwirksamkeit des Erbbaurechtsvertrages zur Folge. Dritte Personen können sich auf eine derartige Vereinbarung nicht berufen, wohl aber der Erbbauberechtigte selbst. Eine Vereinbarung mit dem Inhalt des § 1 Abs 4 S 2 ErbbauRG kann weder dingli-

cher Inhalt des Erbbaurechtes sein noch kann sich aus einer solchen Vereinbarung ein schuldrechtlicher Anspruch des Grundstückseigentümers auf Erfüllung gegenüber dem Erbbauberechtigten ergeben (Winkler/Schlögel § 2 Rn 149; Erman/Grziwotz § 1 ErbbauRG Rn 23). Die Rechtsfolge gem § 1 Abs 4 S 2 ErbbauRG betrifft nur den Grundstückseigentümer. Umgekehrt kann sich jedoch der Erbbauberechtigte auf eine solche Vereinbarung (umgekehrter Heimfallanspruch des Erbbauberechtigten) berufen. Die Grundpfandrechtsgläubiger am Erbbaurecht sind hier durch die §§ 877, 876 BGB geschützt. Die Vereinbarung zugunsten des Erbbauberechtigen ist damit wirksam und durchsetzbar (Winkler/Schlögel § 2 Rn 149; Habel MittBayNot 1998, 315, 316 re; Grüneberg/Wicke § 1 ErbbauRG Rn 14; DNotI Abruf-Gutachten Nr 129093 v 25. 11. 2013).

Unter § 1 Abs 4 S 2 ErbbauRG fallen alle Vereinbarungen, die im Ergebnis auf eine **80** vorzeitige, vom Willen des Grundstückseigentümers abhängigen, Beendigung des Erbbaurechts hinauslaufen (BGB-RGRK/Räfle § 1 ErbbauRG Rn 67), also auch Kündigungs- und **Rücktrittsrechte** bezüglich bereits entstandener Erbbaurechte (Lemke/Czub § 1 ErbbauRG Rn 28, vgl Rn 94). Dem stehen gleich Befristungen mit ungewissem Endtermin, bei dem das Fristende von einem bestimmten Ereignis abhängt, dessen Eintritt zwar sicher ist, dessen Zeitpunkt aber völlig ungewiss ist (BGH 14. 7. 1969 – V ZR 122/66, BGHZ 52, 269, 272; Winkler/Schlögel § 2 Rn 144).

Von der gemäß § 1 Abs 4 S 2 ErbbauRG unwirksamen Verpflichtung zur Aufhebung des Erbbaurechtes ist zu unterscheiden die Heimfallkonstellation. Der Heimfall lässt den Bestand des Erbbaurechtes – im Gegensatz zur Aufhebung – unverändert bestehen.

c) Schuldrechtliche Aufhebungsvereinbarung

Von der Vorschrift des § 1 Abs 4 S 2 ErbbauRG zu trennen ist die zwischen Grund- **81** stückseigentümer und Erbbauberechtigten **nach Eintragung des Erbbaurechtes im Grundbuch** jederzeit mögliche einvernehmliche schuldrechtliche Vereinbarung, das Erbbaurecht aufzuheben (vgl § 26 ErbbauRG Rn 1 ff). Der Unterschied zu der unwirksamen Aufhebungsvereinbarung gem § 1 Abs 4 S 1 ErbbauRG besteht darin, dass sie zum einen nach Abschluss des Erbbaurechtsvertrages getroffen wird, auch nicht Inhalt des Erbbaurechtes wird und dass die Aufhebung unabhängig vom Eintritt bestimmter Voraussetzungen, Bedingungen oder ungewisser Zeitpunkte erfolgen soll.

Der dingliche Vollzug dieser Vereinbarung erfolgt nach § 875 Abs 1 BGB durch Erklärung des Berechtigten, dass er das Recht aufgebe und der Löschung des Rechtes im Grundbuch. Die Erklärung ist dem Grundbuchamt oder demjenigen gegenüber abzugeben, zu dessen Gunsten sie erfolgt. Ergänzend zu § 875 Abs 1 BGB bestimmt § 26 ErbbauRG, im Hinblick auf das mögliche Eigeninteresse des Grundstückseigentümers an dem Bestand des Erbbaurechtes, die Zustimmung des Grundstückseigentümers zur Aufhebung.

Der durch die schuldrechtliche Aufhebungsvereinbarung entstehende Anspruch auf Aufhebung ist durch Vormerkung gem § 883 Abs 1 S 1 BGB sicherbar (Böttcher Rn 699). Aufgrund der Vormerkungswirkung können danach erfolgte Eintragungen beseitigt werden, §§ 883 Abs 2, 888 BGB. Die Vormerkung auf Aufhebung des Erbbaurechtes ist bei dem Erbbaurecht, das im Grundstücksgrundbuch als Belastung eingetragen ist, einzutragen (DNotI-Report Gutachten v 5. 3. 2010).

VII. Sonstige Rechtsbeziehungen zwischen Grundstückseigentümer und Erbbauberechtigten

1. Instandhaltung und Lastentragung

a) Gesetzliche Regelung

82 Der Erbbauberechtigte hat ein unbeschränktes Verfügungsrecht über den Gegenstand seines Rechtes: Ein besonderes Legalschuldverhältnis zB über Erhaltungspflichten, Tragung von Lasten usw wie beim Nießbrauch und bei Grundpfandrechten stellt das Gesetz nicht auf. Es können aber dem Berechtigten besondere Pflichten in dieser Hinsicht durch Vertrag auferlegt werden; solchen Vereinbarungen kommt im Rahmen des § 2 Nr 1 ff ErbbauRG ohne Weiteres dingliche Wirkung zu; vgl näher § 2 ErbbauRG mit Erl.

b) Der Erbbauberechtigte als Gebäudeeigentümer

83 Wurde über die **Instandhaltung** des Bauwerks nichts vereinbart, so besteht in der Regel keine Verpflichtung des Erbbauberechtigten oder des Eigentümers des Grundstücks, das Bauwerk zu erhalten oder zu unterhalten. Hat der Erbbauberechtigte das Gebäude selbst errichtet, so kann er, da er Eigentümer des Bauwerkes wird, mangels einer gegenteiligen vertraglichen Bestimmung während der Dauer des Erbbaurechts mit dem Gebäude wie ein Eigentümer nach § 903 BGB verfahren. Bei Beendigung des Rechts hat der Erbbauberechtigte aber eine solche Verfügungsmacht über das Gebäude nicht mehr, denn in § 34 ErbbauRG wird bestimmt, dass er nicht berechtigt ist, beim Heimfall oder beim Erlöschen des Erbbaurechts das Bauwerk wegzunehmen oder sich Bestandteile des Bauwerks anzueignen; vgl Erl zu § 34 ErbbauRG. Der Erbbauberechtigte ist nach den §§ 836, 837 BGB auch für den durch den Einsturz der Gebäude entstehenden Schaden verantwortlich. War das Gebäude schon bei Bestellung des Erbbaurechts vorhanden, so gelten dieselben Grundsätze.

c) Lastenverteilung zwischen Grundstückseigentümer und Erbbauberechtigten

84 Haben die Vertragsteile über **Tragung von Lasten** nichts vereinbart, so ist davon auszugehen, dass die Lasten des Grundstücks selbst den Erbbauberechtigten nicht berühren, sondern nur den Eigentümer des Grundstücks. Die Lasten des Bauwerks dagegen treffen den Eigentümer des Bauwerks, also den Erbbauberechtigten. Für öffentliche Lasten ist jedoch durch Gesetz oft Abweichendes bestimmt: So trifft die Pflicht zur Tragung von Erschließungsbeiträgen gem §§ 123 ff BauGB bei Bestehen eines Erbbaurechtes den Erbbauberechtigten (§ 134 Abs 1 S 2 BauGB). Zu landesrechtlichen Infrastrukturbeiträgen – zB für Kanal/Wasser oder Straßenausbau – s zB Art 5 Abs 9 BayKAG.

2. Weitere Belastungen des Grundstücks

85 Das Erbbaurecht schließt andere dingliche Rechte an dem Erbbaurechtsgrundstück nicht aus; dem Erbbaurecht muss aber gemäß § 10 ErbbauRG die erste Rangstelle eingeräumt werden und stets verbleiben. Die Belastung des Erbbaugrundstücks mit Grundpfandrechten im Rang nach dem Erbbaurecht ist nicht nur rechtlich, sondern auch wirtschaftlich möglich. Der Anspruch aus der Erbbauzinsreallast ist wesentlicher Bestandteil des Grundstücks und unterliegt damit ggf dem Pfandrecht. Vereinbarungen zwischen Grundstückseigentümer und Erbbauberechtigtem über den Erb-

bauzins sind dem Grundpfandgläubiger nur im Rahmen der §§ 1123 ff BGB gegenüber wirksam.

3. Schatzfund

Über den Fund eines Schatzes vgl § 984 BGB. Wenn der Schatz im Bauwerk gefunden wird, ist für die Frage, wem die Eigentümerhälfte hieran zufällt, entscheidend, wer Eigentümer des Bauwerks ist. Ein im Baugrundstück gefundener Schatz gehört dem Finder und dem Grundstückseigentümer je zur Hälfte, das Bestehen eines Erbbaurechts ist in diesem Fall gleichgültig, vgl Mot III 469. 86

VIII. Entstehung, Übertragung und Beendigung des Erbbaurechts

1. Entstehungsmöglichkeiten des Erbbaurechtes

a) Durch Rechtsgeschäft (Vertrag)

Die Form für die **dingliche Begründung** des Erbbaurechts ist nicht die Form der Veräußerung von Grundstücken (vgl die früheren §§ 1015, 1017 aF), sondern gemäß § 1 Abs 1 ErbbauRG die der Belastung von Grundstücken. Erforderlich ist daher gemäß § 873 BGB die Einigung des Grundstückseigentümers und des Erbbauberechtigten über die Begründung des Erbbaurechts und die Eintragung des Erbbaurechts in das Grundbuch. Materiell-rechtlich ist die Einigung formfrei möglich, jedoch muss grundbuchverfahrensrechtlich gemäß § 20 GBO die Einigung beider Teile dem Grundbuchamt in grundbuchtauglicher Form (§ 29 GBO) nachgewiesen werden; es genügt also auch verfahrensrechtlich nicht die einseitige Eintragungsbewilligung (§ 19 GBO) des Grundstückseigentümers allein. Vgl näher § 11 ErbbauRG mit Erl. 87

Auf einen Vertrag, durch den sich der eine Teil verpflichtet, ein Erbbaurecht zu bestellen oder zu erwerben, findet der § 311b Abs 1 BGB entsprechende Anwendung, s § 11 Abs 2 ErbbauRG mit Erl. Es handelt sich also um zwei Verträge, nämlich den schuldrechtlichen Verpflichtungsvertrag iS des § 311b Abs 1 BGB und das dingliche Erfüllungsgeschäft nach § 873 BGB (vgl Wufka DNotZ 1985, 651 ff).

b) Durch Tabularersitzung

Ein Erbbaurecht kann nach § 900 Abs 2 BGB durch Tabularersitzung erworben werden, wenn ein Erbbaurecht 30 Jahre lang fälschlich im Grundbuche eingetragen ist und der Eingetragene das Grundstück während dieser Zeit als ihm zu Erbbaurecht zustehend besessen hat (BGH 22. 1. 2016 – V ZR 27/14, DNotZ 2016, 375 Rn 32; Winkler/Schlögel § 5 Rn 79). Dabei kommt es nicht darauf an, ob der Erwerber des Erbbaurechts zu irgendeinem Zeitpunkt im guten Glauben war (vgl Staudinger/Picker [2025] § 900 BGB Rn 3). Der Erwerb durch Ersitzung trägt seinen Rechtsgrund in sich und schließt Ansprüche gegen den Erbbauberechtigten aus ungerechtfertigter Bereicherung aus. Das Recht der Ersitzung kennt im Gegensatz zu anderen Erwerbstatbeständen (zB §§ 951, 977 BGB) keine Ausgleichsansprüche für den Rechtsverlust (BGH 22. 1. 2016 – V ZR 27/14, BGHZ 208, 316 Rn 39 ff; hierzu kritisch – unter Heranziehung der gegenteiligen Rechtsprechung des RGZ 130, 69 – Wilhelm NJW 2017, 193 und Böttcher Rn 388 ff). 88

Der Rechtserwerb durch Ersitzung bedarf auch nicht der nach dem Kommunalrecht notwendigen rechtsaufsichtlichen Genehmigung (BGH 22. 1. 2016 – V ZR 27/14, BGHZ

208, 316 Rn 32 – ohne weitere Begründung). Der Zweck der Ersitzung besteht gerade darin, im Interesse des Rechtsfriedens und der Rechtssicherheit fehlende Erwerbsvoraussetzungen zu ersetzen, zB auch eine behördliche Genehmigung.

Die Wirkung der Ersitzung erstreckt sich jedoch nicht auf den Erbbauzins, da dieser nicht Inhalt des Erbbaurechtes ist; es entsteht ein erbbauzinsloses Erbbaurecht (BGH 22. 1. 2016 – V ZR 27/14, BGHZ 208, 316 Rn 33; Winkler/Schlögel § 5 Rn 79; MünchKommBGB/Weiss § 11 ErbbauRG Rn 24 – evtl Anspruch aus § 242 BGB; **aA** Amann DNotZ 2017, 337 f; Böttcher Rn 389 ff). Dasselbe gilt für Nutzungsdienstbarkeiten, die am Erbbaurecht zugunsten Dritter eingetragen sind. Hier könnte eine analoge Anwendung des § 1029 BGB helfen. Die enge Verbindung zwischen dem dinglichen Rechtsgeschäft beim Erbbaurecht und den weiteren Vereinbarungen erlaubt es, die Ersitzungswirkung auch auf diese zu erstrecken (Winkler/Schlögel § 5 Rn 79).

c) Durch einseitige Erklärung

89 Bei einem Eigentümererbbaurecht entsteht das Erbbaurecht durch eine einseitige Erklärung des Grundstückseigentümers gegenüber dem Grundbuchamt und der Eintragung des Erbbaurechts in das Grundbuch (vgl Rn 10).

d) Im Wege der Enteignung

90 Nach Bundes- und Landesrecht (vgl Art 109 EGBGB) geben zahlreiche Enteignungsgesetze, die eine Zwangsabtretung von Grundeigentum gestatten, auch die Möglichkeit, den für Wohnungs- oder sonstige Bauten im öffentlichen Interesse erforderlichen Baugrund durch Belastung mit einem Erbbaurecht zu beschaffen (Ingenstau/Hustedt/Bardenhewer § 11 ErbbauRG Rn 88).

2. Übertragung des Erbbaurechtes

91 Das Erbbaurecht kann durch Rechtsgeschäfte übertragen werden. Schuldrechtlich unterfällt dieses Rechtsgeschäft gemäß § 11 Abs 2 ErbbauRG dem § 311b BGB. Das dingliche Rechtsgeschäft steht gemäß § 11 Abs 1 S 1 ErbbauRG nicht unter den Grundsätzen einer Übertragung des Eigentums an Grundstücken (§ 925 BGB), sondern der Übertragung einer Belastung des Grundstücks (§ 873 BGB). Es genügt also auch hier wie bei der Bestellung die Einigung des Berechtigten und des Erwerbers, sowie die Eintragung der Rechtsänderung in das Grundbuch. Die Einigung beider Teile ist aber auch hier dem Grundbuchamt nachzuweisen (§§ 20, 29 GBO). Auch die Übertragung an den Grundstückseigentümer ist nach § 889 BGB zulässig. Sie tritt insbesondere beim Heimfall ein. Unter einer Bedingung oder einer Zeitbestimmung kann die Übertragung des Erbbaurechts nicht rechtswirksam erfolgen, s § 11 Abs 1 S 2 ErbbauRG.

3. Beendigung des Erbbaurechtes

a) Aufhebung des Erbbaurechtes

92 Rechtsgeschäftlich kann das Erbbaurecht gemäß § 875 Abs 1 BGB durch Aufgabeerklärung des Erbbauberechtigten und Löschung des Erbbaurechts im Grundbuch, aber nach § 26 ErbbauRG nur mit Zustimmung des Grundstückseigentümers aufgehoben werden. Die Zustimmung ist dem Grundbuchamt oder dem Erbbauberechtigten gegenüber zu erklären; sie ist unwiderruflich. Ist das Erbbaurecht mit Rechten

Dritter belastet (zB mit Hypotheken), so ist auch die Zustimmung dieser Dritten erforderlich (§§ 875, 876 BGB), es sei denn, dass ihre Rechte mit gleicher Rangstelle am Grundstück weiter bestehen (Grüneberg/Herrler § 876 BGB Rn 2; LG Bayreuth MittBayNot 1997, 39).. Der einseitige Verzicht des Erbbauberechtigten auf sein Recht ohne Zustimmung des Grundstückseigentümers ist nicht zulässig (§ 928 BGB gilt für das Erbbaurecht nicht; s § 11 Abs 1 ErbbauRG).

Wurde ein Erbbaurecht im Grundbuch rechtswidriger Weise gelöscht, ist materiellrechtlich das Erbbaurecht nicht aufgehoben. Es besteht vielmehr außerhalb des Grundbuchs weiter; dieses ist unrichtig. Das Erbbaurecht kann, gegebenenfalls ausnahmsweise auch unter Nichtbeachtung des Gebotes der ersten Rangstelle gem § 10 ErbbauRG, im Grundbuch neu eingetragen werden (BGH 31. 10. 1968 – V ZR 117/67, BGHZ 51, 50, 54).

b) Beendigung durch Zeitablauf

Üblicherweise erlischt das Erbbaurecht durch Zeitablauf, §§ 27 ff ErbbauRG. **93**

Ist das Erbbaurecht in Wohnungserbbaurechte aufgeteilt, so führt das Erlöschen des Erbbaurechts zum Erlöschen der Wohnungserbbaurechte (BayObLGZ 1999, 65; Staudinger/Wobst [2023] § 30 WEG Rn 29). Die Mitberechtigung an dem Erbbaurecht, verbunden mit dem Sondereigentum an einer Wohnung, wandelt sich durch die Aufhebung des Erbbaurechts nicht in entsprechendes Wohnungseigentum am Grundstück um. Dies kann nur durch die Begründung von Wohnungseigentum gem §§ 3, 4 Abs 1, 2 WEG geschehen (BayObLGZ 1999, 65).

c) Ausschluss einseitiger Beendigungsgründe und Rücktrittsrechte

Ist das Erbbaurecht im Grundbuch eingetragen, steht § 1 Abs 4 ErbbauRG einem **94** vertraglichen oder gesetzlichen **Rücktrittsrecht** entgegen (BGH NJW 1969, 1112; Ingenstau/Hustedt § 1 ErbbauRG Rn 138; Lemke/Czub § 1 ErbbauRG Rn 28; MünchKommBGB/Weiss § 1 ErbbauRG Rn 85 f; Winkler/Schlögel § 2 Rn 156; vgl Rn 80).

Eine einseitige **Kündigungsmöglichkeit** hinsichtlich des Erbbaurechts selbst ist bereits im Hinblick auf den dinglichen Charakter des Erbbaurechts ausgeschlossen. Auch ein Kündigungsrecht aus wichtigem Grund besteht bei einem entstandenen Erbbaurecht nicht, da es sich um ein sachenrechtliches Rechtsverhältnis handelt, auf das die Grundsätze über Dauerschuldverhältnisse nicht anwendbar sind (BGH DNotZ 1969, 491; OLG Düsseldorf NJW 1971, 436; **aA** OLG Hamburg MDR 1962, 132). Einer Kündigungsmöglichkeit hinsichtlich des zugrundeliegenden schuldrechtlichen Vertrags steht bei einem entstandenen Erbbaurecht wiederum § 1 Abs 4 ErbbauRG entgegen.

Generell kann gesagt werden, dass alle Ansprüche und Gestaltungsrechte, die auf die Beseitigung des Erbbaurechtes zielen, bei einem wirksam entstandenen und damit auch im Grundbuch eingetragenen Erbbaurecht nicht angewendet werden können (vgl Böttcher 99 ff; Erman/Grziwotz vor § 1 ErbbauRG Rn 12). Der Ausschluss dieser Rechte dient, so die amtliche Erläuterung (Schmidt-Räntsch ZfIR 2019, 169 Abschnitt III) der Hebung der Marktgängigkeit und Beleihungsfähigkeit des Erbbaurechtes.

Bis zur dinglichen Entstehung des Erbbaurechtes – also der Grundbucheintragung desselben – sind dagegen die allgemeinen schuldrechtlichen Ansprüche und Gestaltungsrechte anwendbar (vgl BGH NJW 1969, 1112; BGH DNotZ 1961, 402; MünchKommBGB/Weiss § 1 ErbbauRG Rn 88).

d) Sonstige Beendigungsgründe

95 Ein Erlöschen kraft Gesetzes tritt durch Verjährung gem § 901 BGB (sog Buchversitzung) ein; diese setzt aber eine vorhergehende rechtswidrige Löschung des Erbbaurechts voraus.

Ein Erlöschen des Rechts des wirklich zum Erbbaurecht Berechtigten durch Aufgebot zugunsten des nur tatsächlich besitzenden Erbbauberechtigten im Wege des § 927 BGB ist nicht statthaft, s § 11 Abs 1 S 1 ErbbauRG.

e) Eigentum am Bauwerk bei Beendigung des Erbbaurechtes

96 Die Bestandteile des Erbbaurechts werden beim Erlöschen des Erbbaurechts Bestandteile des Grundstücks (§ 12 Abs 3 ErbbauRG). In diesem Fall wird daher auch das Bauwerk als Bestandteil des Erbbaurechts zum Bestandteil des Grundstücks. Der Erbbauberechtigte ist gemäß § 34 ErbbauRG nicht befugt, das Bauwerk wegzunehmen oder sich Bestandteile hiervon anzueignen (s näher Erl zu § 34 ErbbauRG Rn 1 ff).

2. Vertragsmäßiger Inhalt

§ 2
ErbbauRG

Zum Inhalt des Erbbaurechts gehören auch Vereinbarungen des Grundstückseigentümers und des Erbbauberechtigten über:

1. die Errichtung, die Instandhaltung und die Verwendung des Bauwerkes;

2. die Versicherung des Bauwerkes und seinen Wiederaufbau im Falle der Zerstörung;

3. die Tragung der öffentlichen und privatrechtlichen Lasten und Abgaben;

4. eine Verpflichtung des Erbbauberechtigten, das Erbbaurecht beim Eintreten bestimmter Voraussetzungen auf den Grundstückseigentümer zu übertragen (Heimfall);

5. eine Verpflichtung des Erbbauberechtigten zur Zahlung von Vertragsstrafen;

6. die Einräumung eines Vorrechts für den Erbbauberechtigten auf Erneuerung des Erbbaurechts nach dessen Ablauf;

7. eine Verpflichtung des Grundstückseigentümers, das Grundstück an den jeweiligen Erbbauberechtigten zu verkaufen.

Systematische Übersicht

Alphabetische Übersicht

I. Vertragsmäßiger Inhalt des Erbbaurechts

1 Die §§ 2–8 ErbbauRG behandeln den vertragsmäßigen Inhalt des Erbbaurechts, während § 1 ErbbauRG den gesetzlichen Inhalt aufstellt. Ein Legalschuldverhältnis zwischen Eigentümer und Berechtigten (wie zB bei Nießbrauch und Pfandrecht) besteht nicht (vgl § 1 ErbbauRG Rn 82). Die Beteiligten sind daher darauf angewiesen, ihre gegenseitigen Rechte und Pflichten, soweit sie über den Rahmen des gesetzlichen Inhalts nach § 1 ErbbauRG hinausgehen sollen, im Bestellungsvertrag entsprechend festzulegen. Im Hinblick auf die regelmäßig lange Dauer des Erbbaurechts besteht für die Beteiligten ein besonderer Anlass, solche Vertragsbestimmungen weit eingehender und vorsichtiger zu regeln als dies bei anderen Rechtsgeschäften notwendig ist.

1. Dinglicher Inhalt für und gegen Rechtsnachfolger

2 Die Vereinbarungen der Parteien über ihre einzelnen Rechte und Pflichten sind zunächst rein schuldrechtlicher Natur, wirken also zunächst nur für und gegen den Erbbauberechtigten sowie für und gegen den Grundstückseigentümer und deren Erben, nicht aber zwischen den einzelnen Sonderrechtsnachfolgern. Es besteht aber gerade im Hinblick auf die lange Dauer des Erbbaurechts ein dringendes Bedürfnis, dass die vereinbarten Vertragsbestimmungen fortgesetzt von dem jeweiligen Erbbauberechtigten und Grundeigentümer eingehalten werden (vgl die amtliche Erläuterung zu § 2 VO, veröffentlicht von Schmidt-Räntsch ZfIR 2019, 169).

a) Fakultative dingliche Erweiterung des Inhaltes des Erbbaurechtes

3 Dies erreicht das Gesetz dadurch, dass auch solche Verpflichtungen zum Inhalt des Erbbaurechts erklärt werden und dadurch dingliche Wirkung erlangen, die an sich für das rechtliche Bestehen des Erbbaurechts nicht notwendig sind.

Das Gesetz stellt deshalb in § 2 ErbbauRG einen Katalog derartiger Vereinbarungen auf, die zum weiteren **Inhalt des Erbbaurechts** erklärt werden können. Vereinbarungen solcher Art haben ohne Weiteres (vgl aber Rn 5) dingliche Wirkung zwischen den jeweiligen Vertragsparteien des Erbbaurechtes (BGH 25. 10. 2019 – V ZR 271/18, BGHZ 223, 305 Rn 17; MünchKommBGB/Weiss § 2 ErbbauRG Rn 1, 6; BeckOK-BGB/Maass [1. 11. 2025] § 2 ErbbauRG Rn 1; Ingenstau/Hustedt § 2 ErbbauRG Rn 2; Lemke/Czub § 1 ErbbauRG Rn 5).

Durch den weiten Rahmen des § 2 ErbbauRG sowie dadurch, dass die Gründe für den Heimfall und die Vertragsstrafe, von wenigen Beschränkungen abgesehen, frei vereinbart und dadurch diese Rechte verdinglicht werden können, bestehen beim Erbbaurecht die weitestgehenden dinglichen Regelungsmöglichkeiten (MünchKommBGB/Weiss § 2 ErbbauRG Rn 1).

4 Über den Katalog des § 2 ErbbauRG hinaus sieht das Gesetz noch die Möglichkeit für weitere dinglich wirkende Vereinbarungen vor:

Nach § 5 ErbbauRG können mit dinglicher Wirkung Vereinbarungen getroffen werden, wonach der Erbbauberechtigte zur Veräußerung oder Belastung des Erbbaurechts der Zustimmung des Grundstückseigentümers bedarf.

Nach § 27 Abs 1 S 2 ErbbauRG können für den Fall der Beendigung des Erbbaurechts durch Zeitablauf mit gleicher dinglicher Wirkung auch Vereinbarungen über die Höhe der dem Erbbauberechtigten zu gewährenden Entschädigung für das Bauwerk, über die Art ihrer Zahlung sowie über die Ausschließung der Entschädigung getroffen werden. Gleiches gilt für die nach § 32 ErbbauRG beim Heimfall des Erbbaurechts dem Erbbauberechtigten zu leistende angemessene Vergütung für das Erbbaurecht und für die Rangstelle der Entschädigungsforderung gem § 28 ErbbauRG.

In den §§ 2, 5, 27 Abs 1, 32 Abs 1 ErbbauRG sind alle Möglichkeiten dinglich wirksamer Vereinbarungen erschöpfend aufgezählt. Darüber hinausgehende Abmachungen können nach dem Grundsatz der Vertragsfreiheit zwar getroffen werden, jedoch nur mit rein schuldrechtlicher Wirkung. Doch steht es den Vertragsparteien frei, auch solche rein obligatorische Verpflichtungen dadurch in gewisser Hinsicht dinglich zu sichern, dass ihre Nichterfüllung an ein Heimfallrecht oder eine Vertragsstrafe geknüpft oder mit anderen allgemeinen Sicherungsmitteln des BGB gesichert wird. Insbesondere ist zu beachten, dass Vereinbarungen, die nach § 2 ErbbauRG nicht zum Inhalt des Erbbaurechts erklärt werden können, deshalb nicht unwirksam sind. Wenn sich aus dem Vertrag nicht eindeutig ein gegenteiliger Wille der Vertragsteile ergibt, sind vielmehr in einem solchen Fall die getroffenen Vereinbarungen schuldrechtlich zwischen den Vertragsschließenden voll wirksam geworden. Es fehlt ihnen nur die durch § 2 ErbbauRG geschaffene Wirkung für und gegen den Rechtsnachfolger. Auch wenn die dingliche Wirkung nicht eintritt, bleibt der schuldrechtliche Hintergrund bestehen.

b) Die Herstellung der dinglichen Wirkung

5 Ob und inwieweit die Beteiligten derartige zum Inhalt des Erbbaurechts werdende Vereinbarungen treffen wollen, steht in ihrem Belieben. Die Tragweite der Vorschriften des § 2 ErbbauRG und jener Erweiterungen durch §§ 5, 27 Abs 1 S 2 und 32 ErbbauRG liegt darin, dass alle diese Vereinbarungen nicht getroffen werden müssen, sondern nur getroffen werden können, dass sie aber, wenn sie getroffen werden, zum Inhalt des Erbbaurechts gehören. Die Voraussetzungen der Dinglichkeit aller genannten Vereinbarungen (nicht bloß der nach § 2 ErbbauRG) sind die gleichen wie die der Bestellung des Erbbaurechts, also **Einigung** und **Eintragung** gemäß § 873 BGB. Hierbei kann bei der Eintragung im Grundbuch gemäß § 874 BGB auf die Eintragungsbewilligung Bezug genommen werden (s näher § 14 ErbbauRG Rn 11 f).

Wenn die Beteiligten die Dinglichkeit nicht wollen, so können sie durch ausdrückliche oder stillschweigende Abrede diese Folge ausschließen und damit den Vereinbarungen nur schuldrechtliche Wirkung beilegen. Wenn die Parteien die Vereinbarungen nur als schuldrechtliche getroffen haben, können sie diese, soweit ihr Inhalt dies zulässt, durch besondere dingliche Rechte oder durch Bedingungen oder durch Vormerkungen sichern (vgl Erman/Grziwotz § 2 ErbbauRG Rn 2).

c) Wirkung gegenüber Rechtsnachfolger – Zusätzliche Dienstbarkeit

Durch diese Regelung des Gesetzes wird die Rechtslage des Grundstückseigentümers und des Erbbauberechtigten gefestigt und für die ganze Dauer des Erbbaurechts gegen Änderungen ohne den Willen der Parteien geschützt. Die durch die Vereinbarungen auferlegten gegenseitigen Pflichten obliegen jedem Eigentümer und jedem Erbbauberechtigten; darin erschöpft sich aber bereits die **„dingliche" Wirkung**, die vom Gesetz als „Inhalt des Erbbaurechts" bezeichnet wird (BGH 25. 10. 2019 – V ZR 271/18, BGHZ 223, 305, Rn 17). Die Vereinbarung stellt aber kein dingliches Recht dar; sie entfaltet Wirkung nicht gegenüber jedermann, sondern allein im Verhältnis zwischen dem (jeweiligen) Grundstückseigentümer und Erbbauberechtigten (BGH 25. 10. 2019 – V ZR 271/18, BGHZ 223, 305, Rn 17). Es liegt also eine Binnenrechtsordnung vor. 6

Ein Vergleich mit den Vereinbarungen der Wohnungseigentümer gem § 10 Abs 3 WEG, die bei Grundbucheintragung zum Inhalt des Sondereigentums gemacht werden können (§ 5 Abs 4 S 1 WEG) bietet sich an. Der gesetzliche (§ 1 ErbbauRG) und der vertraglich vereinbarte (§ 2 ErbbauRG) Inhalt des Erbbaurechtes gelten somit zwischen dem jeweiligen Grundstückseigentümer und dem jeweiligen Erbbauberechtigten ohne dass es einer Vertragsübernahme oder einer Schuldübernahme bedürfte (Lemke/Czub § 2 ErbbauRG Rn 5). Es gilt also aufgrund der Verdinglichung das Gegenteil dessen, was ansonsten im allgemeinen Schuldrecht maßgeblich ist. Dritten gegenüber werden durch solche Vereinbarungen keine unmittelbaren Rechtswirkungen erzeugt; ein gutgläubiger Dritter erwirbt jedoch das Erbbaurecht mit dem Inhalt, mit dem es im Grundbuch eingetragen ist (Rapp, in: FS Wenzel [2005] 279 ff; **aA** Lemke/Czub § 2 ErbbauRG Rn 6). Eine Haftung des Erbbaurechts selbst für Verletzungen solcher Sondervereinbarungen besteht nicht. Die Haftung erfasst vielmehr nur den jeweiligen Erbbauberechtigten oder Grundstückseigentümer und zwar nur insoweit, als diese persönlich verpflichtet sind (BGH 24. 11. 1989 – V ZR 16/88, BGHZ 109, 230, 233 f). Eine Haftung für ihren Rechtsvorgänger tragen sie nicht. Bei einem Anspruch auf Zahlung einer Vertragsstrafe (§ 2 Nr 5 ErbbauRG) haftet nicht etwa das Erbbaurecht als solches, sondern nur derjenige Erbbauberechtigte persönlich, welcher die Vertragsstrafe durch seine Handlungen verwirkt hat (BGH 24. 11. 1989 – V ZR 16/88, BGHZ 109, 230, 233 f), nicht sein Rechtsnachfolger (BGH 6. 11. 2015 – V ZR 165/14, DNotZ 2016, 448 Rn 8). Es ist daher für den Grundeigentümer ratsam, sich nach § 5 Abs 1 ErbbauRG die Zustimmung zur Veräußerung des Erbbaurechts vorzubehalten, um sich dagegen zu schützen, dass sich der die Vertragsstrafe verwirkende Erbbauberechtigte durch Veräußerung des Erbbaurechts vermögenslos stellt. Will der Eigentümer eine Sondervereinbarung mit den gesetzlichen Folgen einer Hypothek oder Reallast, so muss er sich eine eigene Hypothek oder Reallast bestellen lassen (vgl Ingenstau/Hustedt § 2 ErbbauRG Rn 5 f; Winkler/Schlögel § 4 Rn 32). 7

Soweit es sich um Verpflichtungen handelt, die zum Inhalt des Erbbaurechtes gemäß § 2 ErbbauRG vereinbart werden können, ist die Eintragung einer Grunddienstbarkeit zulasten des Erbbaurechtes unzulässig. Die §§ 2 ff ErbbauRG gehen den Vorschriften des BGB über beschränkt dingliche Rechte als lex specialis vor (Winkler/Schlögel § 4 Rn 32; BeckOK-BGB/Maass [1. 11. 2025] § 11 ErbbauRG Rn 12; **aA** Ingenstau/Hustedt § 2 ErbbauRG Rn 4 ff; Böttcher Rn 619; Erman/Grziwotz § 2 ErbbauRG Rn 6). Da § 2 ErbbauRG den einfacheren, jedoch gleich sicheren Weg wie die Eintragung eines beschränkt dinglichen Rechtes bietet, fehlt für die Eintragung eines solchen, insbesondere für die Eintragung einer Dienstbarkeit, auch das Rechtsschutzbedürfnis. 8

Eine Haftung des Erbbauberechtigten für Verbindlichkeiten seines Rechtsvorgängers besteht nur dann, wenn er sie beim Erwerb des Erbbaurechts ausdrücklich übernommen hat oder wenn es sich um Rückstände aus dem – eingetragenen – Erbbauzins handelt, für welchen der jeweilige Erbbauberechtigte gem § 1108 BGB persönlich haftet.

d) Wirkung der Grundbucheintragung

9 Die dem § 2 ErbbauRG entsprechenden Vereinbarungen zwischen dem Grundstückseigentümer und dem Erbbauberechtigten wirken zunächst nur schuldrechtlich. Mit Eintragung im Grundbuch gewinnen sie jedoch eine neue Qualität und werden zum „Inhalt des Erbbaurechtes" neben dem gesetzlichen Inhalt gem § 1 ErbbauRG. Der eingetragene Inhalt der Vereinbarungen wird damit zum Rechtsinhalt des Erbbaurechtes im dinglichen Verständnis mit allen sich hieraus ergebenden Konsequenzen (Rapp, in: FS Wenzel [2005] 277 ff). Für dieses Verständnis und gegen eine nur schuldrechtliche Wirkung der Vereinbarungen sprechen mehrere Gründe:

- Der Wortlaut des Gesetzes ist eindeutig. Die im Katalog des § 2 ErbbauRG genannten Regelungsgegenstände können nicht nur zum Inhalt des Erbbaurechtsvertrages, sondern zum Inhalt des Erbbaurechtes selbst gemacht werden.

- Das Rechtsverhältnis zwischen dem Eigentümer und dem Erbbauberechtigten ist auf lange Dauer angelegt. Es verlangt eine rechtliche Stabilität, die mit einer dinglichen Inhaltsbestimmung besser bewirkt werden kann als mit einem schuldrechtlichen Verständnis.

- Das Rechtsverhältnis zwischen dem Eigentümer und dem Erbbauberechtigten ist ein besonders rechtlich intensiviertes Nachbarschaftsverhältnis. Auf ein und demselben Grundstück befinden sich zwei verschiedene Eigentümer, nämlich der Eigentümer des Grund und Bodens und der Erbbauberechtigte als Eigentümer des Gebäudes. Die rechtliche Nähe der beiden Eigentümer begründet ein gesteigertes Konfliktpotential.

aa) Individuelles dingliches Nachbarschaftsrecht

10 Während im allgemeinen Nachbarrecht gem den §§ 906 ff BGB iVm den landesrechtlichen Nachbarvorschriften der Inhalt des Eigentums im Verhältnis zum Grundstücksnachbarn gesetzlich geregelt ist, hat der Gesetzgeber in § 2 ErbbauRG die Möglichkeit eröffnet, das rechtliche Nachbarschaftsverhältnis im Erbbaurecht der individuellen Situation angepasst zu regeln. Das Erbbaurecht ist danach – im Gegensatz zum allgemeinen Grundstückseigentum – nicht ein homogenes Recht, das lediglich durch Belastungen beschränkt werden kann, sondern es ist in den Grenzen des § 2 ErbbauRG ein flexibles Recht. Eine vergleichbare Regelung findet sich in §§ 5 Abs 4 S 1, 8 Abs 2, 10 Abs 3 WEG, wonach Vereinbarungen der Wohnungseigentümer über ihr Verhältnis untereinander und über die Verwaltung zum „Inhalt des Sondereigentums" gemacht werden können, was ebenfalls eine dingliche Inhaltsbestimmung des Wohnungseigentums bewirkt (Rapp, in: FS Wenzel [2005] 277 ff).

bb) Gutgläubiger Erwerb auf Basis der Eintragung

11 Die wichtigste Rechtsfolge, die sich aus diesem dinglichen Verständnis des Inhalts des Erbbaurechtes ergibt, besteht darin, dass ein uneingeschränkter gutgläubiger Er-

werb gem § 892 BGB möglich ist. Ein solcher bezieht sich nämlich auch darauf, dass ein im Grundbuch eingetragenes Recht den dort eingetragenen Inhalt hat. Eine Grenze ist nur durch die rechtliche Zulässigkeit der Eintragung gesetzt. Eine inhaltlich unzulässige Eintragung bietet keine Basis für einen gutgläubigen Erwerb.

cc) Auslegungsgrundsatz = Grundbucheintragung

Eine weitere Konsequenz aus diesem Verständnis ist, dass im Grundbuch eingetragene Vereinbarungen gem § 2 ErbbauRG ab Eintragung ausschließlich nach den Grundsätzen für die Auslegung von Grundbucheintragungen auszulegen sind (OLG Saarbrücken 22. 7. 2019 – Az 5 W 32/19, ErbbauZ 2020, 54 Rn 9; INGENSTAU/HUSTEDT § 2 ErbbauRG Rn 10) und auch uneingeschränkt der Auslegung durch das Revisionsgericht unterliegen (BGH 6. 11. 2015 – V ZR 165/14, DNotZ 2016, 448 Rn 37; BGH 11. 7. 2014 – V ZR 18/13, BGHZ 202, 77 Rn 7; BGH 16. 6. 1972 – V ZR 93/70, BGHZ 59, 205, 208 f; BGH 28. 9. 1984 – V ZR 135/83, NJW 1985, 1464, 1465 li). **12**

Bei der Auslegung ist auf den Wortlaut und den Sinn abzustellen, wie er sich aus der Grundbucheintragung und der darin in Bezug genommenen Eintragungsbewilligung für einen unbefangenen Betrachter als nächstliegende Bedeutung ergibt. Umstände außerhalb dieser Urkunden dürfen nur insoweit mit herangezogen werden, als sie nach dem besonderen Verhältnissen des Einzelfalles für jedermann ohne Weiteres erkennbar sind (BGH 6. 11. 2015 – V ZR 165/14, DNotZ 2016, 448 Rn 37 mwNw).

dd) Auswirkungen auf Eigentümererbbaurecht

Das dingliche Verständnis ermöglicht auch den unversehrten Erwerb eines Erbbaurechtes durch den Grundstückseigentümer selbst, sei es bei der Bestellung als Eigentümererbbaurecht, bei einer späteren Übertragung, insbesondere auch bei Erfüllung des Heimfallanspruchs. Würde man den Vereinbarungen gem § 2 ErbbauRG lediglich schuldrechtliche Wirkung beimessen, so könnten diese beim Eigentümererbbaurecht gar nicht erst eingetragen werden, bei einem späteren Erwerb des Erbbaurechtes durch den Grundstückseigentümer käme es zur Vereinigung von Forderung und Verpflichtung (Konfusion) mit der Konsequenz des Erlöschens der Forderung. Bei einer Übertragung des durch den Eigentümer erworbenen Erbbaurechtes an einen Dritten müssten die Vereinbarungen gem § 2 ErbbauRG neu abgeschlossen und neu grundbuchlich gesichert werden. Diese Konsequenz entfällt bei dem dinglichen Verständnis. **13**

ee) Sanktion bei Normverletzungen (Unwirksamkeit, Teilunwirksamkeit)

Bei dem auf lange Dauer angelegten Erbbaurechtsverhältnis ist eine Unwirksamkeit des Erbbaurechts lediglich bei Verstößen gegen den zwingenden gesetzlichen Inhalt des Erbbaurechtes (§ 1 ErbbauRG) anzunehmen. Darüber hinausgehende rechtliche Fehler, insbesondere Überschreitungen der Grenzen des § 2 ErbbauRG, führen lediglich zur Unwirksamkeit der entsprechenden Vertragsbestimmung mit der Konsequenz, dass an die Stelle der unwirksamen Bestimmung die gesetzliche Regelung tritt. Eine Unwirksamkeit des gesamten Erbbaurechtsverhältnisses ist jedoch zu verneinen. § 139 BGB ist vielmehr in dem Sinne anzuwenden, dass lediglich eine Teilunwirksamkeit anzunehmen ist (hiervon geht auch – ohne weitere Thematisierung – BayObLGZ 2001, 301 aus), da den Vertragsteilen die Bestellung des Erbbaurechtes als solches wichtiger ist, als die Unwirksamkeit einer lediglich fakultativen Regelung. **14**

ff) Geltung bei Zwangsversteigerung

15 Die Vereinbarungen nach § 2 ErbbauRG gelten für und gegen jeden Rechtsnachfolger im Eigentum am Grundstück oder Erbbaurecht. Auch bei einer Zwangsversteigerung gehen auf den Ersteher des Erbbaurechts diejenigen inhaltlichen Verpflichtungen des bisherigen Erbbauberechtigten über, die einen Inhaltsbestandteil des Erbbaurechts bilden und als solche im Grundbuch eingetragen sind. Klar davon zu trennen ist die Frage, ob der Rechtsnachfolger für Vertragsverletzungen des Rechtsvorgängers haftet (s hierzu Rn 53).

2. Die „Verdinglichung" nach alter Rechtslage – §§ 1012 ff BGB

16 In dem vor 1919 geltenden Recht bemühte man sich auf verschiedenen Wegen, eine dingliche Sicherung vertragsmäßiger Vereinbarungen zu erlangen, so durch Stellung einer entsprechenden aufschiebenden oder auflösenden Bedingung oder durch Eintragung einer Sicherungshypothek (evtl in Verbindung mit der Abrede einer Vertragsstrafe), ferner durch Eintragung einer Reallast an dem Erbbaurecht oder durch Eintragung einer Vormerkung zur Sicherung des Anspruchs auf Übertragung des Erbbaurechts an den Eigentümer im Falle der Nichterfüllung. Diese Mittel sind nach dem Gesetz nicht notwendig; sie sind aber zulässig (ausgenommen die Bedingung) und schaffen dann Wirkung gegen Dritte. Der Eigentümer hat es auch in der Hand, die vertraglichen Pflichten des Erbbauberechtigten zum größten Teil mit dem Heimfallrecht (§ 2 Nr 4 ErbbauRG) zu verknüpfen, ohne dass insoweit die Sicherung durch Eintragung einer Vormerkung (§§ 883 ff BGB) notwendig ist. Außerdem kann nach § 2 Nr 5 ErbbauRG auch die Zahlung von Vertragsstrafen mit der Nichterfüllung von Verpflichtungen verbunden werden. Dienstbarkeiten zulasten des Erbbaurechtes sind nur insoweit zulässig, als ihr Inhalt über die Regelungsmöglichkeit des § 2 ErbbauRG hinausgeht (str, s Rn 8).

3. Allgemeine Geschäftsbedingungen

17 Die öffentliche Hand, Religionsgemeinschaften, Stiftungen und auch Bauträgerunternehmen geben oftmals Erbbaurechte aus, die generell oder für ein bestimmtes Baugebiet standardisierte Formulierungen enthalten, also zur mehrfachen Verwendung bestimmt sind. Es handelt sich dann um allgemeine Geschäftsbedingungen gemäß § 305 Abs 1 BGB. Bei Verbraucherverträgen gemäß § 310 Abs 3 BGB können missbräuchliche Klauseln auch dann vorliegen, wenn sie von einem Unternehmer gegenüber einem Verbraucher nur einmalig gestellt werden. Der BGH unterstellt deshalb, ohne dass er dies weiter thematisieren würde, Erbbaurechtsverträge dem Recht der allgemeinen Geschäftsbedingungen und der sich hieraus ergebenden gerichtlichen Überprüfung (BGH 26. 6. 2015 – V ZR 144/14, NJW 2015, 3436 Rn 29 ff; BGH 17. 5. 1991 – V ZR 140/90, BGHZ 114, 338, 340; BGH 8. 6. 1979 – V ZR 191/76, BGHZ 75, 15, 20). Die Klauselverbote gemäß § 307 Abs 3 BGB sind jedoch dann unanwendbar, wenn der Erbbaurechtsvertrag Regelungen enthält, die von §§ 2 ff ErbbauRG gedeckt sind (BGH 26. 6. 2015 – V ZR 144/14, NJW 2015, 3436 Rn 30 zu einer, die gesamte Dauer des Erbbaurechts bestehenden Verwendungsbeschränkung; ebenso OLG München ErbbauZ 2021, 45 Rn 60; MünchKommBGB/Weiss § 2 ErbbauRG Rn 5; Winkler/Schlögel § 4 Rn 21; BeckOGK/Maass [1. 11. 2025] § 2 ErbbauRG Rn 1).

II. Die Vereinbarungen im Einzelnen

1. Nr 1: Errichtung, Instandhaltung und Verwendung

a) Vereinbarungen über die Errichtung des Bauwerkes

Ohne eine besondere Vereinbarung gem § 2 Nr 1 ErbbauRG hat der Erbbauberechtigte das Recht, aber nicht die Pflicht, ein Bauwerk zu errichten. § 2 Nr 1 ErbbauRG ermöglicht es, als Inhalt des Erbbaurechtes eine entsprechende **Bauverpflichtung** zu statuieren (vgl amtliche Begründung, veröffentlicht von Schmidt-Räntsch ZfIR 2019, 174) und bei ihrer Nichterfüllung einen Heimfallanspruch nach § 2 Nr 4 ErbbauRG zu begründen. **18**

Solche Vereinbarungen können Einzelbestimmungen über die Art der zu errichtenden Bauwerke enthalten, zB nur Steinbauten, Einfamilienhäuser oder Zweifamilienhäuser, oder über die Höhe des Bauwerkes, Zahl und Art der Geschosse, Größe der zu überbauenden Fläche usw Wird hinsichtlich der Bauausführung auf einen bestehenden Bebauungsplan Bezug genommen, der bis zur Bauausführung geändert wird, so ist für die Errichtungspflicht der neue Bebauungsplan maßgeblich, wenn er keine wesentlich andere Bebauungsart vorsieht (BGH NJW 1985, 1464). Eine baurechtliche unzulässige Änderung der Nutzungsart des Gebäudes ist nicht automatisch eine Verletzung der Pflicht zur Errichtung des Hauses (BGH NJW 1985, 1464). Zur Frage der besonderen Rechtsfolgen im Falle einer Verletzung derartiger Vertragsbestimmungen vgl § 12 ErbbauRG Rn 4. Ihre allgemeine Begrenzung durch das Wesen des Erbbaurechts finden solche Baubeschränkungen aber darin, dass dem Erbbauberechtigten das Recht zum Bauen, sowie zum Wiederaufbau nicht genommen werden kann; deshalb kann auch die Befugnis zum Bauen nicht allgemein an die Zustimmung des Grundstückseigentümers geknüpft werden, wohl aber kann dies für An-, Um- und Aufbauten, sowie für Abbruch ganz oder zum Teil vereinbart werden (BayObLGZ 2001, 305; OLG Saarbrücken notar 2021, 26; hierzu Graf Wolffskeel von Reichenberg MittBayNot 2021, 219; Winkler/Schlögel § 4 Rn 43). Die häufig zu findende Regelung, die Baupläne des Erbbauberechtigten bedürften vor ihrer Umsetzung der Genehmigung des Grundstückseigentümers, ist dahingehend zu verstehen, dass dem Grundstückseigentümer das Recht eingeräumt ist, zu überprüfen, ob das Bauwerk vertragsgemäß errichtet wird. Ist dies zu bejahen, so hat der Erbbauberechtigte einen einklagbaren Anspruch auf Zustimmung durch den Grundstückseigentümer. Zweckmäßig ist es, zur Darstellung des Bauwerkes einen Bauplan oder eine Baubeschreibung dem Vertragswerk anzufügen.

Auch vereinbart werden kann, dass eine **Veränderung** des errichteten Bauwerks nur nach vorheriger Zustimmung des Grundstückseigentümers zulässig ist (OLG Saarbrücken ErbbauZ 2020, 52; Winkler/Schlögel § 4 Rn 47 mwNw). **19**

Diese Zustimmung kann uU nach den Grundsätzen über Treu und Glauben erzwungen werden (vgl BGH WM 1986, 1093; BayObLGZ 1986, 501). Dies ist jedoch nur in absoluten Ausnahmefällen denkbar. Grundsätzlich kann der Grundstückseigentümer seine Zustimmung zu baulichen Veränderungen verweigern (BGH 29. 9. 1967 – V ZR 131/64, BGHZ 48, 296, 299; BGH 24. 2. 1984 – V ZR 187/82, NJW 1984, 2214 re; Winkler/Schlögel § 4 Rn 47). Denn es ist zu berücksichtigen, dass Umbauten, Anbauten, Aufstockungen und sonstige bauliche Veränderungen Werterhöhungen des Erbbaurechtsgebäudes zur Folge haben können. Dadurch kann sich der Kaufpreis bei der Ausübung des Vorkaufsrechtes durch den Grundstückseigentümer erhöhen; eine entsprechende Erhöhung ist auch bei der Vergütung anlässlich eines Heimfalles oder bei der Entschädigung für das Gebäude bei Beendigung des Erbbaurechtes durch Zeitablauf zu erwarten. Diese Folgen stellen grundsätzlich berücksichtigungsfähige Interessen des Grundstückseigentümers dar.

20 Auch Vereinbarungen über die Vornahme von Erschließungsmaßnahmen und die Unterhaltung von Erschließungsanlagen fallen unter § 2 Nr 1 ErbbauRG, da es sich hierbei um einen Teil der Baumaßnahmen handelt (vgl Ingenstau/Hustedt § 2 ErbbauRG Rn 24; Winkler/Schlögel § 4 Rn 46; MünchKommBGB/Weiss § 2 ErbbauRG Rn 12).

b) Vereinbarungen über die Instandhaltung des Bauwerks

21 Unter die Vereinbarungen über die Instandhaltung des Bauwerks (§ 2 Nr 1 Var 2 ErbbauRG) fallen insbesondere Vereinbarungen über Vornahme von Reparaturen, notwendige Erneuerungen usw

aa) Gebäudeunterhalt und Entschädigung des Erbbauberechtigten

22 Ein mittelbarer Anreiz für den Erbbauberechtigten, das Bauwerk entsprechend zu erhalten, liegt darin, dass bei Beendigung des Erbbaurechts durch Zeitablauf und bei Ausübung des Heimfallrechts durch den Grundstückseigentümer eine entsprechende Entschädigung für das Bauwerk bzw Erbbaurecht zu leisten ist (vgl § 27 Abs 1 S 1 ErbbauRG und § 32 Abs 1 S 1 ErbbauRG). Dennoch ist der Erbbauberechtigte häufig geneigt, gegen Ende des Erbbaurechts das Bauwerk zu vernachlässigen. Besondere Vereinbarungen über die Instandhaltung dienen somit den Interessen des Grundstückseigentümers; sie sind auch geeignet, die Beleihbarkeit des Erbbaurechts zu erhöhen.

bb) Gebäudeunterhalt und Vorrecht auf Erneuerung des Erbbaurechtes

23 Ein weiterer Anreiz zur Erhaltung des Bauwerks kann außerdem in der Einräumung eines Vorrechts für den Erbbauberechtigten auf Erneuerung des Erbbaurechts nach dessen Ablauf liegen (vgl Nr 6, Rn 81).

cc) Fehlende Vereinbarungen

24 Über die Rechtslage, wenn über die Instandhaltung des Bauwerks nichts vereinbart wurde, vgl § 1 ErbbauRG Rn 83. Ansprüche aus § 836 BGB treffen gemäß § 837 BGB im Außenverhältnis stets den Erbbauberechtigten. Im Innenverhältnis kann eine davon abweichende Regelung getroffen und nach § 2 Nr 1 ErbbauRG „verdinglicht“ werden. Im Falle einer Schädigung kann aber der Dritte Ansprüche unmittelbar nur gegen den Erbbauberechtigten geltend machen.

dd) Instandhaltung Bauwerk/Erbbaugrundstück

25 Die Verpflichtungen des Erbbauberechtigten zur Instandhaltung beziehen sich nur auf das Bauwerk, nicht auf das Erbbaugrundstück. Eine solche Abrede kann demnach nur mit schuldrechtlicher Wirkung getroffen werden (Winkler/Schlögel § 4 Rn 49; MünchKommBGB/Weiss § 2 ErbbauRG Rn 14).

c) Vereinbarungen über die Verwendung des Bauwerks

Nach § 2 Nr 1 Var 3 ErbbauRG können Vereinbarungen über die Verwendung des Bauwerks getroffen werden. Während es bei der hinsichtlich des sachenrechtlichen Bestimmtheitserfordernisses gebotenen Beschreibung des Bauwerks (§ 1 ErbbauRG Rn 22, 27 f) um die technische Darstellung des Bauwerks (zB „zwei Häuser") geht, geht es bei der Vereinbarung um die Verwendung um die Nutzung des Bauwerks (zB „zu Wohnzwecken"). 26

Der Begriff „Verwendung des Bauwerks" ist dabei weit auszulegen (BayObLGZ 2001, 304). Darunter fallen nicht nur Vereinbarungen über die Art der Nutzung (zB Vermietung zu Wohn- oder Gewerbezwecken), sondern auch Bestimmungen über die festzusetzenden Mietzinsen. Auch eine Vereinbarung, dass zB kinderreiche Familien bei der Vermietung bevorzugt werden sollen, kann darunter fallen, ebenso auch Vereinbarungen, dass das Bauwerk dem bestimmten sozialen Zwecke erhalten bleiben soll und daher nicht in den Besitz von Personen gelangen darf, für die es nicht bestimmt ist (zB Einheimischenmodell; Verpflichtung zur Eigennutzung auf bestimmte Zeit). Ebenso gehören hierher Verbot des Betriebs unsittlicher (BGH NJW 1984, 2213) oder lärmender Geschäfte, von Gastwirtschaften usw

Erbbaurechte, die soziale Zwecke verfolgen, können auch in einer Kombination von Erbbaurecht und einem gesellschaftsrechtlichen ÖPP-Modell verwirklicht werden. Zusätzlich zu dem Erbbaurechtsvertrag wird zwischen dem Grundstückseigentümer und dem Erbbauberechtigten ein Gesellschaftsverhältnis (meist stille Gesellschaft) vereinbart, in dem die sozialen Zwecke definiert werden (Löhr ErbbauZ 2021, 70).

Die Verwendungsbeschränkung gem § 2 Nr 1 ErbbauRG kann für die gesamte Laufzeit des Erbbaurechtes vereinbart werden. Auch öffentlich-rechtliche Gesichtspunkte (angemessene Vertragsgestaltung gem § 11 Abs 2 Nr 1 BauGB) stehen der langen Laufzeit der Verwendungsbeschränkung nicht entgegen (Winkler/Schlögel § 4 Rn 59 b). Der mit der Bestellung eines Erbbaurechtes verfolgte Zweck dauert so lange an, wie das Erbbaurecht besteht. Er endet nicht bereits dann, wenn das Erbbaurecht in einer Generation entsprechend dem vereinbarten Inhalt des dinglichen Rechts gemäß genutzt worden ist. Eine Befristung der Bindung des Erbbauberechtigten auf 30 Jahre (dies ist die Grenze bei dem preissubventionierten Grundstücksverkauf im Einheimischenmodell, s BGH 29. 11. 2002 – V ZR 105/02, BGHZ 153, 93, 105; im Gegensatz hierzu ist bei einer subventionsfreien Veräußerung ein Wiederkaufsrecht auch auf die Dauer von 90 Jahren nicht sittenwidrig, BGH 29. 10. 2010 – V ZR 48/10, MittBayNot 2012, 123, 124 re) liefe dem Zweck eines Erbbaurechtes zuwider. Sie führte bei den üblicher Weise längeren, an der wirtschaftlichen Nutzungsdauer der Bauwerke orientierten Laufzeiten der Erbbaurechte regelmäßig dazu, dass für die längste Zeit, in der das Erbbaurecht besteht, nicht sicher gestellt werde, dass es dem Zweck dient, zu dem es ausgegeben wurde (BGH 26. 6. 2015 – V ZR 144/14, NJW 2015, 3436 Rn 24; BGH 8. 2. 2019 – V ZR 176/16, NJW 2019, 2016 Rn 21; zu den BGH-Entscheidungen s Graf Wolffskeel von Reichenberg MittBayNot 2021, 219; Winkler/Schlögel § 4 Rn 56; Grziwotz MittBayNot 2016, 188; OLG München ErbbauZ 2021, 47 Rn 68; BeckOK-BGB/Maass [1. 11. 2025] § 2 ErbbauRG Rn 7). 27

Es ist aber auch ohne weiteres möglich, ab Eintritt eines bestimmten Zeitpunktes oder ab Eintritt einer bestimmten, grundbuchmäßig definierten Bedingung, eine andere als die zunächst vereinbarte Verwendung des Bauwerkes zu ermöglichen.

28 Denkbar ist auch, die Änderung der im Erbbaurechtsvertrag vorgegebenen Verwendung von der vorherigen Zustimmung des Grundstückseigentümers abhängig zu machen. In absoluten Ausnahmefällen ist ein Anspruch auf Erteilung dieser Zustimmung denkbar (Böttcher Rn 177 f; Winkler/Schlögel § 4 Rn 64).

29 Eine dingliche Wirkung kommt solchen Vereinbarungen allerdings nur zu, wenn es sich um generelle Vereinbarungen über die Verwendungsart handelt (BayObLGZ 2001, 304). Will der Eigentümer ein Mitspracherecht im Einzelfall (zB Zustimmung zu jedem Mietvertrag, vgl auch BGH 26. 6. 2015 – V ZR 144/14, NJW 2015, 3436 Rn 41 f; BGH 12. 4. 1967 – VIII ZR 252/64, DNotZ 1968, 302), handelt es sich nur um eine schuldrechtliche Vereinbarung (Ingenstau/Hustedt § 2 ErbbauRG Rn 31; BayObLGZ 2001, 304).

d) Sanktionen bei Zuwiderhandlung, auch gegen Dritte

30 Bei Zuwiderhandlung gegen die durch solche Vereinbarungen begründeten Verpflichtungen hat der Grundeigentümer in erster Linie **gegen** den zuwiderhandelnden **Erbbauberechtigten** die Klage aus § 1004 BGB sowie allenfalls Schadensersatzansprüche wegen Vertragsverletzung oder unerlaubter Handlung. An erbbaurechtlichen Sanktionen kommen der Heimfall (§ 2 Nr 4 ErbbauRG) und/oder die Vertragsstrafe (§ 2 Nr 5 ErbbauRG) in Betracht. Die **Verletzung** einer Pflicht nach § 2 Nr 1 ErbbauRG **kann** als **Heimfallgrund** bestimmt werden, weil hierfür grundsätzlich jedes Ereignis als den Heimfallanspruch auslösend vereinbart werden kann (BGH 26. 6. 2015 – V ZR 144/14, NJW 2015 3436 Rn 14; Schlögel ZfIR 2016, 175, 177 re).

31 **Gegenüber Dritten**, die rechtmäßige Besitzer des Erbbaugrundstücks samt Gebäude sind, hat der Grundstückseigentümer ebenfalls die Klage aus § 1004 BGB. Dies hat der BGH (BGH 25. 10. 2019 – V ZR 271/18, BGHZ 223, 305 Rn 12) im Bereich des Wohnungseigentums für den Fall bejaht, dass der Mieter einer Wohnungseigentumseinheit das Gemeinschaftseigentum entgegen eine von den Eigentümern vereinbarte oder beschlossene Gebrauchsregelung benutzt. Für die vereinbarungswidrige Nutzung des Sondereigentums geht der BGH (BGH 25. 10. 2019 – V ZR 271/18, BGHZ 223, 305 Rn 18) davon aus, dass dies eine mittelbare Beeinträchtigung des Eigentums aller Wohnungseigentümer darstellt, und zwar auch dann, wenn sie nicht durch den Sondereigentümer selbst, sondern durch dessen Mieter erfolgt. Diese Erwägungen haben auch volle Gültigkeit im Erbbaurecht (Erman/Grziwotz § 2 ErbbauRG Rn 3).

Denkbar sind auch Ansprüche aus dem Eigentümer-Besitzer-Verhältnis gem § 985 ff BGB. Dies ergibt sich daraus, dass der Grundstückseigentümer trotz der Bestellung des Erbbaurechtes eine Eigentümerposition hat. Sie kann jedoch nur insoweit geltend gemacht werden, als dem nicht die Rechte des Erbbauberechtigten entgegenstehen. Vereinbarungswidrige Verwendungen durch einen Dritten stören deshalb auch den Grundstückseigentümer in rechtswidriger Weise (§ 1004 BGB) und geben ihm das Recht, bei einem rechtswidrigen Besitz des Dritten die Herausgabe gem §§ 985 ff BGB an den Erbbauberechtigten zu verlangen (zweifelnd hieran Drasdo ErbbauZ 2020, 54). Ein Schadenersatzanspruch gegenüber dem Dritten aus § 823 Abs 1 BGB wegen Verletzung des Eigentums am Gebäude kommt dagegen nicht in Betracht, da das Gebäude wesentlicher Bestandteil des Erbbaurechtes ist und im Eigentum des Erbbauberechtigten steht (**aA** Ingenstau/Hustedt § 2 ErbbauRG Rn 35; MünchKommBGB/Weiss § 2 ErbbauRG Rn 18; Winkler/Schlögel § 4 Rn 62).

Für die Sanktionen wegen Verstößen gegen Verwendungsvereinbarungen gilt jedoch der aus Treu und Glauben (§ 242 BGB) abgeleitete Verhältnismäßigkeitsgrundsatz (BGH 26. 6. 2015 – V ZR 144/14, NJW 2015, 3436 Rn 36; BGH 8. 7. 1983 – V ZR 53/82, BGHZ 88, 91, 95; BayObLGZ 1986, 501, 506; WINKLER/SCHLÖGEL § 4 Rn 64). 32

e) Rechtslage bei fehlender Vereinbarung

Die Vereinbarungen gem § 2 Nr 1 ErbbauRG sind lediglich fakultativ. Werden solche nicht getroffen, so gilt für das Verhältnis zwischen Grundstückseigentümer und Erbbauberechtigten insoweit das Erbbaurecht mit gesetzlichem Inhalt und den Rechtsfolgen. Für die Verwendung des Gebäudes gilt dann § 903 BGB mit den Grenzen, die das öffentliche Recht und das sonstige Nachbarrecht vorgeben. 33

2. Nr 2: Versicherung und Wiederaufbau

Nach § 2 Nr 2 Var 1 ErbbauRG können Vereinbarungen zur Versicherung des Bauwerks zum Inhalt des Erbbaurechts gemacht werden. Hierunter fallen alle **Versicherung gegen Sachschäden** am Bauwerk, insbesondere die Versicherung des Bauwerks gegen Feuergefahr. Die Versicherung hat der Erbbauberechtigte im eigenen Namen abzuschließen (vgl § 23 ErbbauRG, wonach bei der Feuerversicherung der Versicherer den Grundstückseigentümer unverzüglich zu benachrichtigen hat, wenn ihm der Eintritt des Versicherungsfalls angezeigt wird). Im Übrigen kann nach § 2 Nr 2 ErbbauRG nicht nur die Pflicht zur Versicherung, sondern auch der nähere Inhalt des Versicherungsvertrags vereinbart werden. 34

Umstritten ist, ob auch Vereinbarungen zu **Haftpflichtversicherungen** zum Inhalt des Erbbaurechts gemacht werden können (dafür MünchKommBGB/WEISS § 2 ErbbauRG Rn 20; dagegen INGENSTAU/HUSTEDT § 2 ErbbauRG Rn 44; WINKLER/SCHLÖGEL § 4 Rn 67 mwNw). 35

Gegen die Möglichkeit wird angeführt, dass Vereinbarungen zur Verkehrssicherungspflicht nicht zum Inhalt des Erbbaurechts gemacht werden können (WINKLER/SCHLÖGEL § 4 Rn 67 mwNw; Rn 39). Diese Schlussfolgerung ist also solche zwar nicht zwingend, jedoch sprechen der Wortlaut, die Systematik sowie der Sinn und Zweck gegen eine Erfassung von Haftpflichtversicherungen. Der Wortlaut der Norm spricht von Versicherungen „des Bauwerks“, wohingegen eine (Gebäude-)Haftpflichtversicherung nicht das Bauwerk versichert, sondern den Eigentümer vor Ansprüchen Dritter schützt. Auch die Gesetzessystematik spricht gegen eine Erfassung von Haftpflichtversicherungen, da die zweite Variante des § 2 Nr 2 ErbbauRG den Wiederaufbau des Bauwerks im Falle der Zerstörung zum Gegenstand hat; hierzu passen Versicherungen gegen Sachschäden, nicht aber Haftpflichtschäden. Schließlich liegt – was sich wiederum aus der zweiten Variante des § 2 Nr 2 ErbbauRG ergibt – der Zweck der Norm darin, das Interesse des Eigentümers am Bestand des Bauwerks zu sichern; dazu trägt eine Haftpflichtversicherung nicht bei. Freilich kann eine Verpflichtung zum Abschluss einer Haftpflichtversicherung mit schuldrechtlicher Wirkung vereinbart werden.

Nach § 2 Nr 2 Var 2 ErbbauRG können Vereinbarungen zum **Wiederaufbau des Bauwerks** im Falle der Zerstörung zum Inhalt des Erbbaurechts gemacht werden. Ist die Pflicht zum Wiederaufbau des Gebäudes nach Zerstörung schlechthin vereinbart worden, so trifft den Erbbauberechtigten diese Pflicht ohne Rücksicht darauf, ob ein 36

Verschulden seinerseits vorliegt oder ob ihm die Mittel für den Wiederaufbau zur Verfügung stehen, denn die wirtschaftlichen Verhältnisse des Erbbauberechtigten spielen für seine Verpflichtung aus dem Erbbaurechtsvertrag grundsätzlich keine Rolle (vgl BGH LM 1953, 387). In erster Linie kommt es aber auch hier auf den Willen der Parteien bei Abschluss des Erbbaurechtsvertrags an; ob eine Wiederaufbaupflicht unter allen Umständen, auch bei Zerstörung durch höhere Gewalt, gewollt war, ist nach § 157 BGB im Wege der Vertragsauslegung zu entscheiden.

3. Nr 3: Öffentliche und privatrechtliche Lasten

a) Öffentliche Lasten und Abgaben

37 Der Begriff „öffentliche Lasten und Abgaben" bestimmt sich nach dem öffentlichen Recht. Es gehören dazu insbes die an die Kommunen und die öffentliche Hand zu entrichtenden Lasten, insbesondere die Grundsteuer, auch Erschließungskosten nach BauGB und Kosten nach dem KommunalabgabenG. Diese öffentlichen Abgaben ruhen als „öffentliche Last" auf dem Erbbaurecht (§ 12 GrdStG; § 134 Abs 2 BauGB; Art 5 Abs 7 S 1 BayKAG). Persönlicher Schuldner dieser Abgaben ist derjenige, dem der Abgabenbescheid zugestellt worden ist. Die Wirkung der öffentlichen Last besteht jedoch darin, dass der jeweilige Erbbauberechtigte, also auch ein Sonderrechtsnachfolger, mit dem Erbbaurecht dinglich für die Erfüllung der persönlichen Abgabeverpflichtung haftet. Ist keine Vereinbarung gem § 2 Nr 3 ErbbauRG getroffen, so hat der Grundstückseigentümer die auf das Grundstück entfallenden Lasten (Sanierungsbeitrag nach § 154 BauGB, s OVG Lüneburg NVwZ 1994, 1134) und der Erbbauberechtigte die auf das Gebäude entfallenden Lasten (Grundsteuer für Gebäude, Anschlussgebühren für Kanal, Wasserleitung etc; Müllabfuhr u dgl) zu tragen (Winkler/Schlögel § 4 Rn 73). Für die Erschließungsbeiträge gemäß BauGB und die einmaligen Abgaben der landesrechtlichen Kommunalabgabengesetze wird jedoch durch Gesetz der Erbbauberechtigte anstelle des Grundstückseigentümers als beitragspflichtig erklärt (§ 134 Abs 1 S 2 BauGB; Art 5 Abs 9 [zB Bay] KAG).

b) Privatrechtliche Lasten

38 Der in § 2 Nr 3 ErbbauRG verwendete Begriff der „privatrechtlichen Lasten" ist dem § 1047 BGB entnommen.

Die privatrechtlichen Lasten und Abgaben können sowohl das Grundstück als auch das Erbbaurecht betreffen (MünchKommBGB/Weiss § 2 ErbbauRG Rn 24; Ingenstau/Hustedt § 2 ErbbauRG Rn 46). Es gehören hierher die Zinsen von Grundpfandrechten (nicht jedoch Tilgungen), Reallasten oder ähnlichen Rechten. Eine Vereinbarung gem § 2 Nr 3 ErbbauRG über die privatrechtlichen Lasten und Abgaben bezieht sich nur auf das Innenverhältnis zwischen dem Grundstückseigentümer und dem Erbbauberechtigten. Im Außenverhältnis gegenüber dem Gläubiger haftet jener, der aufgrund Rechtsgeschäft oder aufgrund Gesetzes die Verpflichtung zu tragen hat.

c) Verkehrssicherungspflicht

39 Die allgemeine **Verkehrssicherungspflicht** ist keine öffentliche oder private Last. Vereinbarungen zur Verkehrssicherungspflicht zwischen Eigentümer und Erbbauberechtigten können daher nicht zum Inhalt des Erbbaurechts gemacht werden (BayObLGZ 1999, 254; Winkler/Schlögel § 4 Rn 75; MünchKommBGB/Weiss § 2 ErbbauRG Rn 20; zur Haftung des Eigentümers – nicht des Erbbauberechtigten – als Zustandsstörer s VGH Mannheim

NJW 1998, 624). Schuldrechtliche Vereinbarungen sind freilich möglich (vgl LG Mannheim BWNotZ 1983, 146).

Davon zu trennen ist die – in diesem Zusammenhang bisher kaum diskutierte – Frage, wen die Verkehrssicherungspflicht nach allgemeinen Regeln trifft. Da der Erbbauberechtigte Eigentümer des Bauwerks ist, trifft ihn (und nicht den Grundstückseigentümer) jedenfalls insoweit die Verkehrssicherungspflicht (MünchKommBGB/Weiss § 2 ErbbauRG Rn 20). Gleiches gilt für das Grundstück, soweit das Erbbaurecht gemäß § 1 Abs 2 ErbbauRG auch darauf erstreckt ist. Denn soweit der Grundstückseigentümer von Besitz und Einflussmöglichkeiten ausgeschlossen ist, trifft ihn auch keine Verkehrssicherungspflicht. Erstreckt sich das Erbbaurecht auf das gesamte Grundstück (§ 1 Abs 2 ErbbauRG) verbleibt daher grundsätzlich kein Raum für eine Verkehrssicherungspflicht des Grundstückseigentümers. Vielmehr trifft dann bereits nach allgemeinen Regelungen den **Erbbauberechtigten die Verkehrssicherungspflicht**. 40

d) Eingeschränkte Rechtsnachfolgerhaftung

Die dingliche Wirkung vorstehender Vereinbarungen äußert sich insbesondere darin, dass jeder spätere Eigentümer oder Erbbauberechtigte die während der Dauer seines Rechtes anfallenden Beträge zu leisten hat; eine hypothekarische Sicherung besteht für einen solchen Erstattungsanspruch ohne besondere Vereinbarung nicht, dazu bedarf es der Eintragung einer besonderen Hypothek oder Reallast (§ 1107 BGB), sodass ohne solche Sicherung eine dingliche Haftung für Rückstände des Rechtsvorgängers zugunsten des Rechtsnachfolgers nicht besteht. Möglich ist jedoch die Belastung des Erbbaurechtes mit dem privaten Recht, das zu der privatrechtlichen Last führt, zB eine Reallast. 41

e) Übernahme der Lastentragung durch den Erbbauberechtigten

Da der Grundstückseigentümer während der ganzen Dauer des Erbbaurechts das Grundstück wirtschaftlich nicht mehr weiter ausnützen kann, wird es zweckmäßig sein (und so sieht es auch der Gesetzgeber, zB § 134 BauGB), dass der Erbbauberechtigte die sämtlichen öffentlichen Lasten, die sich auf Grundstück und Bauwerk beziehen, übernimmt, also auch Erschließungsbeiträge gem BauGB, Beiträge gem KAG, die Haus- und Grundsteuer, Gebühren für Kanalbenützung usw 42

f) Öffentliche Investitionen: zeitanteilige Verteilung

Werden öffentliche Investitionsmaßnahmen, also zB ein Straßenausbau gem KAG, eine Verbesserung des Abwassersystems oder eine Anlage zur Abfallbeseitigung gegen Ende der Laufzeit des Erbbaurechtes durchgeführt, so profitiert auch der Eigentümer, von der dadurch bewirkten Werterhöhung seines Grundstücks. Die Entschädigung, die der Eigentümer an den Erbbauberechtigten gem § 27 Abs 1 ErbbauRG zu bezahlen hat, bezieht sich nur auf das Bauwerk, nicht jedoch auf das Grundstück. Im Rahmen des § 2 Nr 3 ErbbauRG kann auch eine Vereinbarung dahin getroffen werden, dass solche Abgaben zwischen dem Grundstückseigentümer und dem Erbbauberechtigten nach dem Verhältnis aufgeteilt werden, nach dem die Nutzung dieser Investitionen voraussichtlich von einem jeden von ihnen möglich sein wird. 43

Über die Rechtslage, wenn die Parteien über die Tragung der Lasten nichts vereinbart haben, s § 1 ErbbauRG Rn 84.

4. Nr 4: Heimfall

a) Hintergrund der gesetzlichen Regelung

44 Gemäß § 2 Nr 4 gehören zum Inhalt des Erbbaurechts auch Vereinbarungen des Grundstückseigentümers und des Erbbauberechtigten über eine Verpflichtung des Erbbauberechtigten, das Erbbaurecht beim Eintreten bestimmter Voraussetzungen auf den Grundstückseigentümer zu übertragen (Heimfall).

Die Möglichkeit, einen entsprechenden Heimfallanspruch zu begründen, ist der Ersatz für die Regelung des § 1 Abs 4 ErbbauRG, wonach das Erbbaurecht nicht durch auflösende Bedingungen beschränkt werden kann und wonach der Grundstückseigentümer auch keine Rechte aus einer Vereinbarung herleiten darf, durch die sich der Erbbauberechtigte verpflichtet hat, das Erbbaurecht bei Eintritt bestimmter Voraussetzungen aufzuheben (§ 1 ErbbauRG Rn 78; Winkler/Schlögel § 4 Rn 77). Durch diese Gesetzeslage kommt es bei Zuwiderhandlung gegen Vertragspflichten oder beim Eintritt sonstiger im Erbbaurechtsvertrag vereinbarter Fälle nicht zum Erlöschen des Erbbaurechts; vielmehr kommt es beim Heimfall zu einer **Übertragung des Erbbaurechts** auf den Grundstückseigentümer, bei dem es bis auf weiteres als „Eigentümer-Erbbaurecht“ (vgl § 1 ErbbauRG Rn 10 ff) fortbesteht. Dadurch wird das Fortbestehen der Grundpfandrechte am Erbbaurecht (§ 33 ErbbauRG) und damit zugleich die Kreditfähigkeit des Erbbaurechts gewährleistet (Rapp MittBayNot 2014, 412, 413 li; MünchKommBGB/Weiss § 2 ErbbauRG Rn 25).

45 Ein dem Heimfallanspruch des Grundstückseigentümers entsprechendes Recht auf Seite des Erbbauberechtigten, dass nämlich der Grundstückseigentümer verpflichtet ist, das Erbbaurecht unter bestimmten Voraussetzungen dem Erbbauberechtigten abzunehmen, hat das Gesetz nicht aufgestellt. Aus § 1 Abs 4 S 2 ErbbauRG ergibt sich, dass eine Verpflichtung des Erbbauberechtigten, beim Eintreten bestimmter Voraussetzungen das Erbbaurecht aufzugeben und seine Löschung im Grundbuch zu bewilligen, für den Grundstückseigentümer unwirksam ist. Der Erbbauberechtigte kann sich jedoch auf eine solche schuldrechtliche Vereinbarung berufen (umgekehrter Heimfallanspruch des Erbbauberechtigten; vgl § 1 ErbbauRG Rn 79). Die Grundpfandrechtsgläubiger am Erbbaurecht sind hier durch die §§ 877, 876 BGB geschützt.

46 Der Heimfallanspruch wird auch von Kreditinstituten als zusätzliche Kreditsicherheit eingesetzt. Besteht eine sehr gute finanzielle Bonität des Grundstückseigentümers, insbesondere wenn dieser eine insolvenzunfähige juristische Person des öffentlichen Rechts ist, können Grundpfandrechtsgläubiger des Erbbauberechtigten mit dem Grundstückseigentümer vereinbaren, dass dieser sich zur Ausübung des Heimfallrechtes verpflichtet, sobald Zwangsvollstreckungsmaßnahmen durch den Grundpfandrechtsgläubiger in das Erbbaurecht vorgenommen werden. Durch die Wirkung des § 33 Abs 2 ErbbauRG – gesetzliche Schuldübernahme durch den Grundstückseigentümer – gewinnt damit der Grundpfandrechtsgläubiger einen solventen Schuldner. Wirtschaftlich betrachtet wirkt sich dies wie eine Bürgschaft des Grundstückseigentümers zugunsten des Erbbauberechtigten aus. Voraussetzung einer solchen Vereinbarung zwischen Grundpfandrechtsgläubiger und Grundstückseigentümer ist zunächst, dass die beginnende Zwangsvollstreckung in das Erbbaurecht als Heimfalltatbestand gem § 2 Nr 4 ErbbauRG vereinbart ist. Die Vereinbarung enthält die Verpflichtung zum Erwerb eines Erbbaurechtes und ist deshalb gem § 11 Abs 2 Erb-

bauRG, § 311b Abs 1 BGB beurkundungspflichtig (BGH 20. 4. 1990 – V ZR 301/88, BGHZ 111, 154, 156).

Ist der Grundstückseigentümer eine kommunale Gebietskörperschaft, so liegt für diese eine kreditähnliches Rechtsgeschäft vor, das der kommunalaufsichtlichen Genehmigung bedarf (BGH 22. 1. 2016 – V ZR 22/14, DNotZ 2016, 325; § 11 ErbbauRG Rn 38).

b) Anspruch auf Übertragung des Erbbaurechtes

Liegen die Voraussetzungen des Heimfalls vor, fällt das Erbbaurecht nicht – wie das Wort „Heimfall" vielleicht implizieren könnte – von sich aus an den Grundstückseigentümer. Vielmehr steht dem Grundstückeigentümer dann ein **Anspruch auf Übertragung** des Erbbaurechts auf ihn zu. Das Heimfallrecht ist der Anspruch des Grundeigentümers gegenüber dem Erbbauberechtigten, dass beim Eintritt bestimmter Voraussetzungen, deren Ausbedingung den Beteiligten überlassen bleibt, dem Grundstückseigentümer das Erbbaurecht zu übertragen ist (BGH 26. 6. 2015 – V ZR 144/14, NJW 2015, 3436 Rn 9). Der Grundstückseigentümer ist nicht verpflichtet, einen ihm zustehenden Heimfallanspruch auszuüben oder den schon geltend gemachten Anspruch durchzusetzen (BGH 20. 4. 1990 – V ZR 301/88, BGHZ 111, 154, 156). 47

Unklar ist, wann der **Anspruch entsteht.** 48

Teilweise wird vertreten, der Anspruch entstehe bereits mit Eintritt der Heimfallvoraussetzungen und nicht erst mit der Geltendmachung durch den Grundstückseigentümer; er werde aber erst mit Geltendmachung fällig (Heinemann ErbbauZ 2025, 11, 13). Für diese dogmatische Einordnung wird der Wortlaut des § 2 Nr 4 ErbbauRG („beim Eintreten bestimmter Voraussetzungen") angeführt und dass der Heimfallanspruch nach § 4 ErbbauRG der Verjährung (und nicht einer materiellen Ausschlussfrist) unterworfen ist (Heinemann ErbbauZ 2025, 11, 13). Der BGH (BGH 20. 10. 2023 – V ZR 205/22, NJW 2024, 1266 Rn 23; BGH 18. 5. 1990 – V ZR 190/89, NJW-RR 1990, 1095) formuliert, mit der Geltendmachung des Heimfallanspruchs werde die Übertragungspflicht fällig gestellt.

Der Wortlaut des § 2 Nr 4 ErbbauRG ist mE nicht eindeutig, denn eine Voraussetzung in diesem Sinne könnte auch die Geltendmachung sein. Der Hinweis auf § 4 ErbbauRG ist zwar hintersinnig, aber auch nicht zwingend; denn als gesetzliche Spezialregelung kann diese Norm mE auch eine Verjährung des (bedingten) Heimfallsanspruchs vor dessen Entstehung anordnen. Auch aus den eben zitierten BGH-Entscheidungen kann mE zumindest nicht unbedingt abgeleitet werden, dass der BGH davon ausgeht, dass der Anspruch generell unabhängig von seiner Geltendmachung entsteht: Dass der Anspruch mit Geltendmachung fällig wird, sagt nichts darüber aus, ob er bereits zuvor entstanden ist oder erst mit der Geltendmachung entsteht (und sogleich fällig ist) ist. Zum anderen kam es in beiden Entscheidungen nicht auf die Frage des Zeitpunkts des Entstehens des Heimfallanspruchs an, sondern es ging um die Fälligkeit des Vergütungsanspruchs des Erbbauberechtigten bzw die Verjährung des Heimfallanspruchs nach § 4 ErbbauRG (bei dem es – anders als bei §§ 196, 200 BGB nicht auf die Fälligkeit des Anspruchs ankomme).

Letztlich kommt es auf die Vereinbarungen im Erbbaurechtsvertrag an. Nach § 2 Nr 4 ErbbauRG gehören „Vereinbarungen" über einen Heimfall zum Inhalt des

Erbbaurechts. Daher kann auch vereinbart werden, dass die Verpflichtung erst mit Geltendmachung durch den Grundstückseigentümer entsteht. Es kommt also für die Frage, wann der Anspruch entsteht, darauf an, ob im Erbbaurechtsvertrag formuliert ist, dass der Erbbauberechtigte das Erbbaurecht bei Eintritt gewisser Voraussetzungen (ohne weiteres) übertragen muss (dann Entstehung des Anspruchs direkt mit Eintritt dieser Voraussetzungen) oder dass der Grundstückseigentümer bei Eintritt gewisser Voraussetzungen die Übertragung des Erbbaurechts verlangen kann (dann Entstehung des Anspruchs erst mit Geltendmachung; der Heimfallanspruch ist dann doppelt bedingt).

c) Rechtsnatur des Anspruchs

49 Die Vereinbarungen über die Verpflichtung, das Erbbaurecht beim Eintreten bestimmter Voraussetzungen auf den Grundstückseigentümer zu übertragen, sind gemäß § 2 Nr 4 ErbbauRG dinglicher Inhalt des Erbbaurechts. Fraglich ist aber, welche Rechtsnatur (dinglich oder schuldrechtlich) der daraus folgende Anspruch auf Übertragung des Erbbaurechts hat. Diese Frage wird im Wesentlichen im Hinblick darauf diskutiert, ob Schuldner des Heimfallanspruchs auch ein Erbbauberechtigter sein kann, der selbst keinen Heimfallgrund gesetzt hat, wenn ein vormaliger Erbbauberechtigter einen Heimfallgrund gesetzt hat (vgl Winkler/Schlögel § 4 Rn 91).

Nach früher wohl hM sollte der Anspruch dinglich in dem Sinne zu charakterisieren sein, dass er grundsätzlich auch gegen einen Erwerber des Erbbaurechts durchgesetzt werden kann; Einzelheiten waren freilich umstritten (vgl Winkler/Schlögel § 4 Rn 91 und die Nachweise bei BGH 6. 11. 2015 – V ZR 165/14, DNotZ 2016, 448 Rn 10 ff). Der BGH hat dieser Ansicht im Jahr 2015 eine Absage erteilt und den Anspruch als **schuldrechtlich** charakterisiert (BGH 6. 11. 2015 – V ZR 165/14, DNotZ 2016, 448). Dieser Entscheidung folgt die Literatur nun (statt vieler BeckOGK/Toussaint [1. 12. 2025] § 3 ErbbauRG Rn 12 f; BeckOK-BGB/Maass [1. 11. 2025] § 2 ErbbauRG Rn 19; MünchKommBGB/Weiss § 3 ErbbauRG Rn 2; Winkler/Schlögel § 4 Rn 92 jew mwNw).

Dies ist auch zutreffend. Die Vereinbarungen über den Heimfall sind nur insoweit dinglich, als dass sie nicht nur zwischen den ursprünglichen Vertragsparteien des Erbbaurechtsvertrags gelten, sondern nach § 2 Nr 4 ErbbauRG dergestalt Inhalt des Erbbaurechts werden, dass die Vereinbarungen auch zwischen Rechtsnachfolgern im Eigentum und Erbbaurecht gelten. Der konkrete Anspruch auf Übertragung des Erbbaurechts ist hingegen ein schuldrechtlicher Anspruch. Er kann daher nur gegen den Erbbauberechtigten durchgesetzt werden, der den Heimfallgrund setzt; überträgt der Erbbauberechtigte das Erbbaurecht nach Entstehen des Heimfallsgrundes, aber vor Durchsetzung des Heimfallanspruchs, kann der Eigentümer den Anspruch nicht mehr durchsetzen, wenn der neue Erbbauberechtigte nicht selbst einen Heimfallgrund setzt. Zutreffend weist der BGH darauf hin, dass der Eigentümer durch die Eintragung einer Vormerkung gesichert werden kann (Rn 50), wohingegen der Erwerber des Erbbaurechts schutzwürdig ist.

d) Vormerkungsfähigkeit

50 Dieser schuldrechtliche Anspruch kann jedenfalls **nach Entstehung des Heimfallanspruchs** durch **Vormerkung** gem § 883 BGB gesichert werden (BGH 6. 11. 2015 – V ZR 165/14, DNotZ 2016, 448 Rn 27).

Umstritten ist, ob bereits **vor diesem Zeitpunkt** die Eintragung einer Vormerkung möglich ist (dafür WINKLER/SCHLÖGEL § 4 Rn 97a; INGENSTAU/HUSTEDT § 3 ErbbauRG Rn 82; MünchKommBGB/WEISS § 3 ErbbauRG Rn 3; STAUDINGER/KESSELER [2026] § 883 BGB Rn 159; dagegen STAUDINGER/RAPP [2021] § 2 ErbbauRG Rn 20, 20c; erst ab Eintritt der Heimfallvoraussetzungen: BeckOK-BGB/MAASS [1. 5. 2025] § 2 ErbbauRG Rn 14). Richtigerweise kann jederzeit nach Entstehung des Erbbaurechts eine Vormerkung zur Sicherung des durch den vereinbarten Heimfall bereits vorhandenen, bedingten Anspruchs auf Übertragung des Erbbaurechts in das Erbbaurechtsgrundbuch eingetragen werden. Denn nach **§ 883 Abs 1 S 2 BGB** ist die Eintragung einer Vormerkung auch zur Sicherung eines künftigen oder bedingten Anspruchs zulässig. Das Entstehen des Anspruchs darf nicht mehr vom freien Belieben des Verpflichteten abhängen (MünchKommBGB/LETTMEIER § 883 BGB Rn 28). Wenn und weil der Heimfall im Erbbaurechtsvertrag wirksam vereinbart ist und sich der Erbbauberechtigte diesem nicht mehr einseitig entziehen kann, liegen die nach allgemeinen Regeln erforderlichen Voraussetzungen für die Vormerkungsfähigkeit des bedingten Anspruchs vor. Da auch ein mehrfach bedingter Anspruch durch eine Vormerkung gesichert werden kann (BGH 5. 12. 1996 – V ZB 27/96, NJW 1997, 861), gilt dies auch (WINKLER/SCHLÖGEL § 4 Rn 97a), wenn man davon ausgeht, dass der Anspruch nicht bereits mit Eintritt der Heimfallvoraussetzungen, sondern erst mit Geltendmachung des Anspruchs entsteht (Rn 48). Da der Heimfallanspruch nicht vom Eigentum am Grundstück getrennt werden kann (§ 3 HS 1 ErbbauRG) muss die Vormerkung für den jeweiligen Eigentümer des Grundstücks eingetragen werden (WINKLER/SCHLÖGEL § 4 Rn 97a); die Eintragung für den jeweiligen Eigentümer eines Grundstücks ist möglich (GRÜNEBERG/HERRLER § 883 BGB Rn 11 mwNw). Da nach § 3 HS 1 ErbbauRG nach allgemeiner Ansicht selbst ein geltend gemachter Heimfallanspruch vor dessen Erfüllung zwingend auf einen Erwerber des Grundstücks übergeht (§ 3 ErbbauRG Rn 2), ist damit bei genauer Betrachtung der Eigentümer des Grundstücks bei Vollendung der Übertragung infolge des Heimfalls gemeint. 51

Auf Grundlage der Rechtsprechung des BGH zum Bestehenbleiben einer Vormerkung bei einem Schuldnerwechsel erlischt die Vormerkung nicht bei einem **Wechsel des Erbbauberechtigten** vor Entstehung des Heimfallanspruchs. Denn nach Ansicht des BGH erlischt bei einem Schuldnerwechsel eine Vormerkung nicht, „wenn der neue Schuldner zeitgleich mit der Übernahme der Verpflichtungen aus dem vormerkungsgesicherten Anspruch das Eigentum an dem von der Vormerkung betroffenen Grundstück erlangt" (BGH 13. 2. 2014 – V ZB 88/13 NJW 2014, 2431). Diese Voraussetzung ist beim Heimfallanspruch als Inhalt des Erbbaurechts stets gegeben: Erst mit dinglichem Erwerb des Erbbaurechts wird der neue Erbbauberechtigte auch Schuldner des (bedingten) Heimfallanspruchs. Dass der Erwerber des Erbbaurechts möglicherweise schuldrechtlich – sei es im Verhältnis zum Veräußerer oder auch im Verhältnis zum Grundstückseigentümer – schon vorher (idR mit Besitzübergang) in die Verpflichtungen aus dem Erbbaurechtsvertrag eintritt, ändert hieran nichts, da durch die Vormerkung gesicherter Anspruch der (bedingte) Heimfallanspruch ist, der Inhalt des Erbbaurechts ist und dessen Verpflichtungen als solche erst mit dinglichem Erwerb des Erbbaurechts auf den neuen Erbbauberechtigten übergehen. Anders wäre dies freilich, wenn der Heimfallanspruch bereits vor dem Übergang des Erbbaurechts konkret entstanden ist; dann schützt die Vormerkung den nun unbedingten Anspruch gegen den bisherigen Erbbauberechtigten.

52 Ohne Vormerkungseintragung führt eine Veräußerung des Erbbaurechtes nach Ausübung des Heimfalls an einen Dritten unter Umständen zur Unmöglichkeit der Leistung (§ 275 BGB). Der Grundstückseigentümer ist dann auf Schadensersatzansprüche angewiesen. Eine Vormerkungseintragung ist vor allem dann zu empfehlen, wenn zu erwarten ist, dass zwischen der Ausübung des Heimfalls und der zu erklärenden Übertragung des Erbbaurechts an den Grundstückseigentümer ein längerer Zeitraum vergeht, etwa weil Streit und den Beteiligten besteht oder der Erbbauberechtigte wegen der ihm zustehenden Vergütung ein Zurückbehaltungsrecht ausübt (Rn 73). Ob bereits vor diesem Zeitpunkt die (mögliche, s oben) Eintragung einer Vormerkung sinnvoll ist, ist für den Einzelfall zu überlegen, da die Eintragung der Vormerkung in der Praxis bei jeder Belastung und Veräußerung des Erbbaurechts die Mitwirkung des Vormerkungsberechtigten erforderlich machen wird, unabhängig von und gegebenenfalls zusätzlich zu einem Zustimmungserfordernis nach § 5 ErbbauRG.

e) Schuldner des Anspruchs

53 Schuldner des Anspruchs ist nach den obigen Ausführungen (Rn 49) (nur) der Erbbauberechtigte, der den Heimfallgrund gesetzt hat bzw dessen Gesamtrechtsnachfolger. Der Anspruch besteht im Hinblick auf die schuldrechtliche Charakterisierung des Anspruchs nicht gegen einen Sonderrechtsnachfolger, der selbst keinen Heimfallgrund setzt.

Von der Frage, ob ein Heimfallsanspruch auch gegen den Erwerber des Erbbaurechts fortbesteht, ist die Frage zu trennen, ob der Heimfallanspruch gegen den neuen Erbbauberechtigten ebenfalls besteht, weil der Heimfallgrund fortbesteht. Dies kann etwa bei rückständigen Erbbauzins der Fall sein: Der Erbbauzins wird als Reallast vom jeweiligen Erbbauberechtigten geschuldet (§ 9 Abs 1 ErbbauRG, § 1108 BGB). Die Schuld der Vorgänger ist somit eine eigene Schuld des Nachfolgers. Ausgenommen hiervon ist der Erwerb durch Zuschlag in der Zwangsversteigerung, wenn die Reallast (also kein Fall des § 9 Abs 3 ErbbauRG) durch den Zuschlag erloschen ist. Tatsächliche Handlungen, die einen Heimfallgrund darstellen, stellen auch beim Rechtsnachfolger im Erbbaurecht einen Heimfallgrund dar, wenn dieser den vertragswidrigen Zustand seinerseits aufrechterhält. Ist zB ein Heimfallrecht für den Fall einer gewerblichen Nutzung des Erbbaurechtsgebäudes vereinbart worden, und wird das Bauwerk gewerblich genutzt, so kann der Eigentümer sein Heimfallrecht auch dann ausüben, wenn zwar zwischenzeitlich ein neuer Erbbauberechtigter das Erbbaurecht erworben hat, aber die gewerbliche Nutzung fortsetzt.

f) Gläubiger des Anspruchs

54 Siehe zur Gläubigerstellung, auch bei einem Gesamterbbaurecht, § 3 ErbbauRG Rn 8.

g) Heimfallgründe

aa) Grundsatz: Freie Vereinbarkeit

55 Das Gesetz gibt im Allgemeinen keine besonderen Vorschriften, an welche Voraussetzungen dieses Recht gebunden werden kann, überlässt dies vielmehr im Allgemeinen der **freien Vereinbarung** der Beteiligten. Daher kann grundsätzlich jedes Ereignis als Heimfallgrund vereinbart werden. Sinnvollerweise orientiert sich die Vereinbarung von Heimfallgründen auch daran, welche wohnungspolitischen, sozialen oder

kulturellen Zwecke der Erbbaurechtsausgeber verfolgt (Nagel ErbbauZ 2020, 2 ff; Graf Wolffskeel von Reichenberg MittBayNot 2021, 221).

Der sachenrechtliche Bestimmtheitsgrundsatz steht der Verwendung unbestimmter Rechtsbegriffe nicht entgegen (BGH 11. 7. 2003 – V ZR 56/02, DNotZ 2004, 143; Winkler/Schlögel § 4 Rn 79). Da der Heimfall Inhalt des Erbbaurechts und insoweit verdinglicht ist, ist bei der Auslegung auf den Wortlaut der die Einigung die Eintragungsbewilligung enthaltenden Urkunde und den Sinn abzustellen, wie er sich aus unbefangener Sicht als nächstliegende Bedeutung ergibt (BGH 11. 7. 2003 – V ZR 56/02, DNotZ 2004, 143).

bb) Einschränkungen

Der historische Gesetzgeber hat bewusst davon abgesehen, für den Heimfall- **56**
anspruch ein „richterliches Prüfungs- und Milderungsrecht“ einzuführen, da Erbbaurechte im Wesentlichen von öffentlichen Körperschaften ausgegeben würden und bei diesen eine „allzu starre Handhabung der Heimfallklausel nicht zu befürchten sein dürfte“ (Erläuterungen zu § 2 der Verordnung über das Erbbaurecht von 1919, abgedruckt bei Schmidt-Räntsch ZfIR 2019, 165, 169).

Allgemeine und spezielle Regeln gebieten der Vereinbarung von Heimfallgründen jedoch gewisse Schranken:

Nach allgemein geltenden Rechtsgrundsätzen dürfen Heimfallgründe nicht gegen **57**
das **Gesetz oder gegen die guten Sitten** (§§ 134, 138 BGB) verstoßen.

Eine sittenwidrige oder gesetzeswidrige Vereinbarung des Heimfallrechts ist nichtig (OLG Braunschweig DNotZ 1976, 603 für den Heimfall bei Kirchenaustritt; kirchenfeindliches Verhalten genügt als Heimfallgrund LG Oldenburg Rpfleger 1979, 383; LG Flensburg 22. 11. 2019 – 3 O 18/19, ErbbauZ 2020, 26; OLG Schleswig 17. 9. 2020 – 2 U 10/19, ErbbauZ 2021, 19 Rn 90 ff; Krauss MittBayNot 2017, 87 re). Die vorzitierte Rechtsprechung geht davon aus, dass den Religionsgemeinschaften eine verfassungsrechtlich zugestandene Autonomie (Art 140 GG iVm Art 137 Abs 3 WRV) zusteht und dass es ihnen grundsätzlich freisteht, wie sie ihr Vermögen verwalten und welche Anforderungen sie an ihre Vertragspartner stellen. Das Recht der Kirchen zur Autonomie würde ansonsten übermäßig eingeschränkt, da sie schlechter stünden als andere Körperschaften, die die Gewährung privatrechtlicher Vorteile vom Fortbestand einer Mitgliedschaft abhängig machen dürfen (LG Flensburg 22. 11. 2019 – 3 O 18/19, ErbbauZ 2020, 26 Rn 45, 46; Winkler/Schlögel § 4 Rn 59, 84; **aA** unter Hinweis auf Art 4 GG MünchKommBGB/Weiss § 2 ErbbauRG Rn 30; Böttcher Rn 206).

Nach fast einhelliger Ansicht ist zudem ein **rechtlicher oder wirtschaftlicher Zusam-** **58**
menhang zwischen Erbbaurecht und Heimfallgrund erforderlich (Winkler/Schlögel § 4 Rn 83; vOefele MittBayNot 2004, 186, jew mwNw, **aA** BeckOGK/Toussaint [1. 12. 2025] § 2 ErbbauRG Rn 15).

Eine Begründung für diese Einschränkung der Vertragsfreiheit wird jedoch nicht gegeben. Der Wortlaut des § 2 Nr 4 ErbbauRG sieht jedenfalls keine entsprechende Einschränkung vor. Auch aus Systematik, Telos oder Historie ergeben sich keine Anhaltspunkte für diese Einschränkung. Vielmehr stellt das Heimfallrecht einen

Ausgleich dafür dar, dass nach § 1 Abs 4 ErbbauRG das Erbbaurecht nicht unter einer auflösenden Bedingung vereinbart werden kann und sich der Eigentümer auf eine Verpflichtung des Erbbauberechtigten, das Erbbaurecht aufzuheben, nicht berufen kann. Dieses Verständnis spricht gegen eine Einschränkung der möglichen Heimfallgründe, sondern dafür, solche jedenfalls insoweit zuzulassen, wie sie ohne Existenz von § 1 Abs 4 ErbbauRG Inhalt einer auflösenden Bedingung bzw einer Verpflichtung zur Aufhebung des Erbbaurechts sein könnten. Soweit in der Literatur teilweise argumentiert wird, dass ohne die Einschränkung über den Heimfall „in Wirklichkeit" nach § 1 Abs 4 ErbbauRG nicht zulässige Bedingungen vereinbart werden könnten (Winkler/Schlögel § 4 Rn 83 mwNw für einen Heimfall für den Fall, dass ein zwischen Grundstückseigentümer und Erbbauberechtigten über ein anderes Grundstück abgeschlossener Pachtvertrag beendet wird), geht dies fehl; zutreffend weist Toussaint (BeckOGK/Toussaint [1. 12. 2025] § 2 ErbbauRG Rn 15) darauf hin, dass beim Heimfall anders als bei einer auflösenden Bedingung das Erbbaurecht bestehen bleibt und somit § 1 Abs 4 ErbbauRG genüge getan wird. Daher ist von der Einschränkung, die aufgrund ihrer schweren Abgrenzbarkeit zudem Rechtsunsicherheit verursachen würde, abzusehen. Missbrauchs- und sonstigen Extremfällen lässt sich mit den allgemeinen Regeln begegnen (zutreffend BeckOGK/Toussaint [1. 12. 2025] § 2 ErbbauRG Rn 15). Aus praktischer Sicht ist festzustellen, dass die vereinbarten Heimfallgründe in aller Regel sowieso einen Zusammenhang mit dem Erbbaurecht haben werden.

59 Ohne dass klar wird, ob eine Verbindung mit vorgenannter – hier abgelehnter – Einschränkung besteht, wird in der Literatur in diesem Zusammenhang zudem ausgeführt, dass der Heimfallgrund nicht so abwegig sein dürfe, dass seine Geltendmachung gegen die Grundsätze von **Treu und Glauben** verstoßen würde (Winkler/Schlögel § 4 Rn 83 mwNw). Soweit hier ein Verweis auf die allgemeinen Regeln liegt, ist diesem zustimmen. Die Grundsätze von Treu und Glauben erscheinen jedoch weniger bei der Vereinbarung des Heimfallgrundes als solchem, sondern mehr bei der konkreten Geltendmachung eines Heimfallanspruchs relevant (Rn 64).

60 Einschränkungen können sich auch aus der **InsO** ergeben. Die Geltendmachung eines Heimfallanspruchs in der Insolvenz des Erbbauberechtigten berechtigt den Gläubiger zur Aussonderung aus der Insolvenzmasse (BGH 19. 4. 2007 – IX ZR 59/06, NJW 2007, 2325 Rn 8). Unter dem Gesichtspunkt der Gläubigerbenachteiligung sind jedoch problematisch Klauseln, die die Insolvenz des Erbbauberechtigten zum Anlass nehmen, einen Heimfall auszulösen. Ein solcher Heimfallgrund verschafft dem Grundstückseigentümer in der Befriedigung einen Vorteil gegenüber anderen Gläubigern. Der BGH (BGH 11. 11. 1993 – IX ZR 257/92, BGHZ 124, 76, 82; ebenso BGH 19. 4. 2007 – IV ZR 59/06, NJW 2007, 2325 Rn 13) hält Heimfallgründe, die auf die Insolvenz des Schuldners abstellen, nach § 133 Abs 1 InsO für anfechtbar. Derartige Lösungsmöglichkeiten können zwar als Inhalt des Erbbaurechtes zulässig bleiben, dem Insolvenzverwalter aber ein Anfechtungsrecht wegen Gläubigerbenachteiligung gem § 131 Abs 1 InsO gewähren und zwar im Grunde unabhängig von der Frage der Entschädigung (Reul DNotZ 2008, 824; Winkler/Schlögel § 4 Rn 87a).

61 Eine Einschränkung ergibt sich durch das ErbbauRG selbst: Gemäß **§ 9 Abs 4 ErbbauRG** kann ein **Zahlungsverzug des Erbbauberechtigten** den Heimfallanspruch nur dann begründen, wenn der Erbbauberechtigte mit dem Erbbauzins mindestens in Höhe zweier Jahresbeträge im Rückstand ist.

Eine weitere Einschränkung folgt aus **§ 6 Abs 2 ErbbauRG:** Hiernach kann sich der Grundstückseigentümer auf eine Vereinbarung, dass eine **Zuwiderhandlung gegen eine nach § 5 ErbbauRG übernommene Beschränkung** einen Heimfallanspruch begründen soll, nicht berufen. 62

Ob diese Bestimmung bereits die Wirksamkeit oder nur die Durchsetzbarkeit einer abweichenden Heimfallvereinbarung berührt, ist umstritten (vgl die Nachweise bei WINKLER/SCHLÖGEL § 4 Rn 89). Der Wortlaut des § 6 Abs 2 ErbbauRG spricht für eine Durchsetzbarkeitssperre. In den meisten Fällen dürfte die Entscheidung dieses Streits ohne praktische Relevanz bleiben, wenn und weil man bei Annahme einer Unwirksamkeit kaum die Gesamtunwirksamkeit des Erbbaurechtsvertrags annehmen können wird (BeckOK-BGB/MAASS [1. 11. 2025] § 6 ErbbauRG Rn 4).

Umstritten ist, ob § 6 Abs 2 ErbbauRG auch gilt, wenn eine § 5 ErbbauRG entsprechende **Vereinbarung** nicht zum Inhalt des Erbbaurechts gemacht wurde, **sondern nur schuldrechtlich** vereinbart wurde (gegen eine Anwendbarkeit, also für die Möglichkeit eines Heimfallsgrundes etwa BeckOGK/TOUSSAINT [1. 12. 2025] § 6 ErbbauRG Rn 16; BeckOK-BGB/MAASS [1. 11. 2025] § 6 ErbbauRG Rn 5; INGENSTAU/HUSTEDT § 6 ErbbauRG Rn 22; für eine Anwendbarkeit etwa WINKLER/SCHLÖGEL § 4 Rn 306; MünchKommBGB/WEISS § 6 ErbbauRG Rn 8, jew mwNw). Der Wortlaut des § 6 Abs 2 ErbbauRG spricht für eine solche Möglichkeit, da dann keine „nach § 5 übernommene Beschränkung“ vorliegt. Ebenso spricht die Gesetzessystematik für eine entsprechende Möglichkeit. Denn § 6 Abs 2 ErbbauRG gehört systematisch zu § 6 Abs 1 ErbbauRG, der die Rechtsfolgen für einen Verstoß gegen eine nach § 5 ErbbauRG getroffene Vereinbarung regelt. Die in § 6 Abs 1 ErbbauRG angeordnete Rechtsfolge gilt aber nur bei einer Vereinbarung nach § 5 ErbbauRG, die zum Inhalt des Erbbaurechts wurde, nicht aber bei rein schuldrechtlichen Vereinbarungen. Einschränkend gilt jedoch, dass ein Heimfall nicht möglich ist, wenn entsprechend § 7 Abs 1, 2 ErbbauRG ein Anspruch auf Zustimmung besteht. Auf Rechtsfolgenseite ist zu bedenken, dass der Heimfallanspruch bei einer Veräußerung entgegen einer nur schuldrechtlich vereinbarten Veräußerungsbeschränkung nicht gegen den Erwerber des Erbbaurechts durchgesetzt werden kann, sodass die Erfüllung des Übertragungsanspruchs – sofern nicht durch Vormerkung gesichert (Rn 50 ff) – regelmäßig unmöglich nach § 275 BGB sein wird. Auch eine entgegen einer nur schuldrechtlich vereinbarten Beschränkung eingetragenen Belastung bleibt beim Heimfall in den Grenzen des § 33 ErbbauRG bestehen. Daher (und aufgrund des Erfordernisses, schuldrechtliche Vereinbarungen auf Sonderrechtsnachfolger überzuleiten) ist kautelarjuristisch zu empfehlen, entsprechende Veräußerungs- und Belastungsbeschränkungen nach § 5 ErbbauRG zum Inhalt des Erbbaurechts zu machen, soweit nach § 5 ErbbauRG möglich.

Ein Verstoß gegen eine Vereinbarung, die nicht nach § 5 ErbbauRG zum Inhalt des Erbbaurechts gemacht werden könnte, also etwa die Vereinbarung, das Erbbaurecht ohne Zustimmung des Grundstückseigentümers nicht mit einer Dienstbarkeit zu belasten, kann nach zutreffender und wohl allgemeiner Ansicht als Heimfallgrund vereinbart werden (statt aller OLG Hamm 9. 8. 1985 – 15 W 277/85, NJW-RR 1986, 693, MünchKommBGB/WEISS § 6 ErbbauRG Rn 8 mwNw).

Weitere Einschränkungen des Heimfallrechtes dürften sich durch das **AGG** sowie durch das **EU-Recht** ergeben. 63

Die Vereinbarung eines Heimfallrechts kann im Einzelfall auch unwirksam sein wegen Verstoßes gegen die Bestimmungen der **§§ 305 ff BGB** (BGH 26. 6. 2015 – V ZR 144/14, NJW 2015, 3436 Rn 29 ff; BGH 17. 5. 1991 – V ZR 140/90, BGHZ 114, 338, 341); ist jedoch ein Erbbaurecht mit Zustimmung des Grundstückseigentümers mehrfach bei Fortgeltung des bisherigen Erbbaurechtsvertrages veräußert worden, so liegt hierin keine Mehrfachverwendung eines Textes, der das Vorliegen einer Allgemeinen Geschäftsbedingung indizieren würde; es liegt vielmehr eine Vertragsübernahme vor, die zu einem einzelnen Vertrag erklärt wird (LG Flensburg 22. 11. 2019 – 3 O 18/19, ErbbauZ 2020, 26 Rn 49 mit zustimmender Anmerkung Drasdo ErbbauZ 2020, 29).

Bei Ausübung eines Heimfallrechtes durch die öffentliche Hand ist auch der Grundsatz der Verhältnismäßigkeit und die Verpflichtung zur angemessenen Vertragsgestaltung gem **§ 11 Abs 2 BauGB** zu beachten (BGH 26. 6. 2015 – V ZR 144/14, NJW 2015, 3446 Rn 15 ff).

64 Auch wenn der Heimfallgrund als solcher wirksam vereinbart ist, können der konkreten Geltendmachung die Grundsätze von Treu und Glauben entgegenstehen und die **Durchsetzung rechtmissbräuchlich** sein.

So kann eine Ausübung des Heimfallrechts nach den Grundsätzen von Treu und Glauben ausgeschlossen sein, wenn in der Zeit vor einer Veräußerung des Erbbaurechts der den Heimfall auslösende Tatbestand dem Eigentümer bekannt war, er trotzdem ohne Einschränkungen seine Zustimmung zur Veräußerung des Erbbaurechts nach § 5 ErbbauRG erteilt und dabei nicht auf die Möglichkeit der Geltendmachung des Heimfallrechts hingewiesen hat. Wird das Heimfallrecht durch die Anordnung der Zwangsversteigerung oder Zwangsverwaltung ausgelöst und wird das Verfahren aufgehoben bevor der Eigentümer sein Recht geltend macht, so ist die Geltendmachung später rechtsmissbräuchlich.

cc) Typische Heimfallgründe

65 Typische Heimfallgründe sind **Verstöße gegen § 2 Nrn 1 bis 3 ErbbauRG**.

Als Heimfallgrund kann auch vereinbart werden, dass der Erwerber/der Ersteher in der Zwangsversteigerung sich weigert, in die nur schuldrechtlich getroffenen Vereinbarung zwischen dem Grundstückseigentümer und dem Erbbauberechtigten einzutreten. Eine Ausnahme gilt nur für den Fall, dass der Grundstückseigentümer einer Belastung des Erbbaurechtes mit einem Grundpfandrecht zugestimmt hat und zwar im Vorrang vor dem Erbbauzins und aus diesem Grundpfandrecht die Zwangsversteigerung betrieben wird. Dies führt (abgesehen von dem Fall des § 9 Abs 3 ErbbauRG) zum Erlöschen der nachrangigen Erbbauzinsreallast sodass das Erbbaurecht in Zukunft erbbauzinsfrei ist. In dieser Situation ist der Erwerber/der Ersteher nicht verpflichtet, in die schuldrechtliche Vereinbarung zum Erbbauzins einzutreten. Der Verlust des Erbbauzinses ist auf die eigene Entschließung des Eigentümers – Vorrang des Grundpfandrechtes vor dem Erbbauzins – zurückzuführen.

Ein Verschulden des Erbbauberechtigten am Eintritt der Heimfallvoraussetzungen kann, muss aber nicht als Voraussetzung vereinbart werden. Es können also zB mit dieser Rechtsfolge verbunden werden alle Verletzungen von Vertragspflichten über Errichtung, Instandhaltung und Verwendung (Mietpreise, Nutzungsart – BGH 26. 6. 2015 –

V ZR 144/14, NJW 2015, 3436 Rn 14; vgl BGH NJW 1984, 2213 für Sexlokal – usw) des Bauwerkes, über Versicherung des Bauwerks und seinen Wiederaufbau im Fall der Zerstörung, über Tragung von Lasten und Abgaben usw; auch sonstige Voraussetzungen sind denkbar und zulässig, zB dass der Heimfall eintreten soll, wenn der Grundstückseigentümer das Grundstück zu eigenen oder sonstigen besonderen Zwecken in der Folge selbst nötig hat oder im Falle der Insolvenz des Erbbauberechtigten, bei Tod des Erbbauberechtigten (OLG Hamm DNotZ 1966, 41; Wilhelm, Sachenrecht Rn 1115, der zutreffend darauf hinweist, dass dies wegen der nur möglichen Ausübung des Heimfalls nicht gegen den Vererblichkeitsgrundsatz des § 1 ErbbauRG verstößt), oder wenn das Grundstück für den Eigentümer nach Beendigung des Erbbaurechtes „günstiger genutzt oder verwertet werden kann" (BGH DNotZ 2004, 143; hierzu mit Recht kritisch vOefele MittBayNot 2004, 187).

h) Erfüllung des Heimfallanspruchs

Wenn die Voraussetzungen für den Heimfall vorliegen, geht das Erbbaurecht nicht ohne Weiteres auf den Eigentümer über. Der Erbbauberechtigte ist vielmehr verpflichtet, das Erbbaurecht auf Verlangen des Eigentümers zu übertragen. **66**

Der **Anspruch** ist grundsätzlich gerichtet **auf Übertragung** des Erbbaurechts an den Eigentümer. Der Eigentümer kann aber nach § 3 HS 2 ErbbauRG bei Eintritt des Heimfallrechts verlangen, dass das Erbbaurecht – ohne dass es auf ihn selbst übergeht – gleich einem von ihm zu bezeichnenden Dritten übertragen wird (siehe näher § 3 ErbbauRG Rn 6 f).

aa) Einigung (§ 873 BGB) und Eintragung

Die Übertragung erfolgt gemäß § 873 BGB durch dingliche Einigung der Beteiligten und durch Eintragung im Grundbuch. Gemäß § 11 Abs 1 S 1 ErbbauRG nicht anwendbar ist § 925 BGB; die Einigung darf jedoch nicht unter einer Bedingung oder Zeitbestimmung stehen, § 11 Abs 1 S 2 ErbbauRG. Materiell-rechtlich ist die Einigung formfrei, sie muss aber verfahrensrechtlich Grundbuchamt nach § 20 GBO in der Form des § 29 GBO nachgewiesen werden. **67**

bb) Eigentümererbbaurecht nach Heimfall

Wird das Erbbaurecht auf den Eigentümer übertragen, so besteht es als selbständiges Recht des Eigentümers fort (vgl § 1 ErbbauRG Rn 10 ff). Der Eigentümer erwirbt damit ein Recht an eigener Sache, es entsteht ein **Eigentümererbbaurecht**, also ein ähnliches Rechtsverhältnis, wie wenn der Eigentümer an seinem eigenen Grundstück eine Eigentümerhypothek oder Eigentümerdienstbarkeit erlangt. **68**

Nach Ausübung des Heimfallrechts und dessen Vollzug ist der Eigentümer als Erbbauberechtigter im Erbbaugrundbuch einzutragen. Hat der Eigentümer somit das Erbbaurecht selbst erworben, stehen ihm zwei Wege offen:

Er kann das Erbbaurecht aufheben und im Grundbuch löschen lassen (§ 875 BGB), sodass Grundstück und Bauwerk wieder zu einer einheitlichen Sache werden. Ist das Erbbaurecht belastet, kann dies nur mit Zustimmung der Berechtigten geschehen (§ 876 BGB). Er kann das Erbbaurecht nach dem Erwerb durch sich an einen Dritten weiter übertragen.

cc) Übertragung des Erbbaurechtes auf einen Dritten

69 Denkbar ist auch eine Übertragung des Erbbaurechts nicht auf den Grundstückseigentümer, sondern auf einen vom Grundstückseigentümer bezeichneten Dritten, § 3 HS 2 ErbbauRG. Siehe näher hierzu § 3 Rn 6 f.

i) Erlöschen von Belastungen

70 Mit Übertragung des Erbbaurechts auf den Grundstückseigentümer oder auf den von ihm benannten Dritten in Erfüllung des Heimfallanspruchs erlöschen gemäß § 33 Abs 1 ErbbauRG diverse Belastungen des Erbbaurechts, während andere bestehen bleiben, vgl näher § 33 ErbbauRG Rn 5 ff.

j) Schuldübernahme

71 Mit Übertragung des Erbbaurechts auf den Grundstückseigentümer oder auf den von ihm benannten Dritten in Erfüllung des Heimfallsanspruchs kommt es gemäß § 33 Abs 2 ErbbauRG grundsätzlich zu einer Schuldübernahme, § 33 Abs 2 ErbbauRG (vgl näher § 33 ErbbauRG Rn 16 ff).

k) Miet-/Pachtverhältnisse

72 Bestehende Miet- und Pachtverhältnisse bleiben vom Heimfall unberührt, §§ 566, 576 Abs 1, 581 Abs 2 BGB, § 11 Abs 1 ErbbauRG (Winkler/Schlögel § 4 Rn 124).

l) Vergütung bei Heimfall

73 Macht der Eigentümer von seinem Heimfallrecht Gebrauch, so hat er dem Erbbauberechtigten grundsätzlich eine angemessene Vergütung für das Erbbaurecht zu gewähren (§ 32 Abs 1 S 1 ErbbauRG). Vereinbarungen hierüber, auch der Ausschluss der Vergütungspflicht, können gemäß § 32 Abs 1 S 2 ErbbauRG als Inhalt des Erbbaurechts getroffen werden.

Der Anspruch auf Heimfallvergütung begründet ein Zurückbehaltungsrecht gegenüber dem Heimfallanspruch des Eigentümers nach § 273 Abs 1 BGB (BGH 6. 11. 2015 – V ZR 165/14, DNotZ 2016, 448 Rn 46; BGH 20. 4. 1990 – V ZR 301/88, BGHZ 111, 154, 156). Der Erbbauberechtigte kann sich jedoch ausnahmsweise auf dieses Zurückbehaltungsrecht dann nicht berufen, wenn er seine Mitwirkung an der für die Bestimmung der Höhe der Heimfallvergütung erforderlichen Wertermittlung treuwidrig verweigert hat (BGH 22. 11. 1991 – V ZR 187/90, BGHZ 116, 161, 164).

m) Erbbauzins

74 Der Erbbauzins steht dem Eigentümer so lange zu, bis der Heimfallanspruch erfüllt ist, also bis zur Umschreibung des Erbbaurechts im Grundbuch (BGH DNotZ 1983, 362; Rpfleger 1990, 412).

n) Eigentum am Bauwerk

75 Der Erbbauberechtigte darf beim Heimfall das Bauwerk nicht wegnehmen oder sich Bestandteile des Bauwerks aneignen (§ 34 ErbbauRG). Das Bauwerk bleibt auch nach Vollzug des Heimfallanspruchs Bestandteil des Erbbaurechts, § 12 Abs 1, 2 ErbbauRG.

o) Eintragung durch Erbbaurechtseintragung

Obwohl der Heimfallanspruch zu den Bestandteilen des Grundstücks gehört, wird er doch nicht nach § 8 GBO auf dem Blatt des Grundstücks vermerkt, denn sein Vorhandensein wird durch die Eintragung des Erbbaurechts auf diesem Blatt gedeckt. 76

p) Wirtschaftliche Bedeutung

Die Ausübung des Heimfallrechts kann – besonders wenn sie durch geringfügige Anlässe ausgelöst wird– für den Erbbauberechtigten einen starken Eingriff bedeuten. Das Gesetz hat davon abgesehen, hier zugunsten des Erbbauberechtigten ein richterliches Prüfungs- und Milderungsrecht einzuführen. Es ergibt sich aber dadurch ein gewisser Ausgleich, dass die Ausübung des Heimfallrechts auch für den Eigentümer schwerwiegende Folgen hat (Entschädigung des Erbbauberechtigten im Regelfall, Fortdauer der Belastungen und Schuldübernahme bei Grundpfandrechten – vgl §§ 32, 33 ErbbauRG). Der Eigentümer wird sich daher die Ausübung des Heimfallrechts bei kleineren Anlässen wohl überlegen und stattdessen – etwa bei rückständigem Erbbauzins – die Zwangsvollstreckung betreiben. 77

5. Nr 5: Vertragsstrafen

Nach § 2 Nr 5 ErbbauRG gehören auch Vereinbarungen über eine Verpflichtung des Erbbauberechtigten zur Zahlung von **Vertragsstrafen** zum Inhalt des Erbbaurechts. Hingegen können Vereinbarungen über eine Verpflichtung des Grundstückseigentümers zur Zahlung einer Vertragsstrafe nach dem klaren Wortlaut des § 2 Nr 5 ErbbauRG nicht zum Inhalt des Erbbaurechts gemacht, sondern nur schuldrechtlich vereinbart werden. 78

Vereinbarungen über Vertragsstrafen empfehlen sich insbesondere für geringere Vertragsverletzungen des Erbbauberechtigten, bei welchen die Vereinbarung eines Heimfallrechts eine zu schwere Folge sein würde. Im Übrigen besteht keine allgemeine Einschränkung. Vertragsstrafen können also auch für die Erfüllung solcher Verbindlichkeiten vereinbart werden, die nicht zum Inhalt des Erbbaurechts gehören, oder auch für eine Überschreitung der Rechte des Erbbauberechtigten. Einschränkungen ergeben sich aus allgemeinen Regeln (§§ 134, 138 BGB). Auch das AGB-Recht, insbesondere § 309 Nr 6 BGB, kann zur Unwirksamkeit einer Vertragsstrafenvereinbarung führen (Winkler/Schlögel § 4 Rn 134).

Eine nicht in Geld bestehende Strafe kann jedoch nicht vereinbart werden, da Nr 5 nur von „Zahlung“ spricht. Als Vertragsstrafe ist auch der sog Strafzins möglich, der in einer Erhöhung des Erbbauzinses besteht.

Für Vertragsstrafen gelten ferner allgemein die §§ 339 ff BGB. Der Anspruch auf eine Vertragsstrafe unterliegt der besonderen **Verjährung** nach § 4 ErbbauRG.

Für den Anspruch auf Zahlung der Vertragsstrafe haftet nicht das Erbbaurecht selbst, sondern nur derjenige **Erbbauberechtigte persönlich**, der durch seine Handlungen oder Unterlassungen die Vertragsstrafe verwirkt hat (BGH 6. 11. 2015 – V ZR 165/14, DNotZ 2016, 448 Rn 8; BGH 24. 11. 1989 – V ZR 16/88, BGHZ 109, 230, 233; Lemke/Czub § 2 ErbbauRG Rn 26; Winkler/Schlögel § 4 Rn 30, 139). Der Zweck der Vertragsstrafe besteht darin, auf den Erbbauberechtigten Druck zur Erfüllung seiner vertraglichen Ver- 79 pflichtungen auszuüben. Schuldner der Vertragsstrafe ist somit stets nur derjenige Erbbauberechtigte, der die strafbewehrte Verpflichtung verletzt hat (BGH 24. 11. 1989 – V ZR 16/88, BGHZ 109, 230, 234). Die Vereinbarungen nach § 2 ErbbauRG haben nicht die Wirkung einer Hypothek oder Reallast. Will der Eigentümer einen dinglichen Anspruch in das Erbbaurecht erhalten, so muss er die vereinbarte Vertragsstrafe durch eine Hypothek sichern (vgl Ingenstau/Hustedt § 2 ErbbauRG Rn 88; Grüneberg/Wicke § 2 ErbbauRG Rn 2).

Gegen den Ersteher eines Erbbaurechts in der Zwangsversteigerung und auch gegen den rechtsgeschäftlichen Erwerber wirkt die vereinbarte Vertragsstrafe nur dann, wenn auch die strafbewehrte Hauptverpflichtung zulässiger Inhalt des Erbbaurechts ist (BGH DNotZ 1991, 391) und vom Ersteher bzw Erwerber verletzt wurde (Lemke/Czub § 2 ErbbauRG Rn 27; Winkler/Schlögel § 4 Rn 138). Es besteht ein Gleichlauf mit dem Heimfallrecht.

80 **Vertragsstrafe und Heimfall** können bei Bedarf auch nebeneinander für die gleichen Voraussetzungen vereinbart werden (Winkler/Schlögel § 4 Rn 134).

Umstritten ist, ob in diesem Fall sowohl Vertragsstrafe als auch Heimfall durchgesetzt werden können. § 340 BGB ist jedenfalls nicht unmittelbar anwendbar, da der Heimfall keine Erfüllung der verletzten Pflicht darstellt (Winkler/Schlögel § 4 Rn 135). Teilweise wird aus dem Rechtsgedanken des § 340 BGB jedoch gefolgert, dass sich der Eigentümer zwischen Heimfall und Vertragsstrafe entscheiden müsse (Ingenstau/Hustedt § 2 ErbbauRG Rn 88 mwNw). Teilweise wird zwischen Nicht- und Schlechterfüllung (vgl § 341 BGB) unterschieden bzw danach, ob die Rechte den Charakter von Schadensersatz haben oder es sich um einen Unterlassungsanspruch handelt (MünchKommBGB/Weiss § 2 ErbbauRG Rn 34). Richtigerweise können Vertragsstrafe und Heimfall grundsätzlich nebeneinander geltend gemacht werden (Winkler/Schlögel § 4 Rn 135 f; BeckOK-BGB/Maass [1. 12. 2025] § 2 ErbbauRG Rn 20). Der Rechtsgedanke des § 340 Abs 1 BGB passt nicht, weil der Heimfallanspruch nicht dem Erfüllungsanspruch entspricht, sondern ebenso wie die Vertragsstrafe bereits ein Folgeanspruch ist. Zudem ist es nicht einsichtig, warum graduelle Formulierungen im Erbbaurechtsvertrag hinsichtlich der Voraussetzungen für Heimfall bzw Vertragsstrafe einen Einfluss darauf haben können sollen, ob die Rechte kumulativ oder alternativ geltend gemacht werden können. Ein Ausschluss der kumulativen Geltendmachung kann sich freilich aus dem Erbbaurechtsvertrag ergeben; das Verhältnis sollte daher ausdrücklich geregelt werden. Nicht übersehen wird, dass bei einem Ausschluss oder einer Reduzierung der Vergütung nach § 27 Abs 1 ErbbauRG dem Erbbauberechtigten wirtschaftlich durch den Heimfall nicht nur der Verlust seines Erbbaurechts, sondern neben der Vertragsstrafe ein weiterer finanzieller Nachteil droht; in Extremfällen kann hier eine Herabsetzung der Vertragsstrafe nach § 343 BGB helfen.

6. Nr 6: Vorrecht auf Erneuerung des Erbbaurechts

81 Auch die Einräumung eines Vorrechts für den Erbbauberechtigten auf Erneuerung des Erbbaurechts nach dessen Ablauf kann nach § 2 Nr 6 ErbbauRG als Inhalt des Erbbaurechts vereinbart werden.

Wird ein solches Vorrecht vereinbart, gelten die Regelungen des § 31 ErbbauRG (§ 31 ErbbauRG Rn 1 ff). In der Praxis spielt das Vorrecht auf Erneuerung nur eine geringe Rolle.

Vom Erneuerungsrecht des § 2 Nr 6 ErbbauRG zu unterscheiden ist das Verlängerungsrecht des § 27 Abs 3 ErbbauRG. Dabei bleibt das bisherige Erbbaurecht identisch (§ 27 ErbbauRG Rn 23 ff).

Zur Frage der Eintragung des Vorrechts im Grundbuch vgl § 14 ErbbauRG Rn 20.

7. Nr 7: Verkaufsverpflichtung des Grundstückseigentümers

a) Der Inhalt des Ankaufsrechtes

Nach § 2 Nr 7 ErbbauRG gehören auch Vereinbarungen über eine Verpflichtung des Grundstückseigentümers, das Grundstück an den jeweiligen Erbbauberechtigten zu verkaufen, zum Inhalt des Erbbaurechts. 82

Eine derartige Verkaufsverpflichtung kann **allgemein oder unter bestimmten Voraussetzungen** festgesetzt werden. Die Verpflichtung kann bedingt oder befristet oder sonstigen Beschränkungen unterworfen werden oder nur vom Belieben des Erbbauberechtigten abhängig gemacht werden. Anders als ein Vorkaufsrecht kann es insbesondere unabhängig davon vereinbart werden, ob der Eigentümer sein Grundstück verkauft (es kann aber auch für diesen Fall vereinbart werden). Als Inhalt des Erbbaurechts kann die Vereinbarung jedoch aber nur für die Dauer des Bestehens des Erbbaurechts vereinbart werden. Eine Verpflichtung für den Fall, dass das Erbbaurecht abgelaufen ist, kann daher nicht nach § 2 ErbbauRG als Inhalt des Erbbaurechts vereinbart werden, auch nicht unter der Bedingung, dass es für die Nichtleistung der Entschädigung für das beendete Erbbaurecht besteht (OLG Hamm Rpfleger 1974, 68; Erman/Grziwotz § 2 ErbbauRG Rn 10).

Der nähere **Inhalt** der Verpflichtung ist der **freien Vereinbarung der Vertragsteile** überlassen. Der Kaufpreis kann von vornherein festgelegt werden. Die Parteien können die Festlegung des Kaufpreises aber auch einer späteren Vereinbarung vorbehalten. In einem solchen Fall muss aber der Kaufpreis wenigstens nach objektiven Merkmalen bestimmbar festgelegt sein, mag dies durch die Vertragsteile oder durch Dritte geschehen. Eine Vereinbarung nach § 2 Nr 7 ErbbauRG ohne Preisfestsetzung wird idR im Wege der Auslegung erkennen lassen, dass der angemessene Preis als Ankaufspreis gelten soll. Dieser dürfte dann nach §§ 315 ff BGB zu bestimmen sein (vgl RGZ 60, 177; 57, 49; Winkler/Schlögel § 4 Rn 158; MünchKommBGB/Heinemann § 2 ErbbauRG Rn 42). Bei der Bewertung des unbebauten Grundstücks ist der Wert des Erbbaurechtes nicht abzuziehen (BGH 19. 5. 1989 – V ZR 103/88, DNotZ 1990, 93).

Die Verkaufsverpflichtung kann (anders als ein Kaufzwang, s Rn 83, 90) bei Bedarf für die gesamte Dauer des Erbbaurechts vereinbart werden (BGH 1. 3. 2013 – V ZR 31/12, MittBayNot 2013, 477).

Es wird einhellig davon ausgegangen, dass es sich bei einer Vereinbarung nach § 2 83
Nr 7 ErbbauRG um ein Recht des Erbbauberechtigten handelt, über dessen Ausübung er – sofern die vereinbarten Voraussetzungen vorliegen – frei entscheiden

kann. Es wird daher auch „**Ankaufrecht**" oder Verkaufsverpflichtung bzw Verkaufszwangsklausel (vgl Ingenstau/Hustedt § 2 ErbbauRG Rn 113) genannt.

Davon sei ein **Kaufzwang** des Erbbauberechtigten abzugrenzen, der **nicht** nach § 2 Nr 7 ErbbauRG als Inhalt des Erbbaurechts, sondern nur schuldrechtlich vereinbart werden könne (Ingenstau/Hustedt § 2 ErbbauRG Rn 113; Winkler/Schlögel § 4 Rn 164 ff, jew mwNw; s zum Kaufzwang Rn 90). Jedenfalls zutreffend ist, dass kein Verkaufsrecht des Grundstückseigentümers dergestalt, dass er frei oder unter gewissen Voraussetzungen den Kauf durch den Erbbauberechtigten verlangen kann, nach § 2 Nr 7 ErbbauRG zum Inhalt des Erbbaurechts gemacht werden kann. Dies ergibt sich aus dem Wortlaut des § 2 Nr 7 ErbbauRG, der nur eine Verpflichtung des Grundstückseigentümers, nicht jedoch eine des Erbbauberechtigten (der freilich bei Ausübung seines Rechts einen Kaufpreis als Gegenleistung erbringen muss) erfasst.

Fraglich ist aber, ob dies auch gilt, wenn es sich um objektive Vereinbarungen handelt, die nicht im Belieben des Grundstückseigentümers stehen (etwa Eintritt eines gewissen Datums). Bei einer solchen Vereinbarung würde es sich letztlich um einen bereits abgeschlossenen Kaufvertrag handeln mit der Besonderheit, dass Schuldner und Gläubiger bis zum Eintritt der Bedingung bzw Befristung noch wechseln können. Gegen eine solche Möglichkeit sprechen aber der Wortlaut des § 2 Nr 7 ErbbauRG („Verpflichtung … zu verkaufen" und nicht „Kaufvertrag"), die Formulierung in § 39 ErbbauRG („Kaufberechtigung im Sinne des § 2 Nr 7") und der Telos der Norm, die (lediglich) das Interesse des Erbbauberechtigten im Blick hat, dass dieser das Grundstück zu seinem Erbbaurecht erwerben kann.

84 Nach dem Wortlaut des § 2 Nr 7 ErbbauRG besteht eine Verpflichtung des Grundstückseigentümers, das Grundstück „zu verkaufen". Dies könnte man – wie bei einem Vorvertrag – dahingehend verstehen, dass die Vereinbarung im Erbbaurechtsvertrag eine Verpflichtung zum Abschluss eines separaten Kaufvertrags begründet. Dafür spricht auch ein Vergleich zu § 2 Nr 4 ErbbauRG („zu übertragen" – allerdings fehlt beim dort geregelten Heimfall ein spezielles schuldrechtliches Rechtsgeschäft, sodass sich der Wortlaut erklärt). Nach wohl einhelliger Ansicht kommt jedoch bei **Ausübung des Ankaufsrechts** der Kaufvertrag zu den im Erbbaurechtsvertrag niedergelegten Bedingungen unmittelbar zustande. Aus diesem Kaufvertrag ergibt sich sodann der **Anspruch auf Übereignung** des Grundstücks, die durch Einigung (in der besonderen Form der Auflassung, § 925 BGB) und Eintragung im Grundbuch durchzuführen ist (Ingenstau/Hustedt § 2 ErbbauRG Rn 103). Für dieses Verständnis spricht, dass nach § 2 ErbbauRG „Vereinbarungen" über die Verpflichtung nach § 2 Nr 7 ErbbauRG zum Inhalt des Erbbaurechts gemacht werden können, wodurch den Vertragsparteien die Möglichkeit gegeben wird, die Verpflichtung zum Verkauf in der Weise als Ankaufsrecht auszugestalten, dass der Kaufvertrag unmittelbar mit Erklärung des Erbbauberechtigten zustanden kommt und dann nur noch in dinglicher Hinsicht erfüllt werden muss.

b) Rechtsnatur

85 Als Inhalt des Erbbaurechts wirkt die Vereinbarung nicht nur zwischen dem ursprünglichen Erbbaurechtsausgeber seinem Vertragspartner, sondern auch für und gegen Sonderrechtsnachfolger. Für den Erbbauberechtigten ist dies in § 2 Nr 7 ErbbauRG ausdrücklich angeordnet („an den jeweiligen Erbbauberechtigten"); es gilt

jedoch, da Inhalt des Erbbaurechts, auch für den Grundstückseigentümer. Insoweit hat die Vereinbarung dingliche Wirkung.

Davon abgesehen handelt es sich um einen schuldrechtlichen Anspruch des Erbbauberechtigten gegen den Grundstückseigentümer. Insoweit gelten die Ausführungen zum Heimfall (Rn 49) entsprechend. Insbesondere kommt einer Vereinbarung nach § 2 Nr 7 ErbbauRG auch nicht automatisch eine Vormerkungswirkung zu (BeckOK-BGB/Maass [1. 11. 2025] § 2 ErbbauRG Rn 24; Ingestau/Hustedt § 2 ErbbauRG Rn 106; zur Vormerkungsfähigkeit Rn 86).

c) Vormerkungsfähigkeit

Dieser schuldrechtliche Anspruch kann jedenfalls nach Ausübung des Ankaufsrechts **86**
durch **Vormerkung** gem § 883 BGB gesichert werden (Winkler/Schlögel § 4 Rn 162 mwNw).

Umstritten ist, ob bereits vor diesem Zeitpunkt die Eintragung einer Vormerkung möglich ist (dafür etwa Ingenstau/Hustedt § 2 ErbbauRG Rn 109; wohl auch Winkler/Schlögel § 4 Rn 162; dagegen etwa Staudinger/Rapp [2021] § 2 ErbbauRG Rn 32a f; BeckOK-BGB/Maass [1. 11. 2025] § 2 ErbbauRG Rn 24). Richtigerweise kann jederzeit nach Entstehung des Erbbaurechts eine Vormerkung zur Sicherung des durch das vereinbarte Ankaufsrecht bereits vorhandenen, bedingten Anspruchs auf Übertragung des Grundstücks in das Grundstücksgrundbuch eingetragen werden. Denn nach § 883 Abs 1 S 2 BGB ist die Eintragung einer Vormerkung auch zur Sicherung eines künftigen oder bedingten Anspruchs zulässig. Das Entstehen des Anspruchs darf nicht mehr vom freien Belieben des Verpflichteten abhängen (MünchKommBGB/Lettmeier § 883 BGB Rn 28). Wenn und weil das Ankaufsrecht im Erbbaurechtsvertrag wirksam vereinbart ist und sich der Grundstückseigentümer diesem nicht mehr einseitig entziehen kann, liegen die nach allgemeinen Regeln erforderlichen Voraussetzungen für die Vormerkungsfähigkeit des bedingten Anspruchs vor. Da auch ein mehrfach bedingter Anspruch durch eine Vormerkung gesichert werden kann (BGH 5. 12. 1996 – V ZB 27/96, NJW 1997, 861), ist es irrelevant, dass der Anspruch je nach Ausgestaltung vom Eintritt verschiedener Bedingungen bzw Befristungen und von der Ausübung des Ankaufsrechts durch den Erbbauberechtigten abhängt.

Der Streitstand und die Rechtlage zur Vormerkungsfähigkeit entsprechen mithin denen beim Heimfall (Rn 50 ff).

d) Schuldner des Anspruchs

Schuldner des Anspruchs ist nach den obigen Ausführungen (Rn 85) (nur) der **87**
Grundstückseigentümer, gegenüber dem das Ankaufsrechts ausgeübt wurde bzw dessen Gesamtrechtsnachfolger. Der Anspruch besteht im Hinblick auf die schuldrechtliche Charakterisierung des Anspruchs nicht gegen einen Sonderrechtsnachfolger.

Davon zu trennen ist die Frage, ob der Erbbauberechtigte sein Ankaufsrecht einem neuen Grundstückseigentümer gegenüber nochmals ausüben kann. Dies hängt von den konkreten Vereinbarungen im Erbbaurechtsvertrag und deren Auslegung ab.

e) Gläubiger

88 Das Ankaufsrecht im Sinne des § 2 Nr 7 ErbbauRG steht nach dem Wortlaut des Gesetzes („an den jeweiligen Erbbauberechtigten") nur dem jeweiligen Erbbauberechtigten zu. Es kann vor Ausübung nicht isoliert an einen Dritten abgetreten werden (Winkler/Schlögel § 4 Rn 159; Erman/Grziwotz § 2 ErbbauRG Rn 31). Mit Erfüllung des durch die Ausübung des Ankaufsrechts entstehenden Anspruchs auf Übereignung des Grundstücks an den Erbbauberechtigten entsteht ein Eigentümer-Erbbaurecht. Der Erbbauberechtigte kann es weiter (ohne Grundstück) belasten oder veräußern. Er kann das Erbbaurecht auch aufheben und im Grundbuch löschen lassen (§ 875 BGB), sodass Grundstück und Bauwerk wieder zu einer einheitlichen Sache werden. Ist das Erbbaurecht belastet, kann die Aufhebung nur mit Zustimmung der Berechtigten geschehen (§ 876 BGB)

Nach Ausübung des Ankaufsrechts kann der Erbbauberechtigte seine Ansprüche aus dem zustande gekommenen Kaufvertrag jedoch auch isoliert abtreten. Aus dem Wortlaut des § 2 Nr 7 ErbbauRG lässt sich nicht entnehmen, dass eine Abtretung auch nach Ausübung des Ankaufsrechts unzulässig sein soll; vielmehr ist der Kauf an den Erbbauberechtigten dann schon zustande gekommen, der seine Ansprüche hieraus nun abtritt. Eine § 3 HS 1 ErbbauRG entsprechende Regelung fehlt für § 2 Nr 7 ErbbauRG. In diesem Fall hat die Übereignung des Grundstücks an den Zessionar zu erfolgen, sodass kein Eigentümer-Erbbaurecht entsteht, sofern der Erbbauberechtigte nicht auch sein Erbbaurecht an den Zessionar überträgt.

f) Grundbucheintragung

89 Das Ankaufsrecht des Erbbauberechtigten am Grundstück wird ausdrücklich weder in das Grundstücks- noch in das Erbbaurechtsgrundbuch eingetragen. Es ist Inhalt des im Grundbuch einzutragenden Erbbaurechts.

g) Kaufzwang des Erbbauberechtigten

90 Vom Ankaufsrecht des Erbbauberechtigten zu unterscheiden ist eine Verpflichtung des Erbbauberechtigten, das Grundstück zu kaufen **(Kaufzwang)**.

Wie bereits ausgeführt (Rn 83) kann eine solcher Kaufzwang nicht als Inhalt des Erbbaurechts, sondern nur **schuldrechtlich** vereinbart werden (Ingenstau/Hustedt § 2 ErbbauRG Rn 113; Winkler/Schlögel § 4 Rn 164 ff, jew mwNw). Eine solche schuldrechtliche Vereinbarung, für die die Form des § 311b Abs 1 BGB zu beachten ist, ist auch nach Ansicht der Rechtsprechung grundsätzlich zulässig, soweit sich nicht aus den Umständen des Einzelfalls etwas anderes ergibt (BGH 1. 3. 2013 – V ZR 31/12, MittBayNot 2013, 477 mwNw). Die Wirksamkeit der Vereinbarung prüft der BGH insbesondere anhand von **§ 138 BGB** und **§§ 307 ff BGB** (BGH 1. 3. 2013 – V ZR 31/12, MittBayNot 2013, 477).

Der BGH (BGH 1. 3. 2013 – V ZR 31/12, MittBayNot 2013, 477 mwNw) sieht einen Kaufzwang insbesondere in folgenden Fallgruppen als **sittenwidrig** (§ 138 BGB) an:

- Die Bindungsdauer des Kaufzwangs ist übermäßig lang. In diesem Fall sei die Vereinbarung idR entsprechend § 139 BGB auf die im Einzelfall angemessene Bindungsdauer zu beschränken. Der BGH sah in der zitierten Entscheidung eine Bindungsdauer von 44 Jahren für sich genommen nicht als sittenwidrig an.

- Der Ankauf wird zur Unzeit verlangt. Dies sei bei einem einer natürlichen Person zu Wohnzwecken bestellten Erbbaurechts ua dann der Fall, wenn der Kaufvertrag in den ersten zehn Jahren nach der Bestellung des Erbbaurechts zustande kommen soll.

- Dem Erbbauberechtigten wird kein angemessener Zeitraum für die Finanzierung des Grundstückskaufs eingeräumt.

- Die Ausübung des Verkaufsrechts erfolgt erst zu einem Zeitpunkt, in dem der Erbbauberechtigte bereits aus dem Erwerbsleben ausgeschieden ist oder bald ausscheiden wird und deshalb die Finanzierung des Kaufpreises nur unter erheblichen Opfern aufzubringen in der Lage ist, oder nachdem der Erbbauberechtigte Erbbauzinsen in mehrfacher Höhe des Grundstücks gezahlt hat.

- **Keine Sittenwidrigkeit** liegt nach Ansicht des BGH (BGH 1. 3. 2013 – V ZR 31/12, MittBayNot 2013, 477 mwNw) hingegen vor, wenn der Erbbauberechtigte ein finanzstarker Verhandlungspartner ist, der das Grundstück eigentlich sofort kaufen wollte und könnte, falls der Grundstückseigentümer dazu bereit gewesen wäre. Unabhängig vom ursprünglichen Ankaufswillen könne sich ein Bauträger nicht auf seine mangelnde wirtschaftliche Leistungsfähigkeit berufen.

- Sofern die Kaufzwangklausel an **§§ 307 ff BGB** zu messen ist, kann sich nach Ansicht des BGH (auch) hieraus eine Unwirksamkeit ergeben. Insoweit führt der BGH (BGH 1. 3. 2013 – V ZR 31/12, MittBayNot 2013, 477 mwNw) aus:

- Eine Ankaufspflicht des Erbbauberechtigten widerspreche dem gesetzlichen Leitbild des Erbbaurechts, da § 2 Nr 7 ErbbauG nur ein Ankaufsrecht vorsehe (BGH 17. 5. 1991 – V ZR 140/90, NJW 1991, 2141);

- Die Ankaufspflicht dürfe nicht an die gesamte Dauer eines langfristigen Erbbaurechts gebunden werden. Eine solche Bindung benachteilige den Erbbauberechtigten insbesondere deshalb, weil er mit fortschreitendem Zeitablauf in ein Alter kommen könne, in welchem er den Grundstückskaufpreis nur noch unter erheblichen Opfern aufbringen kann (BGH 17. 5. 1991 – V ZR 140/90, NJW 1991, 2141). Diese Rechtsprechung sei jedoch nicht ohne weiteres übertragbar, wenn der Erbbauberechtigte das Erbbaurecht nicht zu eigenen Wohnzwecken errichtet habe bzw eine juristische Person sei, die nicht altern kann (BGH 1. 3. 2013 – V ZR 31/12, MittBayNot 2013, 477 mwNw). In konkreten Fall wurde eine Bindung für 99 Jahre dennoch als unangemessen lang angesehen.

- Eine unangemessene Benachteiligung könne sich auch daraus ergeben, dass der Kaufpreis bei Zustandekommen des Kaufvertrags ohne Ankündigungsfrist sofort fällig wird.

§ 3 ErbbauRG

Der Heimfallanspruch des Grundstückseigentümers kann nicht von dem Eigentum an dem Grundstück getrennt werden; der Eigentümer kann verlangen, daß das Erbbaurecht einem von ihm zu bezeichnenden Dritten übertragen wird.

1 § 3 ErbbauRG setzt sich aus zwei Halbsätzen zusammen, die einerseits unterschiedliche Rechtsfolgen regeln, aber andererseits erst in ihrer Gesamtbetrachtung den Inhalt der Norm vollständig erschließen.

Die Untrennbarkeit des Heimfallanspruchs vom Grundstückseigentum (§ 3 HS 1 ErbbauRG) wurde vom Gesetzgeber normiert, „um einer Verwicklung der Rechtsverhältnisse, wie sie sonst zu befürchten wäre ein für allemal vorzubeugen" (Begründung zur Verordnung über das Erbbaurecht vom 15. 1. 1919, Erste Beilage zum Deutschen Reichsanzeiger und Preußischen Staatsanzeiger 1919, Nr. 26).

Das Recht des Eigentümers, die Übertragung des Erbbaurechts auf einen Dritten zu übertragen (§ 3 HS 2 ErbbauRG), wurde aufgenommen, um eine unnötige Belastung des Grundbuchs und Kosten zu vermeiden, wenn der Grundstückseigentümer das Erbbaurecht nicht behalten möchte, sondern beabsichtigt, es an einen Dritten zu übertragen (Begründung zur Verordnung über das Erbbaurecht vom 15. 1. 1919, Erste Beilage zum Deutschen Reichsanzeiger und Preußischen Staatsanzeiger 1919, Nr 26).

2 Nach wohl allgemeiner Ansicht kann nach § 3 HS 1 ErbbauRG der Heimfallanspruch weder vor noch nach seiner Entstehung und weder vor noch nach seiner Geltendmachung (zur Frage, ob der Heimfallsanspruch unabhängig von seiner Geltendmachung entsteht, s § 2 ErbbauRG Rn 48) vom Grundstückeigentum getrennt werden (statt aller BeckOK-BGB/Maass [1. 11. 2025] § 3 ErbbauRG Rn 1; MünchKommBGB/Weiss § 3 ErbbauRG Rn 3, jew mwNw). Diese im Ergebnis richtige Ansicht ergibt sich aus folgenden Erwägungen:

In einem ersten Schritt ist festzuhalten, dass die im Erbbaurechtsvertrag getroffene Heimfallvereinbarung als solche, also das abstrakte Heimfallsrecht (man könnt es evtl auch als Stammrecht bezeichnen), nach § 2 Nr 4 ErbbauRG Teil des Erbbaurechts ist und somit nicht vom Erbbaurecht getrennt werden kann (vgl BeckOGK/Toussaint [1. 6. 2025] § 3 ErbbauRG Rn 5 f). Das Erbbaurecht ist wiederum eine Belastung des Grundstücks, dessen Eigentümer Heimfallberechtigter ist. Insoweit bedarf es keines Rückgriffs auf § 3 HS 1 ErbbauRG, um die Untrennbarkeit vom Grundstückseigentum zu begründen.

In einem zweiten Schritt könnte man überlegen, ob der Grundstückseigentümer seinen bereits mit Begründung des abstrakten Heimfallrechts bestehenden bedingten Anspruch (vgl § 2 ErbbauRG Rn 51) auf Übertragung des Erbbaurechts abtreten kann. Dem steht § 3 HS 1 ErbbauRG entgegen, der genau diesen Fall erfasst, indem er dem Wortlaut nach nicht von einer Untrennbarkeit des Heimfalls (so die Definition in § 2 Nr 4 ErbbauRG) oder des Heimfallrechts, sondern des Heimfallanspruchs spricht (vgl BeckOGK/Toussaint [1. 6. 2025] § 3 ErbbauRG Rn 6). Eine dennoch vorgenommene Abtretung wäre unwirksam (BeckOGK/Toussaint [1. 6. 2025] § 3 ErbbauRG Rn 8).

In einem dritten Schritt ist zu fragen, ob § 3 HS 1 ErbbauRG auch einer Abtretung des Heimfallanspruchs entgegensteht, wenn konkrete Heimfallanspruch bereits unbedingt entstanden (oder gar geltend gemacht) ist. Zunächst ist festzustellen, dass der Wortlaut des § 3 HS 1 ErbbauRG auch diesen Fall erfasst. Zweifeln könnte man jedoch mit Blick auf die ähnlichen Formulierungen in § 1103 BGB und in § 1110 BGB, wonach ein subjektiv-dingliches Vorkaufsrecht und eine subjektiv-dingliche Reallast nicht vom (herrschenden) Grundstückseigentum getrennt werden können. Denn betreffs § 1110 BGB geht die allgemeine Ansicht davon aus, dass dieser nur die Übertragung des Stammrechts verhindert, nicht jedoch die Abtretung der sich aus der Reallast ergebender Einzelforderungen (Staudinger/Reymann [2025] § 1110 BGB Rn 3 mwNw, wobei str ist, ob die Einzelforderungen schon fällig sein müssen). Auch bei einem dinglichen Vorkaufsrecht geht wohl niemand davon aus, dass der durch Ausübung des Vorkaufsrechts entstandene Anspruch nicht abgetreten werden kann. Die Gesetzesbegründung zu § 3 HS 1 ErbbauRG spricht zwar tendenziell gegen eine Abtretbarkeit, da eine Verwicklung von Rechtsverhältnissen kategorisch ausgeschlossen werden sollte (Rn 1), ist aber nicht zwingend: Denn bei einem bereits geltend gemachten Heimfallanspruch bleibt etwas unklar, welche Verwicklungen drohen würden, wenn der Grundstückseigentümer seinen Anspruch an einen Dritten abtritt. Zwar stünde dann einem Erwerber des Grundstücks der konkrete Heimfallanspruch nicht zu, selbst wenn ihm die Abtretung unbekannt ist; das Risiko von Vorabtretungen ist jedoch per se nichts Ungewöhnliches. Jedoch ergibt sich aus § 3 HS 2 ErbbauRG die Richtigkeit der allgemeinen Ansicht. Denn diese Norm wäre ihres Anwendungsbereichs weitgehend beraubt, wenn nach Entstehung oder nach Geltendmachung des Heimfallanspruchs dessen Abtretung möglich wäre. Eine dennoch vorgenommene Abtretung wäre unwirksam (BeckOGK/Toussaint [1. 6. 2025] § 3 ErbbauRG Rn 8).

Mangels Übertragbarkeit kann der Heimfallanspruch auch nicht verpfändet (§ 1274 3
Abs 2 BGB) oder gepfändet (§ 851 Abs 1 ZPO) werden (Winkler/Schlögel § 4 Rn 77 mwNw).

Aus Vorstehenden folgert die ganz hM, dass der Heimfallanspruch nach § 96 BGB 4
als Bestandteil des Grundstücks gilt (BGH 16. 5. 1980 – V ZR 15/79, ZIP 1980, 652; Ingenstau/Hustedt § 3 ErbbauRG Rn 3 mwNw; **aA** BeckOGK/Toussaint [1. 6. 2025] § 3 ErbbauRG Rn 5, 7, 10). Nach hM erfasst eine Zwangsvollstreckung in das Grundstück daher auch den Heimfallanspruch; dieser hafte nach §§ 1120 ff BGB für die Belastungen des Grundstücks (Winkler/Schlögel § 4 Rn 77 mwNw; **aA** BeckOGK/Toussaint [1. 6. 2025] § 3 ErbbauRG Rn 11).

Nach § 3 HS 2 ErbbauRG kann der Eigentümer verlangen, dass das Erbbaurecht an 5
einen von ihm bezeichneten Dritten übertragen wird.

Die Bezeichnung des Dritten stellt eine einseitige, formfreie, empfangsbedürftige Willenserklärung dar (MünchKommBGB/Weiss § 3 ErbbauRG Rn 4 mwNw).

Die Bezeichnung kann zu einem beliebigen Zeitpunkt, also auch bereits im Erbbaurechtsvertrag, vorgenommen werden, kann vom Grundstückseigentümer aber auch jederzeit vor Vollzug des Heimfallanspruchs geändert oder ganz zurückgenommen werden (BeckOGK/Toussaint [1. 6. 2025] § 3 ErbbauRG Rn 18 f).

6 Nach § 3 HS 2 ErbbauRG kann der Grundstückseigentümer vom Erbbauberechtigten nur die dingliche Übertragung des Erbbaurechts an einen Dritten verlangen, nicht aber den Abschluss darüber hinausgehender (schuldrechtlicher) Vereinbarungen (Ingenstau/Hustedt § 3 ErbbauRG Rn 6). Der vom Grundstückeigentümer bezeichnete Dritte erwirbt hierdurch keinen eigenen Anspruch gegen den Erbbauberechtigten (BeckOK-BGB/Maass [1. 5. 2025] § 3 ErbbauRG Rn 4).

7 Nach hM kann die Regelung des § 3 HS 2 ErbbauRG mit dinglicher Wirkung weder abbedungen (BeckOGK/Toussaint [1. 6. 2025] § 3 ErbbauRG Rn 20 mwNw) noch inhaltlich dergestalt eingeschränkt werden, dass nur bestimmte Personen als Dritte benannt werden können (Ingestau/Hustedt § 3 ErbbauRG Rn 14 mwNw).

8 Bei einem Gesamterbbaurecht (vgl § 1 ErbbauRG Rn 10 ff) stellen sich hinsichtlich der Gläubigerschaft des Heimfallanspruchs mehrere Fragen, wenn verschiedene Grundstückseigentümer vorhanden sind:

Für die Geltendmachung des Heimfallanspruchs gelten bei einem Gesamterbbaurecht §§ 472, 1098 BGB entsprechend (MünchKommBGB/Weiss § 1 ErbbauRG Rn 45 mwNw). Die Grundstückseigentümer können den Heimfallanspruch somit nur im Ganzen ausüben; übt ein Grundstückseigentümer seinen Heimfallanspruch nicht aus, können die übrigen Grundstückseigentümer den Heimfallanspruch im Ganzen ausüben.

Mit Vollzug des Heimfallanspruchs erlischt das Gesamterbbaurecht nicht, sondern bleibt bestehen und geht auf diejenigen Grundstückseigentümer, die den Heimfallanspruch geltend gemacht haben, über (vgl Winkler/Schlögel § 3 Rn 63). Die den Heimfallanspruch geltend gemachten Grundstückseigentümer erwerben das Gesamterbbaurecht in dem Berechtigungsverhältnis, das im dinglichen Übertragungsvertrag vorgesehen ist. Hierbei ist zu beachten, dass das Erbbaurecht mehreren Berechtigten nach überzeugender Ansicht nicht als Gesamt- oder Mitgläubiger, sondern nur zu Bruchteilen oder zur gesamten Hand zustehen kann (§ 1 ErbbauRG Rn 12). Vorgelagert und das interne Verhältnis der den Heimfallanspruch geltend gemachte Eigentümer betreffend ist die Frage, in welchem Verhältnis das Gesamterbbaurecht auf sie zu übertragen ist. Einigen sich die Grundstückseigentümer nicht und sieht auch der Erbbaurechtsvertrag keine Regelung vor (was aber dringend zu empfehlen ist), kann jeder Grundstückseigentümer im Zweifel eine Übertragung zu gleichen Teilen nach Köpfen (vgl § 430 BGB) fordern. Zu Vergütungspflicht nach § 32 ErbbauRG s § 32 ErbbauRG Rn 9.

§ 4
ErbbauRG

Der Heimfallanspruch sowie der Anspruch auf eine Vertragsstrafe (§ 2 Nr. 4 und 5) verjährt in sechs Monaten von dem Zeitpunkt an, in dem der Grundstückseigentümer von dem Vorhandensein der Voraussetzungen Kenntnis erlangt, ohne Rücksicht auf diese Kenntnis in zwei Jahren vom Eintreten der Voraussetzungen an.

Systematische Übersicht

Alphabetische Übersicht

I. Ratio legis der Norm

Nach § 902 Abs 1 BGB unterliegen Ansprüche aus im Grundbuch eingetragenen Rechten keiner Verjährung. Da die Vertragsstrafe (§ 2 Nr 3 ErbbauRG) und der Heimfall (§ 2 Nr 4 ErbbauRG) als Inhalt des Erbbaurechtes im Grundbuch eingetragen werden, wird § 4 ErbbauRG als Ausnahmevorschrift zu § 902 Abs 1 BGB verstanden (Ingenstau/Hustedt § 4 ErbbauRG Rn 2 mwNw; nach Heinemann ErbbauZ 2025, 11, 12 f handelt es sich nur um eine Klarstellung der Verjährbarkeit). 1

Eine Unverjährbarkeit gemäß § 902 Abs 1 BGB widerspräche der Interessenlage zwischen Grundstückseigentümer und Erbbauberechtigten. Dies gilt in besonderem Maße für das Heimfallrecht. Bei Vorliegen eines Tatbestandes, der den Heimfall rechtfertigt, soll vielmehr in kurzer Zeit darüber Klarheit bestehen, wem das Erbbaurecht zustehen soll. Die Unverjährbarkeit gemäß § 902 BGB lässt sich auch damit begründen, dass sich die Ansprüche aus eingetragenen Rechten urkundlich anhand des Grundbuchs und der hierzu bestehenden Eintragungsbewilligungen nachweisen lassen. Den Ansprüchen auf Vertragsstrafe bzw Heimfall liegt jedoch stets auch ein tatsächliches Geschehen zu Grunde. Eine Beweisbarkeit mit dem Grundbuch und 2 der Eintragungsbewilligung alleine ist in aller Regel nicht möglich. Die Gewährleistung von Rechtsfrieden und Rechtssicherheit sind deshalb der Hintergrund für die kurze Verjährungsfrist des § 4 ErbbauRG (s auch zu einer in etwa ähnlichen Rechtslage für Ansprüche nach Beendigung des Mietverhältnisses gem § 548 BGB BGH 23. 6. 2010 – XII ZR 52/08, NJW 2010, 2652, 2653 li; BGH 18. 9. 1986 – III ZR 227/84, BGHZ 98, 235, 237).

3 § 4 ErbbauRG normiert freilich nicht nur die Verjährbarkeit als solche, sondern stellt auch eine spezielle Verjährungsregelung dar (Heinemann ErbbauZ 2025, 11, 12).

Für den Heimfallanspruch regelt § 4 ErbbauRG Beginn und Dauer der Verjährungsfrist abweichend von §§ 196, 200 BGB; nach diesen Normen würde die Verjährung mit dem Entstehen des Anspruchs beginnen, wofür in der Regel der Zeitpunkt der Fälligkeit maßgeblich ist (BGH 20. 10. 2023 – V ZR 205/22, NJW 2024, 1266 Rn 23). Soweit § 4 ErbbauRG keine besonderen Regelungen enthält, gelten die allgemeinen Bestimmungen der §§ 194 ff BGB (Ingenstau/Hustedt § 4 ErbbauRG Rn 11).

II. Anwendungsbereich der Norm

4 Für den Heimfallanspruch (§ 2 Nr 4 ErbbauRG) sowie für den Anspruch auf Vertragsstrafe (§ 2 Nr 5 ErbbauRG) ordnet § 4 ErbbauRG eine besondere Verjährung an.

Wie sich aus der Verweisung auf § 2 Nr 4, 5 ErbbauRG ergibt, ist § 4 ErbbauRG nur anwendbar auf die genannten Ansprüche, soweit sie Inhalt des Erbbaurechts sind. Für etwaige rein schuldrechtlich vereinbarte Ansprüche auf Übertragung des Erbbaurechts oder auf Zahlung einer Vertragsstrafe, die nicht zum Inhalt des Erbbaurechts gemacht wurden, gilt die besondere Verjährung hingegen nicht.

5 Nach ganz überwiegender und überzeugender Ansicht gilt die besondere Verjährungsfrist nicht nur für die **Entscheidung zur Geltendmachung** des Heimfall- bzw Vertragsstrafeanspruchs (so aber Nagel/Nagel § 4 ErbbauRG Rn 3), sondern **auch für den geltend gemachten Anspruch** (BeckOK-BGB/Maass [1. 2. 2026] § 4 ErbbauRG Rn 1.1; MünchKommBGB/Weiss § 4 ErbbauRG Rn 2 jew mwNw; vgl auch BGH 20. 10. 2023 – V ZR 205/22, NJW 2024, 1266 Rn 23). Für diese Ansicht spricht bereits der Wortlaut des § 4 ErbbauRG, der von der Verjährung des Anspruchs und nicht von dem Ausschluss der Entscheidungsmöglichkeit spricht. Weiterhin trägt dieses Verständnis dem Zweck der Norm nach zügiger Rechtsklarheit (Rn 2) Rechnung (MünchKommBGB/Weiss § 4 ErbbauRG Rn 2). Unabhängig von der Frage, wann insbesondere der Heimfallanspruch entsteht (§ 2 ErbbauRG Rn 48), bietet § 4 ErbbauRG weder Erfordernis noch Raum für einen Differenzierung (vgl Heinemann ErbbauZ 2025, 11, 13 f).

III. Verjährungsfristen

1. Grundsatz

6 § 4 ErbbauRG ordnet zwei verschiedene Verjährungsfristen an:

Zum einen die kenntnisabhängige Verjährung in sechs Monaten ab Kenntnis des Grundstückseigentümers von dem Vorhandensein der Voraussetzungen für den Heimfallanspruch bzw den Anspruch auf Vertragsstrafe.

Zum anderen die kenntnisunabhängige Verjährung ohne Rücksicht auf diese Kenntnis in zwei Jahren vom Eintreten der Voraussetzungen an.

Die beiden Fristen sind unabhängig voneinander (Heinemann ErbbauZ 2025, 11, 15 mwNw). Die Verjährung tritt ein, sobald eine der beiden Fristen abgelaufen ist (MünchKommBGB/Weiss § 4 ErbbauRG Rn 4).

Die kenntnisabhängige 6-Monats-Frist setzt positive Kenntnis des Grundstückseigentümers vom Vorhandensein der Voraussetzungen des Anspruchs voraus; bloße fahrlässige Unkenntnis genügt nicht (Ingenstau/Hustedt § 4 ErbbauRG Rn 6). Die Beweislast bezüglich der Kenntnis trifft den Erbbauberechtigten (MünchKommBGB/Weiss § 4 ErbbauRG Rn 6). 7

Für den Verjährungslauf, also insbesondere die Fristberechnung, die Hemmung, Ablaufhemmung und den Neubeginn der Verjährung gelten die allgemeinen Vorschriften des BGB (eingehend und mit Beispielen Heinemann ErbbauZ 2025, 11, 15 ff). 8

2. Verkürzung und Verlängerung der Verjährungsfrist

Eine **Verkürzung** der Verjährungsfrist wäre im Rahmen der allgemeinen Vorgaben (§ 202 Abs 1 BGB, §§ 305 ff BGB, § 138 BGB) möglich, aber im Hinblick auf die sowieso schon kurze Verjährungsfrist in der Praxis kaum angezeigt (Heinemann ErbbauZ 2025, 76, 77). 9

Gem § 202 Abs 2 BGB können Verjährungsfristen bis auf die Dauer von 30 Jahren **verlängert** werden. Dies gilt auch, in Übereinstimmung mit § 194 BGB, für dingliche Ansprüche (Grüneberg/Ellenberger § 202 BGB Rn 2). 10

Individualvertraglich sind Verlängerungen im Rahmen des § 202 Abs 2 BGB zulässig (MünchKommBGB/Weiss § 4 ErbbauRG Rn 3). 11

Nach ganz hM ist eine Verlängerung grundsätzlich auch durch Allgemeine Geschäftsbedingungen möglich (Heinemann ErbbauZ 2025, 76, 77 f mwNw; vgl auch OLG Schleswig 5. 6. 2014 – 2 Z 2/14, NJOZ 2013, 1299; **aA** Staudinger/Rapp [2021] § 4 ErbbauRG Rn 1c). 12

Nach Ansicht des BGH haben Verjährungsfristen zwar Leitbildfunktion im Sinne des § 307 Abs 2 Nr 1 BGB (BGH 21. 4. 2015 – XI ZR 200/14, NJW 2015, 2571 Rn 17). Zumindest eine Verlängerung auf die Regelverjährungsfrist des § 195 BGB und eine Regelverjährungshöchstfrist nach § 199 Abs 4 BGB erscheinen zulässig (eingehend Heinemann ErbbauZ 2025, 76, 78). Mangels gefestigter Rechtsprechung ist die Rechtslage für die Praxis insoweit jedoch noch als unsicher zu bezeichnen.

IV. Verjährung des Heimfallanspruchs bei abgeschlossenen oder wiederholten oder fortdauernden Verletzungshandlungen

Nach der Rechtsprechung des BGH ist für die Verjährung des Heimfallanspruchs zwischen abgeschlossenen, wiederholten und fortdauernden Verletzungshandlungen zu unterscheiden (BGH 20. 10. 2023 – V ZR 205/22, NJW 2024, 1266 Rn 25 ff; BGH 27. 9. 2024 – 13

V ZR 21/24, NJW-RR 2024, 1471 Rn 17). Diese Rechtsprechung wird in der Literatur zwar vereinzelt kritisiert (Staudinger/Rapp [2021] § 4 ErbbauRG Rn 1c), ist aber als ständige Rechtsprechung der Praxis zugrunde zu legen (vgl Heinemann ErbbauZ 2025, 41, 44 f mit Beispielen).

1. Abgeschlossene Handlung

14 Bei einer abgeschlossenen Verletzungshandlung beginnt die Verjährungsfrist für den Heimfallanspruch mit Kenntnis des Grundstückseigentümers von dieser Pflichtverletzung bzw mit Eintritt der Voraussetzungen für den Heimfall; der Verjährung steht nicht entgegen, dass der Eingriff noch fortbesteht (BGH 20. 10. 2023 – V ZR 205/22, NJW 2024, 1266 Rn 25 ff; BGH 27. 9. 2024 – V ZR 21/24, NJW-RR 2024, 1471 Rn 17).

Für die – teilweise schwierig zu beantwortende – Frage, ob eine abgeschlossene oder fortdauernde (Rn 16) Vertragspflichtverletzung vorliegt, kommt es auf den Inhalt der vertraglich übernommenen Verpflichtung an (BGH 20. 10. 2023 – V ZR 205/22, NJW 2024, 1266 Rn 27; BGH 27. 9. 2024 – V ZR 21/24, NJW-RR 2024, 1471 Rn 17).

2. Wiederholte Handlungen

15 Beruht die Vertragsverletzungen auf wiederholten Handlungen, löst jede Handlung einen neuen Heimfallanspruch und somit eine neue Verjährung aus (BGH 20. 10. 2023 – V ZR 205/22, NJW 2024, 1266 Rn 25 ff; BGH 27. 9. 2024 – V ZR 21/24, NJW-RR 2024, 1471 Rn 17).

Zu dieser Fallgruppe gehört nach dem BGH etwa eine fortdauernde vertragswidrige Nutzung (BGH 27. 9. 2024 – V ZR 21/24, NJW-RR 2024, 1471 Rn 17).

3. Fortdauernde Handlung

16 Bei einer fortdauernden Vertragswidrigkeit kommt es zu keiner Verjährung des Heimfallanspruchs, solange der Verstoß andauert (BGH 20. 10. 2023 – V ZR 205/22, NJW 2024, 1266 Rn 25; BGH 27. 9. 2024 – V ZR 21/24, NJW-RR 2024, 1471 Rn 17). Solange die Vertragswidrigkeit fortdauert, beginnt die Verjährung des für diesen Fall vereinbarten Heimfallanspruchs nicht zu laufen (BGH 20. 10. 2023 – V ZR 205/22, NJW 2024, 1266 Rn 27).

Zu dieser Fallgruppe gehört nach dem BGH etwa die Verletzung der Pflicht zur Erhaltung des Bauwerks (BGH 20. 10. 2023 – V ZR 205/22, NJW 2024, 1266 Rn 27; BGH 27. 9. 2024 – V ZR 21/24, NJW-RR 2024, 1471 Rn 19 ff).

Mit dem Ende der Pflichtverletzung beginnt in diesem Fall der Lauf der Verjährungsfrist des § 4 ErbbauRG (BGH 20. 10. 2023 – V ZR 205/22, NJW 2024, 1266 Rn 26).

V. Die Wirkung der Verjährung

17 Nach allgemeinen Regeln liegt die Wirkung der Verjährung nach § 214 Abs 1 BGB nicht darin, dass der Anspruch erlischt; der Erbbauberechtigte hat vielmehr nur das Recht, die Übertragung des Erbbaurechts im Wege einer Einrede zu verweigern.

VI. Verjährung von Strafzinsen

Die abgekürzte Verjährung des § 4 ErbbauRG gilt auch für Strafzinsen, die in einer Erhöhung des Erbbauzinses bestehen. 18

VII. Verwirkung, Treu und Glauben

Auch für die Ausübung des Heimfallanspruchs gilt der Grundsatz von Treu und Glauben, sodass die Geltendmachung etwa dann unzulässig sein kann, wenn der Grundstückseigentümer durch eigenes vertragswidriges Verhalten den Heimfallgrund herbeigeführt hat (BGH 20. 10. 2023 – V ZR 205/22, NJW 2024, 1266 Rn 30). 19

Nach allgemeinen Grundsätzen können die Ansprüche des Eigentümers (insbes Heimfallansprüche) schon vor Ablauf der Verjährung verwirkt sein. Dies ist dann der Fall, wenn ein untätiges Verhalten des Eigentümers entsprechend den Umständen nach Treu und Glauben mit Rücksicht auf die Verkehrssitte im Sinne eines Verzichts auszulegen ist; insbes im Rahmen des Heimfallrechts darf der Eigentümer den Erbbauberechtigten nicht ungebührlich lange im Zweifel darüber lassen, ob er von einem solchen Recht Gebrauch machen will oder nicht (vgl RGZ 88, 263; 159, 107; Ingenstau/Hustedt § 4 ErbbauRG Rn 13). Angesichts der sehr kurzen Fristen des § 4 ErbbauRG wird jedoch der Gedanke der Verwirkung nur in seltenen Ausnahmefällen Anwendung finden.

§ 5
ErbbauRG

(1) Als Inhalt des Erbbaurechts kann auch vereinbart werden, daß der Erbbauberechtigte zur Veräußerung des Erbbaurechts der Zustimmung des Grundstückseigentümers bedarf.

(2) Als Inhalt des Erbbaurechts kann ferner vereinbart werden, daß der Erbbauberechtigte zur Belastung des Erbbaurechts mit einer Hypothek, Grund- oder Rentenschuld oder einer Reallast der Zustimmung des Grundstückseigentümers bedarf. Ist eine solche Vereinbarung getroffen, so kann auch eine Änderung des Inhalts der Hypothek, Grund- oder Rentenschuld oder der Reallast, die eine weitere Belastung des Erbbaurechts enthält, nicht ohne die Zustimmung des Grundstückseigentümers erfolgen.

Systematische Übersicht

Alphabetische Übersicht

I. Allgemeines

1 Gemäß § 1 Abs 1 ErbbauRG ist das Erbbaurecht veräußerlich. Jedoch kann nach § 5 Abs 1 ErbbauRG als **Inhalt des Erbbaurechts** vereinbart werden, dass die **Veräußerung** der **Zustimmung des Grundstückseigentümers** bedarf.

Nach § 5 Abs 2 ErbbauRG kann als Inhalt des Erbbaurechts vereinbart werden, dass die **Belastung** des Erbbaurechts mit den dort bezeichneten Rechten der **Zustimmung des Grundstückseigentümers** bedarf. Die entsprechenden Beschränkungen gelten mithin nicht stets kraft Gesetzes, sondern nur, wenn sie – wie in der Praxis regelmäßig – als Inhalt des Erbbaurechts vereinbart sind.

Denkbar sind auch entsprechende Vereinbarungen, die nicht zum Inhalt des Erbbaurechts gemacht werden, sondern rein schuldrechtlich vereinbart werden; sie wirken dann aber nur bei entsprechender Weitergabe gegenüber Sonderrechtsnachfolgern und entfalten gemäß § 137 S 1 BGB keine dinglichen Wirkungen nach § 6 ErbbauRG.

§ 5 ErbbauRG dient dem **Schutz des Eigentümers**, nicht dem des Erbbauberechtigten. 2
Die Belange des Erbbauberechtigten werden durch § 6 Abs 2 und § 7 ErbbauRG geschützt (BGH ZIP 1986, 37).

Der Grundstückseigentümer wird durch das Zustimmungserfordernis vielfach verhindern wollen, dass der Erbbauberechtigte sein Recht zu Spekulationszwecken verkauft. Außerdem hat er ein Interesse daran, dass das Erbbaurecht nicht zu hoch belastet wird, weil bei einem Heimfall des Erbbaurechts die Grundpfandrechte des Erbbaurechts nicht erlöschen, sondern auf den Grundstückseigentümer übergehen (§ 33 ErbbauRG) einschließlich der persönlichen Verbindlichkeiten, die durch die Grundpfandrechte gesichert werden. Die Verhinderung unerwünschter (beim Heimfall bestehenbleibender) Belastungen ist Normzweck des § 5 Abs 2 ErbbauRG (vgl Winkler/Schlögel § 4 Rn 224; Weber Rpfleger1998, 7; s amtliche Begründung zu §§ 5–8 ErbbauRG, veröffentlicht von Schmidt-Räntsch ZfIR 2019, 170).

Ist eine Vereinbarung nach § 5 ErbbauRG getroffen, ergibt sich aus § 6 Abs 1 Erb- 3
bauRG, dass sowohl das schuldrechtliche Grundgeschäft als auch das dingliche Erfüllungsgeschäft zustimmungsbedürftig sind (BGH 29. 6. 2017 – V ZB 144/16, DNotZ 2018, 440 Rn 8; BGH 6. 12. 2018 – V ZB 134/17, DNotZ 2019, 844 Rn 17).

Mit dinglicher Wirkung kann **nur die Zustimmung des Grundstückseigentümers**, nicht 4
sonstiger Personen vorbehalten werden (§ 137 BGB). Bei einem Untererbbaurecht kann der Zustimmungsvorbehalt zugunsten des Obererbbauberechtigten, nicht jedoch zugunsten des Grundstückseigentümers vereinbart werden (LG Augsburg MittBayNot 1995, 211). Nach der Rspr ist es nicht möglich, zu vereinbaren, dass die Veräußerung der *vorherigen* Zustimmung bedarf (OLG Schleswig 17. 9. 2020 – 2 U 10/19, BeckRS 2020, 24507).

Von der Zustimmungspflicht gem § 5 ErbbauRG können generell bestimmte Per- 5
sonen oder Personengruppen ausgenommen werden. Diese **Ausnahme** gilt bei interessengerechter Auslegung im Regelfall jedoch nicht bei einer Veräußerung bzw Belastung zugunsten einer rechtsfähigen Gesellschaft, auch wenn diese nur aus privilegierten Personen besteht, da bei einer späteren Veräußerung der Gesellschaftsanteile keine Zustimmung mehr erforderlich wäre (Ingenstau/Hustedt § 5 ErbbauRG Rn 10; Erman/Grziwotz § 5 ErbbauRG Rn 1; MünchKommBGB/Weiss § 5 ErbbauRG Rn 8).

6 Veräußerungs- und Belastungsbeschränkungen sind im Hinblick auf die Aussagekraft des Grundbuchs so wichtig, dass § 56 Abs 2 HS 2 GBV anordnet, dass sie **ausdrücklich** (also nicht nur durch Bezugnahme) **in das Grundbuch einzutragen** sind. Die ansonsten bei der Grundbucheintragung zur Verlautbarung des Inhalts des Erbbaurechtes ausreichende Bezugnahme auf die Eintragungsbewilligung (§ 874 BGB, § 56 Abs 2 HS 1 GBV) ist insoweit nicht zulässig.

Nach ganz hM soll es sich bei der Nichteintragung dieser Verfügungsbeschränkung jedoch nur um die Verletzung einer formellen Ordnungsvorschrift handeln und diese deshalb durch die Bezugnahme auf die Bewilligung gem § 14 Abs 1 S 3 ErbbauRG gleichwohl wirksam sei (Böttcher Rn 290; Lemke/Czub § 5 ErbbauRG Rn 5; Ingenstau/Hustedt § 6 ErbbauRG Rn 17; **aA** Staudinger/Rapp [2021] §§ 5–7 ErbbauRG Rn 1 f). De lege ferenda sollte der Gesetzgeber aufgrund der Bedeutung der Beschränkung – wie für das WEG inzwischen in § 7 Abs 3 S 2 WEG geschehen – anordnen, dass die ausdrückliche Eintragung der Veräußerungs- bzw Belastungsbeschränkung im Grundbuch konstitutiv ist (Graf Wolffskeel von Reichenberg ErbbauZ 2022, 158; zustimmend Winkler/Schlögel § 4 Rn 175).

7 Eine **nachträgliche Vereinbarung** nach § 5 ErbbauRG ist eine Änderung des Inhalts des Erbbaurechts. Sie ist im Grundbuch einzutragen. Gleiches gilt für eine nachträgliche Änderung einer solchen Vereinbarung (vgl Ingenstau/Hustedt § 5 ErbbauRG Rn 7). Sie bedarf der Zustimmung bereits eingetragener Grundpfandrechtsgläubiger, § 877 BGB. Die Zustimmung von Berechtigten der Abteilung II des Erbbaugrundbuchs (ausgenommen Reallast) ist dagegen nicht erforderlich. Diese Berechtigten werden in ihren Rechten nicht betroffen (**aA** Reul, in: FS 25 J DNotI [2018] 223). Eine Zustimmung der am Erbbaugrundstück dinglich Berechtigten ist ebenfalls nicht erforderlich (Reul, in: FS 25 J DNotI [2018] 223).

8 Es besteht insgesamt eine vergleichbare Rechtslage zum Wohnungseigentum: Hier wie dort kann die Veräußerungsbeschränkung zum „Inhalt des Sondereigentums" (§§ 5 Abs 4 S 1, 12 Abs 1 WEG) bzw zum „Inhalt des Erbbaurechtes" vereinbart werden (§ 5 Abs 1 ErbbauRG). Bei einer Inhaltsvereinbarung gem § 12 Abs 1 WEG, § 5 Abs 1 ErbbauRG ist bezüglich dieser Rechte der dingliche Inhalt derselben abweichend zu § 903 BGB in der Weise vereinbart, dass nur mit Zustimmung veräußert werden kann, sog **Fungibilitätseinschränkung** (Rapp DNotZ 2018, 423; Winkler/Schlögel § 4 Rn 174).

II. Beschränkung der Veräußerung (Abs 1)

1. Grundsatz

9 Unter einer Veräußerung iSd § 5 Abs 1 ErbbauRG ist die Übertragung des Erbbaurechts durch Rechtsgeschäft unter Lebenden (zur Veräußerung durch Zuschlag in der Zwangsversteigerung, s § 8 ErbbauRG Rn 1 ff) zu verstehen. Sie umfasst das schuldrechtliche Grundgeschäft wie auch das dingliche Erfüllungsgeschäft (BGHZ 33, 76).

2. Einzelfälle

10 Unter § 5 Abs 1 ErbbauRG fällt auch eine Übertragung des Erbbaurechts im Wege der **vorweggenommenen Erbfolge** (OLG Hamm RNotZ 2012, 172 f; Ingenstau/Hustedt § 5

ErbbauRG Rn 12). Dagegen ist die Bestellung eines **Vorkaufsrechts** keine Veräußerung (OLG Braunschweig Rpfleger 1992, 193).

Die Übertragung eines **Erbanteils** ist auch dann keine Veräußerung iS des § 5 ErbbauRG, wenn zum Nachlass nur ein Erbbaurecht gehört (BayObLG MDR 1968, 326; Winkler/Schlögel § 4 Rn 186). Die Übertragung eines **Gesellschaftsanteils** an einer das Erbbaurecht haltenden GbR ist ebenso wenig eine Veräußerung in diesem Sinne (Winkler/Schlögel § 4 Rn 186). Die Einbringung des Erbbaurechts in eine GbR ist hingegen eine Veräußerung (Winkler/Schlögel § 4 Rn 185). **11**

Keine Veräußerung iS des § 5 ErbbauRG ist die **Teilung eines Erbbaurechts** in Wohnungs- und Teilerbbaurechte nach WEG (BayObLGZ 1978, 157 = Rpfleger 1978, 375; OLG Celle Rpfleger 1981, 22; Winkler/Schlögel § 4 Rn 186). Dies gilt nicht nur für die Teilung nach §§ 30, 8 WEG, sondern auch für die Teilung nach §§ 30, 3 WEG (LG Augsburg in MittBayNot 1979, 68; Winkler/Schlögel § 4 Rn 186 mwNw; **aA** Staudinger/Rapp [2021] §§ 5–7 ErbbauRG Rn 2a). **12**

Vorgänge nach dem **UmwG**, die zu einer partiellen Gesamtrechtsnachfolge führen (zB Verschmelzungen, Abspaltungen oder Ausgliederungen, §§ 20 Abs 1 Nr 1, 131 Abs 1 Nr 1 UmwG) bedürfen auch dann keiner Eigentümerzustimmung, wenn zu dem übergehenden Vermögen ein Erbbaurecht gehört. Zum Schutz der Gläubiger bei einem Wechsel des Vertragspartners, der durch einen unter das Umwandlungsgesetz fallenden Vorgang bewirkt wird, enthält dieses ein eigenständiges und umfassendes Regelungskonzept (vgl den Anspruch auf Sicherheitsleistung gem §§ 22, 125 UmwG). Ob sich ein Dritter, hier der Grundstückseigentümer und Erbbaurechtsausgeber, gegen den durch die Gesamtrechtsnachfolge eingetretenen Wechsel des Vertragspartners wehren kann, ergibt sich aus den allgemeinen Vorschriften (BGH 21. 2. 2014 – V ZR 164/13, BGHZ 200, 221, Rn 17). Da das Erbbaurecht kein höchstpersönliches, sondern ein veräußerliches und vererbbares Recht darstellt, ist es von der Gesamtrechtsnachfolge nach Umwandlungsrecht nicht ausgenommen (DNotI Fax-Pool Gutachten vom 23. 2. 2009 lm-hd 92289). **13**

Die Bestellung eines **Untererbbaurechts** ist keine Veräußerung. Sie ist aber idR deshalb nicht ohne Zustimmung des Eigentümers möglich, weil dieser mit seinen Rechten (zB Erbbauzins) dem Untererbbaurecht die erste Rangstelle frei machen muss. Die Veräußerung des Untererbbaurechts selbst kann als Inhalt des Erbbaurechts nach § 2 ErbbauRG nur an die Zustimmung des Obererbbauberechtigten, nicht an die des Eigentümers geknüpft werden (LG Augsburg MittBayNot 1995, 211). Es ist jedoch möglich und zulässig, die wirtschaftliche Auswirkung einer solchen Zustimmungsbedürftigkeit im Wege einer schuldrechtlichen Vereinbarung bei Abschluss des Obererbbaurechtsvertrags wie folgt zu begründen: „Der Obererbbauberechtigte verpflichtet sich dem Eigentümer gegenüber, zwar unter Beachtung des § 7 ErbbauRG, aber im Übrigen nicht ohne dessen Zustimmung einer Veräußerung des Untererbbaurechts zuzustimmen." Bei einem Verstoß gegen diese Verpflichtung kann der Eigentümer ein Heimfallrecht am Obererbbaurecht ausüben. **14**

3. Rechtsfolgen

15 Erfolgt eine Veräußerung ohne Zustimmung des Grundstückseigentümers, ist sowohl die dingliche Veräußerung als auch der schuldrechtliche Vertrag hierüber schwebend unwirksam gemäß § 6 Abs 1 ErbbauRG. Gem § 15 ErbbauRG darf in Fällen, in denen ein Zustimmungsvorbehalt gem § 5 ErbbauRG vereinbart wurde, der Rechtsübergang erst eingetragen werden, nachdem dem Grundbuchamt die Zustimmung des Eigentümers in grundbuchtauglicher Form nachgewiesen wurde, § 29 Abs 1 S 1 GBO (Mönig ErbbauZ 2020, 68 li; Ingenstau/Hustedt/Bardenheuer § 15 ErbbauRG Rn 8).

III. Beschränkung der Belastung (Abs 2)

16 Nach § 5 Abs 2 ErbbauRG kann als Inhalt des Erbbaurechts vereinbart werden, dass der Erbbauberechtigte für bestimmte Belastungen des Erbbaurechts der Zustimmung des Grundstückseigentümers bedarf.

§ 5 Abs 2 ErbbauRG lässt als Inhalt eines Erbbaurechts eine Belastungsbeschränkung nur insoweit zu, als die Belastung überhaupt an die Zustimmung des Eigentümers gebunden sein soll. Vereinbarungen, die den Erbbauberechtigten lediglich hinsichtlich des Inhalts der Belastung beschränken, etwa dahingehend, dass Grundpfandrechte nur in der Form von Tilgungsschulden aufgenommen werden dürfen, oder nur zu einem bestimmten Zweck oder bei bestimmten Gläubigern, können nur mit schuldrechtlicher Wirkung getroffen werden (BayObLGZ 1959, 319 = Rpfleger 1960, 254 = DNotZ 1960, 104; KG JFG 20, 15; Reul, in: FS 25 J DNotI [2018] 218). Die Regelung wird nicht dinglicher Inhalt des Belastungsvorbehaltes. Das KG hält es jedoch für zulässig, dass auf den Inhalt der Belastung durch Vereinbarung von Vertragsstrafen nach § 2 Nr 5 ErbbauRG eingewirkt wird.

Ein dinglich wirkender Ausschluss der Zustimmung (mithin eine Versagung) für bestimmte Fälle im Voraus durch den Erbbaurechtsvertrag ist dabei unzulässig (BayObLGZ 1999, 254).

1. Grundpfandrechte und Reallasten

17 Die Zustimmung des Eigentümers kann vorbehalten werden zur **Belastung des Erbbaurechts** mit einer **Hypothek, Grund- oder Rentenschuld oder einer Reallast** (§ 5 Abs 2 S 1 ErbbauRG). Die Norm ist im Zusammenhang mit § 33 Abs 1 S 1 ErbbauRG zu verstehen, wonach vorstehende Rechte bei einem Heimfall grundsätzlich bestehen bleiben.

18 Der Zustimmungsvorbehalt gilt auch für die Eintragung einer **Sicherungshypothek des Bauunternehmers** gem § 650e BGB. Der Anspruch auf eine Bauhandwerkerhypothek gem § 650e BGB entsteht zwar kraft Gesetzes, nicht jedoch die Hypothek selbst; diese ist rechtsgeschäftlich zu bestellen, womit bei einem entsprechenden Vorbehalt ihre Eintragung zustimmungspflichtig ist (BayObLG DNotZ 1997, 142; Winkler/Schlögel § 4 Rn 223; Reul, in: FS 25 J DNotI [2018] 219). Die vorläufige Sicherung des gesetzlichen Anspruchs auf eine Hypothek gem § 650e BGB durch eine Vormerkung ist dagegen zustimmungsfrei (Lemke/Czub § 5 ErbbauRG).

Ist das Erbbaurecht zwar bestellt aber noch nicht eingetragen und **verpfändet** der künftige Erbbauberechtigte seine Ansprüche auf Entstehung des Erbbaurechts an einen Dritten, ist eine Zustimmung des Eigentümers erforderlich. Im Falle der Verpfändung des Anspruchs entsteht die **Sicherungshypothek gem § 1287 S 2 BGB** zwar kraft Gesetzes und ihre Eintragung im Grundbuch ist lediglich eine deklaratorische Grundbuchberichtigung. Der Schutzzweck der Verpfändung über eine Sicherungshypothek nach § 1287 S 2 BGB wird lediglich dann erreicht, wenn die Zustimmung des Grundstückseigentümers zur Verpfändung vorliegt (Winkler/Schlögel § 4 Rn 223a; Ingenstau/Hustedt § 5 ErbbauRG Rn 31).

Unter § 5 Abs 2 ErbbauRG fällt auch die **Sicherungshypothek** des Pfandgläubigers gem § 1287 S 2 BGB sowie nach § 848 Abs 2 S 2 ZPO (auch einer Zwangshypothek) **an einem Eigentümererbbaurecht** (BayObLGZ 1996, 109; OLG Hamm Rpfleger 1985, 233; Mönig ErbbauZ 2020, 67 li; Winkler/Schlögel § 3 Rn 13). Dies gilt jedoch nicht, wenn die Eintragung einer Zwangshypothek vom Grundstückseigentümer selbst beantragt worden ist. Denn der Grundstückseigentümer begibt sich hier selbst des Schutzes, den ihm § 8 ErbbauRG vor Zwangsbelastungen gewährt mit der Konsequenz, dass er im Falle eines (späteren) Heimfalles auch die gesicherte Verbindlichkeit persönlich zu übernehmen hat (§ 33 Abs 1 ErbbauRG; vgl DNotI Gutachten-Abruf v 21. 2. 2014 – schnl132690-f). Dasselbe gilt für die Eintragung einer weiteren Erbbauzinsreallast oder der Erhöhung einer solchen (Reul, in: FS 25 J DNotI [2018] 218).

Eine Belastungszustimmung kann auch für den Fall vereinbart werden, dass der Erbbauberechtigte einen ihm vom Grundstückseigentümer gem § 881 BGB eingeräumten **Rangvorbehalt ausnutzt** (BGH 26. 2. 1987 – V ZB 10/86, BGHZ 100, 107, 114; ein Rangvorbehalt könne einer Belastungszustimmung gleichgesetzt werden) auch einen solchen Rangvorbehalt, wie er sich aus § 9 Abs 3 S 1 Nr 2 ergibt. 19

Ist ein Grundpfandrecht oder eine Reallast bereits mit Zustimmung des Eigentümers im Grundbuch eingetragen, so stellt weder die **Neuvalutierung** eines solchen Rechtes noch seine Abtretung oder eine Änderung des Sicherungsvertrages eine „Belastung“ im Sinne des § 5 Abs 1 ErbbauRG dar. Solche Vorgänge sind deshalb zustimmungsfrei (MünchKommBGB/Weiss § 5 ErbbauRG Rn 11; Grüneberg/Wicke § 5 ErbbauRG Rn 3). Unbeschadet bleibt die Möglichkeit, die Zustimmung zur ersten Belastung an Vorgaben für die Zweckerklärung und damit die Neuvalutierung zu knüpfen (§ 7 ErbbauRG Rn 21). 20

Die **dingliche Zwangsvollstreckungsunterwerfung** gem § 800 ZPO bezüglich eines bereits im Grundbuch eingetragenen Grundpfandrechtes stellt keine neue Belastung des Erbbaurechtes dar und ist deshalb ebenfalls zustimmungsfrei. Der Inhalt einer Hypothek/Grundschuld bestimmt sich nach §§ 1118 ff BGB; eine „weitere Belastung“ gem § 5 Abs 2 S 2 BGB liegt daher nur vor, wenn sich die materielle Belastung verändert, dh hier erhöht. Die Vollstreckbarkeit gem § 800 ZPO lässt den materiellen Haftungsumfang unberührt (Grüneberg/Wicke § 5 ErbbauRG Rn 3; Ingenstau/Hustedt § 5 ErbbauRG Rn 17; **aA** MünchKommBGB/Weiss § 5 ErbbauRG Rn 11; Erman/Grziwotz § 5 ErbbauRG Rn 3). 21

Zustimmungsfrei ist auch die Eintragung einer **Vormerkung** für eine (künftige) zustimmungspflichtige Belastung. 22

2. Andere Belastungen

23 Die Zustimmung zu einer Belastung durch den Eigentümer mit **anderen Rechten** als jenen, die in § 5 Abs 2 ErbbauRG ausdrücklich genannt sind, zB mit Dienstbarkeiten, Nießbrauch, Vorkaufsrecht, Untererbbaurecht usw (vgl Mönig ErbbauZ 2020, 67 li; MünchKommBGB/Weiss § 5 ErbbauRG Rn 14), kann sich der Eigentümer grundsätzlich nicht als Inhalt des Erbbaurechts mit dinglicher Wirkung vorbehalten.

Ist der Belastungsvorbehalt im Erbbaurechtsvertrag und/oder in der Grundbucheintragung zu weit gefasst (zB „Vorbehalt der Eigentümerzustimmung zu Belastungen") so ist dies im Zweifel dahingehend auszulegen, dass nur ein rechtlich zulässiger Vorbehalt gewollt ist (OLG Hamm 17. 11. 2010 – I-15 W 154/10; DNotI Dokumenten-Nr i15 w 154 10).

24 Bezüglich anderer als in § 5 Abs 2 ErbbauRG genannten Belastungen, insbesondere Nießbrauchsrechte und Dienstbarkeiten, kann grundsätzlich **keine Zustimmungspflicht des Eigentümers als Inhalt des Erbbaurechts** vereinbart werden. Zwar können auch solche Belastungen wertmindernde, möglicherweise auch wertverzehrende Auswirkungen haben, jedoch beeinträchtigt dies den Grundstückseigentümer nicht, da § 33 Abs 1 S 3 ErbbauRG anordnet, dass solche Rechte der Abteilung II des Grundbuchs bei Ausübung des Heimfalles ersatz- und entschädigungslos erlöschen (Rapp MittBayNot 2014, 412, 413 re).

Es verbleibt für solche anderen Rechte bei der allgemeinen Regel des § 137 BGB, dh es kann eine derartige Beschränkung des Erbbauberechtigten durch Bindung an die Zustimmung des Grundstückseigentümers oder einer anderen Person zwar vertragsmäßig erfolgen, eine derartige Vereinbarung hat aber nur schuldrechtliche Wirkung. Eine gegenteilige Verfügung ist also trotz der entgegenstehenden rechtsgeschäftlichen Bindung wirksam; dem Grundstückseigentümer können Schadensersatzansprüche zustehen. Auch ein Heimfallanspruch kann für diesen Fall begründet werden (vgl § 6 ErbbauRG Rn 18).

25 Entgegen dem Wortlaut des § 5 Abs 2 S 1 ErbbauRG kann allerdings auch mit dinglicher Wirkung eine Vereinbarung dahingehend getroffen werden, dass die Belastung des Erbbaurechts mit einem **Dauerwohn- oder -nutzungsrecht** von der Zustimmung des Grundstückseigentümers abhängig gemacht werden kann (OLG Stuttgart NJW 1952, 979); Sinn und Zweck des § 5 Abs 2 ErbbauRG geht dahin, den Eigentümer vor der Belastung des Erbbaurechts mit solchen Rechten zu schützen, die beim Heimfall bestehen bleiben (§ 33 Abs 1 ErbbauRG). § 42 Abs 2 WEG hat nun zu den nicht erlöschenden Rechten als neues das Dauerwohnrecht hinzugefügt, jedoch unterlassen, einen dem § 5 Abs 2 ErbbauRG entsprechenden Schutz des Eigentümers gegenüber einer Belastung durch ein Dauerwohnrecht zu schaffen. Diese Gesetzeslücke ist durch eine Anwendung des § 5 Abs 2 ErbbauRG zu schließen (Mönig ErbbauR 2020, 6/7 re; BGB-RGRK/Räfle § 5 ErbbauRG Rn 6; Grüneberg/Wicke § 5 ErbbauRG Rn 3, § 42 WEG Rn 1; Ingenstau/Hustedt § 5 ErbbauRG Rn 28; Winkler/Schlögel § 4 Rn 224; MünchKommBGB/Weiss § 5 ErbbauRG Rn 12; Lemke/Czub § 5 ErbbauRG Rn 13; kritisch BeckOGK/Toussaint [1. 12. 2025] § 5 ErbbauRG Rn 33; **aA** Weitnauer DNotZ 1953, 119).

3. Inhaltsänderung

Im Falle einer Vereinbarung nach § 5 Abs 2 ErbbauRG kann auch eine Änderung des Inhalts der Hypothek, Grund- oder Rentenschuld oder der Reallast, die eine weitere Belastung des Erbbaurechts enthält, nicht ohne die Zustimmung des Grundstückseigentümers erfolgen (§ 5 Abs 2 S 2 ErbbauRG), ohne dass diese Rechtsfolge noch einer besonderen Vereinbarung und Eintragung bedürfte. 26

Eine Inhaltsänderung solcher Art liegt jeweils dann vor, wenn durch die neue Abmachung das Erbbaurecht stärker belastet würde; zB wenn das Hypothekenkapital selbst oder der Zinssatz erhöht wird oder wenn die Kündigungsbestimmungen zum Nachteil des Erbbauberechtigten geändert werden sollen oder wenn die Zinszuschläge zur Kapitaltilgung (Amortisationsquoten) nachträglich erhöht werden sollen. Eine zustimmungspflichtige Inhaltsänderung liegt auch dann vor, wenn mehrere Erbbaurechte mit einem Gesamtgrundpfandrecht belastet sind und ein Erbbaurecht aus der Pfandhaft entlassen werden soll. Dies bewirkt eine verstärkte Belastung der verbleibenden Erbbaurechte, was ein vorbehaltenes Zustimmungserfordernis nach § 5 Abs 2 ErbbauRG begründet (OLG Düsseldorf MittRhNotK 1995, 62). Die Umwandlung der verschiedenen Hypothekenformen unter sich oder in eine Grundschuld usw, die Auswechslung der Forderung bei der Hypothek und ähnliche Maßnahmen enthalten keine Erweiterung der Belastung in diesem Sinn; auch die nachträgliche Unterwerfung unter die sofortige Zwangsvollstreckung (§ 800 ZPO) fällt nicht hierunter (Reul Fs 25 J DNotI 2018, 220). 27

4. Rechtsfolgen

Eine im Sinne des § 5 ErbbauRG getroffene Vereinbarung hat **dingliche Wirkung**, die weiter geht als die „dingliche" Wirkung der Vereinbarungen nach § 2 ErbbauRG, da eine Belastung ohne Zustimmung zur schwebenden Unwirksamkeit gemäß § 6 Abs 1 ErbbauRG führt. Gem § 15 ErbbauRG darf in Fällen, in denen ein Zustimmungsvorbehalt gem § 5 ErbbauRG vereinbart wurde, die Belastung erst eingetragen werden, nachdem dem Grundbuchamt die Zustimmung des Eigentümers in grundbuchtauglicher Form nachgewiesen wurde, § 29 Abs 1 S 1 GBO (Mönig ErbbauZ 2020, 68 li; Ingenstau/Hustedt/Bardenheuer § 15 ErbbauRG Rn 8). 28

IV. Erteilung der Zustimmung

1. Zustimmungsberechtigter

Zustimmungsberechtigt ist der **Grundstückseigentümer.** 29

Sind **mehrere** Grundstückseigentümer vorhanden, so müssen alle die Zustimmung erklären (vgl auch Graf Wolffskeel von Reichenberg ErbbauZ 2020, 130).

Dies gilt auch bei einer Erbengemeinschaft als Grundstückseigentümer gem § 2040 Abs 1 BGB (Reul, in: FS 25 J DNotI [2018] 226). Die Zustimmung ist, wenn Eigentümer eine Erbengemeinschaft ist, keine Verfügung über einen Nachlassgegenstand, sodass bei befreiter Vorerbschaft kein Einverständnis aller Nacherben erforderlich ist (**aA**

OLG Hamm DNotZ 1967, 499). Es handelt sich eben nur um die Zustimmung zu einer Verfügung, aber noch nicht um eine Verfügung selbst.

30 Ein **Eigentümerwechsel** nach wirksamer Erteilung der Zustimmung hat **keinen Einfluss** auf deren Wirksamkeit (OLG München 15. 6. 2020 – 34 Wx 131/20 MittBayNot 2021, 29 mit Darstellung des Meinungsstands; WINKLER/SCHLÖGEL § 4 Rn 180). Ansonsten bestünde die Gefahr, dass ein wirksames schuldrechtliches Rechtsgeschäft vorliegt, das nicht erfüllbar wäre. Insoweit kann auf die Argumente zur Unwiderruflichkeit der Zustimmung (Rn 35) Bezug genommen werden. Wenngleich der BGH diese Frage für § 5 ErbbauRG noch nicht entschieden hat, ist aufgrund seiner Rechtsprechung zu § 12 WEG (BGH MittBayNot 2013, 130) und zur Unwiderruflichkeit der Zustimmung davon auszugehen, dass auch der BGH diese Ansicht teilen wird.

Bei Veräußerung des Erbbaugrundstücks trifft den Eigentümer jedoch die gesetzliche Aufklärungspflicht dahingehend, dass er eine solche Zustimmungserklärung abgegeben hat (vgl REUL, in: FS 25 J DNotI [2018] 228).

31 Ist eine behördliche Genehmigung erforderlich, zB die kirchenaufsichtliche Genehmigung bei kirchlichen Stiftungen, so ist die ohne Genehmigung erklärte Zustimmung nichtig (OLG Braunschweig Rpfleger 1991, 452). Bei einer gerichtlichen Ersetzung nach § 7 ErbbauRG bedarf es hierzu keiner aufsichtlichen Genehmigung mehr (OLG Hamm Rpfleger 1994, 190).

Ist Grundstückseigentümer ein Minderjähriger (oder ein Betreuter) so bedarf die vom gesetzlichen Vertreter erteilte Zustimmung zur Veräußerung keiner familiengerichtlichen (betreuungsgerichtlichen) Genehmigung, da diese Zustimmung keine Verfügung über das Grundstück im Sinne des § 1850 Abs 1 Nr 1 BGB enthält und auch keine sonstigen Genehmigungstatbestände ersichtlich sind (WINKLER/SCHLÖGEL § 5 Rn 179; MünchKommBGB/WEISS § 5 ErbbauRG Rn 6; BeckOGK/TOUSSAINT [1. 12. 2025] § 5 ErbbauRG Rn 13; **aA** ERMAN/GRZIWOTZ § 5 ErbbauRG Rn 4; LEMKE/CZUB § 5 ErbbauRG Rn 26). Zur Frage, wann ein Gemeinderatsbeschluss für die Zustimmung durch den Bürgermeister erforderlich ist s BayObLGZ 1997, 37.

2. Zustimmungserklärung

a) Rechtsnatur

32 Die Zustimmung ist eine einseitige, **empfangsbedürftige Willenserklärung**, deren Voraussetzungen und Wirksamkeit nach den §§ 182 ff BGB zu beurteilen ist (BGH 29. 6. 2017 – V ZB 144/16, DNotZ 2018, 440 Rn 8). Die Zustimmung ist gegenüber dem Erbbauberechtigten abzugeben. Sie kann als Einwilligung (§ 183 BGB) oder als Genehmigung (§ 184 BGB) erteilt werden.

b) Widerrufbarkeit

33 Für die Frage, wann die Zustimmung wirksam wird, enthält das Gesetz keine ausdrückliche Regelung. Ein Anhaltspunkt ergibt sich jedoch aus § 7 Abs 3 ErbbauRG, wonach eine verweigerte Zustimmung auf Antrag des Erbbauberechtigten durch das Amtsgericht ersetzt werden kann, in dessen Bezirk das Grundstück belegen ist. Die gerichtliche Ersetzung steht danach der rechtsgeschäftlichen Erteilung der Zustimmung gleich. Die gerichtliche Ersetzung wird mit Rechtskraft wirksam (§ 40 Abs 2

Satz 2 und Abs 3 Satz 1, 3 und 4 FamFG). Die Wirksamkeit verlangt danach eine Zustellung der Verfügung an den Grundstückseigentümer (§ 41 FamFG). Auf die rechtsgeschäftlich abgegebene Zustimmungserklärung übertragen bedeutet dies, dass sie **mit Zugang beim Erbbauberechtigten wirksam** wird, § 182 BGB.

Die **Unwiderruflichkeit** oder Widerruflichkeit der Zustimmung richtet sich nach §§ 183 f BGB. Dabei muss zwischen dem schuldrechtlichen Kausalgeschäft und dem dinglichen Erfüllungsgeschäft unterschieden werden.

Das **schuldrechtliche Grundgeschäft** ist abgeschlossen mit der für die Bestellung bzw 34
Übertragung des Erbbaurechtes notwendigen notariellen Beurkundung. Wird zu dieser im Voraus die Zustimmung erteilt, so ist sie nach § 183 S 1 BGB als Einwilligung bis zur Vornahme des Rechtsgeschäfts widerruflich, soweit sich nicht aus dem die Erteilung zugrundeliegenden Rechtsverhältnis sich ein anderes ergibt. Das zugrundeliegende Rechtsverhältnis ist das Erbbaurecht; besteht danach gem § 7 Abs 1 ErbbauRG ein Anspruch auf Zustimmung, so ist ein Widerruf auch bezüglich des schuldrechtlichen Grundgeschäftes nach § 183 S 1 BGB ausgeschlossen. Es wäre widersprüchlich, einen Widerruf zuzulassen, wenn anschließend im gerichtlichen Verfahren wegen eines bestehenden Anspruchs des Erbbauberechtigten die Zustimmung nach § 7 ErbbauRG gerichtlich ersetzt werden müsste.

Wird zum schuldrechtlichen Geschäft die Zustimmung nachträglich nach der entsprechenden notariellen Beurkundung erteilt (Genehmigung), so ist diese nach § 184 Abs 1 BGB unwiderruflich (BGH 30. 3. 1994 – XII ZR 30/92, BGHZ 125, 355, 358; Rapp DNotZ 2018, 417; Erman/Grziwotz § 5 ErbbauRG Rn 4).

Bezüglich des **dinglichen Erfüllungsgeschäftes** ist § 183 S 1 BGB anzuwenden. Der 35
BGH (BGH 29. 6. 2017 – V ZB 144/16, DNotZ 2018, 440, vgl auch zu der Parallelvorschrift des § 12 WEG BGH 6. 12. 2018 – V ZB 134/17, DNotZ 2019, 844) geht davon aus, dass die erteilte Zustimmung **unwiderruflich** ist, **sobald die schuldrechtliche Vereinbarung** über die Veräußerung **wirksam** geworden ist (zustimmend Kössinger DNotZ 2019, 850; Rapp DNotZ 2018, 413, 421; Reul, in: FS 25 J DNotI [2018] 224; Winkler/Schlögel § 4 Rn 183). Im Ergebnis bedeutet dies, dass eine nach Vertragsabschluss erteilte Zustimmung zur Veräußerung oder Belastung eines Erbbaurechtes nicht mehr widerrufen werden kann (BGH 29. 6. 2017 – V ZB 144/16, DNotZ 2018, 440 Rn 13; Rapp DNotZ 2018, 413; Rapp MittBayNot 2021, 32; BeckOK-BGB/Maass [1. 11. 2025] § 5 ErbbauRG Rn 9; Böttcher 315 ff, insbes 317a).

Diese Rechtsprechung überzeugt und trägt zur Rechtssicherheit bei. In dogmatischer Hinsicht spricht dafür insbesondere, dass die neuere Rechtsauffassung (BGH 29. 6. 2017 – V ZB 144/16, DNotZ 2018, 440 Rn 11) die Verfügungsbeschränkung des § 5 ErbbauRG als an den Gegenstand der Übertragung anknüpfende Beschränkung der Übertragbarkeit ansieht, dh um eine auf der Ebene des Rechts selbst eintretende Fungibilitätsbeschränkung (Kesseler RNotZ 2005, 543, 547). Genauer ausgedrückt – und damit auch dem Wortlaut des Gesetzes folgend – handelt es sich bei § 5 Abs 1 ErbbauRG um den durch Grundbucheintragung der entsprechenden Vereinbarung zum dinglichen „Inhalt des Erbbaurechtes" gewordenen Rechtsvorgang. Bei diesem Verständnis wird eine gemeinschaftliche Verfügungsbefugnis zwischen dem Grundstückseigentümer und dem Erbbauberechtigten in Ansehung des Erbbaurechtes hergestellt mit der Wirkung, dass es iSv § 183 S 1 BGB nicht mehr auf die Grundbucheintragung ankommen kann; das Rechtsgeschäft ist mit Erklärung der dinglichen Einigung wirksam und damit unwiderruflich (Rapp DNotZ 2018, 419).

3. Form, Kosten

36 Die Zustimmungserklärung ist materiell-rechtlich formfrei; gem § 15 ErbbauRG darf jedoch in Fällen, in denen ein Zustimmungsvorbehalt gem § 5 ErbbauRG vereinbart wurde, der Rechtsübergang bzw die Belastung erst eingetragen werden, nachdem dem Grundbuchamt die Zustimmung des Eigentümers (§ 15 ErbbauRG) in **grundbuchtauglicher Form** nachgewiesen wurde, § 29 Abs 1 S 1 GBO (Mönig ErbbauZ 2020, 68 li; Ingenstau/Hustedt/Bardenheuer § 15 ErbbauRG Rn 8). In der Regel erfolgt dies durch eine öffentliche Beglaubigung durch einen Notar nach § 129 BGB. Da auch öffentliche Urkunden zugelassen sind (vgl auch § 415 ZPO), können zB Behörden, Gemeinden usw die Zustimmung selbst in einer Urkunde erklären, die von dem vertretungsberechtigten Organ in der sonst für Willenserklärungen vorgeschriebenen Form hergestellt ist.

37 Über die **Kosten** einer Zustimmung nach § 5 ErbbauRG enthält das Gesetz keine Bestimmung. Die Zustimmungen sind jedoch, da sie dem Grundbuchamt eingereicht werden müssen, in der Form des § 29 GBO zu erklären. Damit fallen auf jeden Fall Beglaubigungskosten an (GNotKG Anlage 1 KV 25100), ggf auch die Kosten einer Entwurfsfertigung durch den beglaubigenden Notar.

Für den Wert eines Erbbaurechtes schreibt § 49 Abs 2 GNotKG eine pauschale Ermittlung vor. Die Vorschrift ist nicht nur bei der Bestellung eines Erbbaurechtes anzuwenden, sondern immer, wenn für die Ermittlung des Geschäftswertes der Wert eines Erbbaurechtes eine Rolle spielt. Der Wert des § 49 Abs 2 GNotKG ist deshalb auch der Ausgangswert der Zustimmungserklärung (§ 98 Abs 1 GNotKG) des Grundstückseigentümers gem § 5 ErbbauRG (OLG Celle 27. 1. 2015 – 2 W 20/15, MittBayNot 2015, 516). Dies ergibt sich aus der Gesetzesbegründung (OLG Celle MittBayNot 2015, 516, 517 li; zustimmend Strauss, Prüfungsabteilung der Notarkasse, MittBayNot 2015, 519; **aA** MünchKommBGB/Heinemann § 7 ErbbauRG Rn 19: Maßgebend ist der Wert des Geschäfts dem zugestimmt wird, § 60 Abs 1 GNotKG). Bei einer entgeltlichen Veräußerung eines Erbbaurechtes ist der Wert des Erbbaurechtes nach § 49 Abs 2 GNotKG zu ermitteln und dem Wert der Gegenleistung gegenüberzustellen. Der geringere Wert ist maßgebend (OLG Celle MittBayNot 2015, 516, 517 li).

Wenngleich der Zustimmungsvorbehalt im Interesse des Grundstückseigentümers vereinbart ist, erfolgt die konkrete Zustimmung zur Veräußerung und Belastung eines Erbbaurechts im Interesse des **Erbbauberechtigen**, der diese Erklärung veranlasst hat. Damit hat der Erbbauberechtigte im Innenverhältnis von Grundstückseigentümer und Erbbauberechtigten die **Kosten derselben zu tragen** (vgl BGH 10. 2. 1994 – V ZB 42/93, BGHZ 125, 105, 109: „Wahrnehmung von Belangen des Erbbauberechtigten"). Sofern dies nicht ausdrücklich im Erbbaurechtsvertrag geregelt ist, ergibt sich dies idR aus einer ergänzenden Vertragsauslegung. Davon unberührt bleibt, dass der Eigentümer dem beglaubigenden Notar gegenüber öffentlich-rechtlicher Kostenschuldner nach dem GNotkG ist.

§ 6
ErbbauRG

(1) Ist eine Vereinbarung gemäß § 5 getroffen, so ist eine Verfügung des Erbbauberechtigten über das Erbbaurecht und ein Vertrag, durch den er sich zu einer solchen Verfügung verpflichtet, unwirksam, solange nicht der Grundstückseigentümer die erforderliche Zustimmung erteilt hat.

(2) Auf eine Vereinbarung, daß ein Zuwiderhandeln des Erbbauberechtigten gegen eine nach § 5 übernommene Beschränkung einen Heimfallanspruch begründen soll, kann sich der Grundstückseigentümer nicht berufen.

Systematische Übersicht

Alphabetische Übersicht

I. Allgemeines

§ 6 ErbbauRG regelt in Abs 1 die Rechtsfolgen einer Verfügung und des zugehörigen schuldrechtlichen Verpflichtungsgeschäfts ohne Zustimmung des Grundstückseigentümers nach § 5 ErbbauRG. 1

In Abs 2 schränkt die Norm die Möglichkeit eines Heimfallanspruchs nach § 2 Abs 1 Nr 4 ErbbauRG ein.

II. Verfügung ohne Zustimmung, Abs 1

1. Zusammenhang

2 § 6 Abs 1 ErbbauRG baut auf § 5 ErbbauRG auf und regelt die Rechtsfolgen einer (bisher) fehlenden Zustimmung. Voraussetzung für § 6 Abs 1 ErbbauRG ist mithin, dass eine wirksame Vereinbarung nach § 5 ErbbauRG getroffen wurde und eine von § 5 ErbbauRG erfasste Verfügung getroffen bzw eine schuldrechtliche Verpflichtung hierzu eingegangen wurde, ohne dass der Grundstückseigentümer seine Einwilligung hierzu erteilt hat.

2. Dingliche Wirkung, schwebende Unwirksamkeit

a) Dingliche Wirkung

3 Mit der Eintragung einer Vereinbarung nach § 5 ErbbauRG im Grundbuch des Erbbaurechts (wegen der Bezugnahme auf die Eintragungsbewilligung s § 5 ErbbauRG Rn 6) tritt unmittelbar ihre **dingliche Wirkung** ein, sodass solche Vereinbarungen auch dritten Personen gegenüber unmittelbar wirksam sind, ohne dass es der besonderen Sicherung durch eine Vormerkung (§§ 883 ff BGB) bedarf. Die absolute Wirkung – auch Dritten gegenüber – ergibt sich aus § 6 Abs 1 ErbbauRG. Die (schwebende) Unwirksamkeit bezieht sich gem § 6 Abs 1 ErbbauRG sowohl auf das dingliche Verfügungsgeschäft, also die Einigung gem § 873 Abs 1 BGB, als auch auf das schuldrechtliche Grundgeschäft.

4 Ist der Erbbauberechtigte in der Verfügung durch eine Vereinbarung nach § 5 ErbbauRG beschränkt, so ist eine **Veräußerung** oder **Belastung** des Erbbaurechts im Sinne dieser Vorschrift **unwirksam**, solange nicht der Grundstückseigentümer die erforderliche Zustimmung erteilt hat. Die Unwirksamkeit ist somit eine **absolute**, die Verfügung oder der Vertrag haben zunächst für und gegen niemanden Wirkung (s hierzu auch BGH NJW 1960, 2093).

5 § 6 Abs 1 ErbbauRG enthält aber noch eine besondere weitere Einschränkung der Vertragsfreiheit: Es ist nämlich auch der **schuldrechtliche Vertrag**, durch den sich der Erbbauberechtigte dem Dritten gegenüber ohne Zustimmung des Grundstückseigentümers zu einer Veräußerung oder Belastung verpflichtet hat, **unwirksam**, solange nicht der Grundstückseigentümer die erforderliche Zustimmung erteilt hat. Daraus ergibt sich, dass dieser Dritte aus einem solchen Vertrag während der Schwebezeit keine Rechte gegen den Erbbauberechtigten ableiten, also weder auf Schadensersatz noch darauf klagen kann, dass der Erbbauberechtigte die Zustimmung zu erwirken habe. Mit der Zustimmung wird jedoch der obligatorische Vertrag ebenfalls ex tunc voll wirksam.

b) Schwebende Unwirksamkeit

6 Das Rechtsgeschäft ist zunächst **schwebend unwirksam**.

Während der Schwebezeit sind die Parteien an den Vertrag gebunden. Sie haben somit zwar keinen Erfüllungsanspruch (vor der Zustimmung) jedoch einen Anspruch auf Unterlassung jeder diese Rechtsstellung beeinträchtigenden Handlung. Darüber hinaus sind sie verpflichtet, alles zu tun, um die Zustimmung herbeizuführen (Münch-

KommBGB/WEISS § 6 ErbbauRG Rn 3). Der Erwerber ist danach verpflichtet, dem Grundstückseigentümer Auskunft darüber zu erteilen, ob in seiner Person die Voraussetzungen für einen Anspruch auf Zustimmung gem § 7 Abs 1 ErbbauRG gegeben sind.

Im Vertrag können jedoch Regelungen im Hinblick auf den Schwebezustand oder auch für den Fall der endgültigen Unwirksamkeit getroffen werden, zB Vereinbarung eines Rücktrittsrechtes, wenn die Zustimmung nicht innerhalb einer bestimmten Frist erteilt wird (ERMAN/GRZIWOTZ § 6 ErbbauRG Rn 2) oder eine besondere Kostentragungsregelung für den Fall des endgültigen Scheiterns des Vertrages wegen der fehlenden Zustimmung (REUL, in: FS 25 J DNotI [2018] 222). 7

Die Frage, ob zur **Sicherung** des aus dem schwebend unwirksamen Vertrag Berechtigten eine **Vormerkung** (entweder gem Bewilligung des Erbbauberechtigten oder aufgrund einstweiliger Verfügung, § 885 BGB) eingetragen werden kann, ist wie folgt zu beantworten: 8

Es ist zunächst zu unterscheiden, ob die Bewilligung der Vormerkung eine Belastung im Sinne des § 5 Abs 2 ErbbauRG ist, und wenn dies verneint werden kann, ob die Vormerkung einen vormerkungsfähigen Anspruch sichert. Die Vormerkung als solche ist keine Belastung im Sinne des § 5 Abs 2 ErbbauRG, da sie vom Wortlaut nicht erfasst ist und nach dem Telos hierunter nur solche Rechte fallen, die beim Heimfall bestehen bleiben würden (vgl MünchKommBGB/WEISS § 6 ErbbauRG Rn 4).

Durch eine Vormerkung nach § 883 BGB kann nur ein schuldrechtlicher Anspruch auf dingliche Rechtsänderung gesichert werden, allerdings auch ein künftiger oder bedingter Anspruch, soweit der Rechtsboden für seine Entstehung schon so weit vorbereitet ist, dass die Entstehung des Anspruchs nur noch vom Willen des demnächst Berechtigten abhängig ist. Bei einem schwebend unwirksamen Vertrag ist ein solcher „künftiger" Anspruch, der durch Vormerkung sicherbar ist, dann gegeben, wenn der derzeit Berechtigte aufgrund der vertraglichen Bindungen nicht mehr einseitig die Position des anderen Vertragsteils beseitigen kann (vgl ERTL MittBayNot 1977, 114). Dies ist hier der Fall. Solange die Zustimmung des Eigentümers nach § 5 ErbbauRG fehlt, kann der Erbbauberechtigte nicht einseitig die Rechtsstellung seines Vertragspartners beseitigen. Da es sich auch um einen künftigen Anspruch auf dingliche Rechtsänderung handelt, ist die Eintragung einer Vormerkung nach § 883 BGB möglich (INGENSTAU/HUSTEDT § 6 ErbbauRG Rn 14; WINKLER/SCHLÖGEL § 4 Rn 302; MünchKommBGB/WEISS § 6 ErbbauRG Rn 4, 5; STAUDINGER/KESSELER [2026] § 883 BGB Rn 223; BeckOK-BGB/MAASS [1. 11. 2025] § 6 ErbbauRG Rn 3; GRAF WOLFFSKEEL VON REICHENBERG ErbbauZ 2020, 134). Es handelt sich hier um dasselbe Problem, wie bei der Frage nach der Zulässigkeit der Eintragung einer Vormerkung, wenn zu einem Grundstückskaufvertrag noch eine behördliche Genehmigung fehlt. Auch hier wird allgemein die Eintragung einer Vormerkung für zulässig gehalten (STAUDINGER/KESSELER [2026] § 883 BGB Rn 216).

Ist eine Vormerkung nicht eingetragen, so kann der Erwerber die Sicherung seiner Rechte auch im Wege eines **Verfügungsverbots** gegen den Grundstückseigentümer erreichen (§ 941 ZPO; §§ 136, 137 BGB). Das dazu erforderliche Rechtsschutzbedürfnis ist jedoch nicht vorhanden, wenn die Beeinträchtigung der Rechte des Käufers des Erbbaurechts in einem zweiten, mit einem Dritten abgeschlossenen Kaufvertrag 9 zu erblicken ist, oder wenn sich ein zweiter Belastungsvertrag mit einem Dritten für die Rechtsstellung des ersten Gläubigers hinderlich erweist. Ein Verfügungsverbot ist also dann nicht möglich, wenn es sich um mehrere widersprechende Kaufverträge oder um mehrere Belastungsverträge handelt. Kollidieren dagegen Kaufvertrag und Belastungsvertrag, so ist das Rechtsschutzbedürfnis für ein Verfügungsverbot gegeben. Dies ergibt sich daraus, dass bei gleichartigen Verträgen allein die Zustimmung des Grundeigentümers entscheidet, und ein Verfügungsverbot einerseits dem ersten Erwerber nichts nützen würde, wenn der Eigentümer seine Zustimmung dem zweiten Erwerber erteilt (denn darin liegt eine Versagung der Zustimmung zum ersten Vertrag), andererseits aber das Verfügungsverbot unnötig ist, wenn der Eigentümer seine Zustimmung dem ersten Erwerber erteilt.

Infolge der für die Zustimmung (zwar nicht rechtlich, aber praktisch) erforderlichen Form (vgl § 5 ErbbauRG Rn 36) ist ein Fall einer **gleichzeitigen Zustimmung** für mehrere gleichartige Verträge nicht gut denkbar. Nur beim Zusammentreffen von ungleichartigen Verträgen (Belastungs- und Veräußerungsvertrag) ist es möglich, dass der Grundeigentümer beiden Verträgen seine Zustimmung erteilt. In einem solchen Fall ist das Rechtsschutzbedürfnis für ein Verfügungsverbot daher zu bejahen.

10 Ist die Zustimmung **zu Unrecht verweigert** worden, mithin ohne Vorliegen eines rechtlich beachtlichen Grunds gem §§ 7 Abs 1 und 2 ErbbauRG, bleibt der Vertrag schwebend unwirksam, da für den Erbbauberechtigten die Möglichkeit besteht, die Ersetzung der Zustimmung des Grundstückseigentümers gem § 7 Abs 3 ErbbauRG zu beantragen. Erfolgt eine Ersetzung, so wird der Vertrag von Anfang an wirksam.

11 Erfolgt dagegen eine **Verweigerung** der Zustimmung **zu Recht**, so wird sowohl das schuldrechtliche als auch das dingliche Rechtsgeschäft endgültig unwirksam. Ein Widerruf der Verweigerung der Genehmigung ist dann nicht möglich (Grüneberg/Ellenberger § 182 BGB Rn 4). Eine danach noch erteilte Genehmigung ist wirkungslos (BGH 1. 10. 1999 – V ZR 168/98, NJW 1999, 3704 Abschn III 1; DNotI Gutachten v 5. 4. 2013, Abruf-Nr 119866). Auch die aufgrund des unwirksamen Rechtsgeschäfts abgegebene grundbuchmäßige Eintragungsbewilligung ist dann unwirksam. Sie ist ein Teil des Erfüllungsgeschäfts und wird daher von der Unwirksamkeit desselben erfasst. Eine Vormerkung auf Eintragung des Erbbaurechtes ist zu löschen; hierfür ist die Löschungsbewilligung des Berechtigten (§§ 19, 29 GBO) oder die rechtskräftige gerichtliche Entscheidung über die Versagung der Zustimmung (§ 22 GBO) vorzulegen.

12 Wurde eine Veräußerung oder Belastung unter Verstoß gegen § 15 ErbbauRG ohne die erforderliche Zustimmung in das Grundbuch eingetragen, so erwirbt der Dritte solange kein Recht, als nicht der Grundstückseigentümer seine Zustimmung nachträglich erteilt hat (§ 184 Abs 1 BGB). Die nachträgliche Zustimmung wirkt auf den Zeitpunkt der Vornahme des Rechtsgeschäfts zurück, sofern nichts anderes bestimmt wurde (§ 184 BGB).

c) Beendigung des Schwebezustands

13 Fraglich ist, welche Möglichkeiten bestehen, den **Schwebezustand zu beenden**; die Rechtslage ist umstritten (eingehend Graf Wolffskeel von Reichenberg ErbbauZ 2020, 130, 134 f; Graf Wolffskeel von Reichenberg MittBayNot 2021, 219, 222 ff, jew m Nachweisen zum Meinungsstand).

Es besteht weitgehend im Ergebnis Einigkeit darüber, dass der Vertragspartner die Möglichkeit hat, seinen **Vertragspartner** (nicht aber den Grundstückseigentümer) zur Einholung der Genehmigung **aufzufordern**, wobei diese nach erfolglosem Fristablauf als verweigert gilt (statt vieler BGH 5. 10. 2000 – V ZR 448/99, NJW 2000, 3645; Hamm OLGR 2000, 334; Reul, in: FS 25 J DNotI [2018] 224; Ingenstau/Hustedt § 6 ErbbauRG Rn 19; Erman/Grziwotz § 7 ErbbauRG Rn 5; DNotI-Report 2009, 9). Richtigerweise ergibt sich dies aus einer Gesamtanalogie zu §§ 108 Abs 2, 177 Abs 3, 1366 Abs 3, 1856 Abs 2 BGB. Für eine mit Rechtsfolgen verbundene Aufforderungsmöglichkeit des Erwerbers gegenüber dem Grundstückseigentümer fehlt es hingegen an einer Rechtsbeziehung zwischen diesen.

Die (verlängerbare) **Frist** beträgt zwei Wochen (str, eine „angemessene Frist" verlangt Hamm OLGR 2000, 334; Ingenstau/Hustedt § 6 ErbbauRG Rn 19: idR 4 Wochen; wie hier Böttcher Rn 327). Hierfür spricht, dass das Gesetz überwiegend eine Fristdauer von zwei Wochen vorsieht (§§ 108 Abs 2, 177 Abs 2, 1366 Abs 3 BGB). In § 1856 Abs 2 BGB ist zwar eine längere Frist statuiert. Von § 1856 Abs 2 BGB unterscheidet sich § 5 ErbbauRG aber dadurch, dass bei § 5 ErbbauRG nicht zwingend ein gerichtliches Verfahren zur Genehmigung erforderlich ist. Zudem spricht insbesondere der Vergleich mit § 1366 Abs 3 BGB für eine zwei-Wochen-Frist. Denn hier wie dort ist der Vertrag von der Genehmigung einer dritten Person (und nicht des Vertragspartners, eines Vertreters des Vertragspartners oder eines Gerichts) abhängig.

Innerhalb dieser Frist muss nicht nur das Ersetzungsverfahren nach § 7 Abs 3 ErbbauRG eingeleitet werden, sondern die Genehmigung erteilt bzw die Ersetzung mitgeteilt werden; dies entspricht der Rechtslage zu § 1366 Abs 3 S 3 BGB (**aA** OLG Hamm, OLGR 2000, 335; BeckOGK/Touissant [1. 12. 2025] § 6 ErbbauRG Rn 9; Winkler/Schlögel § 4 Rn 183a).

d) Auswirkungen auf Vorkaufsrechte am Erbbaurecht

Bei einem Verkauf des Erbbaurechts besteht häufig sowohl eine Zustimmungspflicht des Eigentümers nach § 5 Abs 1 ErbbauRG als auch Vorkaufsrecht des Grundstückseigentümers. **14**

Da ein Vorkaufsfall iSd § 463 BGB einen wirksamen Kaufvertrag voraussetzt (vgl eingehend Graf Wolffskeel von Reichenberg NJW 2024, 2425 ff), kann der Grundstückseigentümer sein Vorkaufsrecht nur ausüben, wenn er den Kaufvertrag iSd § 5 Abs 1 ErbbauRG genehmigt (OLG Düsseldorf 13. 2. 2019 – 3 Wx 137/18, ErbbauZ 2020, 24; MünchKommBGB/Weiss § 6 ErbbauRG Rn 3; Göttig ErbbauZ 2022, 45, 36). Der Grundstückseigentümer kann insbesondere die Zustimmung nicht mit dem Argument verweigern, dass er sein Vorkaufsrecht ausüben möchte; umgekehrt stellt die Zustimmung keinen Verzicht auf sein Vorkaufsrecht dar (vgl OLG Düsseldorf 13. 2. 2019 – 3 Wx 137/18, ErbbauZ 2020, 24).

Die **Frist** zur Ausübung des Vorkaufsrechts beginnt nach allgemeinen Grundsätzen erst mit Mitteilung (§ 469 BGB) des wirksamen Kaufvertrags zu laufen (eingehend Graf Wolffskeel von Reichenberg NJW 2024, 2425 ff m Nachweisen). **15**

Erstaunlich wenig diskutiert ist die Frage, ob dies auch gilt, wenn die **Wirksamkeit nur noch von der Genehmigung des Vorkaufsberechtigten abhängt** (eingehend Graf Wolffs-

KEEL VON REICHENBERG NJW 2024, 2425, 2429). Als bloße Förmelei erscheint das Erfordernis dem Vorkaufsberechtigten die Wirksamkeit, die er selbst herbeigeführt hat, nochmals mitzuteilen (so aber VGH Mannheim NVwZ-RR 2022, 128 für ein gemeindliches Vorkaufsrecht; ablehnend GRZIWOTZ MittBayNot 2022, 407, 409). Darüber hinaus ist in diesem Fall die Wirksamkeit nicht Voraussetzung für den Fristbeginn (str, **aA** MünchKommBGB/WEISS § 6 ErbbauRG Rn 3; GÖTTIG ErbbauZ 2022, 34, 37). Dies ergibt sich aus einer Interessenabwägung der Beteiligten: Der Vorkaufsberechtigte hat es ohne Weiteres in der Hand, dem Vertrag zur Wirksamkeit zu verhelfen und sogleich sein Vorkaufsrecht auszuüben. Die Unsicherheit, die seine ihm zustehende Bedenkzeit üblicherweise nicht belasten soll, kann es nicht geben. Auf der anderen Seite sind die Vertragsparteien des Kaufvertrags in dieser Situation besonders schutzbedürftig, da der Vorkaufsberechtigte bei anderer Betrachtung durch eine verzögerte Genehmigungsentscheidung die Frist zur Ausübung des Vorkaufsrechts verlängern könnte.

III. Einschränkung des Heimfallanspruchs, Abs 2

16 § 6 Abs 2 ErbbauRG bestimmt, dass sich der Grundstückseigentümer auf eine Vereinbarung dahin, dass ein Zuwiderhandeln des Erbbauberechtigten gegen eine nach § 5 ErbbauRG übernommene Beschränkung einen Heimfallanspruch begründen soll, nicht berufen kann.

Ob diese Bestimmung bereits die Wirksamkeit oder nur die Durchsetzbarkeit einer abweichenden Heimfallvereinbarung berührt, ist umstritten (vgl die Nachweise bei WINKLER/SCHLÖGEL § 4 Rn 89). Der Wortlaut des § 6 Abs 2 ErbbauRG spricht für eine Durchsetzbarkeitssperre (MünchKommBGB/WEISS § 6 ErbbauRG Rn 8). In den meisten Fällen dürfte die Entscheidung dieses Streits ohne praktische Relevanz bleiben, wenn und weil man bei Annahme einer Unwirksamkeit kaum die Gesamtunwirksamkeit des Erbbaurechtsvertrags annehmen können wird.

17 **Umstritten** ist, ob § 6 Abs 2 ErbbauRG auch gilt, wenn eine § 5 ErbbauRG entsprechende Vereinbarung nicht zum Inhalt des Erbbaurechts gemacht wurde, sondern **nur schuldrechtlich vereinbart** wurde (gegen eine Anwendbarkeit, also für eine Zulässigkeit eines Heimfallgrundes, etwa BeckOGK/TOUSSAINT [1. 12. 2025] § 6 ErbbauRG Rn 16; INGENSTAU/HUSTEDT § 6 ErbbauRG Rn 22; BeckOK-BGB/MAASS [1. 11. 2025] § 6 ErbbauRG Rn 5; für eine Anwendbarkeit etwa MünchKommBGB/WEISS § 6 ErbbauRG Rn 8; WINKLER/SCHLÖGEL § 4 Rn 306, jew mwNw). Der Wortlaut des § 6 Abs 2 ErbbauRG spricht für die Möglichkeit, in diesem Fall einen Verstoß als Heimfallgrund zu vereinbaren, da dann keine „nach § 5 übernommene Beschränkung" vorliegt. Ebenso spricht die Gesetzessystematik für eine entsprechende Möglichkeit. Denn § 6 Abs 2 ErbbauRG gehört systematisch zu § 6 Abs 1 ErbbauRG, der die Rechtsfolgen für einen Verstoß gegen eine nach § 5 ErbbauRG getroffene Vereinbarung regelt. Die in § 6 Abs 1 ErbbauRG angeordnete Rechtsfolge gilt aber nur bei einer Vereinbarung nach § 5 ErbbauRG, die zum Inhalt des Erbbaurechts wurde, nicht aber bei rein schuldrechtlichen Vereinbarungen. Einschränkend gilt jedoch, dass ein Heimfall nicht möglich ist, wenn entsprechend § 7 Abs 1, 2 ErbbauRG ein Anspruch auf Zustimmung besteht.

Auf Rechtsfolgenseite ist zudem zu bedenken, dass der Heimfallanspruch bei einer Veräußerung entgegen einer nur schuldrechtlich vereinbarten Veräußerungsbeschränkung nicht gegen den Erwerber des Erbbaurechts durchgesetzt werden kann, sodass die Erfüllung des Übertragungsanspruchs – sofern nicht durch Vormerkung gesichert (§ 2 ErbbauRG Rn 50 ff) – regelmäßig unmöglich nach § 275 BGB sein wird. Auch eine entgegen einer nur schuldrechtlich vereinbarten Beschränkung eingetragenen Belastung bleibt beim Heimfall in den Grenzen des § 33 ErbbauRG bestehen. Daher (und aufgrund des Erfordernisses, schuldrechtliche Vereinbarungen auf Sonderrechtsnachfolger überzuleiten) ist es kautelarjuristisch zu empfehlen, entsprechende Veräußerungs- und Belastungsbeschränkungen zum Inhalt des Erbbaurechts zu machen, soweit nach § 5 ErbbauRG möglich.

Ein Verstoß gegen eine Vereinbarung, die nicht nach § 5 ErbbauRG zum Inhalt des **18**
Erbbaurechts gemacht werden könnte, also etwa die Vereinbarung, das Erbbaurecht ohne Zustimmung des Grundstückseigentümers nicht mit einer Dienstbarkeit zu belasten, kann nach zutreffender und wohl allgemeiner Ansicht als Heimfallgrund vereinbart werden (statt aller OLG Hamm 9. 8. 1985 – 15 W 277/85, NJW-RR 1986, 693; MünchKommBGB/Weiss § 6 ErbbauRG Rn 8 mwNw).

§ 7
ErbbauRG

(1) Ist anzunehmen, daß durch die Veräußerung (§ 5 Abs. 1) der mit der Bestellung des Erbbaurechts verfolgte Zweck nicht wesentlich beeinträchtigt oder gefährdet wird, und daß die Persönlichkeit des Erwerbers Gewähr für eine ordnungsmäßige Erfüllung der sich aus dem Erbbaurechtsinhalt ergebenden Verpflichtungen bietet, so kann der Erbbauberechtigte verlangen, daß der Grundstückseigentümer die Zustimmung zur Veräußerung erteilt. Dem Erbbauberechtigten kann auch für weitere Fälle ein Anspruch auf Erteilung der Zustimmung eingeräumt werden.

(2) Ist eine Belastung (§ 5 Abs. 2) mit den Regeln einer ordnungsmäßigen Wirtschaft vereinbar, und wird der mit der Bestellung des Erbbaurechts verfolgte Zweck nicht wesentlich beeinträchtigt oder gefährdet, so kann der Erbbauberechtigte verlangen, daß der Grundstückseigentümer die Zustimmung zu der Belastung erteilt.

(3) Wird die Zustimmung des Grundstückseigentümers ohne ausreichenden Grund verweigert, so kann sie auf Antrag des Erbbauberechtigten durch das Amtsgericht ersetzt werden, in dessen Bezirk das Grundstück belegen ist. § 40 Abs. 2 Satz 2 und Abs. 3 Satz 1, 3 und 4 und § 63 Abs. 2 Nr. 2 des Gesetzes über das Verfahren in Familiensachen und in den Angelegenheiten der freiwilligen Gerichtsbarkeit gelten entsprechend.

Systematische Übersicht

Alphabetische Übersicht

I. Allgemeines

1 § 7 ErbbauRG gehört zu § 5 ErbbauRG und schützt den Erbbauberechtigten, indem er diesem einen Anspruch auf Zustimmung zur Veräußerung bzw Belastung des Erbbaurechts gibt und zudem ein Ersetzungsverfahren anbietet.

Hierbei regelt Abs 1 einen Anspruch auf Zustimmung zu einer Veräußerung, Abs 2 einen Anspruch auf Zustimmung zu einer Belastung und Abs 3 ein Ersetzungsverfahren bei unrechtmäßiger Verweigerung der Zustimmung.

II. Anspruch auf Zustimmung zur Veräußerung, Abs 1

1. Grundsatz

§ 7 Abs 1 S 1 ErbbauRG gewährt einen Anspruch auf Zustimmung zu einer Veräußerung, wenn anzunehmen ist, dass der mit der Bestellung des Erbbaurechts verfolgte Zweck nicht wesentlich beeinträchtigt oder gefährdet wird, und dass die Persönlichkeit des Erwerbers Gewähr für eine ordnungsmäßige Erfüllung der sich aus dem Erbbaurechtsinhalt ergebenden Verpflichtungen bietet. Beide Voraussetzungen müssen kumulativ erfüllt sein. 2

§ 7 Abs 1 S 2 ErbbauRG bestimmt, dass dem Erbbauberechtigten auch für weitere Fälle ein Anspruch auf Erteilung der Zustimmung eingeräumt werden kann. Diese Bestimmung gilt jedoch nur für den Veräußerungsfall, nicht auch für den Belastungsfall, wie aus ihrer Stellung in Abs 1 zu entnehmen ist.

2. Zweck des Erbbaurechts

a) Zweck

Der mit der Bestellung des Erbbaurechts verfolgte Zweck der Bestellung darf durch die Veräußerung nicht wesentlich beeinträchtigt oder gefährdet werden. 3

Zweck ist hier nicht nur der Inhalt des Erbbaurechts iS des § 2 ErbbauRG (so aber die amtliche Begründung zu § 2 der VO – veröffentlicht von Schmidt-Räntsch ZfIR 2019, 174). In § 2 Nr 1 ErbbauRG ist nicht von „Zweck" sondern von „Verwendung" des Bauwerks die Rede. Der mit der Bestellung des Erbbaurechts verfolgte Zweck ist vielmehr iS von Geschäftsgrundlage für den Vertragsabschluss zu verstehen. Hierher gehört auch die Fallgruppe, dass ein Grundstückseigentümer Erbbaurechte nur an seine Mitglieder vergibt, zB Mitglieder einer bestimmten Kirchengemeinde. Hier liegt eine Zweckbestimmung dahingehend vor, dass die Veräußerung an ein Nichtmitglied verweigert werden kann (OLG Schleswig 17. 9. 2020 – 2 U 10/19 ErbbauZ 2021, 19 Rn 83). Eine Beeinträchtigung ist gegeben, wenn dieser Zweck nicht mehr voll erreicht werden kann, eine Gefährdung, wenn eine Beeinträchtigung künftig zu besorgen ist; immer aber muss es sich um eine **wesentliche Beeinträchtigung oder Gefährdung** handeln (Mömig ErbbauZ 2020, 68).

b) Zahlung des Erbbauzinses

Die **Zahlung eines Erbbauzinses** ist regelmäßig die Gegenleistung für die Bestellung des Erbbaurechtes. Dies ist (auch) der mit der Bestellung des Erbbaurechtes verbundene Zweck, und zwar gleichgültig, ob es sich um eine automatische Anpassung des Erbbauzinses oder um eine schuldrechtlich, jedoch vormerkungsgesicherte Anpassung, handelt (BGH 13. 7. 2017 – V ZB 186/15, BGHZ 215, 250 Rn 12, 13). Der mit der Erbbaurechtsstellung verfolgte Zweck kann gerade in der Erzielung des Erbbauzinses liegen (BGH 26. 2. 1987 – V ZB 10/86, BGHZ 100, 107, 113 f; OLG Hamm DNotZ 2006, 207; Winkler/Schlögel § 4 Rn 201 ff u 277; Böttcher Rn 334a). Ein Zweck im Sinne des § 7 Abs 1 S 1 ErbbauRG liegt auch dann vor, wenn für den Erbbauzins eine Anpassung (oder gar eine Automatik) für den Fall veränderter Wertverhältnisse nur ohne eine dingliche Sicherung (also auch keine Vormerkung nach § 883 BGB) vereinbart ist (BGH 13. 7. 2017 – V ZB 186/15, BGHZ 215, 250 Rn 15, 17). Allerdings gehen die Rechte 4 und Pflichten aus einer schuldrechtlichen Erbbauzinsanpassungsklausel im Falle einer Einzelrechtsnachfolge und auch bei einer Zwangsversteigerung nicht automatisch auf den Erwerber des Erbbaurechts über. Der schuldrechtliche Anspruch richtet sich weiter gegen den ursprünglichen Erbbaurechtsinhaber, es sei denn, dass der Erwerber in die schuldrechtlichen Vereinbarungen aus dem Bestellungsvertrag eintritt (BGH 13. 7. 2017 – V ZB 186/15, BGHZ 215, 250 Rn 23).

c) Verhinderung von Spekulationsgeschäften

5 Von den besonderen im Erbbaurechtsvertrag enthaltenen Vereinbarungen abgesehen ist in der Regel der Eigentümer zur Verweigerung seiner Zustimmung befugt, wenn der Erbbauberechtigte sein Recht in unlauterer Weise, insbesondere zu **Spekulationszwecken** ausnützen will (vgl OLG Schleswig ErbbauR 2021, 24 re; OLG Stuttgart NJW 1958, 1098; Ingenstau/Hustedt § 7 ErbbauRG Rn 11; Winkler/Schlögel § 4 Rn 190 ff). Ein Ausnutzen in unlauterer Weise liegt hierbei nur vor, wenn aus der sich aus dem Erbbaurechtsvertrag ergebenden Zielsetzung für die Bestellung des Erbbaurechts folgt, dass das Erbbaurecht nicht für den „freien Markt" bestimmt ist (OLG Schleswig 17. 9. 2020, 2 U 10/19, ErbbauZ 2021, 19).

Aus einem Kaufpreis alleine kann zudem nicht auf eine spekulative Absicht geschlossen werden. Liegt zum Zeitpunkt des Verkaufs ein im Verhältnis zum Grundstückswert sehr niedriger Erbbauzins vor, so hat das Erbbaurecht als solches aufgrund des mit ihm verbundenen Grundstücksnutzungsrechtes einen zusätzlichen, zum Wert des Bauwerks hinzuzurechnenden Wert. Umgekehrt drückt ein zu hoher Erbbauzins den Wert des Erbbaurechtes (Winkler/Schlögel § 4 Rn 209).

d) Eintritt in schuldrechtliche Verpflichtungen

6 Auch wenn es nicht ausdrücklich im Vertrag vereinbart wurde, braucht der Eigentümer einer Veräußerung des Erbbaurechts dann nicht zuzustimmen, wenn der Erwerber nicht in sämtliche – auch **schuldrechtliche – Verpflichtungen aus dem Erbbaurechtsvertrag eintritt**.

Dies ergibt sich bereits daraus, dass in der Regel sämtliche Verpflichtungen des Erbbauberechtigten, insbesondere die **Zahlung des Erbbauzinses**, zum Zweck des Erbbaurechts nach § 7 Abs 1 ErbbauRG gehören (Ingenstau/Hustedt § 7 ErbbauRG Rn 13; MünchKommBGB/Weiss § 7 ErbbauRG Rn 10; Eichel MittRhNotK 1995, 194; Böttcher Rn 338; BGH 13. 7. 2015 – V ZB 186/15, BGHZ 215, 250 Rn 17 ff – auch wenn der Erbbauzins nur schuldrechtlich vereinbart und nicht dinglich gesichert ist; OLG Hamm DNotZ 2006, 208; OLG Celle Rpfleger 1983, 270; OLG Oldenburg Rpfleger 1985, 203; Winkler/Schlögel § 4 Rn 201 ff; Mönig ErbbauZ 2020, 66;).

7 Wenn allerdings der Eigentümer der Belastung des Erbbaurechts mit einer seinem Erbbauzins vorrangigen Grundschuld zugestimmt hat und aus dieser Grundschuld die Zwangsversteigerung betrieben wird und die Erbbauzinsreallast erlischt, kann die für den Zuschlag erforderliche Zustimmung des Eigentümers ersetzt werden, wenn die Verweigerung der Zustimmung nur darauf gestützt wird, dass der Ersteher nicht bereit ist, in die schuldrechtlichen Pflichten des zahlungsunfähigen Erbbauberechtigten hinsichtlich der durch den Zuschlag erloschenen Erbbauzinsreallast einzutreten (so BGH 26. 2. 1987 – V ZB 10/86, BGHZ 100, 107; BGH 6. 11. 2015 – V ZR 165/14, DNotZ 2016, 448 Rn 31, 43; Winkler/Schlögel § 4 Rn 295; abl Kesseler, in: FS 25 J DNotI [2018] 180).

Hier hatte es der Eigentümer in der Hand, seinen Rechtsverlust dadurch zu verhindern, dass er mit dem Erbbauzins an erster Rangstelle verblieben wäre.

Diese Problematik stellt sich dann nicht, wenn eine vollstreckungsfeste Erbbauzinsreallast nach § 9 Abs 3 Nr 1 ErbbauRG besteht (Krauss MittBayNot 2017, 59 li).

3. Persönlichkeit des Erwerbers

Die **Persönlichkeit** des neuen **Erwerbers** muss Gewähr bieten für eine ordnungsmäßige Erfüllung der sich aus dem gesamten Inhalt des Erbbaurechts ergebenden Verpflichtungen. Dabei ist die Persönlichkeit in sittlicher, geistiger und vermögensrechtlicher Hinsicht zu prüfen, soweit diese Eigenschaften in Bezug auf das Erbbaurecht von Bedeutung sind (vgl Ingenstau/Hustedt § 7 ErbbauRG Rn 16). Dabei obliegt es dem Erwerber, dem Eigentümer auf Verlangen sachdienliche Auskünfte zu erteilen (Winkler/Schlögel § 4 Rn 212). 8

In vermögensrechtlicher Hinsicht muss der Erwerber des Erbbaurechts die Gewähr bieten, den **Erbbauzins zahlen zu können**. Dabei kommt es auf die wirtschaftliche Leistungsfähigkeit im Zeitpunkt des Erwerbes des Erbbaurechtes an. Gegen eine Vermögensverschlechterung wäre der Grundstückseigentümer auch nicht geschützt, wenn diese beim bisherigen Inhaber des Erbbaurechtes eintreten würde (Winterstein/Nagel NJW 2009, 30, 31 li; DNotI Abruf-Gutachten v 9. 2. 2015 – the-tw 139597 – i-f-f). 9

Gegebenenfalls kann durch Stellung einer ausreichenden Sicherheit (zB Bürgschaft) die Voraussetzung für die Zustimmung geschaffen werden (Winterstein/Nagel NJW 2009, 30; MünchKommBGB/Weiss § 7 ErbbauRG Rn 7). Soll das Erbbaurecht von einer natürlichen Person auf eine juristische Person, insbesondere auf eine Kapitalgesellschaft oder auf eine GmbH & Co KG übertragen werden, so kann die Zustimmung nicht mit der Begründung verweigert werden, der Erwerber hafte im Gegensatz zum bisherigen Erbbauberechtigten nur beschränkt mit seinem Vermögen. Bei den bezeichneten Erwerbern handelt es sich um gesetzlich anerkannte Rechtsformen. Es ist deshalb notwendig, die Umstände des Einzelfalles zu würdigen und die wirtschaftliche Leistungsfähigkeit des Erwerbers darzustellen (OLG Hamm MittBayNot 2008, 118; OLG Frankfurt NJW-RR 2006, 387; ebenso BayObLG NJW-RR 1988, 1425 zum vergleichbaren Fall der Zustimmung gem § 12 WEG). Ein Erwerb des Erbbaurechtes durch eine Gesellschaft bürgerlichen Rechts ist ebenso zu behandeln. Die Möglichkeit eines Gesellschafterwechsels stellt eine lediglich abstrakte Gefahr dar, die nicht zur Zustimmungsverweigerung berechtigt. Hierfür müssten konkrete Anhaltspunkte vorgetragen werden (DNotI Abrufgutachten v 9. 2. 2015 – the-tw 139597-i-f-f). 10

4. Wesentliche Beeinträchtigung oder Gefährdung

Im Streitfall hat der Erbbauberechtigte das Fehlen oder die Unwesentlichkeit der Beeinträchtigung oder Gefährdung zu beweisen. Eine wesentliche Beeinträchtigung des Zweckes des Erbbaurechtes ist stets dann anzunehmen, wenn ein Erwerber nicht in die schuldrechtlichen, dinglich nicht gesicherten, Anpassungsvereinbarungen bezüglich des Erbbauzinses eintritt (BGH 13. 7. 2017 – V ZB 186/15, BGHZ 215, 250 Rn 22). Von einer Unwesentlichkeit ist auszugehen, wenn bei einem Erbbaurecht, das der wohnungsmäßigen Nutzung dient, eine untergeordnete Fläche für gewerbliche/be- 11 rufliche Zwecke verwendet wird (OLG Hamm MittBayNot 1996, 39). Besondere Bedeutung kommt hierbei den Vereinbarungen über die Verwendung des Bauwerks (§ 2 Nr 1 ErbbauRG) zu, zB die der Bestellung zugrunde liegende soziale Fürsorge für bestimmte Kreise: sog „Einheimischen"-Modell (vgl BGH 26. 6. 2015 – V ZR 144/14, NJW 2015, 3436 Rn 14); bestimmte gewerbliche Nutzung usw.

5. Keine Besserstellung

12 Die Zustimmung des Eigentümers zur Veräußerung des Erbbaurechts kann allerdings nicht davon abhängig gemacht werden, dass der Erwerber des Rechts durch neue zusätzliche Vereinbarungen einer Besserstellung des Eigentümers zustimmt; so zB bei einem möglicherweise vorhandenen Leistungsvorbehalt nunmehr in eine Gleitklausel einwilligt und einer Erhöhung des Erbbauzinses zustimmt, wenn eine Erhöhung vertraglich allenfalls durch eine Einigung und bei deren Ausbleiben durch ein Schiedsgutachtenverfahren vorgesehen ist (so OLG Hamm Rpfleger 1976, 131). Überhaupt kann mit dem Zustimmungserfordernis keine Erhöhung des Erbbauzinses erzwungen werden (vgl BGH 9. 6. 2016 – V ZB 61/15, NJW 2017, 728 Rn 30; BGH 13. 7. 2017 – V ZB 186/15, BGHZ 215, 250 Rn 24; BayObLG MittBayNot 1975, 23; OLG Hamm DNotZ 2006, 208; OLG Frankfurt Rpfleger 1979, 24; LG Memmingen MittBayNot 1982, 128; Ingenstau/Hustedt § 7 ErbbauRG Rn 14; Winkler/Schlögel § 4 Rn 194). Liegen jedoch die Voraussetzungen für eine Erhöhung des Erbbauzinses vor oder ist dieser bereits erhöht, jedoch noch nicht als erhöht im Grundbuch eingetragen, so steht dem Eigentümer ein Zurückbehaltungsrecht gem § 273 BGB gegenüber dem Zustimmungsanspruch zu.

III. Anspruch auf Zustimmung zur Belastung, Abs 3

13 Der Erbbauberechtigte hat nach § 7 Abs 2 ErbbauRG einen Anspruch auf Zustimmung zu einer Belastung, wenn wie mit den Regeln einer **ordnungsgemäßen Wirtschaft** vereinbart ist **und** der mit der Bestellung des **Erbbaurechts verfolgte Zweck** nicht wesentlich beeinträchtigt oder gefährdet wird. Beide Voraussetzungen müssen kumulativ vorliegen.

14 Die Belastung muss mit den Regeln einer **ordnungsgemäßen Wirtschaft** vereinbar sein, also nach Maßgabe der wirtschaftlichen Verhältnisse im Rahmen des Erbbaurechts (vgl auch §§ 1039, 1122 BGB). Ordnungsgemäßes Wirtschaften erfordert, dass dem Erbbauberechtigten ein wirtschaftlicher Gegenwert für die Belastung zufließt, der sich zu seinem Nutzen hinsichtlich des Bauwerks oder seiner wirtschaftlichen Lage auswirkt und dass keine Überbelastung vorgenommen wird (BayObLG DNotZ 1989, 368; BayObLGZ 1986, 501; OLG Rostock ErbbauZ 2020, 61 Rn 7; OLG Hamm Rpfleger 1985, 291).

15 Auf die Belastungsgrenzen der §§ 18 ff ErbbauRG ist hierbei nicht abzustellen (vgl BayObLG DNotZ 1989, 368; OLG Frankfurt Rpfleger 1977, 308; Reul, in: FS 25 J DNotI [2018] 231), da es bei dieser Bestimmung um den Schutz des Mündels mit strengeren Bestimmungen geht und nicht um das schützenswerte Interesse des Eigentümers. Die Belastungsgrenze nach §§ 18 ff ErbbauRG liegt also niedriger als die Grenze zur Überbelastung (MünchKommBGB/Weiss § 7 ErbbauRG Rn 12). Allgemeingültige **Belastungsgrenzen** existieren für § 7 Abs 2 ErbbauRG nicht, häufig werden jedoch Belastungsgrenzen von 60–70 Prozent des Verkehrswerts genannt (vgl BeckOGK/Toussaint [1. 12. 2025] § 7 ErbbauRG Rn 17 mwNw).

Soweit die Belastung zur Beschaffung von Geldmitteln zum **Zweck der Errichtung oder Instandhaltung** des Bauwerks notwendig, andererseits auch mit dem Wert des Erbbaurechts vereinbar ist, wird sie im Normalfall auch den Regeln einer ordnungsmäßigen Wirtschaft entsprechen. Der Grundstückseigentümer wird hier nur widersprechen können, wenn sie eine wesentliche Beeinträchtigung oder Gefährdung des Erbbaurechtszwecks zur Folge haben würde. 16

Aber auch Belastungen, die der Erbbauberechtigte zum Aufbau oder zur Erhaltung seiner Existenz eingeht, können mit den Regeln einer ordnungsgemäßen Wirtschaftsführung vereinbar sein, selbst dann, wenn sie mit dem Bauwerk in keinem unmittelbaren Zusammenhang stehen (vgl BayObLG DNotZ 1989, 368; OLG Hamm NJW 1968, 544; OLGZ 1985, 269; OLG Frankfurt Rpfleger 1977, 308). Die Rechte des Eigentümers bleiben dadurch gesichert, dass sein Erbbauzins Rang vor diesen Belastungen hat und ein Rangrücktritt von ihm nicht verlangt werden kann (vgl Götz DNotZ 1980, 3). Ist der Grundstückseigentümer jedoch bereits mit der Erbbauzinsreallast hinter ein Grundpfandrecht zurückgetreten, so kann er die Zustimmung zu einer weiteren Belastung nicht davon abhängig machen, dass ihm der Vorrang vor dem Recht, hinter das er zurückgetreten ist, wieder eingeräumt wird (OLG Hamm MittBayNot 1996, 380). 17

Die Belastung zur Sicherung eines deliktischen Anspruchs oder zur Finanzierung eines Pflichtteilsanspruchs widerspricht jedoch ordnungsmäßiger Verwaltung (OLG München Rpfleger 2018, 541; Böttcher ZNotP 2019, 138; Reul, in: FS 25 J DNotI [2018] 230). 18

Zu beachten ist, dass bei Ausübung des **Heimfallrechts** die von § 7 ErbbauRG erfassten Belastungen bestehen bleiben (§ 33 Abs 1 ErbbauRG) und der Eigentümer nach § 33 Abs 2, Abs 3 ErbbauRG auch Verbindlichkeiten in Anrechnung auf die von ihm zu zahlende Vergütung (§ 32 ErbauRG) übernehmen muss. Daher hat der Eigentümer ein berechtigtes Interesse daran, dass die Höhe der Belastungen die Höhe der von ihm **beim Heimfall zu zahlenden Vergütung** nicht übersteigt (vgl Winkler/Schlögel § 4 Rn 236). 19

In vielen Fällen wird auch nur eine Belastung zulässig sein, die der Sicherung eines **Annuitätendarlehens** dient, welches sich fortlaufend in seinem Bestand verringert. 20

Die Zustimmung zur Belastung mit einer Grundschuld, die mit einer **weiten Zweckbestimmung** versehen ist bzw ohne Zustimmung des Grundstückseigentümers jederzeit **neu valutiert** werden kann, kann nur in Ausnahmefällen verlangt werden (MünchKommBGB/Weiss § 7 ErbbauRG Rn 13; BeckOK-BGB/Maass [1. 11. 2025] § 7 ErbbauRG Rn 11), da bei einer altersbedingten Minderung des Gebäudewertes zum Heimfallzeitpunkt die Valutierung die Heimfallentschädigung übersteigen kann (Schmidt MittBayNot 1996, 37; Weber Rpfleger 1998, 8).

Bei Verkauf eines bestehenden Erbbaurechtes mit einem bereits errichteten Bauwerk benötigt der Käufer meist ein **Kaufpreisfinanzierungsdarlehen**, welches durch ein Grundpfandrecht am Erbbaurecht abgesichert werden soll. Auch für diesen Fall ist ein Anspruch des Käufers auf Eigentümerzustimmung in den Grenzen ordnungsmäßiger Wirtschaft zu bejahen (Reul, in: FS 25 J DNotI [2018] 232). Der Fall ist nicht anders zu beurteilen als die Kreditaufnahme zur Finanzierung eines erst noch zu errichtenden Bauwerkes. Die Grenze der ordnungsmäßigen Wirtschaft besagt hier je- 21 doch, dass nur der Wert des Bauwerkes, nicht jedoch ein Wert des Erbbaurechtes selbst (zB Nutzungswert wegen niedriger Erbbauzinsen) beliehen werden darf.

22 Auch bei einer Belastung darf der mit der Bestellung des Erbbaurechts verfolgte **Zweck** durch die Belastung nicht wesentlich beeinträchtigt oder gefährdet werden. Eine solche Gefährdung liegt insbesondere vor, wenn durch eine übermäßige Belastung des Erbbaurechtes die Gefahr droht, dass der Erbbauberechtigte den Erbbauzins nicht oder nicht mehr in voller Höhe bezahlen kann (Reul, in: FS 25 J DNotI [2018] 231 f).

IV. Ersetzung der Zustimmung

1. Grundlegendes

23 Die Zustimmung des Grundstückseigentümers kann nach § 7 Abs 3 ErbbauRG ersetzt werden durch eine Verfügung des zuständigen Amtsgerichts im Rahmen des FamFG. Die gerichtliche Ersetzungsmöglichkeit der Zustimmung kann vertraglich nicht ausgeschlossen oder beschränkt werden (hM, s Winkler/Schlögel § 4 Rn 194 mwNw). Dies widerspräche dem Grundsatz der Veräußerlichkeit des Erbbaurechts (§ 1 Abs 1 ErbbauRG).

24 Nur für die Prüfung des gesetzlichen Zustimmungsanspruchs nach § 7 Abs 1, 2 ErbbauRG ist das Gericht der freiwilligen Gerichtsbarkeit zuständig. Für einen davon abweichend vereinbarten schuldrechtlichen Zustimmungsanspruch des Erbbauberechtigten ist das Prozessgericht zuständig (BGH NJW 1987, 442; OLG Hamburg ErbbauZ 2020, 5; Heinemann ErbbauZ 2020, 34; BeckOK-BGB/Maass [1. 11. 2025] § 7 ErbbauRG Rn 15). Der Grundstückseigentümer ist zu hören und der Sachverhalt entsprechend zu ermitteln (§ 26 FamFG).

25 Der Anspruch auf Erteilung der Zustimmung (OLG Schleswig ErbbauZ 2021, 19 Rn 66) ist untrennbar mit dem Erbbaurecht verbunden und nicht übertragbar (BayObLGZ 1996, 305). Er ist daher auch nicht pfändbar (vgl BGH NJW 1960, 2094 = BGHZ 33, 76); auch der Antrag auf Ersetzung der Zustimmung nach § 7 Abs 3 ErbbauRG durch einen Pfändungsgläubiger ist dann nicht zulässig. Es ist jedoch zu beachten, dass hier dieselbe Rechtslage wie beim Berichtigungsanspruch nach § 894 BGB gegeben ist. Beide Ansprüche sind mit einer dinglichen Rechtsstellung untrennbar verbunden und deshalb ohne diese nicht übertragbar. Wie beim Berichtigungsanspruch ist deshalb auch beim Anspruch auf Zustimmungserteilung seitens des Grundeigentümers nach § 7 ErbbauRG eine **Abtretung zur Ausübung** (oder eine Ermächtigung zur Geltendmachung im eigenen Namen) zulässig. Sie ist rechtlich als gewillkürte Prozessstandschaft zu werten und setzt deshalb ein eigenes klar erkennbares Interesse des „Zessionars" voraus. Dieses ist für einen Vollstreckungsgläubiger zu bejahen, der im Wege der Zwangsvollstreckung eine Zwangssicherungshypothek am Erbbaurecht eintragen lassen will und hierfür die Zustimmung des Grundstückseigentümers benötigt (BGH 13. 7. 2017 – V ZB 186/15, BGHZ 215, 250 Rn 7; BayObLGZ 1996, 301; OLG Köln OLGZ 1969, 228; Böttcher ZNotP 2019, 137; **aA** Heinemann ErbbauZ 2020, 35 li; Tendenz in diese Richtung bereits BayObLGZ 1996, 109 in Anlehnung an BGHZ 100, 107). Die vorherige Pfändung und Einziehung des Zustimmungsanspruchs des Erbbauberechtigten gegenüber dem Grundstückseigentümer durch den Vollstreckungsgläubiger erscheint als unzumutbare Erschwerung.

Aufgrund des eigenen Antragsrechtes von Vollstreckungsgläubigern fehlt für eine Pfändung und Einziehung des Zustimmungsanspruchs des Erbbauberechtigten gegenüber dem Grundstückseigentümer das Rechtsschutzbedürfnis. Ist die Zustimmung gerichtlich erteilt, so steht der weiteren Vollstreckung (Zwangshypothek oder Zwangsversteigerung) nichts im Wege. Der Antrag nach § 7 Abs 3 ErbbauRG kann nur vom Erbbauberechtigten selbst oder von einem Vollstreckungsgläubiger gestellt werden. Ein Streit darüber, ob die Zustimmung wirksam erteilt ist, kann nicht im Verfahren nach § 7 Abs 3 ErbbauRG entschieden werden (KG JW 1938, 1039); hier handelt es sich um die Rechtsverbindlichkeit einer Verfügung des Erbbauberechtigten, die im Streitfall vom Prozessgericht zu klären ist. 26

2. Sachliche Voraussetzungen

Die allgemeine Voraussetzung ist die Verweigerung der Zustimmung ohne ausreichenden Grund, obwohl die **gesetzlichen Voraussetzungen** des § 7 Abs 1 S 1 oder Abs 2 ErbbauRG oder aber auch die gemäß § 7 Abs 1 S 2 ErbbauRG **vereinbarten Voraussetzungen** für die Erteilung der Zustimmung gegeben sind. Gleichgültig ist dabei, ob die Verweigerung ausdrücklich oder stillschweigend erfolgt, ob der Eigentümer sich gänzlich ablehnend verhält oder nur bedingungsweise zustimmen will. Auch der Fall, dass der Eigentümer seine Zustimmung nicht in der erforderlichen Form abgeben will, ist eine Verweigerung in diesem Sinn. 27

3. Formelle Voraussetzungen

a) Sachliche und örtliche Zuständigkeit

Zuständig ist erstinstanzlich das Amtsgericht, in dessen Bezirk das mit dem Erbbaurecht belastete Grundstück gelegen ist, § 7 Abs 3 S 1 ErbbauRG. 28

b) Antragsberechtigung

Das Verfahren wird eingeleitet durch einen **Antrag** des Erbbauberechtigten nach § 23 FamFG. Dem Zweck des Gesetzes entsprechend – Schutz des Erbbauberechtigten vor (objektiver) Willkür des Grundstückseigentümers – ist antragsberechtigt im Sinne des FamFG ausschließlich der Erbbauberechtigte. 29

Bei einer Zwangsversteigerung des Erbbaurechtes ist der betreibende Gläubiger berechtigt, den Anspruch aus § 7 Abs 1 S 1 ErbbauRG auf Zustimmung zur Veräußerung des Erbbaurechtes geltend zu machen und die gerichtliche Ersetzung der verweigerten Zustimmung nach § 7 Abs 3 ErbbauRG zu beantragen. Dies ergibt sich daraus, dass durch die Beschlagnahme der Erbbauberechtigte die Befugnis, das Erbbaurecht zu veräußern (§ 23 ZVG) verliert, während der betreibende Gläubiger es in der Hand hat, eine Veräußerung des Erbbaurechtes herbeizuführen (BGH 13. 7. 2017 – V ZB 186/15, BGHZ 2015, 250 Rn 7; BGH 26. 2. 1987 – V ZB 10/86, BGHZ 100, 107, 112; MünchKommBGB/Weiss § 7 ErbbauRG Rn 17; Lemke/Czub § 7 ErbauRG Rn 21; Schreinert notar 2019, 371). Der Vollstreckungsgläubiger tritt also insoweit an die Stelle des Erbbauberechtigten. Nicht antragsberechtigt ist jedoch der Meistbietende; er steht dem rechtsgeschäftlichen Erwerber gleich, der ebenfalls nicht antragsberechtigt ist (BGH NJW 1960, 2093; OLG Düsseldorf FG-Prax 2016, 43, 44). Der Insolvenzverwalter über das Vermögen des Erbbauberechtigten ist antragsberechtigt (OLG Hamm DNotZ 1967, 499). Zur Teilungsversteigerung nach § 180 ZVG ist jeder Miterbbauberechtigte antragsbefugt. Die allgemeinen Vorschriften der §§ 1–22a FamFG sind entsprechend anzuwenden.

c) Verfahren nach FamFG

30 Die Vorschriften des § 40 Abs 2 S 2, Abs 3 S 1, 3 und 4 FamFG und § 63 Abs 2 Nr 2 FamFG gelten entsprechend nach der besonderen Vorschrift des Gesetzes (§ 7 Abs 3 S 2 ErbbauRG). Dabei ist die Verweisung auf § 40 Abs 3 S 4 FamFG fehlerhaft, da Abs 3 nur aus drei Sätzen besteht. Gemeint ist die Verweisung auf § 40 Abs 3 S 1–3 FamFG (MünchKommBGB/Weiss § 7 ErbbauRG Rn 15). Hiernach wird die gerichtliche Verfügung, welche die Zustimmung des Grundeigentümers ersetzt, erst mit der Rechtskraft wirksam (§ 40 Abs 3 S 1 FamFG), dh die Verfügung wird nicht schon mit der Bekanntgabe an den Antragsteller (wie nach § 16 Abs 1 FGG), sondern erst dann wirksam, wenn diese Verfügung dem die Zustimmung Verweigernden zugestellt (§ 40 Abs 3, § 41 Abs 1 S 2 und § 45 FamFG) und entweder innerhalb der Notfrist eine Beschwerde nicht erhoben oder bei erhobener Beschwerde die weitere Rechtsbeschwerde nicht erhoben ist oder das Gericht der Rechtsbeschwerde entschieden hat.

d) Rechtsmittel

31 Gegen eine gerichtliche Entscheidung, mit der die Zustimmung antragsgemäß ersetzt wird, steht dem Grundstückseigentümer die Beschwerde zu, § 59 Abs 1 FamFG. Bei unrichtiger Rechtsmittelbelehrung kommt auch für eine anwaltlich vertretene Partei die Wiedereinsetzung in den vorigen Stand in Betracht (OLG Hamm FGPrax 2014, 41). Sie ist binnen einer Frist von zwei Wochen einzulegen, § 63 Abs 2 Nr 2 FamFG. S im Übrigen §§ 58 ff FamFG. Die Rechtsbeschwerde gem § 70 FamFG ist nur statthaft, wenn sie das Beschwerdegericht zugelassen hat.

e) Einstweilige Anordnung

32 Bei Gefahr im Verzug, dh wenn von dem Aufschub der Wirksamkeit bis zur Rechtskraft eine Gefährdung der Interessen des Erbbauberechtigten zu befürchten ist, kann das Gericht eine einstweilige Anordnung erlassen (§§ 49 ff FamFG) oder gem § 40 Abs 3 S 2 FamFG die sofortige Wirksamkeit des Beschlusses anordnen (Ingenstau/Hustedt § 7 ErbbauRG Rn 51; gegen vorläufige Maßnahmen Heinemann ErbbauZ 2020, 38 li). Die Wirksamkeit tritt in diesem Fall bereits dann ein, wenn sie dem Antragsteller bekannt gemacht ist. Die Pflicht des Gerichts, die Verfügung dem Antragsgegner, also dem Grundstückseigentümer zuzustellen, und dessen Recht, die Beschwerde einzulegen, gegebenenfalls vom Erst- oder Beschwerdegericht die Aussetzung der Vollziehung nach § 55 FamFG zu verlangen, wird dadurch nicht berührt.

V. Gespaltene Zustimmung

33 Während es für die Veräußerungszustimmung auf die Person (Persönlichkeit) des Erwerbers ankommt, ist für die Belastungszustimmung die ordnungsgemäße Wirtschaftsweise ausschlaggebend, vgl § 7 ErbbauRG. Zur Beurteilung der Letzteren ist einerseits die Erhaltung der wirtschaftlichen Stabilität des Erbbaurechtes und des Erbbauzinses, andererseits der Schutz davor, dass die gesetzliche Schuldübernahme beim Heimfall gem § 33 Abs 2 ErbbauRG die Heimfallentschädigung übersteigt, maßgebend (MünchKommBGB/Weiss § 7 ErbbauRG Rn 12; Ingenstau/Hustedt § 7 ErbbauRG Rn 28 f). Es kann deshalb sein, dass die Zustimmung zur Veräußerung erteilt

werden muss, diejenige zur Belastung jedoch versagt werden kann (Reul, in: FS 25 J DNotI [2018] 229; Schreinert notar 2019, 370).

Enthält ein Kaufvertrag über ein Erbbaurecht eine Finanzierungsmitwirkung des Verkäufers, so hat der Notar auf die Möglichkeit einer „gespaltenen" Eigentümerzustimmung hinzuweisen (BGH 2. 6. 2005 – III ZR 306/04, DNotZ 2005, 847). Um eine gespaltene Eigentümerzustimmung zu vermeiden, kommen verschiedene Abhilfemöglichkeiten in Betracht: Es können beide Zustimmungen vorab beim Grundstückseigentümer eingeholt werden oder die Zustimmung des Grundstückseigentümers zur Belastung wird als Bedingung für die Wirksamkeit des Kaufvertrages vereinbart oder der Käufer erhält ein Rücktrittsrecht vom Kaufvertrag für den Fall der Verweigerung der Belastungszustimmung (NK-BGB/Heller § 5 ErbbauRG Rn 10). Wenn der Grundstückseigentümer die Zustimmung verweigert, hat aber der Erbbauberechtigte nicht etwa die Wahl zwischen einer Klage auf Zustimmung oder einem Antrag nach Abs 3 im Wege der freiwilligen Gerichtsbarkeit. Er kann nur den letzteren Weg einschlagen, da hier das Gericht der freiwilligen Gerichtsbarkeit ausschließlich zuständig ist. Ist in einem Erbbaurechtsvertrag nach § 5 ErbbauRG vereinbart, dass eine Veräußerung des Erbbaurechts nur mit Zustimmung des Grundeigentümers erfolgen darf, so ist ein Verfahren mit dem Ziel der Ersetzung einer verweigerten Zustimmung erst dann möglich, wenn das Erbbaurecht durch Eintragung entstanden ist (vgl KG JW 1936, 1572; BayObLG DNotZ 1961, 266). Die **Zustimmung** kann nur für den **einzelnen Fall** verlangt werden, denn die Persönlichkeit des Erwerbers oder die aufzunehmende Belastung muss bereits bekannt sein. Dagegen ist es nicht erforderlich, dass der betreffende Vertrag bereits besteht. Die durch die gerichtliche Verfügung ersetzte Zustimmung des Eigentümers gilt als vollgültige Zustimmung. Die Ersetzung im Wege nachträglicher Genehmigung kann auch erfolgen, wenn die Belastung bereits ohne vorherige Zustimmung eingetragen worden ist. Für die Entscheidung kommt es dann nur auf die nachträglichen Verhältnisse zur Zeit der gerichtlichen Beschlussfassung an, nicht auf die Verhältnisse zur Zeit der Eintragung der Belastung (vgl KG JW 1938, 1039). 34

Die Beweislast dafür, dass die Voraussetzungen für einen Anspruch auf Zustimmung bestehen, trägt der veräußerungswillige Erbbauberechtigte (OLG Hamm MittBayNot 2008, 118).

§ 8
ErbbauRG

Verfügungen, die im Wege der Zwangsvollstreckung oder der Arrestvollziehung oder durch den Insolvenzverwalter erfolgen, sind insoweit unwirksam, als sie die Rechte des Grundstückseigentümers aus einer Vereinbarung gemäß § 5 vereiteln oder beeinträchtigen würden.

Systematische Übersicht

Alphabetische Übersicht

I. Überblick

1. Bedeutung

1 § 8 ErbbauRG **ergänzt** die Regelungen der **§§ 5–7 ErbbauRG** und dient dem besonderen Schutz der Vereinbarungen nach § 5 ErbbauRG, wenn also die Veräußerung und bzw oder die Belastung des Erbbaurechts an die Zustimmung des Grundstückseigentümers gebunden sind und diese Bindung zum Inhalt des Erbbaurechts gemacht wurde.

Verfügungen, die im Wege der **Zwangsvollstreckung** oder der **Arrestvollziehung** oder durch den **Insolvenzverwalter** erfolgen, sind hiernach insoweit unwirksam, als sie die Rechte des Grundstückseigentümers aus Vereinbarungen gem § 5 ErbbauRG vereiteln oder beeinträchtigen würden. Durch diese Bestimmung soll nach der amtlichen Begründung insbesondere die Möglichkeit einer Umgehung der durch den Erbbauberechtigten übernommenen vertraglichen Beschränkungen ausgeschaltet werden. Die Vorschrift ist § 883 Abs 2 BGB nachgebildet. Vgl auch § 161 Abs 1 S 2 BGB, sowie § 135 Abs 1 S 2 BGB (hier ist aber der Insolvenzfall nicht einbezogen), ferner §§ 184, 2115 BGB. Eine vergleichbare Regelung findet sich auch in § 12 Abs 3 S 2 WEG wonach, bei entsprechend eingetragener Veräußerungsbeschränkung, auch eine Zuschlagserteilung in der Zwangsversteigerung der Zustimmung gem § 12 Abs 1 WEG bedarf.

2. Anwendungsbereich

§ 8 ErbbauRG setzt voraus, dass eine **Verfügungsbeschränkung nach § 5 ErbbauRG** vereinbart und zum **Inhalt des Erbbaurechts** gemacht wurde. 2

§ 8 ErbbauRG fordert weiterhin, dass die Rechte des Eigentümers aus einer Vereinbarung nach § 5 ErbbauRG durch die Verfügung **vereitelt oder beeinträchtigt** werden. Dies ist grundsätzlich bei jedem Vorgang anzunehmen, der unter § 5 ErbbauRG fällt.

Im Rahmen des § 8 ErbbauRG kommen nur solche **Verfügungen in Betracht, die das Erbbaurecht selbst** oder seine wesentlichen Bestandteile **betreffen**. Verfügungen über unwesentliche Bestandteile oder Zubehörstücke fallen nicht unter § 8 ErbbauRG. Weiterhin nicht nicht solche, zu denen der Grundstückseigentümer seine Zustimmung erteilt oder die er nachträglich genehmigt. Besteht die Vollstreckungsmaßnahme in der Eintragung einer Sicherungshypothek, so hat das Grundbuchamt von Amts wegen zu prüfen, ob eine Zustimmung des Eigentümers erforderlich und gegeben ist (vgl §§ 14, 15 ErbbauRG; Ingenstau/Hustedt § 8 ErbbauRG Rn 13). 3

§ 8 ErbbauRG ist auch anwendbar, wenn der **Eigentümer selbst** die **Zwangsversteigerung** in das Erbbaurecht **betreibt**. Denn es ist in diesem Fall nicht ausgeschlossen, dass der die Zwangsversteigerung betreibende Eigentümer seine Zustimmung zur Erteilung des Zuschlags unter Berufung auf § 7 Abs 1 ErbbauRG verweigert. Der Zuschlag darf in diesem Fall erst dann erteilt werden, wenn die Zustimmung nach § 7 Abs 3 ErbbauRG rechtskräftig ersetzt ist (BayObLG DNotZ 1961, 266). 4

Zu den Verfügungen im Wege der **Zwangsvollstreckung** zählen nur solche Vollstreckungsakte, die zur **Beitreibung von Geldforderungen** (§§ 864 ff ZPO) erfolgen. Keine Verfügung im Wege der Zwangsvollstreckung iS des § 8 ErbbauRG stellt die durch Urteil nach §§ 894 ff, 898 ZPO ersetzte Willenserklärung dar; hiernach handelt es sich um die Fiktion einer rechtsgeschäftlichen Erklärung, die nach § 6 ErbbauRG zu behandeln ist. Verfügungen, die kraft Gesetzes, aber nicht im Wege der Zwangsvollstreckung oder der Arrestvollziehung erfolgen, werden weder von § 6 ErbbauRG noch von § 8 ErbbauRG betroffen und fallen nicht unter das Veräußerungs- oder Belastungsverbot iS des § 5 ErbbauRG. Hierzu gehören zB die Überbau- und Notwegrenten. Um eine Belastung im Wege der Zwangsvollstreckung handelt es sich aber bei der Sicherungshypothek nach § 848 Abs 2 ZPO. Sie entsteht zwar kraft Gesetzes, hat aber ihre Grundlage in der Zwangsvollstreckung wegen eines Anspruchs auf Übertragung des Erbbaurechts und unterliegt daher dem Verbot des § 8 ErbbauRG (vgl Ingenstau/Hustedt § 8 ErbbauRG Rn 9). 5

Nicht unter § 8 ErbbauRG, aber unter §§ 5, 6 ErbbauRG, fallen folgende Belastungen: 6

a) Die Bestellung einer Bauwerksicherungshypothek nach § 650e BGB, weil sie auf Rechtsgeschäft beruht.

b) Ebenso ist die zwar kraft Gesetzes entstehende, jedoch auf rechtsgeschäftlicher Grundlage beruhende **Sicherungshypothek nach § 1287 BGB** zu behandeln. Sie ist ohne Zustimmung des Eigentümers nach §§ 5, 6 ErbbauRG unwirksam (Ingenstau/Hustedt § 8 ErbbauRG Rn 9; Furtner NJW 1966, 187).

3. Rechtsfolge

7 Fraglich ist, ob die von § 8 ErbbauRG angeordnete Unwirksamkeit der Verfügungen eine absolute ist oder ob diese Unwirksamkeit – ähnlich wie bei einer Vormerkung nach § 883 BGB – jeweils nur dem Grundstückseigentümer gegenüber besteht.

§ 8 ErbbauRG steht in engem Zusammenhang mit § 6 ErbbauRG, der eine **absolute Unwirksamkeit** der zuwiderlaufenden Verfügungen anordnet (vgl § 6 ErbbauRG Rn 3 f). Auch die Verfügungen, die unter das Verbot des § 8 ErbbauRG fallen, sind daher absolut unwirksam (Ingenstau/Hustedt § 8 ErbbauRG Rn 33). Solange die erforderliche Zustimmung nicht nachgeholt oder nach § 7 Abs 3 ErbbauRG ersetzt ist, bleibt die betreffende Verfügung absolut unwirksam. Darauf können sich auch Dritte berufen, die ein berechtigtes Interesse geltend machen (KG JW 1933, 704). Bei der Eintragung einer Sicherungshypothek muss das Grundbuchamt den Nachweis der Zustimmung in der Form des § 29 GBO verlangen (OLG Hamm Rpfleger 1985, 233). Die Eintragung einer Sicherungshypothek ohne die erforderliche Zustimmung macht das Grundbuch unrichtig. Es ist gem § 53 GBO ein Amtswiderspruch einzutragen. Eine Drittwiderspruchsklage nach § 771 ZPO steht dem Eigentümer nicht zu (Ingenstau/Hustedt § 8 ErbbauRG Rn 14; OLG Hamm Rpfleger 1953, 520), da eine Vereinbarung gem § 5 ErbbauRG kein die Veräußerung hinderndes „Recht" ist.

II. Einzelfälle

1. Zwangsvollstreckung in das Erbbaurecht

8 Den Verfügungen des Erbbauberechtigten werden (wie in § 135 BGB) Verfügungen Dritter gleichgestellt, die im Wege der Zwangsvollstreckung oder Arrestvollziehung erfolgen. Zwangsvollstreckungen in das Erbbaurecht, das hier als Grundstück gilt (§ 11 Abs 1 S 1 ErbbauRG mit § 864 Abs 1 ZPO), können nach §§ 870, 866 Abs 1 ZPO folgende sein: Eintragung einer **Sicherungshypothek** (auch bei einem Eigentümererbbaurecht, BayObLGZ 1996, 107), **Zwangsversteigerung** oder Zwangsverwaltung. Die Zwangsverwaltung ist jedoch weder Veräußerung noch Belastung und fällt daher nicht unter § 8 ErbbauRG.

9 Für die Rechtswirkung des § 8 ErbbauRG kommt es darauf an, ob die Veräußerung oder die Belastung oder beide Arten von Verfügungen an die Zustimmung des Grundstückseigentümers gebunden sind. Ist **nur die Veräußerung** als solche an die Zustimmung gebunden, so kann der Dritte die Eintragung einer Sicherungshypothek betreiben, ohne dass § 8 ErbbauRG anwendbar ist (zur Zwangsversteigerung s Rn 10).

2. Zwangsversteigerung aus eingetragenem dinglichen Recht

10 Fraglich ist, ob im Falle der Zwangsversteigerung aus einer bereits bestehenden Belastung zur Zwangsversteigerung eine erneute Zustimmung des Grundstückseigentü-

mers erforderlich ist, oder ob diese Zustimmung bereits in der Zustimmung zur Belastung, aus der vollstreckt wird, enthalten ist.

Die Zustimmung zur Belastung und die Zustimmung zu der sich daraus evtl ergebenden Zwangsversteigerung werden aus jeweils verschiedenen Gesichtspunkten erteilt. Bei der Zustimmung zur Belastung kommt es nach § 7 Abs 2 ErbbauRG auf die Vereinbarkeit mit den Regeln einer ordnungsmäßigen Wirtschaft und auf die nur unwesentliche Beeinträchtigung oder Gefährdung des mit der Bestellung des Erbbaurechtes verfolgten Zweckes an. Das Zustimmungserfordernis zur Veräußerung hat dagegen anstelle der Regeln einer ordnungsgemäßen Wirtschaft die Persönlichkeit des Erwerbers in Hinblick auf die zuverlässige Erfüllung der Verpflichtungen aus dem Erbbaurecht im Blickfeld. Bei der Belastungszustimmung wird danach von Seiten des Grundstückseigentümers eine andere Prüfung vorgenommen als bei der Veräußerungszustimmung.

Aus diesem Grunde kann in der **Belastungszustimmung nicht zugleich** die **Zustimmung zur Erteilung eines Zuschlags** gesehen werden (BGH 13. 7. 2017 – V ZB 186/15, BGHZ 2015, 250 Rn 7; BGH 6. 11. 2015 – V ZR 165/14, BGHZ 207, 334 Rn 31; BGH 26. 2. 1987 – V ZB 10/86, BGHZ 100, 112 f; Reul, in: FS 25 J DNotI [2018] 222; Winkler/Schlögel § 4 Rn 228; Ingenstau/Hustedt § 8 ErbbauRG Rn 22; MünchKommBGB/Weiss § 8 ErbbauRG Rn 10).

Der Einwand, die Zwangsversteigerung gehöre zum gesetzlichen Inhalt der Hypothek und sei deshalb von der Zustimmung zur Belastung mit dieser umfasst, geht fehl. Die nach § 1113 BGB vorgesehene Befriedigung aus dem Grundstück kann auch im Wege der Zwangsverwaltung gesucht werden. Wird an einem Erbbaurecht eine Hypothek bestellt, obwohl die Veräußerung an die Zustimmung des Grundstückseigentümers gebunden ist, so wird damit die Hypothek von Anfang an mit der Beschränkung belastet, dass die Befriedigung im Wege der Zwangsversteigerung die in § 8 ErbbauRG einer Veräußerung gleichgestellt wird, von der Zustimmung des Grundstückseigentümers abhängig sein soll. Diese Rechtslage können die Beteiligten, insbesondere der Grundpfandgläubiger schon bei der Bestellung des Grundpfandrechts überschauen und müssen sie deshalb gegen sich gelten lassen, weil sie zum Inhalt des Erbbaurechts gehört und aus dem Grundbuch ersichtlich ist.

Dem Grundeigentümer, der seine Rechte aus der ausbedungenen Zustimmung zur Veräußerung geltend macht, kann auch nicht der Vorwurf eines Handelns wider Treu und Glauben gemacht werden, da er grundbuchmäßig vorgehende Rechte ausübt.

Eine nach § 5 Abs 1 ErbbauRG getroffene Vereinbarung steht somit in allen Fällen 11
der **Zuschlagserteilung** in einer Zwangsversteigerung entgegen. Es ist daher die Zustimmung des Grundstückseigentümers zu fordern oder, wenn dem Vollstreckungsgericht die Vereinbarung erst nach der Einleitung der Zwangsversteigerung bekannt wird, nach § 28 ZVG zu verfahren (vgl auch § 83 Nr 6 ZVG wegen Versagung des Zuschlags).

Die Streitfrage, zu welchem **Zeitpunkt** die Zustimmung vorliegen muss, ist durch die Entscheidung des BGH in BGHZ 33, 76, 90 gelöst. Danach wird die Zustimmung des Eigentümers für die Anordnung und Fortführung des Verfahrens nicht vorausgesetzt. Die Zustimmung muss jedoch vor der Entscheidung über den Zuschlag erteilt oder ersetzt sein (vgl auch BayObLG DNotZ 1961, 266; Winkler/Schlögel § 4 Rn 286, 287). Sind **Veräußerung und Belastung** an die Zustimmung des Grundstückseigentümers geknüpft, und sind beide Zustimmungen vom Grundstückseigentümer nicht erteilt und auch nicht gerichtlich ersetzt, so ist der Dritte (Gläubiger) auf den Weg der Zwangsverwaltung beschränkt.

3. Zwangsversteigerung ohne vorbehaltene Veräußerungszustimmung

12 Ist **nur** die **Belastung** an die Zustimmung des Grundstückseigentümers gebunden, so stehen dem Dritten die Wege der Zwangsversteigerung und Zwangsverwaltung offen. Die Anordnung eines Zwangsversteigerungsverfahren ist auch keine Verfügung iS des § 8 ErbbauRG. Eine Zustimmung des Eigentümers ist hierzu nicht erforderlich.

Wenn eine Zwangsversteigerung ohne Eigentümerzustimmung zulässig ist, kann fraglich werden, ob hier im Zwangsversteigerungsverfahren eine Sicherungshypothek nach § 128 ZVG ohne Eigentümerzustimmung eingetragen werden kann. Da es sich hierbei um eine besondere Art von Sicherungshypothek im Rahmen der an sich zulässigen Zwangsversteigerung handelt, muss eine solche Hypothek trotz des § 8 ErbbauRG als zulässig gelten. Bei der Verneinung der Frage würde der Hypothekengläubiger nach durchgeführter Zwangsversteigerung auch gegen den Ersteher, der es unterlässt, den Steigerungspreis zu zahlen, die Rechte aus § 128 ZVG nicht haben. Er könnte also in die Lage kommen, dass er weder wegen seiner Forderung befriedigt wäre, noch eine Hypothek besäße. Es handelt sich bei der Sicherungshypothek nach § 128 ZVG nicht um eine Hypothek iS des § 5 ErbbauRG (vgl MünchKomm-BGB/Weiss § 8 ErbbauRG Rn 7; Ingenstau/Hustedt § 8 ErbbauRG Rn 29; **aA** Reinke Rpfleger 1990, 498).

4. Verfügungen des Insolvenzverwalters

13 Auch die Verfügungen des Insolvenzverwalters dürfen die Rechte des Grundstückseigentümers aus einer Vereinbarung nach § 5 ErbbauRG nicht vereiteln oder beeinträchtigen, wobei es gleichgültig ist, ob der Insolvenzverwalter eine solche freihändig vornimmt oder im Wege der Zwangsvollstreckung. Die §§ 6 u 8 ErbbauRG gehen als lex specialis dem § 80 Abs 2 InsO vor. Rein schuldrechtliche Verpflichtungen des Insolvenzverwalters werden durch § 8 ErbbauRG nicht berührt (Ingenstau/Hustedt § 8 ErbbauRG Rn 32).

5. Zwangsvollstreckung aufgrund eines behördlichen Ersuchens

14 Nach § 38 GBO erfolgt eine Grundbucheintragung aufgrund des Ersuchens der Behörde, wenn diese nach gesetzlicher Vorschrift befugt ist, das Grundbuchamt um eine Eintragung zu ersuchen. Ein typischer Fall hierfür ist das Ersuchen von Finanzbehörden um Eintragung einer Zwangshypothek (§§ 322 Abs 3 S 3, 249 Abs 1 S 3, 252 AO). Die ersuchende Behörde hat dabei lediglich zu bestätigen, dass die gesetzlichen Voraussetzungen für die Vollstreckung vorliegen (§ 322 Abs 3 S 2 AO). Ein solches Ersuchen ersetzt auch die Zustimmung des Grundstückseigentümers nach § 5 Abs 2, § 8 ErbbauRG (KG Rpfleger 2018, 377; Böttcher ZNotP 2019, 139).

6. Auswirkungen auf die Beleihungsfähigkeit

Wirtschaftlich kann § 8 ErbbauRG allerdings insofern ungute Folgen haben, als durch die darin liegende teilweise Beschränkung der Vollstreckungsfähigkeit die Beleihungsfähigkeit des Erbbaurechts herabgesetzt wird. 15

Denkbar, aber ohne Wirkung gegen einen Sonderrechtsnachfolger, ist eine generell erteilte Zustimmung des Grundstückseigentümers zur Zwangsversteigerung (Winkler/Schlögel § 4 Rn 282; **aA** Staudinger/Rapp [2021] § 8 ErbbauRG Rn 3).

Möglich ist jedoch, bereits die Vereinbarung nach § 5 ErbbauRG dahingehend einzuschränken, dass zur Zwangsversteigerung aufgrund eines mit Zustimmung eingetragenen Rechts keine gesonderte Zustimmung mehr erforderlich ist (MünchKommBGB/Weiss § 8 ErbbauRG Rn 11; Winkler/Schlögel § 4 Rn 282).

3. Erbbauzins

§ 9
ErbbauRG

(1) Wird für die Bestellung des Erbbaurechts ein Entgelt in wiederkehrenden Leistungen (Erbbauzins) ausbedungen, so finden die Vorschriften des Bürgerlichen Gesetzbuchs über die Reallasten entsprechende Anwendung. Die zugunsten der Landesgesetze bestehenden Vorbehalte über Reallasten finden keine Anwendung.

(2) Der Anspruch des Grundstückseigentümers auf Entrichtung des Erbbauzinses kann in Ansehung noch nicht fälliger Leistungen nicht von dem Eigentum an dem Grundstück getrennt werden.

(3) Als Inhalt des Erbbauzinses kann vereinbart werden, daß

1. **die Reallast abweichend von § 52 Abs. 1 des Gesetzes über die Zwangsversteigerung und die Zwangsverwaltung mit ihrem Hauptanspruch bestehen bleibt, wenn der Grundstückseigentümer aus der Reallast oder der Inhaber eines im Range vorgehenden oder gleichstehenden dinglichen Rechts oder der Inhaber der in § 10 Abs. 1 Nr. 2 des Gesetzes über die Zwangsversteigerung und die Zwangsverwaltung genannten Ansprüche auf Zahlung der Beiträge zu den Lasten und Kosten des Wohnungserbbaurechts die Zwangsversteigerung des Erbbaurechts betreibt, und**

2. **der jeweilige Erbbauberechtigte dem jeweiligen Inhaber der Reallast gegenüber berechtigt ist, das Erbbaurecht in einem bestimmten Umfang mit einer der Reallast im Rang vorgehenden Grundschuld, Hypothek oder Rentenschuld im Erbbaugrundbuch zu belasten.**

Ist das Erbbaurecht mit dinglichen Rechten belastet, ist für die Wirksamkeit der Vereinbarung die Zustimmung der Inhaber der der Erbbauzinsreallast im Rang vorgehenden oder gleichstehenden dinglichen Rechte erforderlich.

(4) Zahlungsverzug des Erbbauberechtigten kann den Heimfallanspruch nur dann begründen, wenn der Erbbauberechtigte mit dem Erbbauzinse mindestens in Höhe zweier Jahresbeträge im Rückstand ist.

Systematische Übersicht

Alphabetische Übersicht

I. Überblick

§ 9 ErbbauRG ist eine gesetzliche Regelung zum Erbbauzins. Die Norm ordnet in Abs 1 die entsprechende Anwendung der Vorschriften über die Reallast auf den Erbbauzins an. In Abs 2 wird die Untrennbarkeit des Anspruchs auf Entrichtung des Erbbauzinses in Ansehung noch nicht fälliger Leistungen vom Grundstückseigentum normiert. Nach dem sehr praxisrelevanten Abs 3 können verschiedene Regelungen als Inhalt des Erbbauzinses vereinbart werden. In Abs 4 wird schließlich die Möglichkeit eines Heimfalls (§ 2 Nr 4 ErbbauRG) wegen Nichtzahlung des Erbbauzinses eingeschränkt. 1

2 Für die Bestellung eines Erbbaurechtes kann eine Gegenleistung vereinbart werden. In diesem Fall ist das Grundgeschäft für die Bestellung des Erbbaurechts ein Rechtskauf nach § 453 BGB (BGHZ 96, 385, 386; BGH DNotZ 1992, 364, 365; Lemke/Czub § 9 ErbbauRG Rn 5).

3 Der Regelfall der Gegenleistung ist ein **Entgelt in wiederkehrenden Leistungen** des Erbbauberechtigten, der sog **Erbbauzins** (Legaldefinition in § 9 Abs 1 S 1 ErbbauRG). Auf diesen Erbbauzins finden gemäß § 9 Abs 1 S 1 ErbbauRG die Vorschriften des BGB über die **Reallasten** (§§ 1105 ff BGB) entsprechende Anwendung.

Bei einer solchen Vereinbarung besteht die Gegenleistung in der Einräumung des Stammrechtes der Reallast; aus diesem heraus werden alsdann die wiederkehrenden Zahlungen geleistet. Für diese gelten gem § 1107 BGB die Vorschriften über die Hypothekenzinsen entsprechend, insbesondere das Verbot der Zinseszinsen (§ 289 BGB) und die Verjährungsvorschriften gem §§ 195, 902 Abs 1 S 2 BGB (BeckOK-BGB/Maass [1. 11. 2025] § 9 ErbbauRG Rn 3). Der Erbbauzins ist nicht Inhalt, sondern **Belastung des Erbbaurechts**.

4 Der Erbbauzins kann theoretisch nicht nur in Geld, sondern auch in anderen Leistungen zB Getreide, Stahl etc bestehen (vgl OLG Celle DNotZ 1952, 479; LG München DNotZ 1952, 220; OLG Schleswig NJW 1955, 65). Nach allgemeinen Regeln muss es sich aber um wiederkehrende Leistungen handeln, wenn die dingliche Sicherung einer Reallast gewünscht ist (§ 1105 BGB). Eine regelmäßige Wiederkehr der Leistung sowie eine gleiche Art und Höhe sind für die Annahme einer Reallast nicht notwendig. Erforderlich ist lediglich, dass die Leistung nicht nur einmal zu entrichten ist. Dabei ist es möglich, dass die Leistungen für den Zeitraum vor Eintragung des Erbbaurechts (bis dahin besteht nur ein schuldrechtlicher Anspruch – Winkler/Schlögel § 6 Rn 30 f) im Grundbuch zu einem Betrag zusammengefasst werden und der Anspruch im Eintragungszeitpunkt zugleich entsteht (als Inhalt der Reallast); vgl BGH Rpfleger 1975, 56. Nicht erforderlich ist, dass die Erbbauzinsleistungen in Beziehung zum Erbbaurecht stehen etwa in dem Sinn, dass sie Erträge aus diesem Recht darstellen müssten. Ob die Vertragsteile überhaupt eine dingliche Sicherung vereinbaren, steht ihnen frei. Die Unterstellung wiederkehrender Erbbauzinsleistungen unter die Bestimmungen der Reallasten bedeutet nur, dass diese Leistungen im Wege der Zwangsvollstreckung in das Erbbaurecht zu befriedigen sind (vgl OLG Celle DNotZ 1955, 315; BayObLG DNotZ 1955, 316).

5 Die Vereinbarung eines Erbbauzinses ist aber nicht wesentlich für den Begriff des Erbbaurechts (BGH 22. 1. 2016 – V ZR 27/14, DNotZ 2016, 375 Rn 21; Kesseler, in: FS 25 J DNotI [2018] 171; amtliche Begründung der VO veröffentlicht von Schmidt-Räntsch ZfIR 2019, 170). Es kann etwa auch eine bestimmte Ablösesumme von vornherein vereinbart werden (vgl RGZ 85, 244; Ingenstau/Hustedt § 9 ErbbauRG Rn 2 aE) oder das Erbbaurecht unentgeltlich bestellt werden.

II. Erbbauzins (Abs 1)

1. Möglichkeiten zur Sicherung wiederkehrender Leistungen

Ist ein Erbbauzins vereinbart, finden gemäß § 9 Abs 1 S 1 ErbbauRG auf ihn die Vorschriften des BGB über die Reallasten entsprechende Anwendung. Die Vereinbarung eines fortlaufenden Entgelts als Erbbauzins ist mithin als rechtsgeschäftliche Begründung einer Reallast aufzufassen, wenn sich aus dem Vertrag nichts anderes ergibt. Die Vereinbarung gem Abs 1 S 1 stellt sich als einen dinglichen Vertrag, nämlich die Einigung iSv § 873 Abs 1 BGB, dar (Ingenstau/Hustedt § 9 ErbbauRG Rn 10). 6

Jedoch können sich die Beteiligten auch auf rein schuldrechtliche Beziehungen zwischen dem ersten Grundstückseigentümer und dem ersten Erbbauberechtigten beschränken.

Es gibt also drei Möglichkeiten für wiederkehrende Gegenleistungen für die Erbbaurechtseinräumung:

a) Dinglicher Erbbauzins

Werden danach wiederkehrende Leistungen ausbedungen, so liegt hierin sowohl die schuldrechtliche Causa als auch die dingliche Einigung gem § 873 Abs 1 BGB zur Bestellung einer Erbbauzinsreallast zu Lasten des Erbbaurechtes und zu Gunsten des jeweiligen Grundstückseigentümers. Die Vorschriften über die Reallast finden allerdings nur „entsprechende" Anwendung. Das Gesetz geht daher bei der Erbbauzinsreallast von einem eigenständigen beschränkt dinglichen Recht aus, das in §§ 9, 9a ErbbauRG eine gesonderte Regelung gefunden hat mit der Konsequenz, dass die §§ 1105 ff BGB nur insoweit gelten, als nicht für das Erbbaurecht besondere Regelungen gelten. Das Recht kann auch aufschiebend oder auflösend (§ 1 Abs 4 S 1 ErbbauRG gilt hier nicht) bedingt bestellt werden. 7

Eine deutliche Abweichung von §§ 1105 ff BGB findet sich in § 9 Abs 3 Nr 1 ErbbauRG, wonach als Inhalt des Erbbauzinses und damit auch der Erbbauzinsreallast deren Versteigerungsstabilität vereinbart werden kann (Rn 30 ff). 8

Ein weiterer gravierender Unterschied bestand bis zum 1. 10. 1994 (Inkrafttreten des Sachenrechtsänderungsgesetzes) in der Frage der Veränderbarkeit nach Zeit und Höhe bezüglich der wiederkehrenden Leistungen. So sah die frühere Fassung des § 9 Abs 2 S 1 ErbbauRG vor, dass der Erbbauzins nach Zeit und Höhe für die ganze Erbbauzeit im Voraus bestimmt sein musste. Diese Regelung bezweckte den Schutz des Erbbauberechtigten gegenüber Erhöhungen des Erbbauzinses sowie auch den Schutz der Inhaber dinglicher Rechte am Erbbaurecht im Range nach der Erbbauzinsreallast. Demgegenüber konnte die allgemeine Reallast des § 1105 Abs 1 BGB – auch vor Inkrafttreten des dortigen Satzes 2 – mit der Höhe nach variablen Leistungen ausgestaltet werden unter der Voraussetzung, dass die Abweichungen grundbuchmäßig bestimmbar waren.

§ 9 ErbbauRG betrifft nur den dinglichen Erbbauzins. Das schuldrechtliche Grundgeschäft der dinglichen Erbbauzinsreallast ist die im Erbbaurechtsvertrag festgelegte Verpflichtung des Erbbauberechtigten, ein solches Recht einzuräumen. Mit vertrags- 9 mäßiger Bestellung der Erbbauzinsreallast und seiner Eintragung im Grundbuch ist diese schuldrechtliche Verpflichtung erfüllt. Die weiteren Rechtsbeziehungen zwischen Grundstückseigentümer und Erbbauberechtigten richten sich alsdann ausschließlich nach den sachenrechtlichen Bestimmungen über die Erbbauzinsreallast. Es liegt ein gesetzliches Schuldverhältnis vor, das aufgrund seiner dinglichen Ausgestaltung gegenüber jedem Rechtsnachfolger, sei es auf Seiten des Eigentümers oder auf Seiten des Erbbauberechtigten, ohne Weiteres wirksam ist. Eines ausdrücklichen Eintritts in dieses Rechtsverhältnis bedarf es bei Erwerb eines Erbbaurechtes daher nicht.

b) Wiederkehrende schuldrechtliche Zahlungen

10 Neben dem dinglichen Erbbauzins und der Erbbauzinsreallast ist auch ein rein **schuldrechtliches Rechtsverhältnis** denkbar. Dieses Rechtsverhältnis bewegt sich auf rein schuldrechtlicher Ebene und leitet sich nicht automatisch bei einer Rechtsnachfolge auf den Rechtsnachfolger über. Bei einer Grundstücksveräußerung gilt § 566 BGB nicht entsprechend (BGH MittBayNot 1992, 330). Allerdings ist es möglich, im Wege eines berechtigenden Vertrages zu Gunsten eines Dritten gem § 328 BGB zu vereinbaren, dass der Zahlungsanspruch dem jeweiligen Grundstückseigentümer zustehen soll. Da jedoch ein Vertrag zu Lasten eines Dritten nicht möglich ist, kann eine Verpflichtung des jeweiligen Erbbauberechtigten in diesem Wege nicht vereinbart werden. Für diese, auf schuldrechtlicher Basis geleisteten Zahlungen, hat sich der Begriff des „schuldrechtlichen Erbbauzinses" eingebürgert (Lemke/Czub § 9 ErbbauRG Rn 5 ff; Grüneberg/Wicke § 9 ErbbauRG Rn 1; BGH DNotZ 1987, 360 mAnm Wufka; Wufka DNotZ 1985, 651 ff). Ein Erbbauzins iSd § 9 ErbbauRG liegt in diesem Fall wegen der fehlenden Dinglichkeit nicht vor. Der Begriff des schuldrechtlichen Erbbauzinses ist daher verwirrend; er sollte ersetzt werden durch „wiederkehrende schuldrechtliche Zahlungen".

11 Ein nur schuldrechtlicher Erbbauzins unterliegt nicht dem Zinseszinsverbot nach § 289 S 1 BGB, weil auf ihn die Vorschriften über die Reallast und damit § 1107 BGB nicht entsprechend anwendbar erklärt sind (BGH MittBayNot 1992, 330).

Die Bestimmungen des § 9a ErbbauRG sind auch auf den schuldrechtlichen Erbbauzins anzuwenden und zwar, weil aus dem Normzweck des § 9a ErbbauRG heraus (Schutzgesetz für Erbbaurechte, die Wohnzwecken dienen) der Begriff „Erbbauzins" iS des § 9a ErbbauRG weiter ist als der des § 9 ErbbauRG. Unter § 9a ErbbauRG fallen alle wiederkehrenden Geldleistungen, die für die Einräumung des Erbbaurechts gezahlt werden, unabhängig davon, ob sie überhaupt und ggf mit welchem Typus eines beschränkt dinglichen Rechtes die Absicherung erfolgt.

12 Diese wiederkehrenden schuldrechtlichen Zahlungen hatten große Bedeutung bis zu dem Zeitpunkt, zu dem eine Flexibilisierung des dinglichen Erbbauzinses möglich wurde (Inkrafttreten des Sachenrechtsänderungsgesetzes am 1. 10. 1994). Bis dahin konnte der dingliche Erbbauzins nur für die ganze Erbbauzeit im Voraus in bestimmter Höhe und nach bestimmter Zeit vereinbart werden. Anpassungen waren nur auf schuldrechtlicher Ebene möglich. Demgegenüber ließ die allgemeine Reallast des § 1105 Abs 1 ErbbauRG (auch vor Inkrafttreten des nunmehrigen Abs 1 S 2) bereits früher eine Anpassung der dinglichen Reallastleistungen an Gleitklauseln, vor allem an Lebenshaltungskostenindizes, zu. In Verbindung mit der Vereinbarung einer Veräußerungsbeschränkung gem § 5 Abs 1 ErbbauRG konnte festgelegt werden, dass der Eigentümer die Zustimmung zur Veräußerung dann verweigern konnte, wenn der Erwerber nicht in alle schuldrechtlichen Verpflichtungen aus dem Erbbaurechtsvertrag, insbesondere in die schuldrechtliche Anpassungsverpflichtung gem der Wertsicherungsvereinbarung, eintritt. Dieser Weg hatte also (neben sicher ebenfalls bestehenden Nachteilen) den Vorteil einer möglichen Flexibilisierung der Zahlungen entsprechend den in rechtlichen Grenzen möglichen Vereinbarungen der Vertragsteile.

Mit der nunmehr bestehenden Möglichkeit, eine dinglich wirkende Wertsicherung auch für die Erbbauzinsreallast zu vereinbaren (Rn 30 ff), ist der **Bedarf** nach einem „schuldrechtlichen Erbbauzins" **entfallen**. Es dürfte nach der nunmehrigen Rechtslage nur noch seltene Fälle geben, in denen auf Vereinbarungen außerhalb des Instituts des dinglichen Erbbauzinses zurückgegriffen werden muss. Zur geschichtlichen Entwicklung des variablen Erbbauzinses s DNotI-Rep 2001, 177. 13

c) Kombination dinglicher/schuldrechtlicher Erbbauzins

Es ist auch möglich, einen festen dinglichen Erbbauzins ohne Veränderungsmöglichkeit zu vereinbaren und für die vereinbarten Anpassungen einen schuldrechtlichen Erbbauzins festzulegen. Ein praktisches Bedürfnis hierfür sollte jedoch aufgrund der inzwischen bestehenden Möglichkeit, eine dinglich wirkende Wertsicherung auch für die Erbbauzinsreallast zu vereinbaren (Rn 30 ff) nicht bestehen. 14

2. Zwangsvollstreckungsunterwerfung

Eine **Unterwerfung** unter die sofortige **Zwangsvollstreckung** ist, sofern der Anspruch eine bestimmte Geldsumme iSv § 794 Abs 1 Nr 5 ZPO betrifft, sowohl bei der dinglichen Erbbauzinsreallast gem § 9 ErbbauRG, der persönlichen Haftung des Erbbauberechtigten gem § 1108 Abs 1 BGB, wie auch beim schuldrechtlichen Erbbauzins möglich. 15

Bei **Anpassungsklauseln**, die sich am Lebenshaltungskostenindex oder Beamtengehältern orientieren, sind die zur Bestimmung notwendigen Umstände entweder offenkundig (Indizes des Statistischen Bundesamtes) oder aus einer Rechtsnorm (Beamtengehälter) ersichtlich und damit einer Vollstreckungsunterwerfung zugänglich.

Nachdem § 794 Abs 1 Nr 5 ZPO bestimmt, dass sich der Schuldner in der Urkunde „wegen des zu bezeichnenden Anspruchs der sofortigen Zwangsvollstreckung unterworfen hat" ist eine pauschale Unterwerfung unzulässig. Es ist vielmehr die Unterwerfung zu erklären sowohl wegen des dinglichen Anspruchs aus der Erbbauzinsreallast, der persönlichen Haftung des Erbbauberechtigten gem § 1108 Abs 1 BGB wie auch bezüglich einer schuldrechtlichen Verpflichtung zur Zahlung des Erbbauzinses. Dies ist jedenfalls der sicherere Weg im Gegensatz zu der Annahme, dass eine Zwangsvollstreckungsunterwerfung wegen der Reallast gem § 794 Abs 1 Nr 5 ZPO im Zweifel auch den Anspruch aus § 1108 Abs 1 BGB umfasse, nicht aber eine Zwangsvollstreckungsunterwerfung wegen des dadurch gesicherten Anspruchs aus einer Sicherungsreallast (Staudinger/Reymann [2025] § 1108 BGB Rn 6).

Bestritten ist die Frage, ob die Zwangsvollstreckungsunterwerfung gegen den jeweiligen Inhaber des Erbbaurechts **entsprechend § 800 ZPO** erklärt werden kann. Nach 16 (heute) wohl allgemeiner Ansicht (BayObLG 6. 3. 1959 – BReg 2 Z 227/58, NJW 1959, 1876; Lemke/Czub § 9 ErbbauRG Rn 15; Ingenstau/Hustedt § 9 ErbbauRG Rn 128; Staudinger/Reymann [2025] § 1107 BGB Rn 18; Winkler/Schlögel § 6 Rn 243; MünchKommBGB/Weiss § 9 ErbbauRG Rn 17; Erman/Grziwotz § 9 ErbbauRG Rn 3, jew mwNw) ist dies bereits aufgrund des klaren Wortlauts des § 800 ZPO nicht möglich

Darauf kommt es aber nicht an. Die Eintragung der Vollstreckungsunterwerfung im Grundbuch ist bei der Reallast nicht nötig (MünchKommBGB/Mohr § 1107 BGB Rn 13; Staudinger/Reymann [2025] § 1107 BGB Rn 18). Die Vollstreckungsklausel kann auch ohne Eintragung im Grundbuch für und gegen den Rechtsnachfolger erteilt werden. Die Erteilung der Vollstreckungsklausel für oder gegen den Rechtsnachfolger richtet sich hier nach den allgemeinen Bestimmungen der §§ 795, 325 Abs 3, 727 ZPO (Staudinger/Reymann [2025] § 1107 BGB Rn 18; Wolfsteiner DNotZ 1999, 306, 321). Rechtsnachfolger des Gläubigers ist bei einer Veräußerung der neue Eigentümer des mit dem Erbbaurecht belasteten Grundstücks, da die Erbbauzinsreallast dem jeweiligen Eigentümer zusteht, § 9 Abs 2 ErbbauRG. Rechtsnachfolger des Schuldners ist bei einer Veräußerung des mit einer Reallast belasteten Erbbaurechts der neue Erbbauberechtigte, da er die streitbefangene Sache erwirbt.

3. Grundbucheintragung des dinglichen Erbbauzinses

17 Zu der Vereinbarung eines dinglichen Erbbauzinses iS des § 9 ErbbauRG, die an sich als **Einigung nach § 873 BGB** keiner besonderen Form bedarf, muss die **Eintragung** im Grundbuch kommen. Zu dieser Eintragung bedarf es der Eintragungsbewilligung des Erbbauberechtigten in der Form des § 29 GBO. Der Eintragungsantrag ist formfrei und kann vom Eigentümer wie auch vom Erbbauberechtigten gestellt werden. Der Eintragung im Erbbaugrundbuch bedarf nur das Recht als solches. Wegen des näheren Inhalts aber, insbesondere hinsichtlich des Betrags und der Fälligkeit der einzelnen Leistungen, sowie wegen einer etwa festgesetzten Ablösesumme kann auf die Eintragungsbewilligung Bezug genommen werden (§ 874 BGB). Der Erbbauzins wird in Abt II des Erbbaugrundbuchs eingetragen.

18 Das Gesetz gibt keine besondere Vorschrift darüber, welchen **Rang** der Erbbauzins einzunehmen hat. Dies ist der Vereinbarung der Beteiligten überlassen. Im Hinblick auf die Folgen in einer Zwangsversteigerung empfiehlt sich aber nur die erste Rangstelle oder – bei vorrangigen Grundpfandrechten – die versteigerungsfeste Erbbauzinsreallast gemäß § 9 Abs 3 S 1 Nr 1 ErbbauRG. Eine spätere Rangänderung nach § 880 BGB ist möglich.

4. Aufhebung der Erbbauzinsreallast

19 Die rechtsgeschäftliche **Aufhebung der Erbbauzinsreallast** im Ganzen und des Anspruchs auf noch nicht fällige Leistungen richten sich nach §§ 875 ff, 878 BGB. Es ist danach die einseitige Erklärung des Grundstückseigentümers gegenüber dem Erbbauberechtigten erforderlich, dass das Recht auf den Erbbauzins aufgegeben werde. Diese Erklärung ist dem Grundbuchamt in der Form des § 29 GBO einzureichen. Die Aufgabeerklärung kann durch rechtskräftiges Urteil (§ 894 ZPO) ersetzt werden. Erst mit der **Löschung** im Erbbaugrundbuch tritt die Aufhebung der Erbbauzinsreallast ein. Für einen Verzicht auf fällige (rückständige) Erbbauzinsleistungen

genügt die einseitige formlose Erklärung des Eigentümers gegenüber dem Erbbauberechtigten nach § 9 Abs 1 ErbbauRG, §§ 1107, 1178 Abs 2 BGB.

5. Wertsicherung

a) Allgemeines

Der Erbbauzins und die Erbbauzinsreallast begleiten im Regelfalle die Vertragsteile 20
während der gesamten Laufzeit des Erbbaurechtes. Bei den üblicherweise über Generationen hinaus bestehenden Laufzeiten wird die Frage der Höhe der zu beanspruchenden bzw der zu leistenden Zahlungen zum Kernpunkt des Rechtsverhältnisses zwischen dem Grundstückseigentümer und dem Erbbauberechtigten. Die Frage hat deshalb höchste Brisanz, da in fast keinem Falle der Bestellung eines Erbbaurechtes die Verhältnisse in Ansehung der Grundstückswerte, der Grundstückserträge, der Geldwertstabilität, der wirtschaftlichen Verhältnisse im Allgemeinen, der politischen Verhältnisse im Allgemeinen, möglicherweise sogar die Währung als solcher während der Laufzeit unverändert bleiben.

Im Rechtsverhältnis zwischen dem Erbbauberechtigtem und dem Grundstückseigen- 21
tümer/Erbbauzinsberechtigten spielt auch die Frage der Sicherstellung von Kreditgebern des Erbbauberechtigten eine wichtige Rolle. Das Institut des Erbbaurechtes wurde nicht zuletzt deshalb geschaffen, weil es, insbesondere für die Baufinanzierung, eine eigene Kreditsicherheit schaffen soll, die von den Erbbauberechtigten häufig benötigt wird. Das Sicherungsinteresse des Grundstückseigentümers in Ansehung des von ihm zu beanspruchenden Erbbauzinses steht dabei dem Sicherungsinteresse der Kreditgeber des Erbbauberechtigten, vor allem in Ansehung der Baukredite, entgegen (instruktive Darstellung des Interessenkonfliktes bei Rapp, in: FS Brambring [2011] 305).

Der Gesetzgeber hat für beide Problemkreise – Flexibilisierung des Erbbauzinses, Sicherungsinteressen von Eigentümer/Kreditgeber – Lösungen entwickelt.

b) Die Entwicklung zum variablen Erbbauzins

aa) Der feste Erbbauzins

Mit Inkrafttreten der ErbbauVO und bis zum 30. 9. 1994 hatte die Bestimmung über 22
den Erbbauzins in § 9 Abs 2 S 1 ErbbauRG folgende Fassung: *„Der Erbbauzins muss nach Zeit und Höhe für die ganze Erbbauzeit im voraus bestimmt sein.“*

Dies bedeutete, dass der Gesamtbetrag der Erbbauzinsleistungen, die der Erbbauberechtigte während der Laufzeit des Rechtes zu erbringen hat, mit Abschluss des Vertrages feststehen musste. Die Einzelleistungen mussten dabei nicht während der gesamten Laufzeit in gleicher Höhe geschuldet sein, Veränderungen mussten jedoch bei Abschluss des Vertrages vereinbart sein einschließlich eines datumsmäßigen Zeitpunktes, zu dem diese wirksam werden. Eine bloße Bestimmbarkeit der Höhe des Erbbauzinses, auch wenn diese nach objektiven, außerhalb des Vertragsverhältnisses liegenden Merkmale bestimmt werden konnte, war unzulässig. Es war danach vor allem nicht möglich, die Höhe des Erbbauzinses an die Entwicklung des Lebenshaltungskostenindexes, an die Entwicklung von Löhnen und Gehälter oder an den Marktpreis einer bestimmten Ware zu koppeln (zur gesamten Thematik s Staudinger/Ring [1994] ErbbauVO Rn 13 ff).

23 Diese gesetzliche Regelung hatte den Vorteil der Berechenbarkeit für beide Vertragsteile. Sie hatte auch für Kreditgeber, die im Range nach der Erbbauzinsreallast das Erbbaurecht beliehen haben, den Vorteil einer eindeutigen Berechenbarkeit des Beleihungswertes des Erbbaurechtes (BGHZ 22, 222; DNotZ 1975, 154). Dies waren auch die Motive der VO (amtliche Begründung zu § 9, veröffentlicht von Schmidt-Räntsch ZfIR 2019, 170), wo bei einem variablen Erbbauzins „eine völlige Unterbindung der Beleihbarkeit des Erbbaurechtes, da jede Wertberechnung dann unmöglich sein dürfte“ befürchtet wurde. Das Erbbaurecht war danach in gleicher Weise beleihbar wie ein Grundstück, bei dem die erste Rangstelle bereits mit einer Hypothek/Grundschuld belegt war: Auch Grundpfandrechte müssen, einschließlich der bei ihnen vereinbarten Zinsen und Nebenleistungen einen betragsmäßig bestimmten Umfang haben, damit nachrangige Berechtigte ihr Risiko im Verwertungsfalle des Grundstücks berechnen können. Nach der gesetzlichen Konzeption des Erbbaurechtes war dieses in Ansehung der Erbbauzinsreallast von der banktechnischen Seite her genauso zu behandeln wie ein mit einem Grundpfandrecht belastetes Grundstück. Von der wirtschaftlichen Seite her war der Grundstückseigentümer einem Darlehensgeber gleichgestellt: Auch für den Erbbauzins galt, genauso wie für eine Darlehensforderung, unabhängig von der Entwicklung des Geldwertes das Nominalprinzip.

bb) Erbbauzins und Wegfall der Geschäftsgrundlage

24 Bei den politischen, wirtschaftlichen und sozialen Veränderungen in Deutschland im Laufe des 20. Jahrhunderts war absehbar, dass dieses Prinzip des von Anfang an in seiner Höhe feststehenden Erbbauzinses nicht durchgehalten werden konnte. Das Erbbaurecht gehörte zu den Fallgruppen, bei denen die Rechtsprechung den Gesichtspunkt des Wegfalls der Geschäftsgrundlage (§ 313 BGB) in der speziellen Ausprägung der Äquivalenzstörung besonders nachhaltig herausgearbeitet hat, falls der Erbbaurechtsvertrag keine Anpassungsklausel enthielt (BGH 23. 5. 2014 – V ZR 208/12, NJW 2014, 3439, Rn 18 ff; BGHZ 119, 222; 111, 215/216; 86, 167; 77, 194; Augustin, in: FS 25 Jahre BGH [1975] 89; Ingenstau/Hustedt § 9 ErbbauRG Rn 39 ff; Winkler/Schlögel § 6 Rn 228 ff; s auch Köhler, in: FG BGH [2000] Bd I 302). Der gegenseitige Vertrag beruht auf der Überzeugung der Vertragsteile von der Gleichwertigkeit von Leistung und Gegenleistung. Dies gilt besonders bei langfristigen Verträgen und ist bei diesen Teil der objektiven Geschäftsgrundlage, die vorhanden sein muss und auch fortdauernd bleiben muss, damit der Vertrag im Sinne der Absichten beider Vertragspartner noch als eine sinnvolle Regelung bestehen kann (BGH 15. 4. 2016 – V ZR 42/15, NJW 2016, 3100 Rn 10; BGH 18. 11. 2011 – V ZR 31/11, BGHZ 191, 336 Rn 12; Grüneberg/Grüneberg § 313 BGB Rn 25). Das Risiko einer normalen Kaufkraftentwertung (oder auch der Verlust der Ertragskraft des Erbbaurechtes, zB ein Rückgang der Mieten) trägt dabei, entsprechend dem Nominalwertprinzip der Wirtschaftsordnung, der Gläubiger, beim Erbbaurecht also der Grundstückseigentümer (BGH 15. 4. 2016 – V ZR 42/15, NJW 2016, 3100 Rn 13). § 242 BGB gibt keine Möglichkeit, für langfristige Verträge im Wege einer ergänzenden Vertragsauslegung eine Wertsicherungsklausel anzunehmen (BGH NJW 1974, 1186; zum Anspruch auf Vergütungsanpassung allgemein s Köhler, in: FG BGH [2000] Bd I 314 f). Dies gilt auch für den Erbbauzins (BGHZ 86, 168; NJW 1976, 846; 1981, 1668). Erst wenn das Gleichgewicht von Leistung und Gegenleistung so stark gestört ist, dass die Grenze des übernommenen Risikos überschritten und das Interesse der benachteiligten Partei auch nicht mehr annähernd gewahrt ist, kommt unter dem Gesichtspunkt der Äquivalenzstörung eine Anpassung gem § 242 BGB in Betracht.

Enthält der Erbbaurechtsvertrag bezüglich des Erbbauzinses eine Anpassungsklausel und ist diese, gleich aus welchen Gründen, nicht mehr anwendbar, so ist im Wege der ergänzenden Vertragsauslegung ein Vertragsinhalt zu ermitteln. Diese ergänzende Vertragsauslegung hat Vorrang gegenüber der Bestimmung der Leistungspflicht nach Treu und Glauben gem § 242 BGB und gegenüber der Lehre von der weggefallenen oder geänderten Geschäftsgrundlage im Sinne des § 313 BGB (BGH 23. 5. 2014 – V ZR 208/12, NJW 2014, 3439 Rn 7 f; BGH 18. 11. 2011 – V ZR 31/11, BGHZ 191, 336 Rn 19; BGH 31. 10. 2008 – V ZR 71/08, NJW 2009, 679 Rn 7; BGH 11. 10. 2005 – XI ZR 395/04, BGHZ 164, 286, 292; MünchKommBGB/Weiss § 9 ErbbauRG Rn 82 ff). Die erkennbar gewordene Lücke im Vertrag ist nach der zitierten Rechtsprechung des BGH so zu schließen, dass darauf abzustellen ist, was die Parteien bei der Erbbaurechtsbestellung bei Abwägung ihrer Interessen nach Treu und Glauben als redliche Vertragspartner vereinbart hätten. Dabei ist zunächst an die in dem Vertrag vereinbarten Regelungen und Wertungen anzuknüpfen. Dies führt beispielsweise dazu, dass eine Anhebung des Erbbauzinses nach Maßgabe der Entwicklung der Lebenshaltungskosten dem entspricht, was die Parteien vereinbart hätten, wenn ihnen die Ungeeignetheit einer nach oben begrenzten Anpassungsklausel bewusst gewesen wäre. Denn die Preisindizes für die Lebenshaltungskosten sind ein unmittelbarer Spiegel der Preisentwicklung, eine hieran orientierte Anpassung bewirkt daher einen von den Parteien gewollten Ausgleich des Kaufkraftschwundes (BGH 18. 11. 2011 – V ZR 31/11, BGHZ 191, 336 Rn 16). Bei Anwendung einer solchen Auslegung zur Lückenfüllung ist auch anzunehmen, dass ein vertraglich vereinbarter Lebenshaltungskostenindex, der nicht mehr fortgeführt wird, seit 2003 durch den Verbraucherpreisindex ersetzt wird (BGH 31. 10. 2008 – V ZR 71/08, NJW 2009, 679, Rn 7, 8; Winkler/Schlögel § 6 Rn 132a, 132b). Erst wenn die ergänzende Vertragsauslegung nicht mehr anwendbar ist, weil es beispielsweise an Parametern fehlt, die die Parteien selbst als Anknüpfungspunkte für eine Veränderung des Erbbauzinses vereinbart haben, kommt die Anpassung des Erbbauzinses nach den Regeln über den Wegfall der Geschäftsgrundlage in Betracht (Winkler/Schlögel § 6 Rn 131a). Erst ab einem solchen Zeitpunkt besteht kein Unterschied zu einem von Anfang an ohne Wertsicherungsklausel abgeschlossenen Erbbaurechtsvertrag, soweit es um Äquivalenzstörungen geht (BGH 18. 11. 2011 – V ZR 31/11, BGHZ 191, 336 Rn 19). 25

(1) Erbbauzins und Lebenshaltungskosten

Eine Anpassung unter dem Gesichtspunkt der Äquivalenzstörung wurde für den Erbbauzins angenommen, wenn die Lebenshaltungskosten seit Beginn der Zahlung um 150 % gestiegen sind, also eine Entwertung um 60 % eingetreten ist (BGH 18. 11. 2011 – V ZR 31/11, BGHZ 191, 336 Rn 19; BGHZ 90, 227; 111, 216; 119, 222). Der Anspruch auf Anpassung (nach dem bis zum 1. 10. 1994 geltenden Recht) ist jedoch nicht dinglicher Natur, da nach der früheren Fassung des § 9 Abs 2 S 1 ErbbauRG der Erbbauzins festliegen musste; er ergibt sich aus dem schuldrechtlichen Grundgeschäft der Erbbaurechtsbestellung. Der Umfang der Anpassung richtet sich nach der Steigerung der allgemeinen wirtschaftlichen Verhältnisse gem § 9a S 2 ErbbauRG, sofern nicht die Steigerung des Bodenwertes geringer ist (BGHZ 119, 220; BGH NJW 2001, 1929). Auch ein Erwerber des Erbbaurechtes ist unter diesen Umständen zur Anpassung verpflichtet, auch wenn der Anpassungsanspruch bereits gegenüber dem Rechtsvorgänger hätte geltend gemacht werden können (BGHZ 111, 216). 26

Die in nahezu allen westlichen Volkswirtschaften übliche Inflationsrate wird dagegen als vorhersehbar und daher in das Risiko des Grundstückseigentümers fallend betrachtet mit der Konsequenz, dass sie keinen Anpassungsanspruch begründet (BGHZ 86, 168; NJW 1981, 1668 für einen Anstieg der Lebenshaltungskosten um 120–135 % in ca 25 Jahren).

(2) Erbbauzins und Ausnutzbarkeit des Erbbaugrundstücks

27 Für die Höhe des Erbbauzinses ist nach den Vorstellungen der Vertragsparteien regelmäßig die öffentlich-rechtliche und privatrechtliche bauliche Ausnutzbarkeit des Erbbaugrundstücks maßgeblich (BGH 15. 4. 2016 – V ZR 42/15, NJW 2016, 3100 Rn 15). Je größer diese Ausnutzbarkeit gegeben ist, desto größer ist der Vorteil des Erbbauberechtigten bei der Ausnutzung des Baurechtes. Der Erbbauzins ist deshalb dem Recht zur baulichen Nutzung wirtschaftlich gleichwertig, wenn sich seine Höhe an dem Wert der dem Erbbauberechtigten gewährten Nutzungsmöglichkeit ausrichtet (BGH 23. 5. 2014 – V ZR 208/12, NJW 2014, 3439 Rn 19 f; Lemke/Czub § 9 Rn 49). Ist im Erbbaurechtsvertrag vereinbart, dass der Erbbauberechtigte ein Gebäude nach Maßgabe der öffentlich-rechtlichen Bauvorschriften errichten darf (vgl BGH 23. 5. 2014 – V ZR 208/12, NJW 2014, 3439 Rn 25), wird dadurch erkennbar, dass die Vertragsparteien davon ausgehen, dass sich während der Laufzeit des Erbbaurechtes Art und Maß der Baumöglichkeiten verändern können. Vorhersehbare Umstände, die im Erbbaurechtsvertrag durch eine ihnen Rechnung tragende Anpassungsklausel hätten berücksichtigt werden können (zB Veränderung des Erbbauzinses nach Maßgabe der jeweils baurechtlich zulässigen Geschoßfläche) schließen einen Anpassungsanspruch nach § 313 Abs 1 BGB grundsätzlich aus, weil in der Regel davon auszugehen ist, dass die Parteien das Risiko ihres Eintritts übernommen haben (BGH NJW 2014, 3439 Rn 25).

28 Verändert sich jedoch das Baurecht in einem Umfange, der im Zeitpunkt des Vertragsabschlusses nicht erwartet werden konnte, so kommt eine Anpassung des Erbbauzinses unter dem Gesichtspunkt der Veränderung der Geschäftsgrundlage in Betracht (BGH NJW 2014, 3439 Rn 26: Erhöhung des Baurechtes um den Faktor 2,5 hierzu Böttcher Rn 562). Eine vereinbarte Wertsicherungsklausel mit Bezug auf die Lebenshaltungskosten stellt dabei keine abschließende Regelung für eine solche Äquivalenzstörung dar. Sie betrifft lediglich den Geldwertschwund, nicht jedoch andere, unvorhergesehene Störungen des Verhältnisses von Leistung und Gegenleistung (BGH NJW 2014, 3439 Rn 23 f; Böttcher ZNotP 2015, 42, 44 li; vgl auch Böttcher Rn 177 f).

Tritt eine Äquivalenzstörung ein, die dadurch bewirkt wird, dass eine gemeinsame Vorstellung der Parteien des Erbbaurechtsvertrages bezüglich eines wertbildenden Faktors sich als nicht mehr existent herausstellt, so liegt eine Störung der subjektiven Geschäftsgrundlage vor die eine Anpassung des Erbbauzinses zur Folge hat (BGH 15. 4. 2016 – V ZR 42/15, NJW 2016, 3100 Rn 18). Voraussetzung ist, dass eine etwaige Anpassungsklausel diesen Fall nicht berücksichtigt. Haben die Parteien im Erbbaurechtsvertrag konkludent eine Verlagerung des normalerweise den Erbbaurechtsberechtigten treffenden Verwendungsrisikos zulasten des Erbbaurechtsausgebers vereinbart, so kann der Erbbauberechtigte sich auf einen Wegfall der bei dem Vertragsschluss gemeinsam vorausgesetzten Umstände (der subjektiven Geschäftsgrundlage) berufen, wenn sich dieses Risiko später verwirklicht (BGH 15. 4. 2016 – V ZR 42/15, NJW 2016, 3100 Rn 18). Es besteht alsdann ein Anspruch auf Herabsetzung des Erbbauzinses nach § 313 BGB.

cc) Fester Erbbauzins und schuldrechtlicher Anpassungsanspruch

Das Institut des Wegfalls der Geschäftsgrundlage in der speziellen Ausprägung der Äquivalenzstörung bedarf zu seiner Anwendung einer richterlichen Wertung. Diese ist mit Unschärfen verbunden (etwa Anpassung bei 150 %, keine Anpassung bei 135 %). 29

Die Kautelarjurisprudenz hat deshalb zum festen Erbbauzins den **schuldrechtlichen Anpassungsanspruch** entwickelt, der, sofern der sachenrechtliche Bestimmtheitsgrundsatz gewahrt ist, durch eine Vormerkung gem § 883 BGB (Staudinger/Kesseler [2026] § 883 BGB Rn 159 ff; BGHZ 22, 220; Augustin, in: FG 25 Jahre BGH 89; Winkler/Schlögel § 6 Rn 208) gesichert werden konnte. Der Gesetzgeber hat mit Schaffung des § 9a Abs 3 ErbbauRG diesen Weg anerkannt. Die Vereinbarung wird zwischen dem Grundstückseigentümer und dem Erbbauberechtigten mit rein schuldrechtlicher Wirkung abgeschlossen. Sie geht im Falle einer Rechtsnachfolge nicht automatisch auf den Rechtsnachfolger über, sondern bedarf bei einer Rechtsnachfolge auf Seiten des Erbbauberechtigten einer Schuldübernahme gem § 414 f BGB, die der Genehmigung des Grundstückseigentümers bedarf. Bei einer Rechtsnachfolge auf Seiten des Grundstückseigentümers hat dieser seine Ansprüche aus der schuldrechtlichen Vereinbarung an den Rechtsnachfolger gem § 398 ff BGB abzutreten. § 9 Abs 2 ErbbauRG ist auf den schuldrechtlichen Erbbauzins nicht anzuwenden.

Sachlich bezieht sich die schuldrechtliche Vereinbarung auf eine Inhaltsänderung des dinglichen Rechtes Erbbauzinsreallast gem §§ 877, 876 BGB dahingehend, dass ein erhöhter Erbbauzinsbetrag eingetragen wird. Anstelle der Inhaltsänderung kann auch eine neue zusätzliche Erbbauzinsreallast in dem Umfang des Erhöhungsbetrages eingetragen werden. Der Anspruch geht danach entweder auf Inhaltsänderung eines eingetragenen Rechtes oder auf Neueintragung eines Rechtes. Die Ansprüche sind daher grundsätzlich **vormerkungsfähig** gem § 883 Abs 1 BGB. Die Vormerkung sichert alle Anpassungsansprüche während der Laufzeit des Rechtes (BayObLGZ 1977, 93; Staudinger/Kesseler [2026] § 883 BGB Rn 164). Durch eine Vormerkung kann jedoch nur ein solcher Anspruch gesichert werden, der, entsprechend dem grundbuchrechtlichen Bestimmtheitsgrundsatz, eindeutig inhaltlich bestimmbar sein muss. Die Bestimmbarkeit muss nach objektiven Kriterien während der gesamten Laufzeit des Erbbaurechtes, auch bzgl des Zeitpunktes der Anpassung (Staudinger/Kesseler [2026] § 883 BGB Rn 163; MünchKommBGB/Weiss § 9 ErbbauRG Rn 56) gewährleistet sein. Dies wird angenommen für die Lebenshaltungskostenindizes der Statistischen Ämter (BGHZ 61, 209) oder zB für bestimmte Beamtenbezüge (OLG Hamm DNotZ 1964, 346). Grenzwertig unter dem Gesichtspunkt der Bestimmbarkeit für eine Vormerkung ist die Änderung der Unterhaltungskosten für ein konkretes Bauwerk (OLG Düsseldorf RNotZ 2004, 94) oder die Entwicklung des Umsatzes des auf dem Erbbaugrundstück betriebenen Gewerbes (Maass DNotZ 1997, 44, 46; DNotI Abrufgutachten v 12. 1. 2016 – kej-hd 146463 – uf). Nicht vormerkungsfähig, da zu unbestimmt, ist der Verkehrswert eines Grundstücks oder eine bloße Höchstgrenze für die Leistung (OLG Zweibrücken FGPrax 2000, 56).

c) Die automatische Anpassung der Erbbauzinsreallast

aa) Historie

Zum 1. 10. 1994 ist das Sachenrechtsänderungsgesetz in Kraft getreten, das in seinem Art 2 § 1 folgende Fassung des § 9 Abs 2 ErbbauRG brachte (BGBl I 1994, 2455 ff): 30

„Der Erbbauzins kann nach Zeit und Höhe für die gesamte Erbbauzeit im voraus bestimmt werden. Inhalt des Erbbauzinses kann auch eine Verpflichtung zu seiner Anpassung an veränderte Verhältnisse sein, wenn die Anpassung nach Zeit- und Wertmaßstab bestimmbar ist. Für die Vereinbarung über die Anpassung des Erbbauzinses ist die Zustimmung der Inhaber dinglicher Rechte am Erbbaurecht erforderlich; § 880 Abs 2 S 3 BGB des Bürgerlichen Gesetzbuches ist entsprechend anzuwenden."

In dem ursprünglichen Gesetzentwurf war zunächst vorgesehen, bei § 2 ErbbauRG eine Nummer 8 anzufügen, wonach der *bestimmte Erbbauzins zum dinglichen Inhalt des Erbbaurechtes* selbst vereinbart werden konnte und damit gegenüber jedem Rechtsnachfolger, auch dem Ersteher, gegolten hätte. Eine Erbbauzinsreallast wäre nicht mehr erforderlich gewesen. In den Gesetzesberatungen wurde jedoch dieser Vorschlag fallen gelassen, da er das Problem der Wertsicherung des Erbbauzinses nicht berücksichtigt hatte und deshalb die schuldrechtliche Anpassungsvereinbarung mit Vormerkungssicherung nicht überflüssig geworden wäre (vOefele DNotZ 1995, 643). Mit der Gesetz gewordenen Fassung wurde eines der Hauptziele erreicht, nämlich die Integration der Wertsicherung in den (versteigerungsfesten) dinglichen Erbbauzins (vOefele DNotZ 1995, 644). Das Dogma der Bestimmtheit des Erbbauzinses während der gesamten Laufzeit des Rechtes, das bereits durch die Rechtsprechung zur Äquivalenzstörung und durch die Kautelarpraxis der schuldrechtlichen Anpassungsvereinbarung ausgehöhlt war, wurde endgültig aufgegeben. Für die Veränderbarkeit des Erbbauzinses wurde lediglich auf die Bestimmbarkeit der Klausel nach Anpassungszeit und Wertmaßstab. Die Bestimmbarkeit der Reallast unterliegt denselben Grundsätzen wie sie für die Eintragungsfähigkeit einer Vormerkung zur Sicherung einer schuldrechtlichen Anpassungsklausel bestehen (vOefele DNotZ 1995, 649; zur allgemeinen Reallast s hierzu OLG Düsseldorf DNotZ 2004, 638). Dabei bedeutet der Bestimmtheitsgrundsatz nicht, dass der Umfang der tatsächlichen Belastung in einem bestimmten Zeitpunkt aus der Eintragung selbst oder in Verbindung mit der Eintragungsbewilligung ohne Weiteres ersichtlich sein muss. Es genügt, wenn Art, Gegenstand und Umfang der Leistung aufgrund objektiver Umstände bestimmbar sind, die auch außerhalb des Grundbuchs liegen können, sofern sie nachprüfbar und mindestens in der Eintragungsbewilligung angedeutet sind. Entscheidend ist, dass die höchstmögliche Belastung des Grundstücks für jeden Dritten erkennbar ist und dass der Umfang der Haftung in einem bestimmten Zeitpunkt aufgrund der in der Eintragungsbewilligung enthaltenen Voraussetzungen bestimmt werden kann (BGH 13. 7. 1995 – V ZB 43/94, DNotZ 1996, 93, 94 f; BGH 7. 4. 1961 – V ZB 2/61, BGHZ 35, 22, 26 f).

31 Unklar und deshalb von Anfang an umstritten war bei der Gesetzesfassung die Frage, ob eine automatische, dinglich wirkende Anpassungsklausel, genauso wie bei der Reallast, möglich ist (vOefele DNotZ 1995, 650; Willke DNotZ 1995, 655; Eichel MittRhNotK 1995, 195; BayObLG DNotZ 1997, 147: Automatik jedenfalls möglich, ob sie zwingend ist, bleibt offen, BayObLG DNotZ 1997, 144) oder ob eine Anpassungsverpflichtung zwar automatisch entsteht, jedoch durch besonderes Rechtsgeschäft (Einigung und Eintragung) dinglich zu erfüllen ist (Palandt/Bassenge [60. Aufl 2001] § 9 ErbbauRG Rn 9/11; Klawikovski Rpfleger 1995, 145).

Zu einer höchstrichterlichen Entscheidung dieser Streitfrage kam es jedoch nicht, weil mit dem Euro-EG vom 9. 6. 1998 die aktuelle Fassung des § 9 Abs 2 ErbbauRG vorgelegt wurde. Gleichzeitig erhielt § 1105 Abs 1 BGB folgenden S 2 angefügt:

„Als Inhalt der Reallast kann auch vereinbart werden, dass die zu entrichtenden Leistungen sich ohne Weiteres an veränderte Verhältnisse anpassen, wenn anhand der in der Vereinbarung festgelegten Voraussetzungen Art und Umfang der Belastung des Grundstücks bestimmt werden können."

bb) Die automatische Anpassung des Erbbauzinses

Die Erbbauzinsreallast ist damit durch die Verweisung in § 9 Abs 1 S 1 ErbbauRG **32** auf §§ 1105 ff BGB der allgemeinen Reallast weiter angenähert worden. In der Frage einer künftigen Veränderbarkeit der Leistung, insbesondere in der Wertsicherung, unterscheiden sich die beiden Institute nicht mehr. Es kann danach ein dinglicher Erbbauzins mit **automatischer Anpassung an veränderte Verhältnisse** vereinbart werden (Lemke/Czub § 9 ErbbauRG Rn 16; Ingenstau/Hustedt § 9 ErbbauRG Rn 49 ff; Böttcher Rn 451), wenn anhand der in der Vereinbarung festgelegten Voraussetzungen Art und Umfang der Belastung des Erbbaurechtes bestimmt werden können. Es sind dabei dieselben Grundsätze anzuwenden, wie sie für die Vormerkungsfähigkeit eines bestimmbaren schuldrechtlichen Anspruchs entwickelt wurden (vgl Rn 29). Die Angabe eines Höchstbetrages ist (anders als bei Nebenleistungen von Grundpfandrechten) nicht erforderlich. § 1105 Abs 1 S 2 BGB setzt die Anforderungen an den Bestimmtheitsgrundsatz herab.

Ist eine wirksame Wertsicherungsklausel vereinbart, so muss sich die **aktuelle Höhe** **33** des Erbbauzinses bei einer Geltendmachung des Erhöhungsbetrages nicht aus dem Grundbuch ergeben. Da eine Bestimmbarkeit genügt, reicht es aus, wenn sich Voraussetzung und Umfang der Anpassung aus der Bezugnahme auf die Eintragungsbewilligung und aus der davon gedeckten Wertsicherungsklausel erschließen (BGH 1. 6. 1990 – V ZR 84/89, BGHZ 111, 324, 327)

Auf Verlangen des Erbbauzinsgläubigers ist jedoch der veränderte Erbbauzins in das Grundbuch einzutragen (KG 13. 1. 2015 – 1 W 210-211/14, MittBayNot 2015, 309). Der Leistungsumfang der Reallast ändert sich automatisch und ohne Eintragung im Grundbuch mit Vorliegen der Voraussetzungen (Winkler MittBayNot 2015, 310, 311 li). Allerdings kann die tatsächliche Höhe des Erbbauzinses im Grundbuch verlautbart werden; eine Eintragung wirkt deshalb nur deklaratorisch (OLG Naumburg 11. 1. 2021 – 12 Wx 72/20 =, RNotZ 2021, 528, 530 f). Sie dient jedoch dem Rechtsfrieden und schafft Klarheit, insbesondere auch für den Rechtsnachfolger (Winkler MittBayNot 2015, 311 re; Böttcher Rn 453).

cc) Preisklauselgesetz

(1) Historie

Bei der Vereinbarung einer Wertsicherungsklausel für den Erbbauzins sind neben **34** der Bestimmbarkeit auch die gesetzlichen Vorgaben außerhalb des ErbbauRG zu beachten. Hierbei galt zunächst das Preisangaben- und Preisklauselgesetz (PaPKG) (Rn 35 ff) und gilt aktuell das Preisklauselgesetz (PrKG) (Rn 38 ff).

Das PrKG ist mit Wirkung vom 14. 9. 2007 in Kraft getreten. Preisklauseln, die vor diesem Zeitpunkt vereinbart wurden, jedoch nicht nach den einschlägigen Vorschriften genehmigt waren, können ab dem 14. 9. 2007 auch nicht mehr genehmigt werden. Die bis dahin bestehende schwebende Unwirksamkeit des Vertrages kann somit nicht mehr durch ein Genehmigungsverfahren beseitigt werden. Das neue PrKG gilt für alle Preisklauseln, die unter der Geltung des § 2 PaPkG oder des § 3 WährG vereinbart worden waren und für die bis zum Tag der Verkündung des neuen Gesetzes kein Genehmigungsantrag beim Bundesamt für Wirtschaft und Ausfuhrkontrolle gestellt war (BGH 13. 11. 2013 – XII ZR 142/12, NJW 2014, 52 Rn 24 ff). Diese Klauseln erlangen somit mit Inkrafttreten des PrKG schwebende Wirksamkeit (§ 8 PrKG) oder sie sind, wie dies der BGH bezeichnet, „auflösend bedingt wirksam" (BGH NJW 2014, 52 Rn 26). Die Übergangsvorschrift (§ 9 Abs 1 PrKG) sieht vor, dass die bisherigen wertsicherungsrechtlichen Genehmigungen nach Maßgabe der bis dahin gültigen Vorschriften fortgelten (Kirchhoff DNotZ 2007, 913, 924; Reul MittBayNot 2007, 445, 450).

(2) Das Preisangaben- und Preisklauselgesetz v 9. 6. 1998 (PaPkG)

35 Durch das Euro-EG vom 9. 6. 1998 (BGBl I 1998, 1242) wurde § 3 WährG (und damit auch die hierzu ergangenen Richtlinien der Deutschen Bundesbank) aufgehoben und durch § 2 Preisangaben- und PreisklauselG (PaPkG) ersetzt. Danach durfte der Betrag von Geldschulden nicht unmittelbar und selbsttätig durch den Preis oder Wert von anderen Gütern oder Leistungen bestimmt werden, die mit den vereinbarten Gütern oder Leistungen vergleichbar sind. Diesem Verbot war ein Erlaubnisvorbehalt angefügt, dessen Einzelheiten durch die PreisklauselVO (PrKV) vom 23. 9. 1998 (BGBl I 3043) festgesetzt wurden. Danach bedurften Gleitklauseln der Genehmigung, wobei eine solche dann vorliegt, wenn die Höhe der Geldschuld an eine vertragsfremde Bezugsgröße gekoppelt ist und bei Änderung derselben eine automatische Anpassung eintritt. Für das Erbbaurecht war es bedeutsam, dass eine Genehmigungspflicht für Gleitklauseln nicht bestand, wenn das Erbbaurecht eine Laufzeit von mindestens 30 Jahren hat (§ 1 Nr 4 PrKV).

36 Nach § 1 Nr 1 PrKV generell genehmigungsfrei war ein sogenannter Leistungsvorbehalt (Kirchhoff DNotZ 2007, 913, 917; Reul MittBayNot 2007, 445, 446 re). Er ist dadurch gekennzeichnet, dass nach Ablauf einer bestimmten Zeit oder bei Vorliegen bestimmter Umstände entweder durch die Vertragsparteien gemeinsam oder durch einen Dritten nach billigem Ermessen gem § 317 BGB (Ingenstau/Hustedt § 9 ErbbauRG Rn 90 ff; OLG Hamm 14. 11. 2013 – 5 U 105/13, DNotI DokNr 54 105_19) eine Neufestsetzung erfolgt. Bei einer solchen kann auch später eine Erhöhungsmöglichkeit, die bei einer früheren Anpassung bestanden hat, aber nicht vollständig ausgeschöpft worden ist, nachgeholt werden (BGH 11. 12. 2009 – V ZR 110/09, NZM 2010, 253 f; OLG Hamm 14. 11. 2013 – 5 U 105/13 Rn 77). Hierunter fällt auch die Regelung, dass eine Anpassung bei erheblichen oder wesentlichen Änderungen der allgemeinen wirtschaftlichen Verhältnisse vorzunehmen ist, wobei eine Änderung um mehr als 10 % genügt (BGH DNotZ 1995, 665). Solchen Vereinbarungen fehlt jedoch das grundbuchmäßige Bestimmtheitserfordernis, weshalb sie weder durch wertgesicherte Reallast noch durch Vormerkung gesichert werden konnten (BGH DNotZ 1968, 408). Abweichend hiervon ist jedoch auch bei einem Leistungsvorbehalt die Eintragung einer Reallast zulässig, wenn die höchstmögliche Belastung des Grundstücks für jeden Dritten erkennbar ist und wenn der Umfang der Haftung in einem bestimmten Zeitpunkt aufgrund der in der Eintragungsbewilligung enthaltenen Voraussetzungen bestimmt werden kann (BGH 13. 7. 1995 – V ZB 43/94, BGHZ 130, 342, 345 f).

37 Genehmigungsfrei waren nach § 1 Nr 2 PrKV auch sogenannte *Spannungsklauseln.* Die Höhe der Geldschuld hängt bei ihnen vom künftigen Preis oder Wert gleichartiger Güter oder Leistungen ab, zB, wenn der Erbbauzins an den Bodenwert (BGHZ

22, 220; 169, 215 Rn 11 ff) oder an den Jahresmietzins des Gebäudes (BGH NJW 1976, 422; 1979, 1546; OLG München NJW-RR 1994, 469) gebunden ist. Solche Klauseln waren reallastfähig und vormerkungsfähig (Grüneberg/Wicke § 9 ErbbauRG Rn 12).

Genehmigungsfrei war ferner die Vereinbarung einer *Wahlschuld* (Wahlrecht liegt abweichend von § 262 BGB beim Gläubiger) oder einer *Ersetzungsbefugnis* (Ingenstau/Hustedt § 9 ErbbauRG Rn 64 f). Für die Bestimmbarkeit ist entscheidend, ob der alternativ vorgesehene Leistungsgegenstand bestimmbar ist, was bei Sachleistungen zu bejahen ist (Staudinger/Reymann [2025] § 1105 BGB Rn 43). Genehmigungsfrei, jedoch nicht bestimmbar waren Umsatz- und Gewinnbeteiligungsklauseln (Ingenstau/Hustedt § 9 ErbbauRG Rn 67).

(3) Das Preisklauselgesetz v 13. 6. 2007 (PrKG)

Das Wertsicherungsrecht wurde durch Gesetz vom 13. 6. 2007, in Kraft getreten mit **38**
Wirkung zum 14. 9. 2007 (BGBl I 2007, 2247) – Gesetz über das Verbot der Verwendung von Preisklauseln bei der Bestimmung von Geldschulden (Preisklauselgesetz) – neu geregelt.

Das Preisklauselgesetz (PrKG) enthält zunächst in § 1 Abs 1 PrKG eine gesetzliche Definition der Gleitklausel des Inhalts, dass eine solche vorliegt, wenn der Betrag von Geldschulden unmittelbar und selbsttätig durch den Preis oder Wert von anderen Gütern oder Leistungen bestimmt wird, die mit den vereinbarten Gütern oder Leistungen nicht vergleichbar sind.

Solche Gleitklauseln sind grundsätzlich verboten, wobei in § 2 PrKG Ausnahmen festgesetzt werden, bei denen in Bezug auf das Erbbaurecht § 4 PrKG die wichtigste Ausnahme darstellt (vgl hierzu Staudinger/Omlor [2024] § 4 PrKG Rn 7). **Zulässig** sind danach Preisklauseln in Erbbaurechtsbestellungsverträgen und Erbbauzinsreallasten mit einer **Laufzeit von mindestens 30 Jahren**. § 9a ErbbauRG bleibt jedoch unberührt. Für Erbbaurechtsverträge mit einer kürzeren Laufzeit sind Preisklauseln bezüglich des Erbbauzinses zulässig, wenn die Laufzeit des Vertrages **mindestens 10 Jahre** beträgt, gerechnet vom Vertragsabschluss bis zur Fälligkeit der letzten Zahlung und wenn der geschuldete Betrag durch die Änderung eines von dem Statistischen Bundesamt oder einem Statistischen Landesamt ermittelten Preisindexes für die Gesamtlebenshaltung oder eines vom Statistischen Amt der Europäischen Gemeinschaft ermittelten Verbraucherpreisindexes bestimmt werden soll (§ 2 Abs 1 S 1 und § 3 Abs 1 Nr 1 PrkG; OLG Celle DNotZ 2008, 779, 780).

Der entscheidende Unterschied zum vorherigen Wertsicherungsrecht besteht darin, **39**
dass das **Genehmigungssystem für Wertsicherungsklauseln ersatzlos abgeschafft** wurde. Nach § 8 PrKG tritt die Unwirksamkeit der Preisklausel zum Zeitpunkt des rechtskräftig festgestellten Verstoßes gegen das Gesetz ein (Winkler/Schlögel § 6 Rn 62a, 62c, 151a bis 151g), soweit nicht eine frühere Unwirksamkeit vereinbart ist. Die Rechtswirkungen der Preisklausel bleiben bis zum Zeitpunkt der Unwirksamkeit unberührt.

Der entscheidende Unterschied zur vorherigen Rechtslage besteht darin, dass die Vertragsteile nun eigenverantwortlich über die Zulässigkeit der von ihnen vereinbarten Preisklausel entscheiden müssen. An den Möglichkeiten der reallastmäßigen Sicherung (zu bejahen für Gleitklausel und für Spannungsklausel, zu verneinen für Leistungsvorbehalt) hat sich nichts geändert.

Die Vereinbarung einer Wertsicherungsklausel steht der Verurteilung zur Zahlung von künftigem Erbbauzins nicht entgegen (BGH NJW 2007, 294; WINKLER/SCHLÖGEL § 6 Rn 164a). Die Erbbauzinsen sind wiederkehrende Leistungen gem § 258 ZPO.

40 Die **Unwirksamkeit** der Preisklausel tritt gemäß § 8 S 1 PrKG erst zum Zeitpunkt des rechtskräftig festgestellten Verstoßes gegen das Gesetz eintritt. Die Rechtswirkungen der Preisklausel bleiben bis zum Zeitpunkt der Unwirksamkeit unberührt (§ 8 S 2 PrKG). Die Vertragsteile können jedoch eine frühere Unwirksamkeit vereinbaren (§ 8 S 1 PrKG). Dies bedeutet, dass die Preisklausel zunächst „schwebend wirksam" ist (WINKLER/SCHLÖGEL § 6 Rn 151h; INGENSTAU/HUSTEDT § 9 ErbbauRG Rn 82; REUL MittBayNot 2007, 445, 452; HUSINGER DNotZ 2009, 83, 84 f; **aA** OLG Celle DNotZ 2008, 779 f).

Ein **Prüfungsrecht des Grundbuchamtes** bei Eintragung der Reallast besteht deshalb **nicht** (LEMKE/CZUB § 9 ErbbauRG Rn 18; **aA** OLG Celle DNotZ 2008, 779, 781). Zu einem späteren Zeitpunkt kommt ein Prüfungsrecht in Frage, sobald die Unwirksamkeit der Preisklausel gem § 8 S 1 PrKG festgestellt ist. Das Prüfungsrecht ist jedoch auch in diesem Falle dahingehend eingeschränkt, dass nur zu prüfen ist, ob die Unwirksamkeit gerichtlich festgestellt ist.

41 Da gem § 8 S 1 PrKG die Unwirksamkeit einer Preisklausel erst zum Zeitpunkt eines rechtskräftig festgestellten Verstoßes gegen das Gesetz eintritt, sind bereicherungsrechtliche Rückforderungsansprüche für einen Zeitraum vor Eintritt der Unwirksamkeit ausgeschlossen (BGH 14. 5. 2014 – VIII ZR 114/13, NJW 2014, 2708 Rn 54). Bei Vorliegen allgemeiner Geschäftsbedingungen kann bei Anwendbarkeit des § 8 PrKG eine Unwirksamkeit auch nicht auf eine unangemessene Benachteiligung nach § 307 Abs 1 S 1 BGB gestützt werden. Eine solche Klausel kann vor rechtskräftiger Feststellung des Verstoßes nicht rückwirkend (ex tunc) unwirksam sein (BGH NJW 2014, 2708 Rn 56).

dd) Allgemeine Geschäftsbedingungen

42 Liegen bei einer Wertsicherungsklausel allgemeine Geschäftsbedingungen vor, so steht die Wirksamkeit der Klausel nach dem PrKG einer Prüfung nach §§ 305 ff BGB nicht entgegen. Das PrKG verfolgt in erster Linie währungspolitische Ziele, was nicht zwangsläufig zur Folge hat, dass die Regelung nach § 307 BGB unbedenklich ist (BGH 24. 3. 2010 – VIII ZR 178/08, BGHZ 185, 96 Rn 24; BGH 9. 5. 2012 – XII ZR 79/10, NJW 2012, 2187 Rn 19). Bedeutsam ist zunächst das Transparenzprinzip des § 307 Abs 1 S 2 BGB. Während der Verbraucherpreisindex hier unbedenklich ist, bedürfen Leistungsvorbehalte, Spannungsklauseln und Kostenelementeklauseln einer überzeugenden Begründung und Verständlichkeit (DNotI Gutachten-Abruf Nr 120757 v 27. 12. 2012). Unklarheiten gehen hier zulasten des Verwenders, weil es seine Sache ist, sich klar auszudrücken (WINKLER/SCHLÖGEL § 6 Rn 92).

ee) Umstellung auf automatische Anpassung

43 Besteht, entsprechend der bis zum 1. 10. 1994 gültigen Rechtslage, ein fester Erbbauzins mit einer vormerkungsgesicherten, schuldrechtlichen Anpassungsklausel, so kann diese Rechtslage durch eine wertgesicherte Erbbauzinsreallast abgelöst wer-

den. Die Wertsicherung ist als **Inhaltsänderung** der eingetragenen Erbbauzinsreallast in das Grundbuch einzutragen. Diese Inhaltsänderung erfordert grundsätzlich die Zustimmung der Inhaber gleich- und nachrangiger Rechte an dem Erbbaurecht (BGH 9. 6. 2016 – V ZB 61/15, DNotZ 2017, 68 Rn 24). Eine Ausnahme von diesem Zustimmungserfordernis ist jedoch dann gegeben, wenn sich aus der neuen (wertgesicherten) Erbbauzinsreallast kein höherer Erbbauzins als derjenige aus der bisherigen Reallast um den durch die Vormerkung gesicherten Anspruch auf Anpassung des Erbbauzinses sich ergibt (BGH 9. 6. 2016 – V ZB 61/15, DNotZ 2017, 68 Rn 27). In diesem Falle sind die gleich- und nachrangigen Berechtigten von der Inhaltsänderung nicht iSv § 19 GBO betroffen (BGH 14. 4. 1984 – V ZB 32/82, BGHZ 91, 343, 346). Diese Grundsätze gelten auch für die automatisch wertgesicherte Erbbauzinsreallast.

Die **alternative Gestaltung** mit einem schuldrechtlichen Anpassungsanspruch ist nach wie vor zulässig (OLG Zweibrücken FGPrax 2000, 56; Grüneberg/Wicke § 9 ErbbauRG Rn 9; Böttcher Rn 470 ff; Ingenstau/Hustedt § 9 ErbbauRG Rn 53; Staudinger/Kesseler [2026] § 883 BGB Rn 160), wie sich auch aus § 9a Abs 3 ErbbauRG ergibt. Bedeutung hat diese Gestaltung nach wie vor für diejenigen Anpassungsverpflichtungen, die keiner Automatik unterliegen und die deshalb im Veränderungsbereich nicht durch Reallast (aber auch nicht durch Vormerkung) gesichert werden können. Hierunter fallen Anpassungsverpflichtungen aufgrund von Leistungsvorbehalten, Spannungsklauseln oder Wahlschuld/Ersetzungsbefugnis. 44

Zur Unzulässigkeit einer Anpassungsklausel bei einem **Eigentümererbbaurecht** s BGH NJW 1982, 2382.

6. Bundeseinheitliche Regelung (Abs 1 S 2)

Die zugunsten der Landesgesetze bestehenden Vorbehalte über Reallasten finden keine Anwendung, § 9 Abs 1 S 2 ErbbauRG. Damit ist die Erbbauzinsreallast bundesrechtlich einheitlich geregelt. Ländervorbehalte, gestützt auf Art 113 EGBGB sind unbeachtlich. 45

III. Erbbauzinsreallast als subjektiv-dingliches Recht (Abs 2)

Der dingliche Erbbauzins nach § 9 ErbbauRG kann nur **zugunsten des jeweiligen Grundstückseigentümers** eingetragen werden. Dies ergibt sich zwingend aus Abs 2 (subjektiv-dingliche Reallast nach § 1105 Abs 2 BGB). Berechtigt muss der jeweilige Eigentümer des Erbbaugrundstücks sein und nicht etwa der jeweilige Eigentümer eines anderen Grundstücks (vgl OLG Düsseldorf DNotZ 1977, 305; BayObLGZ 1990, 212 jeweils zum Wohnungserbbaurecht; vgl MünchKommBGB/Weiss § 9 ErbbauRG Rn 7). 46

Der dingliche Erbbauzins kann auch nicht dem jeweiligen Eigentümer eines Miteigentumsanteils des herrschenden Grundstücks zustehen, also auch nicht die Erbbauzinsreallast an einem einzelnen Wohnungserbbaurecht nach § 30 WEG (BayObLGZ 1990, 212; Winkler/Schlögel § 6 Rn 19). Über eine mögliche Umdeutung vgl BayObLGZ 1961, 23 = NJW 1961, 1263; OLG Düsseldorf DNotZ 1977, 305. Zulässig ist es dagegen, anstelle oder neben dem dinglichen Erbbauzins gem § 9 ErbbauRG eine allgemeine subjektiv-dingliche Reallast zugunsten des Eigentümers eines anderen Grundstücks bzw einer anderen Eigentumswohnung zu bestellen (vgl OLG Düsseldorf DNotZ 1977, 305; MünchKommBGB/Weiss § 9 ErbbauRG Rn 8).

47 Das Recht aus der **Erbbauzinsreallast** gem § 9 ErbbauRG sowie der Anspruch auf die noch nicht fälligen Leistungen gehören nach § 9 Abs 2 ErbbauRG, § 96 BGB zu den **wesentlichen Bestandteilen** des Grundstücks und teilen dessen rechtliches Schicksal bei jeder Übertragung, Belastung oder Zwangsvollstreckung.

Der Anspruch aus der Erbbauzinsreallast kann vom Eigentum am Grundstück auch nicht in der Weise getrennt werden, dass er nur noch dem jeweiligen Inhaber eines bestimmten Miteigentumsanteils am herrschenden Grundstück zusteht. Dies gilt auch für die Erbbauzinsreallast an einem Wohnungserbbaurecht (BayObLGZ 1990, 212; OLG Düsseldorf DNotZ 1977, 305). Eine subjektiv dingliche Reallast kann nach § 1105 Abs 2 BGB nur zugunsten des jeweiligen Eigentümers eines anderen Grundstücks, nicht jedoch zugunsten des jeweiligen Inhabers eines Miteigentumsanteils an einem Grundstück bestellt werden (Staudinger/Reymann [2025] § 1105 BGB Rn 6). Daraus folgt, dass sie auch nachträglich nicht in der Weise beschränkt werden kann.

In die noch nicht fälligen Leistungen ist daher auch keine Zwangsvollstreckungsmaßnahme möglich. Eine Pfändung gem § 857 Abs 6 ZPO ist hier nicht zulässig (BayObLGZ 1990, 212, 215; Ingenstau/Hustedt § 9 ErbbauRG Rn 19; Lemke/Czub § 9 ErbbauRG Rn 11). Eine Zwangsvollstreckung in das Grundstück erfasst aber auch diese Rechte. Zusammen mit dem vom Grundstückseigentum ebenfalls nicht abtrennbaren Heimfallanspruch (§ 3 ErbbauRG) und dem Verbot der Abtretung des Entschädigungsanspruchs für das Gebäude bei Beendigung des Erbbaurechts durch Zeitablauf (§ 27 Abs 4 ErbbauRG) gewährleistet sonach der Erbbauzinsanspruch eine weitere Werthaltigkeit des belasteten Grundstücks. Als Grundstücksbestandteil unterliegt der Anspruch auf den Erbbauzins auch der Hypothekenhaftung aus einer im Range nach dem Erbbaurecht an dem belasteten Grundstück eingetragenen Hypothek (§§ 1120, 1126 BGB).

48 Verfügungen über den Erbbauzinsanspruch, insbesondere Abtretungen und Belastungen sowie Pfändungen sind nur in Ansehung **bereits fällig** gewordener Leistungen möglich. Verfügungen und Pfändungen für erst künftig fällig werdende Leistungen sind nach § 9 Abs 2 ErbbauRG ausgeschlossen. In die Erbbauzinsreallast kann auch nicht gem § 857 Abs 6 ZPO vollstreckt werden (Grüneberg/Wicke § 9 ErbbauRG Rn 5).

49 Bei einem **Gesamterbbaurecht** steht der Anspruch auf den Erbbauzins bei Fehlen einer anderweitigen Vereinbarung den Eigentümern als Gesamtberechtigten nach § 428 BGB zu (Ingenstau/Hustedt § 9 ErbbauRG Rn 18; Böttcher Rn 418). Eine dingliche Aufteilung des Anspruchs zugunsten der einzelnen Grundstückseigentümer ist jedoch möglich (Böttcher Rn 46; Winkler/Schlögel § 3 Rn 49).

IV. Vereinbarungen zum Inhalt des Erbbauzinses (Abs 3)

50 Gemäß Abs 3 können verschiedene Vereinbarungen zum Inhalt des Erbbauzinses gemacht werden. Während Abs 3 S 1 Nr 1 das Bestehenbleiben des Erbbauzinses in der Zwangsversteigerung betrifft, sieht Abs 3 S 1 Nr 2 die Möglichkeit eines Rangvorbehalts vor. Abs 3 S 2 regelt die Mitwirkung dinglich Berechtigter am Erbbaurecht.

1. Bestehenbleiben in der Zwangsversteigerung (Abs 3 S 1 Nr 1)

a) Gesetzliche Ausgangslage

Für den eingetragenen Erbbauzins haften das Erbbaurecht und seine Bestandteile. 51
Die Befriedigung des Eigentümers erfolgt im Wege der Zwangsvollstreckung in das Erbbaurecht. Der jeweilige Erbbauberechtigte haftet darüber hinaus auch persönlich gem § 9 ErbbauRG, § 1108 BGB für die während der Dauer seines Rechts fällig werdenden Leistungen.

Durch eine **Zwangsversteigerung** in das Erbbaurecht wegen rückständiger Einzelleistungen kommt das ganze Recht auf den Erbbauzins zum Erlöschen, sofern nicht nach § 59 Abs 3 ZVG sein Bestehenbleiben als Versteigerungsbedingung gesetzt wird (vgl § 92 ZVG; RGZ 85, 244 für den Fall einer Ablösesumme). Soweit der Versteigerungserlös ausreicht, erhält der Eigentümer Wertersatz in Höhe des kapitalisierten Erbbauzinses (§ 92 Abs 1 ZVG). Die Kapitalisierung richtet sich dabei nach § 111 ZVG (Ingenstau/Hustedt § 9 ErbbauRG Rn 134). Dies hat zur Folge, dass der Grundstückseigentümer bei einer Zwangsversteigerung des Erbbaurechts, wenn valutierte Grundpfandrechte dem Erbbauzins im Range vorgehen (und dieser deshalb nicht in das geringste Gebot fällt) und noch eine längere Zeitdauer des Erbbaurechts gegeben ist, in aller Regel einen erheblichen Verlust hat oder der Erbbauzins ganz ausfällt. Es entsteht ein **erbbauzinsloses Erbbaurecht**. Der Eigentümer hat auch idR nicht die Möglichkeit eine nach § 5 ErbbauRG etwa vorbehaltene Zustimmung zum Zuschlagbeschluss mit der Begründung zu versagen (§ 8 ErbbauRG), der Ersteher übernehme die Erbbauzinslast nicht (BGH 26. 2. 1987 – V ZB 10/86, BGHZ 100, 107, 114; BGH 13. 7. 2017 – V ZB 186/15, BGHZ 215, 250 Rn 28; BGH NJW 1982, 234).

Der Eigentümer kann sich nur dadurch sichern, dass er seiner Erbbauzinsreallast keinerlei Verwertungsrecht im Grundbuch vorgehen lässt (insbesondere nicht Grundpfandrechte), weil dann in einer Zwangsversteigerung die Erbbauzinsreallast bestehen bleibt, es sei denn der Eigentümer betreibt selbst aus dieser Reallast die Zwangsversteigerung (zu den Problemen des – nicht vollstreckungsfesten – Erbbauzinses in der Zwangsversteigerung vgl Götz DNotZ 1980, 3; Bertolini MittBayNot 1983, 112; Groth DNotZ 1983, 652; Knothe 259 ff; Ruland NJW 1983, 96; Sperling NJW 1983, 2487; Stakemann NJW 1984, 962; Tradt DNotZ 1984, 370; Winkler DNotZ 1970, 390; Winkler NJW 1985, 940).

b) Die Stillhalteerklärung

Die Praxis hat einen Ausweg in der sog **Stillhalteerklärung** (BGH 6. 11. 2015 – V ZR 165/ 52
14, DNotZ 2016, 448 Rn 32; Dedekind MittRhNotK 1993, 112; DNotI-Rep 2004, 53; DNotI Gutachten-Abruf-Nr 105445 v 14. 9. 2010; MünchKommBGB/Weiss § 9 ErbbauRG Rn 22, 23; Freckmann ErbbauZ 2021, 99) gefunden. Dabei verpflichtet sich der Eigentümer den Realgläubigern gegenüber, im Falle einer Zwangsversteigerung des Erbbaurechts seinen erstrangig eingetragenen Erbbauzins nicht voll geltend zu machen, sondern nur die bis zum Zuschlag angefallenen Rückstände und im Übrigen den Erbbauzins als fortdauernde Belastung dem Ersteher stehen zu lassen. Die Ausführung erfolgt dann gemäß § 59 Abs 1 ZVG oder § 91 Abs 2 ZVG. Die Sicherung dieser Verpflichtung erfolgt dadurch, dass der Eigentümer sich weiter verpflichtet, dann mit seinem Erbbauzins im Rang hinter die Grundpfandrechte zurückzutreten, wenn er seiner oben genannten Verpflichtung nicht nachkommen sollte. Zur Sicherung dieser Rangänderungsverpflichtung kann dann eine Vormerkung im Erbbaugrundbuch eingetragen werden

(vgl Götz DNotZ 1980, 3; DNotI-Rep 2005, 91; DNotI Fax-Pool Gutachten v 14. 9. 2010 cr-as 105445-1-f-f; kritisch hierzu Winkler/Schlögel § 6 Rn 265; Lemke/Czub § 9 ErbbauRG Rn 54). Auf diese Weise wird erreicht, dass den Realgläubigern bei der Zwangsversteigerung des Erbbaurechts nur etwaige Erbbauzinsrückstände vorgehen. Da der Bieter mit dem Bestehenbleiben des Erbbauzinses rechnen muss, wird allerdings das Gebot geringer ausfallen. Dies ist aber die Folge, dass eben nur das Bauwerk und nicht das Grundstück den Gläubigern zur Verfügung steht. Eine rechtliche Verpflichtung zur Abgabe einer Stillhalteerklärung besteht für den Eigentümer nicht.

53 Die Stillhalteerklärung wird auch mit der Variante praktiziert, dass das Grundpfandrecht Vorrang vor der Erbbauzinsreallast und der Anpassungsvormerkung erhält, wobei sich der **Grundpfandrechtsgläubiger gegenüber dem Eigentümer** verpflichtet, diese bei der Zwangsversteigerung ohne Kapitalisierung in das geringste Gebot aufnehmen zu lassen (Ingenstau/Hustedt § 9 ErbbauRG Rn 137; MünchKommBGB/Weiss § 9 ErbbauRG Rn 22).

c) Versteigerungsfeste Erbbauzinsreallast (Abs 3 S 1 Nr 1)

54 Die Sicherung mittels Stillhalteerklärung ist jedoch nicht perfekt, da sie dann nicht greift, wenn das Grundstück veräußert wird und der Rechtsnachfolger die lediglich schuldrechtlichen Verpflichtungen nicht übernimmt (vOefele DNotZ 1995, 644; Winkler/Schlögel § 6 Rn 263; Ingenstau/Hustedt § 9 ErbbauRG Rn 138; Eichel MittRhNotK 1995, 197; Rapp, in: FS Brambring [2011] 307; Fröhler notar 2011, 221, 226 re).

Einen Ausweg konnte nur der Gesetzgeber leisten, der dabei auf den Vorschlag von Winkler (DNotZ 1970, 390; NJW 1985, 940) zurückgriff und mit **§ 9 Abs 3 S 1 Nr 1 ErbbauRG** einen **versteigerungsfesten Erbbauzins** schuf. Bei einem solchen konnte auch der Kapitalisierungszwang bei der Ermittlung des Beleihungswertes entfallen (§ 19 Abs 2 S 2 ErbbauRG). Der versteigerungsfeste Erbbauzins hat danach die Verdinglichung der „Stillhalteerklärung" herbeigeführt (Eichel MittRhNotK 1995, 198).

55 Der versteigerungsfeste Erbbauzins ist in § 9 Abs 3 ErbbauRG geregelt. Er gilt nur **wenn** er **vereinbart** ist, was den Vertragsteilen jedoch freisteht. Darüber hinaus muss die Vereinbarung, entsprechend § 873 Abs 1 BGB, in das **Grundbuch eingetragen** sein. Hierfür genügt zwar eine zulässige Bezugnahme nach § 874 BGB; eine solche ist aber im Interesse der Klarheit des Rechtsverkehrs und der Sicherung richtiger Behandlung in einem Versteigerungsverfahren nicht zu empfehlen (Lemke/Czub § 9 ErbbauRG Rn 58; vgl jedoch DNotI-Report 2025, 165 zum – teilweise abweichenden – Meinungsstand zu § 39 WEG).

56 Die Versteigerungsbeständigkeit besteht bei entsprechender Vereinbarung nach Abs 3 Nr 1 Alt 1 und Alt 2 **sowohl** für den Fall, dass der **Grundstückseigentümer selbst die Zwangsversteigerung** aus der Erbbauzinsreallast betreibt, **als auch** für den Fall, dass diese **von dem Inhaber eines im Range vorgehenden oder gleichstehenden dinglichen Rechtes** betrieben wird.

Damit unterscheidet sich die Erbbauzinsreallast von der allgemeinen Reallast gem §§ 1105 ff BGB, die in den vorgenannten Fällen stets zum Erlöschen des Rechtes führt, was vom Reallastberechtigten nicht verhindert werden kann (Amann DNotZ 1993, 232; Staudinger/Reymann [2025] Einl 50 zu §§ 1105–1112). Die Erbbauzinsreallast kann also im Gegensatz zur allgemeinen Reallast (BGH DNotZ 2004, 615; OLG Hamm DNotI-Rep 2002, 190), so ausgestaltet werden, als bestehe sie von Anfang an aus rangverschiedenen Teilen (Amann DNotZ 2004, 611). Nutznießer des § 9 Abs 3 Nr 1 ErbbauRG sind danach die zum Erbbauzins nachrangigen sonstigen Gläubiger, nicht der Erbbauzinsgläubiger (Amann DNotZ 2004, 611).

Eine Versteigerungsbeständigkeit kann gem Abs 3 Nr 1 Alt 3 auch vereinbart werden für den Fall, dass der Inhaber der in **§ 10 Abs 2 Nr 2 ZVG** genannten Ansprüche auf Zahlung der Beiträge zu den Lasten und Kosten des Wohnungserbbaurechts die Zwangsversteigerung des Erbbaurechts betreibt. Hierbei handelt es sich um den **Anspruch der rechtsfähigen Wohnungserbbauberechtigtengemeinschaft** bzw ausgleichsberechtigter Wohnungserbbauberechtigter auf Zahlung der gemäß §§ 16 Abs 2, 28 Abs 1, 2 WEG geschuldeten Kosten und Beiträge bzw Ausgleichsansprüche (zu den gesicherten Ansprüchen s Fröhler notar 2011, 221, 228 ff). **57**

Diese Regelung wurde durch das WEG-Änderungsgesetz vom 26. 3. 2007 (BGBl I 370) mit Wirkung vom 1. 7. 2007 an in das Gesetz aufgenommen. Sie wurde erforderlich, weil der rechtsfähigen Wohnungserbbauberechtigtengemeinschaft bzw ausgleichsberechtigten Wohnungserbbauberechtigten nunmehr das Recht zusteht, aus einem Titel über die Zahlung von Beiträgen und Kosten gem §§ 16 Abs 2, 28 Abs 2 WEG die Zwangsversteigerung des Wohnungseigentums (hier des Wohnungserbbaurechtes) im Range vor dinglich Berechtigten (§ 10 Abs 1 Nr 2 ZVG) zu betreiben. Ohne entsprechende Vereinbarung erlischt die Erbbauzinsreallast bei einer Zwangsversteigerung eines Wohnungserbbaurechtes wegen Ansprüchen der rechtsfähigen Gemeinschaft bzw ausgleichsberechtigter Wohnungserbbauberechtigter, die in die Rangklasse des § 10 Abs 1 Nr 2 ZVG fallen.

War die Erbbauzinsreallast bereits am 1. 7. 2007 (Inkrafttreten der WEG-Reform) versteigerungsfest, so ergibt sich nach Normzweck und ergänzender Vertragsauslegung, dass die Neufassung des § 9 Abs 3 Nr 1 ErbbauRG auch für Hausgeldrückstände gilt (Lemke/Czub § 9 ErbbauRG Rn 63; MünchKommBGB/Weiss § 9 ErbbauRG Rn 25; s auch Vierling MittBayNot 2008, 162; Rapp, in: FS Brambring [2011] 316; Winkler/Schlögel § 6 Rn 289; **aA** Ingenstau/Hustedt § 9 ErbbauRG Rn 139; Fröhler notar 2011, 221, 233 re).

Das Bestehenbleiben der nachrangigen Erbbauzinsreallast kann bei einer Zwangsversteigerung (ausgenommen durch den Grundstückseigentümer selbst) nur vereinbart werden, wenn diese durch den Inhaber eines „dinglichen Rechts" oder der in § 10 Abs 1 Nr 2 ZVG genannten Ansprüche betrieben wird. Für den Fall, dass die **Zwangsversteigerung aus den Rangklassen des § 10 Nr 1, 1a oder 3 ZVG** betrieben wird, kann keine Versteigerungsfestigkeit als Inhalt des Erbbauzinses vereinbart werden; in diesem Fall erlischt die Erbbauzinsreallast (vOefele DNotZ 1995, 647; Lemke/Czub § 9 ErbbauRG Rn 63). **58**

Erwähnenswert ist hier auch die Zwangsversteigerung auf Antrag des Insolvenzverwalters nach § 174a ZVG (Stöber NJW 2000, 3602; sehr kritisch hierzu MünchKommBGB/Weiss § 9 ErbbauRG Rn 29).

Die **Wirkung der versteigerungsfesten Ausgestaltung** besteht darin, dass das Stammrecht bestehen bleibt, wenn der Grundstückseigentümer aus der Reallast oder der **59**

Gläubiger eines vorrangigen Grundpfandrechtes aus diesem vollstreckt, wobei dann dem Eigentümer lediglich die laufenden Leistungen und rückständige Leistungen zustehen. Der künftige Erbbauzins bleibt durch die vom Ersteher zu übernehmende Reallast gesichert (Rapp, in: FS Brambring [2011] 311). Dies gilt unabhängig von der Rangstelle der Reallast. Wirtschaftlich wird damit die Zwangsversteigerung des Erbbaurechtes mit einem freihändigen Verkauf gleichgesetzt: Der Erbbauzins bleibt bestehen und der volle Erlös steht für die Befriedigung der Grundpfandrechte und etwaiger rückständiger Erbbauzinsen zur Verfügung.

Die Versteigerung eines Erbbaurechtes hat demnach bei Vereinbarung und entsprechender Eintragung im Erbbaugrundbuch eines versteigerungsfesten Erbbauzinses folgende Auswirkungen:

- Betreibt der **Eigentümer als Berechtigter der Erbbauzinsreallast** die Zwangsversteigerung, so bleibt diese nach § 52 Abs 2 S 2 ZVG mit ihrem Hauptanspruch bestehen. Die laufenden und aus den letzten zwei Jahren rückständigen Leistungen auf den Erbbauzins werden dagegen gem § 10 Abs 2 Nr 4 ZVG an der Rangstelle der Erbbauzinsreallast bedient und bar bezahlt. Ältere Rückstände erleiden Rangverlust (§ 10 Abs 1 Nr 8 ZVG). Fehlt eine Vereinbarung nach Abs 3 (ist also die Erbbauzinsreallast nicht versteigerungsfest), dann erlischt diese entsprechend § 52 Abs 1 S 2 ZVG, wobei der Erbbauzins nach § 92 ZVG kapitalisiert und aus dem Erlös beglichen wird.

- Betreibt ein im Verhältnis zur **Erbbauzinsreallast vorrangiger oder gleichrangiger Gläubiger** die Zwangsversteigerung, so bleibt diese mit dem Hauptanspruch bestehen. Rückständige Leistungen werden nur nach § 92 ZVG berücksichtigt. Das betreibende Recht erlischt, der Rangvorbehalt wird jedoch wirksam. Besteht die Vereinbarung nach Abs 3 S 1 Nr 1 nicht, so fällt die Erbbauzinsreallast nicht in das geringste Gebot, sondern erlischt nach § 91 ZVG und ihr Berechtigter wird gem § 92 ZVG abgefunden.

  Bei einer Zwangsversteigerung auf Betreiben eines **nachrangigen Berechtigten** bleibt die Erbbauzinsreallast bestehen, § 52 Abs 1 S 1 ZVG. Eine Kapitalisierung des Erbbauzinses entfällt bei einer Vereinbarung gem Abs 3 S 1 Nr 1 ErbbauRG. In das geringste Gebot fallen lediglich die laufenden und aus den letzten zwei Jahren rückständigen Leistungen (§ 19 Abs 2 S 2 ZVG, § 52 Abs 2 S 2 ZVG, § 10 Abs 1 Nr 4 ZVG). Zur Situation bei der Zwangsversteigerung siehe vOefele DNotZ 1995, 646 ff.

2. Rangvorbehalt (Abs 3 S 1 Nr 2)

60 Gemäß Abs 3 S 1 Nr 2 kann vereinbart werden, dass der jeweilige Erbbauberechtigte dem jeweiligen Berechtigten der Erbbauzinsreallast gegenüber berechtigt ist, das Erbbaurecht in einem bestimmten Umfang mit einer der Reallast im Rang vorgehenden Grundschuld, Hypothek oder Rentenschuld im Erbbaugrundbuch zu belasten. Hierdurch kann vermieten werden, dass infolge einer Zwangsversteigerung die vorrangigen Grundpfandrechte erlöschen und der Eigentümer mit seiner Erbbauzinsreallast im Rang aufrückt und dem Ersteher die Möglichkeit zur vorrangigen Belastung verloren geht (BeckOK-BGB/Maass [1. 12. 2025] § 9 ErbbauRG Rn 17 mwNw). Besteht ein Rangvorbehalt nach § 9 Abs 3 S 1 Nr 2 ErbbauRG, so ist der jeweilige Erbbauberechtigte befugt, diesen für seine Zwecke auszunutzen, wobei es keine Rolle spielt, ob er das Erbbaurecht rechtsgeschäftlich oder im Wege der Zwangsversteigerung erworben hat und auch keine Rolle, für welche Zwecke die Belastung erfolgen soll.

Nach hM können die Vereinbarungen gemäß Abs 3 S 1 Nr 1 und 2 trotz des verbin- **61** denden Wortes „und" **kumulativ oder alternativ** getroffen werden (KG MittBayNot 2018. 446; vOEFELE DNotZ 1995, 647; WINKLER/SCHLÖGEL § 6 Rn 57; LEMKE/CZUB § 9 ErbbauRG Rn 66; GRÜNEBERG/WICKE § 9 ErbbauRG Rn 15; BÖTTCHER ZNotP 2019, 139; SCHLÖGEL MittBayNot 2018, 448 re; SCHREINERT notar 2019, 373; MünchKommBGB/WEISS § 9 ErbbauRG Rn 25, 30; **aA** RAPP, in: FS Brambring [2011] 313; STAUDINGER/RAPP [2021] § 9 ErbbauRG Rn 29).

Ist nach **§ 5 Abs 2 ErbbauRG** zur Belastung des Erbbaurechtes die Zustimmung des **62** Grundstückseigentümers erforderlich, so wird diese durch einen solchen Rangvorbehalt nicht obsolet (WINKLER/SCHLÖGEL § 6 Rn 59; EICHEL DNotZ 2004, 78; LEMKE/CZUB § 9 ErbbauRG Rn 74; MünchKommBGB/WEISS § 9 ErbbauRG Rn 30; **aA** SCHÖNER/STÖBER Rn 1785; WEBER Rpfleger 1998, 7; BÖTTCHER Rn 584).

Ein Anspruch auf Erteilung der Belastungszustimmung setzt voraus, dass die Belastung den Regeln einer ordnungsgemäßen Wirtschaft entspricht. Angesichts der Laufzeit des Erbbaurechtes und den möglicherweise differierenden Verwendungen des Erbbaurechtsbauwerkes kann diese Beurteilung zu verschiedenen Zeitpunkten auch verschieden ausfallen. Es empfiehlt sich deshalb, bei der Vereinbarung der Belastungszustimmung einen dementsprechenden Vorbehalt aufzunehmen.

3. Zustimmung von Berechtigten (Abs 3 S 2)

Nach Abs 3 S 2 ist für die Wirksamkeit einer Vereinbarung nach S 1 Nr 1 und Nr 2 **63** die Zustimmung der Inhaber der der Erbbauzinsreallast im Range vorgehenden oder gleichstehenden dinglichen Rechte erforderlich. Die Vorschrift betrifft damit nur den Fall, dass bei einem bestehenden Erbbaurecht **nachträglich Vereinbarungen** mit dem Inhalt der Nrn 1 und 2 getroffen werden (BAUER/vOEFELE AT VI Rn 246). Bei einer Neubegründung können der Erbbauzinsreallast noch gar keine Rechte im Range vorgehen oder gleichstehen (EICHEL MittRhNotK 1995, 199).

Das Betroffensein im rechtlichen Sinne der vorgehenden Rechte sei an folgendem **64** Beispiel erläutert: An erster Rangstelle ist ein Grundpfandrecht zu 200.000 € eingetragen. Der Wert des nachrangigen kapitalisierten Erbbauzinses beträgt 125.000 €. Rückstände bezüglich des Erbbauzinses bestehen nicht. Der Grundpfandrechtsgläubiger betreibt die Zwangsversteigerung. Bleibt der Erbbauzins bestehen, so wird der Bieter dessen kapitalisierten Wert von seinem Bargebot abziehen, da er das Recht zu übernehmen hat. Dies kann dazu führen, dass der Grundpfandrechtsgläubiger teilweise ausfällt. Ohne eine nachträgliche Vereinbarung nach Abs 3 S 1 Nr 1 und Nr 2 würde die Erbbauzinsreallast erlöschen, wäre also vom Ersteher nicht zu übernehmen. Sein Bargebot würde sich dementsprechend erhöhen, was sich zugunsten des Grundpfandrechtsgläubigers auswirkt. Dieser ist deshalb im rechtlichen Sinne betroffen mit der Konsequenz, dass zur entsprechenden Vereinbarung seine Zustimmung notwendig ist.

Ist jedoch aus rechtlichen Gründen eine **Betroffenheit auszuschließen**, entfällt auch das Zustimmungserfordernis (Rapp, in: FS Brambring [2011] 305, 316; MünchKommBGB/Weiss § 9 ErbbauRG Rn 26; für Zustimmungsanspruch dagegen Schöner/Stöber Rn 1806g; DNotI Fax-Pool Gutachten v 6. 4. 2010 hm-as 102034-i-f-f; Winkler/Schlögel § 6 Rn 286). Dies ist anzunehmen bei Rechten der Abteilung II des Grundbuchs, aus denen keine Zwangsvollstreckung in das Erbbaurecht betrieben werden kann und die dem bestrangigen Grundpfandrechts- oder Reallastgläubiger im Range vorgehen. Diese Rechte fallen bei jeder Zwangsversteigerung in das geringste Gebot und müssen vom Ersteher übernommen werden. Wird das geringste Gebot nicht erreicht, entfällt der Zuschlag. Für diese Berechtigten ist also der Fortbestand ihrer Rechte in jedem Fall sichergestellt. Der Fortbestand der Erbbauzinsreallast oder deren Erlöschen kann auf ihre Rechtsposition keine Einwirkung haben. Das Zustimmungserfordernis des Abs 3 S 2 ist insoweit teleologisch zu reduzieren (MünchKommBGB/Weiss § 9 ErbbauRG Rn 26).

65 Eine Zustimmung **nachrangiger Berechtigter** ist dagegen nach dem eindeutigen Wortlaut **nicht erforderlich** (KG MittBayNot 2018, 446; Böttcher ZNotP 2019, 139; MünchKommBGB/Weiss § 9 ErbbauRG Rn 26; Freckmann ErbbauZ 2021, 100; **aA** Eichel MittRhNotK 1995, 199, der § 880 BGB analog anwendet). Es kann deshalb offenbleiben, ob für diese Berechtigten der Vorteil der entfallenden Kapitalisierung des Erbbauzinses höher ist als der Nachteil eines vermutlich niedrigeren Erlöses (vOefele DNotZ 1995, 646).

V. Erbbauzins und Heimfallanspruch (Abs 4)

66 Neben der Sicherung des Erbbauzinsanspruchs durch eine Erbbauzinsreallast kann zugunsten des Grundstückseigentümers eine weitere Sicherung über die Vereinbarung eines Heimfallanspruchs bei Nichtbezahlung des Erbbauzinses vereinbart werden. Abs 4 **beschränkt** jedoch **den Heimfallanspruch** in diesem Falle darauf, dass er erst geltend gemacht werden kann, wenn Verzug mindestens in Höhe zweier Jahresbeträge vorliegt. Dabei kommt es nicht darauf an, dass der Verzug bezüglich zweier aufeinanderfolgender Zeiträume vorliegt, maßgeblich ist die Summe zweier Jahresbeträge, auch wenn sich ein Verzug aus Teilleistungen ergibt. Maßgeblich ist der Zeitpunkt der Ausübung des Heimfallrechtes. Unterliegt der Erbbauzins einer automatisch wirksamen Gleitklausel, ist für die Berechnung der Jahresbeträge diejenige Summe maßgeblich, die sich bei Rückrechnung vom Tag der Geltendmachung des Heimfallanspruchs auf die davor liegenden zwei Jahre ergibt.

VI. Sonstiges

67 Über die **Fälligkeit der einzelnen Beträge** des Erbbauzinses enthält das Gesetz weder in § 9 ErbbauRG noch in §§ 1107, 1115 BGB eine Aussage. Sie richtet sich nach der Vereinbarung der Beteiligten, wobei auch Vorauszahlungen vereinbart werden können (BVerfG 25. 3. 2021 – 2 BvL 1/11 – NJW 2021, 2424 Rn 59 ff; zur Begrenzung der Abzugsfähigkeit von Vorauszahlungen s § 10 Abs 2 EStG). Der Eintritt des Verzuges richtet sich nach § 286 BGB.

68 Bei **Verzug** haftet der Erbbauberechtigte nach § 286 BGB für den Verzugsschaden; Verzugszinsen/Prozesszinsen bezüglich des dinglichen Anspruchs sind jedoch gem §§ 1107, 289 S 1, 291 S 2 BGB ausgeschlossen (BGH NJW 1980, 2519; OLG Düsseldorf DNotZ 2001, 705), soweit es sich um einen für die gesamte Laufzeit des Erbbaurechtes festen Erbbauzins handelt. Zinsen würden nämlich den Festbetrag verändern. Dies schließt jedoch die Geltendmachung eines Verzugsschadens (§ 289 S 2 BGB) durch den Eigentümer gem § 286 Abs 1 BGB nicht aus (Erman/Grziwotz § 9 ErbbauRG Rn 23). Dieser Anspruch wird aber nicht durch die Erbbauzinsreallast gesichert (BGH NJW 1970, 2519).

Zulässig, dinglich jedoch nicht gesichert, ist die Vereinbarung einer Vertragsstrafe gem § 2 Nr 5 ErbbauRG für den Fall des Verzugs mit dem dinglichen Erbbauzins (§ 2 ErbbauRG Rn 78). Hier besteht jedoch die richterliche Herabsetzungsmöglichkeit gem § 343 BGB.

Der fällige **Erbbauzins verjährt** in drei Jahren, §§ 902 Abs 1 S 2, 195 BGB (BGH 9. 10. 2009 – V ZR 18/09, DNotZ 2010, 292; Winkler/Schlögel § 6 Rn 15; Böttcher Rn 411 ff). Dies gilt auch, wenn der Erbbauzinsanspruch rechtskräftig festgestellt ist oder sich aus einer vollstreckbaren Urkunde ergibt, § 197 Abs 2 BGB. Daraus ist der Wille des Gesetzgebers erkennbar, Ansprüche auf regelmäßig wiederkehrende Leistungen der regulären Verjährungsfrist von drei Jahren zu unterwerfen (BGH 9. 10. 2009 – V ZR 18/09, DNotZ 2010, 242 Rn 11; BGH 19. 12. 2000 – X ZR 128/99, BGHZ 146, 228, 232). 69

Lastet bei **Wohnungs- bzw Teilerbbaurechten** eine beschränkte persönliche **Dienstbarkeit** oder eine Grunddienstbarkeit **an dem Erbbaurecht als Ganzen**, bleiben diese gem § 52 Abs 2 S 2 lit b bestehen, wenn die **Zwangsversteigerung aus dem Hausgeldanspruch** gem §§ 16, 28 Abs 2 WEG, § 10 Abs 1 Nr 2 ZVG betrieben und diesen kein anderes Recht der Rangklasse 4 vorgeht, aus dem die Versteigerung betrieben werden kann (Fröhler notar 2011, 221, 233). 70

Steht ein Erbbaurecht mehreren Berechtigten zu und betreibt einer von ihnen die **Zwangsversteigerung zum Zwecke der Auseinandersetzung** der Gemeinschaft, so bleibt die Erbbauzinsreallast auch dann bestehen, wenn sie am Anteil des betreibenden Mitberechtigten besteht (§§ 180 Abs 1 und 52 Abs 1 S 2 ZVG), siehe hierzu Stöber NJW 2000, 3601. 71

§ 9a
ErbbauRG

(1) Dient das auf Grund eines Erbbaurechts errichtete Bauwerk Wohnzwecken, so begründet eine Vereinbarung, daß eine Änderung des Erbbauzinses verlangt werden kann, einen Anspruch auf Erhöhung des Erbbauzinses nur, soweit diese unter Berücksichtigung aller Umstände des Einzelfalles nicht unbillig ist. Ein Erhöhungsanspruch ist regelmäßig als unbillig anzusehen, wenn und soweit die nach der vereinbarten Bemessungsgrundlage zu errechnende Erhöhung über die seit Vertragsabschluß eingetretene Änderung der allgemeinen wirtschaftlichen Verhältnisse hinausgeht. Änderungen der Grundstückswertverhältnisse bleiben außer den in Satz 4 genannten Fällen außer Betracht. Im Einzelfall kann bei Berücksichtigung aller Umstände, insbesondere

1. **einer Änderung des Grundstückswerts infolge eigener zulässigerweise bewirkter Aufwendungen des Grundstückseigentümers oder**

2. der Vorteile, welche eine Änderung des Grundstückswerts oder die ihr zugrunde liegenden Umstände für den Erbbauberechtigten mit sich bringen,

ein über diese Grenze hinausgehender Erhöhungsanspruch billig sein. Ein Anspruch auf Erhöhung des Erbbauzinses darf frühestens nach Ablauf von drei Jahren seit Vertragsabschluß und, wenn eine Erhöhung des Erbbauzinses bereits erfolgt ist, frühestens nach Ablauf von drei Jahren seit der jeweils letzten Erhöhung des Erbbauzinses geltend gemacht werden.

(2) Dient ein Teil des auf Grund des Erbbaurechts errichteten Bauwerks Wohnzwecken, so gilt Absatz 1 nur für den Anspruch auf Änderung eines angemessenen Teilbetrags des Erbbauzinses.

(3) Die Zulässigkeit einer Vormerkung zur Sicherung eines Anspruchs auf Erhöhung des Erbbauzinses wird durch die vorstehenden Vorschriften nicht berührt.

Materialien: § 9a ErbbauRG wurde eingeführt durch Gesetz vom 8. 1. 1974 (BGBl I 41) und ist in Kraft seit 23. 1. 1974. Hierzu besteht eine Übergangsregelung gem § 35, Art 138 Nr 4 des Gesetzes vom 19. 4. 2006 (BGBl I 866).

Systematische Übersicht

Alphabetische Übersicht

I. Hintergrund und Zweck der Norm

1 Die vom Erbbauberechtigten an den Grundstückseigentümer zu erbringenden Leistungen sollen ein Äquivalent für das dingliche Recht der Grundstücksnutzung darstellen. Gegenleistungen für eine Grundstücksnutzung stehen jedoch, wie insbesondere bei Miet- und Pachtzinsen sichtbar wird, stets in Beziehung zum Grundstückswert. Das ErbbauRG geht deshalb (nunmehr) davon aus, dass der **Erbbauzins** nicht für die gesamte Laufzeit des Rechts in identischer Höhe geschuldet ist, sondern an eine Änderung der Verhältnisse, die seiner Bemessung zugrunde liegen, **anzupassen** ist (BGH NJW 2003, 356). Die Rechtsprechung hat es deshalb zugelassen, den Grundstückswert und die aus ihm abgeleiteten Nutzungswerte zum Maßstab für eine Anpassung des Erbbauzinses zu vereinbaren (BGH NJW 2003, 355 re; NZM 1999, 677; NJW 1995, 1360; DNotZ 1970, 351; BGHZ 169, 215 Rn 11 ff; 22, 220).

Bei dem erheblichen Anstieg der Grundstückspreise in der Zeit nach dem Zweiten Weltkrieg führte dies zu entsprechenden Steigerungen der Erbbauzinsen, die an Grundstückswerte gekoppelt waren. Im Bereich des Mietrechts entwickelte dazu der Gesetzgeber die Grundsätze des „sozialen Mietrechts", vor allem das Gesetz zur Regelung der Miethöhe vom 18. 12. 1974 (BGBl I 3603). Es enthielt zwingende Vorschriften zur Begrenzung des Mietanstiegs (§ 10 MHG) und den Ausschluss des Kündigungsrechtes zum Zwecke der Durchsetzung von Mieterhöhungen (§ 1 S 1 MHG), wobei diese Regelungen seit 1. 9. 2001 in das allgemeine Mietrecht integriert wurden (§ 557b BGB). Für die Indexierung des Mietzinses, die (erst) seit dem 1. 9. 1993 zulässig ist, darf nur ein Preisindex für die Gesamtlebenshaltungskosten verwendet werden, also nicht ein Index für die Grundstückspreise oder für die Baukosten (§ 10a MHG, jetzt § 557b BGB). Zur Regelung der Miethöhe enthalten die §§ 557–561 BGB ausführliche Bestimmungen, vor allem auch zur „Kappungsgrenze" gem § 558 BGB.

2 § 9a ErbbauRG schloss sich der Tendenz dieser Gesetzgebung an und verbietet mit zwingender Wirkung bei **Erbbaurechten, die Wohnzwecken** dienen, Anpassungsklauseln, die sich ausschließlich auf die „Änderungen der Grundstücksverhältnisse" beziehen.

Sieht man in der Bestellung eines Erbbaurechtes wirtschaftlich einen Grundstücksverkauf auf Zeit, kann der Eliminierung des Grundstückswertes als alleiniger Berechnungsmaßstab eine gewisse Berechtigung nicht abgesprochen werden. Auch der Grundstückseigentümer, der sein Grundstück endgültig verkauft, kann in Ansehung des Kaufpreises bei später eintretenden Werterhöhungen des Grundstücks keine Nachforderungen geltend machen. Der Erbbauzins wird unter Berücksichtigung derjenigen Verhältnisse vereinbart, die zum Zeitpunkt des Vertragsschlusses maßgeblich sind. § 9a ErbbauRG bezweckt, für die Laufzeit des Erbbaurechtes die Äquivalenz von Leistung und Gegenleistung sicherzustellen. Dem entspricht eine Anpassung des Erbbauzinses an eine „eingetretene Änderung der allgemeinen wirtschaftlichen Verhältnisse".

II. Einschränkung der Erbbauzinsänderung, Abs 1

1. Anwendungsbereich

3 § 9a ErbbauRG betrifft seinem Wortlaut nach den **„Erbbauzins"**. Damit wird auf die gesetzliche Regelung in § 9 Abs 1 S 1 ErbbauRG verwiesen. Eine Begrenzung auf

den dinglichen Erbbauzins des § 9 ErbbauRG würde jedoch dem Gesetzeszweck nicht entsprechen. Unter § 9a ErbbauRG fällt deshalb neben dem dinglichen Erbbauzins jede andere wiederkehrende Gegenleistung des Erbbauberechtigten, also auch auf schuldrechtlicher Basis vereinbarte wiederkehrende Zahlungen (sogenannter schuldrechtlicher Erbbauzins, § 9 ErbbauRG Rn 10) aber auch sonstige Geldleistungen, zB eine Beteiligung des Grundstückseigentümers an der erzielten Miete. § 9a ErbbauRG ist eine Ausnahmeregelung, die sich lediglich auf Erbbaurechte bezieht, die Wohnzwecken dienen.

Die Vorschrift des § 9a ErbbauRG ist **unabdingbar**, als Ausnahmeregelung jedoch eng auszulegen (vgl BGHZ 87, 198; Winkler/Schlögel § 6 Rn 165).

4 § 9a ErbbauRG gilt nur für **Bauwerke**, die zu **Wohnzwecken** dienen. Bei gewerblich genutzten Grundstücken kann auch der Bodenwert als Änderungsmaßstab herangezogen werden (BGH NJW 2001, 1929). Bei einer gemischten Verwendung gilt Abs 2 (BGH NZM 1999, 677: Hausmeisterwohnung im Geschäftshaus).

Zu Wohnzwecken dienen alle Bauwerke, die unmittelbar bewohnt werden und solche, die im Zusammenhang mit einer Wohnanlage stehen, also auch Garagen, Schwimmbecken, Hobbyräume, usw Für die Anwendung des § 9a ErbbauRG kommt es nicht darauf an, ob es sich um ein Gebäude im steuerbegünstigten oder sozialen Wohnungsbau handelt. Auch Luxusgebäude fallen darunter. Es ist nicht erforderlich, dass der Erbbauberechtigte das Bauwerk selbst bewohnt (BGH 15. 12. 1978 – V ZR 70/77, BGHZ 73, 225, 227). Ferienwohnungen fallen nur dann unter § 9a ErbbauRG, wenn sie entweder eigengenutzt oder an Dauermieter vermietet werden (str, **aA** Lemke/Czub § 9a ErbbauRG Rn 5: unterfallen nie § 9a ErbbauRG; MünchKommBGB/Weiss § 9a ErbbauRG Rn 6: anwendbar ohne Differenzierung, jew mwNw). Bei einer wechselnden Vermietung an Urlauber handelt es sich um eine einem Gewerbe angenäherte Nutzung. Liegt der Schwerpunkt der Nutzungen, die der Erbbauberechtigte erbringt, in Dienstleistungen (zB Hotel, Pflegeheim, Krankenhaus) ist § 9a ErbbauRG nicht anwendbar.

Macht der Erbbauberechtigte eine vom Vertrag abweichende Verwendung des Bauwerks, ist § 9a ErbbauRG nur anzuwenden, wenn der betroffene Eigentümer oder sein Rechtsvorgänger dem für ihn nachteiligen Fall zugestimmt hat. Für den Grundstückseigentümer ist daher § 9a ErbbauRG in diesem Fall nur anwendbar, wenn das Bauwerk gemäß den Bestimmungen des Bestellungsvertrags oder mit Zustimmung des Eigentümers zu Wohnzwecken verwendet wird (Grüneberg/Wicke § 9a ErbbauRG Rn 9; Winkler/Schlögel § 6 Rn 181).

5 Weitere Voraussetzung für die Anwendbarkeit des § 9a Abs 1 ErbbauRG ist, dass im Erbbaurechtsvertrag eine **Vereinbarung** getroffen wurde, wonach eine **Änderung** des Erbbauzinses **verlangt** werden kann.

Die Art der Anpassungsklausel ist unerheblich. Es kann sich um eine Gleit- oder Spannungsklausel handeln, aber auch um einen sog Leistungsvorbehalt, bei welchem der genaue Umfang der Erhöhung erst noch durch Vereinbarung der Vertragsteile oder durch einen Dritten (§ 317 BGB) festgelegt werden muss. Ein vereinbartes Wahlschuldverhältnis dürfte nicht zu einer Anwendung des § 9a ErbbauRG führen, da hier von vornherein eine Änderung in der Höhe der Leistung ausgeschlossen ist, und lediglich verschiedene Leistungen nach Wahl des Gläubigers verlangt werden können (**aA** MünchKommBGB/Weiss § 9a ErbbauRG Rn 5 mwNw).

Für die Anwendung des § 9a ErbbauRG ist nicht erforderlich, dass eine bestimmte Bemessungsgrundlage von den Vertragsteilen vereinbart wurde. Auch der Fall einer allgemeinen Verpflichtung zur Anpassung des Erbbauzinses bei Änderung der allgemeinen Wirtschaftslage fällt unter § 9a ErbbauRG (vgl BGH NJW 1977, 433; Winkler/Schlögel § 6 Rn 173).

Im Übrigen müssen alle sonstigen allgemeinen Wirksamkeitsvoraussetzungen für eine Anpassungsklausel, zB Genehmigung des Bundesamtes für Wirtschaft nach § 2 PaPkG, PrKV, erfüllt sein bzw bei Geltung des PrKG (ab 14. 9. 2007) die Preisklausel wirksam sein (§ 9 ErbbauRG Rn 38 ff), zB wenn das Erbbaurecht auf die Dauer von mindestens 30 Jahren bestellt ist oder die Preisklausel gem § 2, 3 ErbbauRG wirksam ist bzw die Unwirksamkeit gem § 8 S 1 PrKG nicht oder die Wirksamkeit gem § 1 Abs 2 ErbbauRG besteht (Leistungsvorbehalt, Spannungsklausel). 6

§ 9a Abs 1 S 1 ErbbauRG ist vor dem Hintergrund zu sehen, der zur Zeit seines Inkrafttretens (Gesetz vom 8. 1. 1974, BGBl I 41; in Kraft getreten seit 23. 1. 1974) bezüglich des dinglichen Erbbauzinses bestanden hat. Nach der damaligen Rechtslage war der dingliche Erbbauzins für die Gesamtlaufzeit des Erbbaurechtes fest, insbesondere ohne jede Möglichkeit, eine Gleitklausel zu vereinbaren (siehe hierzu § 9 ErbbauRG Rn 22 ff). Die Möglichkeit, diesbezüglich eine **automatisch wirkende Gleitklausel** zu vereinbaren, besteht erst seit Inkrafttreten des Änderungsgesetzes zum 1. 10. 1994 (§ 9 ErbbauRG Rn 30 ff). § 9a Abs 1 S 1 ErbbauRG hat deshalb die lediglich **schuldrechtliche Anpassungsmöglichkeit** vor Augen. Hierauf bezieht sich die Formulierung, dass „eine Änderung des Erbbauzinses verlangt werden kann". Nach der nunmehrigen Gesetzeslage, die auch automatisch wirkende Gleitklauseln zulässt, ist § 9a ErbbauRG, seinem Zweck entsprechend jedoch auch so zu verstehen, dass Gleitklauseln von ihm erfasst werden. 7

Die Vereinbarung der Erbbauzinshöhe bei Vertragsbeginn wird durch § 9a ErbbauRG nicht erfasst (BGH NJW 2003, 357 li; BGHZ 119, 224). Selbst wenn der ursprüngliche Erbbauzins unangemessen hoch war (BGHZ 73, 225) oder wenn der Erbbauberechtigte selbst erst das Grundstück durch hohe Investitionen bebaubar gemacht hat (BGH NJW 1979, 1543) kann unter Berufung auf § 9a ErbbauRG keine Herabsetzung des Erbbauzinses verlangt werden, aber auch keine Berücksichtigung dieser Umstände in der Weise, dass eine zulässige Erhöhung deshalb niedriger ausfallen sollte. § 9a ErbbauRG betrifft deshalb ausschließlich Erhöhungen des Erbbauzinses, nicht jedoch Ermäßigungen. 8

Ebenso nicht erfasst von § 9a ErbauRG werden Erhöhungen, die im Einzelfall frei zwischen Grundstückseigentümer und Erbbauberechtigten vereinbart werden, die also nicht auf einem im Erbbaurechtsvertrag vereinbarten Anspruch auf Erhöhung bzw einer vereinbarten automatischen Erhöhung beruhen (Winkler/Schlögel § 6 Rn 170). 9

2. Rechtsfolgen

a) Begrenzte Erbbauzinserhöhung

10 § 9a ErbbauRG begründet **keine Nichtigkeit** einer Vereinbarung, die über die nach § 9a Abs 1 S 1 ErbbauRG zulässigen Grenzen hinausgeht (MünchKommBGB/Weiss § 9a ErbbauRG Rn 4 mwNw). Es besteht in diesem Fall jedoch gem Abs 1 S 1 ErbbauRG kein Anspruch auf den erhöhten Erbbauzins. Leistet der Erbbauberechtigte dennoch, kann die Leistung gem §§ 812 ff BGB kondizierbar sein (MünchKommBGB/Weiss § 9a ErbbauRG Rn 4).

Der Anspruch auf Erhöhung kann, wenn die übrigen Voraussetzungen vorliegen, im Rahmen der Fristen von S 5 durchgesetzt werden (Lemke/Czub § 9a ErbbauRG Rn 17; **aA** Ingenstau/Hustedt § 9a ErbbauRG Rn 35: Klage vor Fristablauf zulässig mit Antrag auf Leistung zum Fristende. Dabei sind jedoch die §§ 257, 259 ZPO zu beachten).

b) Erhöhung nach Billigkeitsmaßstab

11 Für die Frage, ob eine **Erhöhung unbillig** ist, sind „alle Umstände" des Einzelfalles zu berücksichtigen. Zu ihrer Feststellung sind die Interessen beider Vertragsteile unter Berücksichtigung der Umstände des Einzelfalles im Rahmen der vereinbarten Regelungen zu suchen, gegeneinander abzuwägen und zu werten (BGH NJW 2001, 1930). Die persönlichen Verhältnisse des Erbbauberechtigten (Krankheit, Alter, Einkommensverhältnisse) werden hier nicht berücksichtigt (BGH 15. 12. 1978 – V ZR 70/77, BGHZ 73, 225, 227; DNotZ 2001, 698; Lemke/Czub § 9a ErbbauRG Rn 13; BeckOK-BGB/Maass [1. 2. 2026] § 9a ErbbauRG Rn 11; **aA** MünchKommBGB/Weiss § 9a ErbbauRG Rn 13; Berücksichtigung bei Kenntnis der Umstände durch den Eigentümer; Grüneberg/Wicke § 9a ErbbauRG Rn 6; Ingenstau/Hustedt § 9a ErbbauRG Rn 31; vHoyningen-Huene NJW 1979, 1547, 1548 li), auch nicht die Angemessenheit der ursprünglichen Höhe des Erbbauzinses (BGH 15. 12. 1978 – V ZR 70/77 mit ablehnender Anm vHoyningen-Huene NJW 1979, 1547).

12 Als Bemessungsgrundlage für die Erhöhung tritt anstelle der vereinbarten Maßstäbe der vom Gesetz festgelegte Billigkeitsmaßstab. Dabei bezieht sich die Regelung von Abs 1 S 2 und 3 nicht auf die Voraussetzungen des Anspruchs, sondern nur auf dessen Umfang (BGH NJW 1980, 183). Zur Ermittlung der **Billigkeit der Erhöhung** verweist das Gesetz auf die „eingetretene Änderung der allgemeinen wirtschaftlichen Verhältnisse". Dies ist ein objektiver Bezugsmaßstab, der die Berücksichtigung persönlicher Verhältnisse des Erbbauberechtigten, aber auch solcher des Grundstückseigentümers, ausschließt. Die Berücksichtigung persönlicher Verhältnisse würde das Prinzip der Gleichwertigkeit von Leistung und Gegenleistung außer Kraft setzen und außerdem gegen den sachenrechtlichen Bestimmtheitsgrundsatz verstoßen (BGH 15. 12. 1978 – V ZR 70/77, BGHZ 73, 225, 228; Schreiber/Ruge Kap 10 Rn 62; Erman/Grziwotz § 9a ErbbauRG Rn 7; **aA** Ingenstau/Hustedt § 9a ErbbauRG Rn 31; Grüneberg/Wicke § 9a ErbbauRG Rn 6; Böttcher Rn 510 f; Winkler/Schlögel § 6 Rn 199).

13 Die **Bemessungsgrundlage** selbst ist in § 9a ErbbauRG **nicht** festgelegt. Jeder Vergleichsmaßstab kann vereinbart werden, so zB Lebenshaltungskostenindex, Bezugnahme auf Mietpreis, Löhne oder Gehälter. Auch der Bodenwert kann im Rahmen der Bestimmung von S 4 als Vergleichsmaßstab dienen. In seiner Auswirkung unterliegt sodann jeder Vergleichsmaßstab der Überprüfung hinsichtlich der Billigkeit.

14 Die vereinbarte Bemessungsgrundlage kann aufgrund der Billigkeitsprüfung bestätigt oder ermäßigt, nicht aber erhöht werden (vgl Grüneberg/Wicke § 9a ErbbauRG Rn 7; Ingenstau/Hustedt § 9a ErbbauRG Rn 40). Obwohl vom Gesetz eine bestimmte Bemessungsgrundlage nicht festgelegt wurde, kann doch in der Regel der **Lebenshaltungskostenindex** als die Bemessungsgrundlage angesehen werden, die dem § 9a ErbbauRG am meisten entspricht.

Bei allen anderen Bemessungsgrundlagen mag zufällig die Erhöhung mit der Änderung der allgemeinen wirtschaftlichen Verhältnisse übereinstimmen, in der Regel ist dies aber nicht der Fall, so zB bei sämtlichen Beamtengehaltsklauseln und dem Mietpreisindex. Der Lebenshaltungskostenindex muss jedoch dann als Bemessungsgrundlage ausscheiden, wenn er wesentlich von der allgemeinen Einkommensentwicklung abweicht. Denn die allgemeine Einkommensentwicklung ist für die wirtschaftlichen Verhältnisse genauso wesentlich wie die Entwicklung der Lebenshaltungskosten. Aus diesem Grund muss als Bemessungsgrundlage das Mittel aus den Indices für Lebenshaltungskosten und Einkommen (Löhne, Gehälter, Renten) verwendet werden (BGH DNotZ 1980, 312; 1981, 258). Es darf nämlich der Grundeigentümer mit seinen Einkünften aus der Bodenrendite von der allgemeinen Wirtschaftsentwicklung nicht ausgeschlossen werden (zustimmend Ingenstau/Hustedt § 9a ErbbauRG Rn 22), wenn die Lebenshaltungskosten geringer steigen. Andererseits ist bei hoher Inflationsrate und geringen Einkommenssteigerungen der volle Ausgleich der Inflationsrate für den Erbbauberechtigten unbillig (vgl BGH NJW 1980, 2243 u 2519; BGHZ 77, 190; Odenbreit NJW 1974, 2273; Nordalm NJW 1977, 1956, der auch die Entwicklung des Bruttosozialprodukts in die Berechnung einbezieht).

Aufgrund der derzeit herrschenden **Rechtsprechung** (BGHZ 75, 279; 77, 188; BGH NJW 2001, 1930; vgl auch BGH 18. 11. 2011 – V ZR 31/11, BGHZ 191, 336 Rn 16) ist die Änderung der „allgemeinen wirtschaftlichen Verhältnisse" identisch mit dem Mittelwert des Verbraucherpreisindexes einerseits und der Änderung des durchschnittlichen Bruttoeinkommens der Industriearbeiter und der Angestellten in Industrie und Handel andererseits (BGH 18. 11. 2011 – V ZR 31/11, BGHZ 191, 336 Rn 18; BGH 31. 10. 2008 – V ZR 71/08, NJW 2009, 679 Rn 17, 18 mwNw). Maßgeblich sind die Gesamtbevölkerung der Bundesrepublik (also nicht ein einzelnes Bundesland) und die Monatszahlen des Statistischen Bundesamtes (BGHZ 87, 198). Die entsprechende **Prozent-Formel** (vgl Winkler/Schlögel § 6 Rn 193; MünchKommBGB/Weiss § 6 ErbbauRG Rn 9f) lautet:

(Anstieg der Lebenshaltungskosten [VPI] + Anstieg der Einkommen) : 2 = Erhöhungsprozentsatz.

15 Bleibt im sozialen Wohnungsbau die erzielbare Miete hinter der Kostenmiete zurück, ist jedoch eine Anpassung des Erbbauzinses nach dieser Formel unbillig, weil der Erbbauberechtigte die Erhöhung nicht weitergeben kann (BGH NJW 2001, 1930 im Unterschied zu BGHZ 111, 214).

Zu beachten ist allerdings, dass nach § 3 Abs 1 PrKG eine Indexklausel, die auf Löhnen und Gehältern aufbaut, nicht wirksam ist. Bei Erbbaurechten mit einer Mindestlaufzeit von 30 Jahren kommt es jedoch hierauf, da insoweit eine Bereichsausnahme bezüglich der Genehmigungspflicht besteht, nicht an (§ 4 PrKG).

Besteht wegen einer kürzeren Laufzeit als 30 Jahre ausnahmsweise ein Wirksamkeitsvorbehalt, muss zunächst eine genehmigungsfähige Wertsicherungsklausel nach dem Verbraucherpreisindex vereinbart werden, deren jeweilige Höhe sodann mit der Maßgabe eingeschränkt wird, dass bei einem geringeren Anstieg der oben genannten Einkommen der entsprechende Mittelwert als Obergrenze der Erhöhung gilt. Bei einer wirksamen Wertsicherungsklausel darf also die Einkommensentwicklung nur als Grenze einer größeren Erhöhung der Lebenshaltungskosten vereinbart werden, nicht aber als Maßstab für die Erhöhung, wenn die Lebenshaltungskosten geringer als die Einkommen steigen sollten. Will der Eigentümer, was nach der Rechtsprechung des BGH zulässig ist, an einer Einkommensentwicklung, die über die Inflationsrate hinausgeht, beteiligt sein, so muss ein genehmigungsfreier Leistungsvorbehalt (§ 1 Abs 2 Nr 1 PrKG) vereinbart werden.

c) Zeitlicher Ausgangspunkt für Veränderungen

16 Unter **„Vertragsabschluss"** iS von S 2 des Abs 1 ist nicht der Abschluss des Vertrags über die Erbbaurechtsbestellung zu verstehen, sondern der Abschluss der Vereinbarung der Anpassungsklausel (Ingenstau/Hustedt § 9a ErbbauRG Rn 26). Im Allgemeinen wird eine solche Vereinbarung wohl in der Erbbaurechtsbestellungsurkunde getroffen werden. Dies muss aber nicht sein (vgl BGH NJW 1977, 433; 1980, 588; 1981, 2567; BB 1984, 303). Wird durch einen Änderungsvertrag eine ursprünglich vereinbarte Klausel durch eine neue ersetzt, durch die der Vertrag nicht nur in Nebenpunkten geändert wird, sondern eine grundlegende Änderung erfährt, so ist die neue Vereinbarung der zeitlich maßgebende Bezugspunkt (BGH BB 1984, 303).

d) Grundstückswert und allgemeine wirtschaftliche Verhältnisse

17 Für den **Grundstückswert** als Bemessungsgrundlage bringt Abs 1 S 3 eine Sonderregelung. Der Wert des Erbbaugrundstücks wird – Ausnahme S 4 – nicht berücksichtigt, auch nicht in Verbindung mit Nachbargrundstücken oder sonst vergleichbaren Grundstücken. S 3 bedeutet jedoch lediglich, dass die Grundstückswertverhältnisse **nicht alleiniger Maßstab** für die Feststellung der allgemeinen wirtschaftlichen Verhältnisse sein können. Mittelbar fließen jedoch auch Änderungen der Grundstückswertverhältnisse in die Änderung der allgemeinen wirtschaftlichen Verhältnisse ein. Diese werden, neben der Einkommensentwicklung, maßgeblich durch die Entwicklung der Lebenshaltungskosten bestimmt. In die Letzteren gehen jedoch auch grundstückswertbezogene Faktoren, insbesondere die Höhe der Mietkosten, mit ein (BGH NJW 2001, 1930). Sie bilden damit zusammen mit zahlreichen anderen Faktoren die Entwicklung der Lebenshaltungskosten. Ist aufgrund der Kappungsgrenze des § 9a Abs 1 ErbbauRG eine frühere Erhöhung des Grundstückswertes nicht oder nicht in dem vereinbarten Umfange berücksichtigt, so kann die ergänzende Vertragsauslegung ergeben, dass dies bei einer nachfolgenden Erhöhung ganz oder teilweise nachgeholt werden kann (BGHZ 169, 215). S 3 besagt jedoch nicht, dass aus den Lebenshaltungskosten die Grundstücksfaktoren herausgerechnet werden müssten. Ob bei der Anwendung des § 9a ErbbauRG die Erhöhung des Grundstückswerts bei einem unter der Geltung des Preisstopps bestellten Erbbaurechts trotzdem deswegen zu berücksichtigen ist, weil der ursprünglich vereinbarte Erbbauzins wegen des Preisstopps zu niedrig bemessen wurde, hat der BGH (WM 1984, 36) ausdrücklich offengelassen, aber nicht vollständig ausgeschlossen.

18 Ausnahmsweise können nach **Abs 1 S 4** nur solche Änderungen des Grundstückswerts als Bemessungsgrundlage dienen, welche infolge eigener zulässigerweise bewirkter Aufwendungen des Eigentümers verursacht wurden, oder der Vorteile, welche eine Änderung des Grundstückswerts für den Erbbauberechtigten mit sich bringen. Dabei kann es keine Rolle spielen, ob der Erbbauberechtigte diese Vorteile auch tatsächlich ausnützt (Ingenstau/Hustedt § 9a ErbbauRG Rn 30; **aA** Grüneberg/Wicke § 9a ErbbauRG Rn 5), sofern sie ausnutzbar sind. Dies ist bei einer Änderung des Bebauungsplans, die eine größere bauliche Nutzung gewährt, dann nicht der Fall, wenn das Erbbaurechtsgebäude schon voll ausgebaut ist (Grüneberg/Wicke § 9a ErbbauRG Rn 5). Der Vorteil, der die Wertsteigerung des Grundstücks herbeiführt, darf nicht ausschließlich vom Erbbauberechtigten selbst herbeigeführt worden sein. Hier kann nur der die Tätigkeit des Erbbauberechtigten übersteigende Wertzuwachs berücksichtigt werden (BGB-RGRK/Räfle § 9a ErbbauRG Rn 20). Sind beim Grundstück Wertminderungen eingetreten, so können diese nur dann herangezogen werden, wenn die Anpassung auf S 4 HS 2 gestützt wird und eine insgesamt vorliegende Grundstückswertsteigerung durch eine teilweise in die Zeitspanne fallende Wertverringerung gemindert wird. In keinem Fall kann eine nach S 2 zulässige Erhöhung deshalb geringer ausfallen, weil der Grundstückswert gesunken ist (so auch BGH NJW 1979, 1546; 1982, 2382; **aA** Uibel NJW 1983, 211). Nachdem in den allgemeinen wirtschaftlichen Verhältnissen auch (anteilig) eine Veränderung der Grundstückswertverhältnisse enthalten ist, würde dies zu einer doppelten Berücksichtigung derselben führen. Veräußert der Erbbauberechtigte das Erbbaurecht mit erheblichem inflationsbereinigtem Gewinn, so ist dies ein Indiz dafür, dass sich der Grundstückswert zu seinem Vorteil verändert hat. Wertsteigerungen aufgrund von Aufwendungen des Eigentümers sind auch solche, welche durch frühere Eigentümer verursacht wurden.

III. Die schuldrechtliche Anpassungsvereinbarung, Abs 3

19 § 9a Abs 3 ErbbauRG hat seit der Zulässigkeit eines dinglichen Erbbauzinses mit automatisch wirkender Gleitklausel an Bedeutung verloren. Ist ein solcher vereinbart, vollzieht sich die Anpassung gem § 9 Abs 1 S 1 ErbbauRG, § 1105 BGB automatisch, ohne dass es einer Vormerkung bedürfte. Abs 3 betrifft deshalb nur die Fälle, bei denen zu einem festen Erbbauzins eine **schuldrechtliche Anpassungsvereinbarung** getroffen wurde, was auch nach den Änderungen des § 9 Abs 2 ErbbauRG noch zulässig ist (OLG Zweibrücken FGPrax 2000, 56).

Der Erhöhungsanspruch ist in jedem Fall auf **3 Jahre** aufschiebend **befristet** (Abs 1 S 5). Eine Klausel, die dies nicht beachtet, ist nicht nichtig, sondern nur wirkungslos (BGB-RGRK/Räfle § 9a ErbbauRG Rn 26). Zulässig ist dagegen eine Vereinbarung, wonach eine Neufestsetzung von einem bestimmten Zeitpunkt an eintritt; dieser darf nur nicht vor Ablauf der Dreijahresfrist liegen. Einem Erhöhungsanspruch für feste (mindestens jeweils 3 Jahre lange) Zeiträume steht § 9a ErbbauRG nicht entgegen. Eine Geltendmachung des Erhöhungsanspruchs vor Ablauf der 3 Jahre für diesen Zeitpunkt ist zulässig (vgl BGH NJW 1983, 986; Grüneberg/Wicke § 9a ErbbauRG Rn 8). S 5 setzt nicht voraus, dass die vereinbarte Anpassungsklausel eine Fristenregelung enthält (BGH NJW 1983, 986). Gegen die Verfassungsmäßigkeit des Abs 1 S 5 bestehen keine Bedenken (OLG München OLGZ 1977, 337).

IV. Sonstiges

20 Die **Beweislast** für die Anwendbarkeit des § 9a ErbbauRG, dass nämlich das Erbbaurecht Wohnzwecken dient, hat der Erbbauberechtigte (BGB-RGRK/Räfle § 9a ErbbauRG Rn 25). Die Beweislast für den Ausnahmetatbestand des Entstehens des Erhöhungsanspruchs, nämlich das Vorliegen der „Billigkeit" trägt der Grundstückseigentümer (Winkler/Schlögel § 6 Rn 201). Es ist hier ähnlich wie bei § 315 BGB, wo der Bestimmende – also der Anspruchsgläubiger – für die „Billigkeit" die Beweislast hat (vgl auch BGH NJW 1981, 573).

21 Für die Höhe des Erbbauzinses enthält das in den neuen Bundesländern anwendbare SachenRBeRG in §§ 20, 43 Sonderbestimmungen für die Höhe des Erbbauzinses auf der Grundlage dieses Gesetzes. Der Erbbauzins bestimmt sich an Hand der Größe des Grundstücks, dessen Wert und der Art der Bebauung. Wegen § 20 SachenRBeRG kann sich dabei eine vom Verkehrswert abweichende Bewertung ergeben (OLG Brandenburg 8. 3. 2012 – V U 60/10, DNotI Dokumenten-Nr 5u60_10).

22 Siehe zur Übergangsregelung oben die Materialien zu § 9 ErbbauRG.

4. Rangstelle

§ 10
ErbbauRG

(1) Das Erbbaurecht kann nur zur ausschließlich ersten Rangstelle bestellt werden; der Rang kann nicht geändert werden. Rechte, die zur Erhaltung der Wirksamkeit gegenüber dem öffentlichen Glauben des Grundbuchs der Eintragung nicht bedürfen, bleiben außer Betracht.

(2) Die Landesregierungen werden ermächtigt, durch Rechtsverordnung zu bestimmen, dass bei der Bestellung des Erbbaurechts von dem Erfordernis der ersten Rangstelle abgewichen werden kann, wenn dies für die vorhergehenden Berechtigten und den Bestand des Erbbaurechts unschädlich ist.

Systematische Übersicht

Alphabetische Übersicht

I. Überblick

Das Erbbaurecht kann gemäß § 10 Abs 1 S 1 ErbbauRG grundsätzlich nur zur **ausschließlichen ersten Rangstelle** auf dem mit dem Erbbaurecht zu belastenden Grundstück bestellt werden, also weder hinter anderen Rechten noch im gleichen Rang mit einem anderen Recht. Dieser Rang kann auch **nachträglich nicht geändert** werden. 1

Nach Abs 1 S 2 bleiben hierbei Rechte, die zur Erhaltung der Wirksamkeit gegenüber dem öffentlichen Glauben des Grundbuchs der Eintragung nicht bedürfen, außer Betracht. Nach Abs 2 sind die Landesregierungen zudem ermächtigt, durch Rechtsverordnung vom Erstrangerfordernis abzuweichen, wenn dies für das Erbbaurecht unschädlich ist.

Ist das Erbbaugrundstück mit dinglichen Rechten Dritter belastet, so ist zur Beschaffung der ersten Rangstelle entweder ein **Rangrücktritt oder eine Löschung** dieser Rechte erforderlich. Dies ist oftmals ein mühsamer und teilweise sogar vergeblicher Weg, erst recht dann, wenn die Erklärungen einer Vielzahl von Berechtigten erforderlich sind (Dieckmann ErbbauZ 2020, 104). Zur Sicherung der ersten Rangstelle bei einer zukünftig beabsichtigten Bestellung eines Erbbaurechts kommt bei Eintragung 2 neuer Rechte am Erbbaugrundstück ein Rangvorbehalt gem § 881 BGB oder eine Rangänderungsvormerkung gem § 883 Abs 1 BGB in Betracht (Rn 20 f).

3 Besondere Probleme verursacht jedoch nicht nur die Einholung entsprechender Rangrücktrittserklärungen, sondern auch die **Sicherung der zurücktretenden Rechte**. Hierbei handelt es sich um eine der aktuell am meisten diskutierten kautelarjuristischen Fragen des Erbbaurechts (Rn 22 ff).

4 Im Hinblick auf die **Nichtigkeit des Erbbaurechts** bei Verstoß gegen § 10 ErbbauRG (Rn 16 ff), kommt der Vorschrift nicht nur in theoretischer, sondern auch in praktischer Hinsicht überragende Bedeutung zu.

II. Zweck der Norm

5 Die unabdingbare Vorschrift ist im Interesse einer günstigen **Beleihbarkeit des Erbbaurechts** getroffen und bildet eine der wichtigsten Grundlagen in dieser Hinsicht (amtliche Begründung zu § 10, veröffentlicht von Schmidt-Räntsch ZfIR 2019, 170).

Durch die erste Rangstelle wird das Erbbaurecht dagegen geschützt, dass ein vorgehender oder gleichstehender Berechtigter die **Zwangsversteigerung** betreibt aus Verwertungsrechten (Grundpfandrechte, Reallast) und es dadurch erlischt. Dingliche Rechte, die sich bei ihrer Beendigung oder bei Leistungsstörungen in einen Zahlungsanspruch umwandeln, für den das Grundstück haftet (zB Zahlungsanspruch gem § 28 ErbbauRG bei Beendigung des Erbbaurechtes; Unterhaltsverpflichtung bzgl Anlage auf dem dienstbarkeitsbelasteten Grundstück, §§ 1021 Abs 2, 1105 ff BGB; Zahlungsanspruch nach Maßgabe landesrechtlicher Vorschriften bei Wohnungsrecht, zB Art 18 ff BayAGBGB), stehen Verwertungsrechten gleich. Freilich ergibt sich das **Bestehenbleiben des Erbbaurechts** in diesem Fall auch bereits aus § 25 ErbbauRG, sodass hierfür die erste Rangstelle eigentlich nicht erforderlich wäre.

Zudem sichert das Erstrangerfordernis die **ungestörte Ausübbarkeit des Erbbaurechts**, da auch Dienstbarkeiten oder sonstige Rechte, nicht im Range vorgehen dürfen, da sie wegen der aus ihnen abzuleitenden Benutzungsbefugnisse das grundstücksgleiche Eigentum des Erbbauberechtigten stören würden, auch wenn keine Zwangsvollstreckung droht (**aA** Erman/Grziwotz § 10 ErbbauRG Rn 1: aufgrund teleologischer Reduktion sei Vorrang eines Rechts möglich, wenn Bestand und Ausübung des Erbbaurechtes in keiner Weise gefährdet werden).

6 Die Vorschrift dient ferner dem Schutz der schon vorhandenen Rechte an dem mit dem Erbbaurecht zu belastenden Grundstück, da im Hinblick auf § 12 Abs 1 S 3 ErbbauRG das Bauwerk nicht mehr haften würde, wenn das Erbbaurecht im Grundbuch eingetragen ist. Das Erstrangerfordernis erzwingt die Mitwirkung der Berechtigten am Grundstück, sodass die Folge des § 12 Abs 1 S 3 ErbbauRG ohne ihr Einverständnis grundsätzlich nicht eintreten kann.

III. Erstrangerfordernis (Abs 1 S 1)

Die **erste Rangstelle** muss noch nicht bei Abschluss des Erbbaurechtsvertrags vorliegen, sondern erst **bei der Eintragung des Erbbaurechts** im Grundbuch (LG Aachen MittRhNK 1968, 542; Böttcher Rn 131). 7

Nach allgemeiner Ansicht bezieht sich § 10 Abs 1 S 1 ErbbauRG nur auf **rangfähige Rechte** iSd § 879 BGB (Winkler/Schlögel § 2 Rn 97, 106). Erfasst werden somit insbesondere (vgl Winkler/Schlögel § 2 Rn 98 ff): Grundpfandrechte, Dienstbarkeiten, Nießbrauchsrechte, grds auch dingliche Vorkaufsrechte (hierzu Rn 10) und Vormerkungen (§ 883 Abs 3 BGB). Der Wert bzw die Bedeutung des Rechts und die Frage, ob das Recht ausgeübt wird, sind dabei irrelevant (Winkler/Schlögel § 2 Rn 97 mwNw; für eine teleologische Reduktion, wenn es sich um kein Verwertungsrecht handelt und der Ausübungsbereich das Erbbaurecht nicht berührt: Erman/Grziwotz § 10 ErbbauRG Rn 1; Böttcher Rn 115). 8

Nicht rangfähige Rechte stehen der Entstehung des Erbbaurechts hingegen nicht entgegen. Hierbei handelt es sich insbesondere (vgl Winkler/Schlögel § 2 Rn 107 ff) um Verfügungsbeschränkungen des Grundstückseigentümers (etwa § 19 ZVG, Umlegungsvermerk nach § 54 Abs 1 BauGB, Sanierungs- und Anpassungsvermerke nach §§ 143, 170 BauGB), Heimstättenvermerk und Nacherbenvermerk (siehe hierzu aber § 1 ErbbauRG Rn 77)

Unzulässig ist daher auch die **Bestellung von mehreren Erbbaurechten** an einem Grundstück im Gleichrang untereinander. Zwar garantiert § 25 ErbbauRG auch dann den Fortbestand des anderen Erbbaurechtes, wenn nach Erlöschen eines Erbbaurechts aus § 28 ErbbauRG die Zwangsvollstreckung in das Grundstück betrieben wird. Gleichwohl ergibt sich aus dem Nebeneinander verschiedener, sich aus dem Erbbaurecht ergebender Nutzungsberechtigungen ein Streitpotential, das das Gebot der ausschließlich ersten Rangstelle vermeiden will (OLG Frankfurt DNotZ 1967, 688; Huber NJW 1952, 690; Haegele Rpfleger 1967, 280; Grüneberg/Wicke § 10 ErbbauRG Rn 1; Ingenstau/Hustedt/Bardenhewer § 10 ErbbauRG Rn 11; Schöner/Stöber Rn 1700; Winkler/Schlögel § 2 Rn 104; **aA** Böttcher Rn 118; Erman/Grziwotz § 10 ErbbauRG Rn 1). Dies gilt auch dann, wenn jedes einzelne Recht in der Ausübung auf einen bestimmten Grundstücksteil beschränkt ist (OLG Frankfurt DNotZ 1967, 688; Grüneberg/Wicke § 10 ErbbauRG Rn 1). Der Grundstückseigentümer muss folglich das mit dem Erbbaurecht zu belastende Grundstück in der Weise zu teilen, dass zwei Grundstücke entstehen und dann jedes neugebildete Grundstück mit einem Erbbaurecht belasten. 9

Eine **Ausnahme** vom Erstrangerfordernis wird lediglich für das **subjektiv-dingliche Vorkaufsrecht für den jeweiligen Erbbauberechtigten** gemacht, da dieses nach § 96 BGB Bestandteil des Erbbaurechtes ist (BGH NJW 1954, 1443; BeckOK-BGB/Maass [1. 11. 2025] § 10 ErbbauRG Rn 5; MünchKommBGB/Weiss § 10 ErbbauRG Rn 5). 10

Das Gleiche gilt für eine subjektiv-dingliche Rechte zugunsten des jeweiligen Erbbauberechtigten für die Dauer des Erbbaurechtes, die gem § 96 BGB Bestandteil des Erbbaurechtes ist (Schöner/Stöber Rn 1738; MünchKommBGB/Weiss § 10 ErbbauRG Rn 5; BeckOK-BGB/Maass [1. 11. 2025] § 10 ErbbauRG Rn 5), nicht jedoch bei einem subjektiv persönlichen Vorkaufsrecht, auch wenn es in seiner Ausgestaltung einem subjektiv dinglichen Recht des Erbbauberechtigten gleichkommt (BeckOK-BGB/Maass [1. 11. 2025] § 10 ErbbauRG Rn 5 mwNw; **aA** OLG Düsseldorf NJW 1956, 875).

11 Unzulässig ist gemäß Abs 1 S 1 HS 2 auch eine **spätere Rangänderung**, die das Erbbaurecht hinter oder neben ein anderes Recht stellen würde (§ 880 BGB). Auch ein Rangvorbehalt dahin ist unzulässig, später ein anderes Recht mit dem Rang vor dem Erbbaurecht eintragen zu lassen (§ 881 BGB).

Eine **kraft Gesetzes** eingetretene Rangverschlechterung wird durch § 10 ErbbauRG jedoch nicht gehindert. Aus dem Wortlaut des § 10 Abs 1 ErbbauRG ergibt sich, dass das Erbbaurecht rechtsgeschäftlich nur an erster Rangstelle vereinbart werden kann. Hierauf deuten die Worte „bestellt" und „geändert" hin. Tritt dagegen eine gesetzliche Rangverschlechterung deshalb ein, weil aufgrund eines gutgläubigen Erwerbes Grundpfandrechte am Grundstück zugunsten Dritter eingetragen wurden, so wird das zu Unrecht gelöschte und deshalb außerhalb des Grundbuchs weiter bestehende Erbbaurecht von der ersten Rangstelle verdrängt. Es kann deshalb im Range nach den gem § 892 BGB gutgläubig erworbenen Rechten am Grundstück erneut eingetragen werden (BGH 31. 10. 1968 – V ZR 117/67, BGHZ 51, 50, 53 f).

12 Im **Rang nach dem Erbbaurecht** kann der Eigentümer sein Grundstück beliebig belasten. Solche nachrangigen Grundpfandrechte am Grundstück sind durchaus eine hinreichende Sicherheit, wenn ein angemessener Erbbauzins vereinbart ist. Der Erbbauzins haftet den Grundpfandrechten (§§ 1120, 1126 BGB). Er ist ein subjektiv-dingliches Recht und kann in Ansehung noch nicht fälliger Leistungen nicht von dem Eigentum an dem Grundstück getrennt werden (§ 9 Abs 2 ErbbauRG). Damit wird die fortdauernde Werthaltigkeit des Grundstücks, auch wenn dieses mit einem Erbbaurecht belastet ist, gewährleistet.

13 Eine **bestehende Aufteilung des Grundstücks nach WEG** ficht die erste Rangstelle des Erbbaurechts nicht an und steht der Begründung eines Erbbaurechts an diesem Grundstück nicht entgegen (Graf Wolffskeel von Reichenberg DNotZ 2024, 62, 64 f; eingehend § 1 ErbbauRG Rn 31).

IV. Ausnahmen (Abs 1 S 2, Abs 2)

1. Nicht eintragungsbedürftige Rechte (Abs 1 S 2)

14 Rechte, die zur Erhaltung ihrer Wirksamkeit gegenüber dem öffentlichen Glauben des Grundbuchs der **Eintragung nicht bedürfen**, werden durch § 10 ErbbauRG nicht berührt (Abs 1 S 2).

Dazu gehören die nicht eintragungsfähigen Rechte und Rechtsverhältnisse, ferner die Überbau- und Notwegrenten (auch der Vermerk über den Verzicht hierauf oder Festlegung der Höhe derselben), sowie Verfügungsbeschränkungen, die nicht bloß den Schutz bestimmter Personen betreffen, sondern die im öffentlichen Interesse verhängt werden. Es kommen ferner in Betracht altrechtliche Grunddienstbarkeiten – auch soweit sie im Grundbuch eingetragen sind – (vgl BayObLG MittBayNot 1982, 129), soweit nicht Landesrecht anderes bestimmt (vgl Art 187 EGBGB und Staudinger/Voigt [2025] Einl 18 ff zu §§ 1018–1093 BGB). Auch gesetzliche Vorkaufsrechte zählen hierzu. Das Landesrecht kann den Kreis der ausgenommenen Rechte erweitern nach Maßgabe der Vorbehalte nach Art 67, 109, 114, 188 EGBGB.

Aus § 10 Abs 1 S 2 ErbbauRG ergibt sich ferner, dass bereits bestehende öffentliche Lasten der Eintragung eines Erbbaurechts nicht im Wege stehen. Zu erwähnen sind hier besonders die Erschließungsbeiträge nach §§ 129 ff BauGB sowie die auf landesrechtlicher Basis erhobenen Herstellungsbeiträge, Kosten der Grundstücksanschlüsse, sonstige Infrastrukturkostenbeiträge, wie zB Art 5 BayKAG, die Grundsteuer gem § 12 GrdStG (wegen weiterer Abgaben s Winkler/Schlögel § 2 Rn 115; MünchKommBGB/Weiss § 10 ErbbauRG Rn 8), soweit diese öffentlichen Abgaben vor der Entstehung des Erbbaurechtes entstanden sind und deshalb das Grundstück und nicht das Erbbaurecht belasten. Sie ruhen als öffentliche Lasten mit dem Rang des § 10 Abs 1 Nr 3 ZVG vor allen rechtsgeschäftlich bestellten Rechten. Aus ihnen kann auch die Zwangsversteigerung betrieben werden mit der Folge, dass das Erbbaurecht nicht im geringsten Gebot liegt und deshalb mit Zuschlagserteilung normalerweise erlöschen würde, was jedoch durch § 25 ErbbauRG verhindert wird. Ist die öffentliche Last auf dem Grundstück entstanden, so findet eine Erstreckung auf das Erbbaurecht kraft Gesetzes nicht statt. Entsteht dagegen die öffentliche Last **nach** Entstehung des Erbbaurechtes so entsteht sie auf dem Erbbaurecht (§ 134 Abs 1 S 2 BauGB, Art 5 Abs 9 BayKAG). Zum Sanierungsausgleichsbetrag, der durch den Eigentümer und nicht durch den Erbbauberechtigten zu zahlen ist s OVG Lüneburg NVwZ 1994, 1134.

2. Landesrechtliche Verordnungen (Abs 2)

Durch **landesrechtliche Verordnung** kann die Befreiung von dem Erfordernis der ersten Rangstelle für bestimmte Fälle vorgesehen werden. Nach der Begründung ist hierbei hauptsächlich an die Verfügungsbeschränkungen des Eigentümers bei gebundenem Grundbesitz (Fideikomissgüter) und an voreingetragene Rechte zu denken, die den Bestand des Erbbaurechts nicht gefährden können. 15

Derartige Ausnahmen fanden bzw finden sich in (MünchKommBGB/Weiss § 10 ErbbauRG Rn 9):

Berlin (§ 5 Gesetz über Unschädlichkeitszeugnisse im Grundstücksverkehr), Baden-Württemberg (Verordnung der Landesregierung über den Rang von Erbbaurechten), Brandenburg (§ 24 BbgAGBGB), Hamburg (§ 42a HmbAGBGB) und Sachsen (§ 50 SächsJG), Hessen (Preußische Verordnung betreffend die Rangstelle von Erbbaurechten vom 30. 4. 1919; aufgehoben in Niedersachen durch VO vom 26. 3. 1971, aufgehoben im Saarland durch Art 2 Abs 16 Nr 22 5. RBerG, aufgehoben in Schleswig-Holstein durch Art 25 Abs 1 Nr 11 AGBGB), Bayern (VO vom 17. 10. 1919, aufgehoben durch VO vom 1. 12. 1981),

V. Rechtsfolgen bei Verletzung (§ 10 ErbbauRG)

§ 10 ErbbauRG ist nach ganz hM nicht nur eine formale Ordnungsvorschrift, die dem Grundbuchamt verbietet, anderslautende Eintragungen zu vollziehen, sondern eine **materiell-rechtliche zwingende Bestimmung**, sodass ein entgegen dieser Bestimmung eingetragenes Erbbaurecht materiell-rechtlich nicht entsteht (Winkler/Schlögel § 2 Rn 118; MünchKommBGB/Weiss § 10 ErbbauRG Rn 10, jew mwNw). 16

Wird das Erbbaurecht entgegen § 10 ErbbauRG eingetragen, ist das Grundbuch daher unrichtig. Die Eintragung ist nach hM gem § 53 Abs 1 S 2 GBO als inhaltlich unzulässig von Amts wegen zu löschen (OLG Hamm 22. 1. 1976 – 15 W 343/75, NJW 1976, 2023, 2024 li; Winkler/Schlögel § 2 Rn 118 f; Ingenstau/Hustedt/Bardenhewer § 10 ErbbauRG Rn 25; Grüneberg/Wicke § 10 ErbbauRG Rn 2; BeckOGK/Toussaint [1. 12. 2025] § 10 ErbbauRG Rn 19; **aA** [nur Amtswiderspruch gem § 53 Abs 1 S 1 GBO] Nagel/Bohlsen ErbbauZ 2022, 62, 64 f mwNw; Lemke/Czub § 10 ErbbauRG Rn 14). Ein gutgläubiger Erwerb bezüglich einer inhaltlich unzulässigen Eintragung ist ausgeschlossen (BGHZ 130, 171). Da sich der Rang des Erbbaurechtes ausschließlich aus dem Grundbuch des belasteten Grundstücks ergibt, kann auch ein guter Glaube nicht allein durch Einsicht des Erbbaugrundbuchs begründet werden. Diese Amtslöschung entfällt auch dann nicht, wenn der erforderliche erste Rang nachträglich beschafft wird (OLG Hamm Rpfleger 1976, 131). Hier ist eine rangrichtige Neueintragung notwendig (Rn 17). Auch die Einigung über die Bestellung eines Erbbaurechts ist dann nichtig, wenn sie diesem eine nach § 10 ErbbauRG unzulässige Rangstelle zuweist.

Für eine **Vormerkung** zur Sicherung des Anspruchs auf Einräumung des Erbbaurechts wird die erste Rangstelle nicht verlangt, da die Vormerkung nicht das Recht selbst darstellt, sondern nur zur Sicherung dient. Die Voraussetzungen des § 10 ErbbauRG müssen erst bei der Eintragung des Rechts vorliegen.

17 Eine **Heilung** des nichtigen Rechtsvorganges kann nicht durch eine bloße Rangänderung zwischen dem bisher nachrangigen Erbbaurecht und dem vorrangigen Berechtigten erfolgen, sondern lediglich durch dessen Löschung und nachfolgende **Neueintragung** (OLG Hamm NJW 1976, 2023, 2024 re; Winkler/Schlögel § 2 Rn 119 f; MünchKommBGB/Weiss § 10 ErbbauRG Rn 10). Solange ein Erbbaurecht rechtlich nicht existiert, weil die Grundbucheintragung inhaltlich unzulässig ist, kann diese Eintragung auch nicht in einem Rangverhältnis zu einem anderen Recht stehen. Bei einer vorgenommenen Rangänderung würde das Grundbuchamt trotz des an sich bestehenden formellen Konsensprinzips das Grundbuch ersichtlich unrichtig machen, da ihm bekannt ist, dass die zum Eintritt der Rechtsänderung notwendigen materiell-rechtlichen Voraussetzungen nicht gegeben sind und auch nicht nachträglich geschaffen werden könnten.

18 Im Hinblick auf die unter Umständen dramatischen Folgen, wenn sich erst später (möglicherweise nach Jahrzehnten) herausstellt, dass das Erbbaurecht mangels erster Rangstelle nicht existiert, ist **de lege ferenda** eine Regelung wünschenswert, wonach ein Erbbaurecht auch dann wirksam ist, wenn es entgegen § 10 ErbbauRG eingetragen wurde (Dieckmann BWNotZ 2024, 78; grds zustimmend, aber auf zu klärende Aspekte hinweisend Berchtold BWNotZ 2025, 190).

VI. Beschaffung der ersten Rangstelle

1. Anspruch auf Rangrücktritt

19 Es stellt sich auch die Frage, ob der Grundstückseigentümer gegenüber den Berechtigten der Abteilung II des Grundstücksgrundbuchs eingetragenen Belastungen einen Anspruch auf Rangrücktritt hat, damit das Erbbaurecht erste Rangstelle erhalten kann.

Ein ausdrücklich geregelter gesetzlicher Anspruch besteht nicht (Dieckmann ErbbauZ 2020, 104). Als **Rechtsgrundlage** für einen solchen Anspruch ist daher lediglich **§ 242**

BGB denkbar. Zwischen dem Grundstückseigentümer und einem Berechtigten aus der Abteilung II des Grundbuchs besteht ein gesetzliches Schuldverhältnis der Art, dass bei Ausübung des Rechtes Rücksicht auf die Belange des Grundstückseigentümers zu nehmen ist (BGH 28. 6. 1985 – V ZR 111/84, BGHZ 95, 144; BGH 19. 9. 2008 – V ZR 164/07, NJW 2008, 3703 Rn 17; AMANN DNotZ 1989, 531, 534 ff; RAPP MittBayNot 2014, 412 li). Ein Anspruch auf Rangrücktritt ergibt sich aus diesem gesetzlichen Schuldverhältnis dann, wenn das Recht in Abteilung II des Grundbuchs auch nach Eintragung des Erbbaurechtes im Vorrange weiterhin während der gesamten Dauer des Erbbaurechtes uneingeschränkt in der bisherigen rechtlichen Qualität und Sicherheit ausgeübt werden kann und auch nach Beendigung des Erbbaurechtes dieser Rechtsbestand rechtlich gewährleistet ist (OLG Hamm 27. 6. 2013 – 22 U 165/12, MittBayNot 2014, 431, 433 li; KESSELER ZfIR 2014, 414; OTT DNotZ 2015, 341; RAPP MittBayNot 2014, 412; MünchKommBGB/WEISS § 10 ErbbauRG Rn 4). Freilich gehört die Frage, ob und wie dies gewährleistet werden kann, zu den aktuell meistdiskutierten Problemen des Erbbaurechts (Rn 22 ff). Einen Anspruch auf Rangrücktritt bezüglich Verwertungsrechten, insbesondere Grundpfandrechten und Reallasten, kann dagegen nicht bestehen, da eine entsprechende Gleichwertigkeit nicht erreichbar ist.

2. Rangvorbehalt

Bei einem im Grundbuch bereits eingetragenen Recht kann nachträglich ein **Rangvorbehalt** gem § 881 BGB eingetragen werden. Bezüglich des eingetragenen Rechtes bedeutet dies eine Inhaltsänderung, die der Einigung und Eintragung zwischen dem Berechtigten des eingetragenen Rechtes und dem Grundstückseigentümer gem §§ 877, 873 Abs 1 BGB bedarf. Ein solcher Rangvorbehalt kann auch **zugunsten eines erst noch zu bestellenden Erbbaurechtes** eingetragen werden (DIECKMANN ErbbauZ 2020, 107; MASCHERINI/DIECKMANN notar 2024, 200, 202 f; DNotI-Report 2014, 145; WINKLER/SCHLÖGEL § 2 Rn 100c). 20

Bei den Anforderungen an die Bestimmtheit des Rangvorbehaltes ist davon auszugehen, dass alles, was dinglicher Inhalt des Erbbaurechtes sein muss bzw werden kann (zB §§ 2, 5 ErbbauRG) auch Inhalt des Rangvorbehaltes werden muss (DIECKMANN ErbbauZ 2020, 108, 116). Dabei kann zur Beschreibung des Erbbaurechtes im Rangvorbehalt auf die Eintragungsbewilligung Bezug genommen werden (§ 874 BGB). Dazu gehören zumindest der Ausübungsbereich des Erbbaurechtes (falls sich dieser nicht auf das ganze Grundstück bezieht), Art und Maß der Bebauungsmöglichkeit, Laufzeit, der Entschädigungsanspruch nach § 28 ErbbauRG sowie Regelungen zur Sicherung des Fortbestandes von rangausweichenden Dienstbarkeiten, jedoch nicht Veräußerungs- und Belastungsbeschränkungen (DIECKMANN ErbbauZ 2020, 11 li; WINKLER/SCHLÖGEL § 2 Rn 100c). Die Höhe des Erbbauzinses ist dann anzugeben, wenn ein Grundpfandrecht im Range ausweichen soll und dessen Gläubiger die Ausnutzung des Rangvorbehaltes von einer bestimmten Höhe des ihm haftenden Erbbauzinses abhängig machen kann. Die Beschreibung des in den Rangvorbehalt einzuweisenden Erbbaurechtes muss jedenfalls so umfassend sein, dass der (später) nachrangig werdende Gläubiger erkennen kann, in welchem wertmäßigen Umfang er hinter dem Erbbaurecht steht (DNotI-Report 2014, 145). Die Rangänderungsverpflichtung kann ergänzt werden durch eine (unwiderrufliche) Vollmacht, die dem Grundstückseigentümer die notwendigen, rechtsgeschäftlichen und grundbuchrechtlichen Erklärungen abzugeben (DIECKMANN ErbbauZ 2020, 104).

3. Rangänderungsvormerkung

21 Das vom Eigentümer gewünschte Ziel kann auch durch eine Rangänderungsvormerkung gem § 883 Abs 1 S 1 Var 5 BGB gesichert werden. Der Berechtigte des bereits eingetragenen Rechtes und der Grundstückseigentümer treffen hierbei eine Vereinbarung des Inhalts, dass der bereits eingetragene Berechtigte unter bestimmten Voraussetzungen hinter das neu einzutragende Erbbaurecht zurücktritt. Der Grundstückseigentümer erhält danach einen Anspruch auf Rangänderung gegenüber dem Berechtigten des bereits eingetragenen Rechtes. Für die Bestimmtheit des Rechtes, hinter das zurückgetreten werden soll, gelten die Ausführungen zum Rangvorbehalt (Rn 20) entsprechend (DNotI-Report 2014, 145).

VII. Rangsicherung für zurücktretende Rechte

22 Aus dem Erfordernis der ersten Rangstelle des Erbbaurechts folgen praktische und dogmatische Schwierigkeiten. Wie erwähnt (Rn 2) kann es sehr mühsam und teils vergeblich sein, die erforderlichen Rangrücktritts- oder Löschungserklärungen einzuholen, zumal die Rechtsgrundlage und die genauen Voraussetzungen für einen Anspruch auf Rangrücktritt unsicher sind (Rn 19).

Besonders herausfordernd ist es hierbei, den hinter das Erbbaurecht zurückzutretenden Rechten eine weiterhin gleichermaßen bestehende Sicherheit zu bieten. Dieses Thema wird häufig unter dem Schlagwort des **Schutzes „existenznotwendiger Rechte“** (OLG Hamm MittBayNot 2014, 431, 433) diskutiert, wobei insbesondere auf Geh- und Fahrtrechte sowie Leitungsrechte genannt werden (vgl Nagel/Nagel § 10 ErbbauRG Rn 5; Ott DNotZ 2015, 341 f), da bei solchen Rechten der Rechtsverlust besonders dramatische Folgen haben kann. Unabhängig von der Unbestimmtheit des Begriffs ist das Problem aber nicht auf objektiv existenznotwendige Rechte begrenzt, sondern gilt für alle Rechte, an deren sicheren Fortbestand der Berechtigte ein (subjektives) Interesse hat, was sich im Regelfall bereits daran zeigt, dass er zu keiner Löschung, sondern allenfalls zu einem Rangrücktritt bereit ist.

Beim vorstehend umrissenen Themenkreis es sich um eines der derzeit am meisten diskutierten Probleme des Erbbaurechts (eingehend etwa Rapp MittBayNot 2014, 412; Rapp ZfIR 2017, 89; Ott DNotZ 2015, 341; Ott MittBayNot 2025, 211; Kesseler ZfIR 2014, 414; Weber NotBZ 2015, 405; Nagel/Bohlsen ErbbauZ 2022, 62; Böttcher ZNotP 2015, 42; Graf Wolffskeel von Reichenberg ErbbauZ 2022, 158).

23 Unmittelbar einleuchtend ist zunächst, dass dem hinter das Erbbaurecht zurücktretenden Recht ein **inhalts- und ranggleiches Recht am Erbbaurecht** eingeräumt werden muss, damit der Berechtigte sein Recht trotz des vorrangigen Erbbaurechts weiterhin ungestört ausüben kann, soweit sich die Ausübungsbereiche der Rechte überschneiden (Ott DNotZ 2015, 341, 342 f; Ott MittBayNot 2025, 211; Winkler/Schlögel § 4 Rn 120. Überschneiden sich die Ausübungsbereiche nicht, ist die Ausübung durch das vorrangige Erbbaurecht nicht gehindert, sodass keine Begründung der Rechte am Erbbaurecht erforderlich ist (Ott DNotZ 2015, 341, 357; Weber NotBZ 2015, 405, 410 ff, der vorschlägt, auch bei einer Überschneidung uU die Nutzungsbefugnis des Erbbauberechtigten so einzuschränken, dass eine Ausübung der zurücktretenden Rechte weiter möglich ist, sodass keine Bestellung der Rechte am Erbbaurecht erforderlich wird. Probleme beim Heimfall [Rn 24] würden

hierdurch vermieden, aber nicht bei einer Zwangsversteigerung aus der Entschädigungsforderung [Rn 25], OTT DNotZ 2015, 341, 358).

Diesen Rechten am Erbbaurecht **droht** jedoch das **Erlöschen** aus zwei verschiedenen Richtungen:

Zum einen erlöschen diese Rechte nach dem Wortlaut des § 33 Abs 1 S 3 ErbbauRG beim **Heimfall**, soweit es sich nicht um Grundpfandrechte, Reallasten oder die Vormerkung eines gesetzlichen Anspruchs auf Eintragung einer Sicherungshypothek handelt (§ 33 ErbbauRG Rn 13), sodass diese Rechte danach zwar noch am Erbbaugrundstück, aber nicht mehr am Erbbaurecht bestehen und aufgrund des Nachrangs nicht ausgeübt werden können.

Zum anderen lastet bei Erlöschen des Erbbaurechts durch Zeitablauf ein etwaiger **Entschädigungsanspruch** des Erbbauberechtigten (§ 27 ErbbauRG) gem § 28 ErbbauRG vorrangig am Grundstück, sodass bei einer Zwangsversteigerung hieraus nachrangige Rechte erlöschen.

Zur Lösung dieses Problems **de lege lata** werden verschiedene Ansätze und Möglichkeiten diskutiert (Rn 24 f), die kautelarjuristisch auch kombiniert werden können (OTT MittBayNot 2025, 211, 217 mit Formulierungsvorschlägen). Nahezu allen Lösungsmöglichkeiten ist gemein, dass sie einigermaßen kompliziert und höchstrichterlich nicht geklärt sind. Weiterhin stellen sich bei einigen Lösungsvorschlägen die **Fragen**, ob sie zum **dinglichen Inhalt des Erbbaurechts** gemacht werden können (und somit ohne weiteres auch gegenüber Rechtsnachfolgern im Grundstückseigentum und Erbbaurecht wirken) und – davon zu unterscheiden – ob sichergestellt werden kann, dass die Vereinbarungen (unabhängig davon, ob sie zum dinglichen Inhalt des Erbbaurechts gehören oder nur schuldrechtlich vereinbart sind) **ohne Zustimmung des Berechtigten** nicht mehr **aufgehoben** werden können.

Zum Schutz der am Erbbaurecht bestellten Rechte bei **Heimfall** des Erbbaurechts **24**
werden folgende Lösungsvorschläge diskutiert:

Eine kautelarjuristische Vorsorge ist entbehrlich, wenn man mit der hier vertretenen Ansicht (§ 33 ErbbauRG Rn 10 f) davon ausgeht, dass **§ 33 Abs 1 S 3 ErbbauRG** dahingehend **teleologisch zu reduzieren** ist, dass er nicht für solche Belastungen des Erbbaurechts gilt, die inhaltsgleich am Grundstück bestehen, denen der Grundstückseigentümer also auch ohne das Erbbaurecht ausgesetzt wäre, und/oder nicht für solche Belastungen, denen der Grundstückseigentümer qualifiziert (also mit der Maßgabe, dass sie beim Heimfall bestehen bleibt) zugestimmt hat (vgl BeckOK-BGB/MAASS [1. 11. 2025] § 33 ErbbauRG Rn 2; RAPP ZfIR 2017, 89, 91 f; GRAF WOLFFSKEEL VON REICHENBERG ErbbauZ 2022, 158, 159; **aA** MASCHERINI/DIECKMANN notar 2024, 200, 208). Da die hier in Frage stehenden dinglichen Rechte am Erbbaurecht idR im Erbbaurechtsvertrag bestellt werden, an dem der Grundstückseigentümer mitwirkt, wäre diese Zustimmung, sofern man sie verlangt, (konkludent) gegeben. Die teleologische Reduktion gilt auch für den Fall, dass der Grundstückseigentümer beim Heimfall gem § 3 HS 2 ErbbauRG die Übertragung an einen Dritten verlangt, da dieser sein Recht vom Grundstückseigentümer als Heimfallberechtigten ableitet und das Erbbaurecht daher nur in dem Zustand erhalten kann, wie es der Grundstückseigentümer könnte (**aA** MASCHERIni/Dieckmann notar 2024, 200, 208). Die Frage der teleologischen Reduktion ist jedoch nicht gerichtlich geklärt, sodass der Praxis nicht geraten werden kann, sich hierauf zu verlassen.

25 Zutreffend (§ 33 ErbbauRG Rn 12) wird teilweise auch angenommen, dass es möglich ist, die **Rechtsfolge des § 33 Abs 1 S 3 ErbbauRG** ganz oder teilweise durch Rechtsgeschäft zwischen Grundstückseigentümer und Erbbauberechtigten **abzubedingen** (Kesseler ZfIR 2014, 414, 417 ff; Staudinger/Rapp [2021] § 33 ErbbauRG Rn 12 ff; Böttcher Rn 123b, **aA**; Ingenstau/Hustedt/Bardenhewer § 33 ErbbauRG Rn 13; Mascherini/Dieckmann notar 2024, 200, 208; zweifelnd Weber NotBZ 2015, 405, 407; MünchKommBGB/Weiss § 33 ErbbauRG Rn 5), dass die Norm mithin dispositiv ist. Gerichtliche Entscheidungen liegen hierzu jedoch auch nicht vor. Weiterhin ist zweifelhaft, ob die Abbedingung zum dinglichen Inhalt des Erbbaurechts gemacht werden kann, sodass die Vereinbarung ohne weiteres gegenüber Sonderrechtsnachfolgern gilt (ablehnend Ott DNotZ 2015, 341, 347 f; Rapp MittBayNot 2014, 412, 415; Nagel/Bohlsen ErbbauZ 2022, 62, 63; dafür wohl Kesseler ZfIR 2014, 414, 418). Hierfür könnte sprechen, dass nach § 2 Nr 4 ErbbauRG Vereinbarungen über den Heimfall zum Inhalt des Erbbaurechts gemacht werden können. Dagegen spricht aber, dass bei diesem Verständnis die ausdrückliche Regelung in § 32 Abs 1 S 2 ErbbauRG überflüssig wäre. Sofern man davon ausgeht, dass die Abbedingung dinglicher Inhalt des Erbbaurechts wird, wäre eine nachträgliche Änderung dieser Vereinbarung eine Inhaltsänderung des Erbbaurechts und somit gem §§ 877, 876 BGB nur mit Zustimmung des dinglich Berechtigten möglich, da sich seine Rechtsstellung verschlechtern würde (vgl Ott DNotZ 2015, 341, 355 f), wobei auch hier bestätigende Rechtsprechung fehlt. Geht man hingegen davon aus, dass die Abbedingung nur mit schuldrechtlicher Wirkung vereinbart werden kann, bleibt nur die Möglichkeit, dass sich die Vertragsparteien des Erbbaurechts zum einen verpflichten, die Vereinbarungen weiterzugeben und zum anderen (wiederum mit entsprechender Weitergabeverpflichtung) verpflichten, die Abbedingung nicht ohne Zustimmung der betroffenen dinglich Berechtigten aufzuheben; eine solche Vereinbarung hätte allerdings gem § 137 BGB wiederum nur schuldrechtliche Wirkung (vgl Ott DNotZ 2015, 341, 355 f).

26 Weiterhin wird auch vorgeschlagen, den **Heimfallanspruch** dahingehend **einzuschränken**, dass er nur ausgeübt werden kann, wenn die erlöschenden Rechte neu und rangrichtig am Erbbaurecht begründet werden (vgl Weber NotBZ 2015, 405, 408; Ingenstau/Hustedt/Bardenhewer § 33 ErbbauRG Rn 11, 14; Winkler/Schlögel § 4 Rn 100b; Ott DNotZ 2015, 341, 345; Ott MittBayNot 2025, 211, 213; OLG Hamm MitBayNot 2014, 431, 433), wobei unterschiedlich beurteilt wird, was hierfür im Detail vorauszusetzen ist (vgl Ott MittBayNot 2025, 211, 213). Da diese Beschränkung des Heimfallrechts gem § 2 Nr 4 ErbbauRG als Inhalt des Erbbaurechts vereinbart werden kann, wirkt sie ohne weiteres auch gegen Rechtsnachfolger im Grundstückeigentum oder Erbbaurecht (Ott DNotZ 2015, 341, 355; Ott MittBayNot 2025, 211, 213). Eine Änderung dieser Vereinbarung im Erbbaurechtsvertrag wäre als Inhaltsänderung des Erbbaurechts gem §§ 876, 877 BGB nach zutreffender Ansicht nur mit Zustimmung der betroffenen dinglich Berechtigten möglich (Ott DNotZ 2015, 341, 455), wobei auch insoweit bestätigende Rechtsprechung fehlt, sodass zusätzlich eine – nach § 137 BGB nur schuldrechtlich wirkende – Verpflichtung (mit Weitergabeverpflichtung) vorgesehen werden könnte, die Einschränkung des Heimfallanspruchs ohne Zustimmung der betroffenen dinglich Berechtigten nicht mehr aufzuheben. Nachteil dieser Gestaltung ist, dass der

Grundstückseigentümer an der Ausübung seines Heimfallanspruchs gehindert ist, wenn es ihn mangels erforderlicher Mitwirkung von nach § 33 Abs 1 S 1, 2 ErbbauRG bestehenbleibender Berechtigter nicht möglich ist, die rangrichtige Neueintragung der erloschenen Rechte zu bewirken (Ott MittBayNot 2025, 211, 213); insoweit wird teilweise die Kombination mit einem Rangvorbehalt bei den bestehen bleibenden Rechten vorgeschlagen (Weber NotBZ 2015, 405, 408 f; s zur Lösung mittels Rangvorbehalt auch in dieser Rn unten). Dieses Problem entfiele, wenn für die Ausübung des Heimfallanspruchs nur die inhaltsgleiche Wiedereintragung an nächstoffener Rangstelle fordern würde; dies könnte allerdings wiederum ein Risiko für die Berechtigten bedeuten.

Schließlich wird empfohlen, dass dem dinglich Berechtigten ein **Anspruch auf inhalts- und ranggleiche Neubegründung** seines heimfallbedingten erloschenen Rechts eingeräumt wird und zur Sicherung dieses Anspruchs eine **Vormerkung** am Erbbaurecht für den Berechtigten bzw den jeweiligen Eigentümer des herrschenden Grundstücks eingetragen wird (vgl etwa OLG Hamm 27. 6. 2013 – I 22 U 165/12, MittBayNot 2014, 431, 433; Rapp MittBayNot 2014, 412, 414; Rapp ZFIR 2017, 89, 92 ff; Winkler/Schlögel § 4 Rn 120; Ott DNotZ 2015, 341, 348 f; Ott MittBayNot 2025, 211, 214). Diese Verpflichtung ist nach einer Ansicht vom Grundstückseigentümer (Winkler/Schlögel § 4 Rn 120; OLG Hamm 27. 6. 2013 – I 22 U 165/12, MittBayNot 2014, 431, 433), nach anderer Ansicht vom Erbbauberechtigten (Weber NotBZ 2015, 405, 406; Ingenstau/Hustedt/Bardenhewer § 33 ErbbauRG Rn 12) und nach anderer Ansicht von beiden (Ott DNotZ 2015, 341, 348 f; Ott MittBayNot 2025, 211, 214, wobei aber aufgrund des Identitätsgebots nur die Verpflichtung des Erbbauberechtigten mittels Vormerkung gesichert werden könne; wohl auch Rapp MittBayNot 2014, 411, 414; vgl auch Mascherini/Dieckmann notar 2024, 200, 209 für den Fall des § 3 HS 2 ErbbauRG) einzugehen. Diese Vormerkung soll nach dieser Ansicht beim Heimfall des Erbbaurechts entgegen dem Wortlaut des § 33 Abs 1 S 3 ErbbauRG nicht erlöschen (Rapp MittBayNot 2014, 412, 414; Rapp ZFIR 2017, 89, 92 ff; Winkler/Schlögel § 4 Rn 120; OLG Hamm 27. 6. 2013 – I 22 U 165/12, MittBayNot 2014, 431, 433; Nagel/Bohlsen ErbbauZ 62 f; zweifelnd Ingenstau/Hustedt/Bardenhewer § 33 ErbbauRG Rn 14; **aA** Weber NotBZ 2015, 405, 406; Mascherini/Dieckmann notar 2024, 200, 208). Für das Bestehenbleiben der Vormerkung kann auf verschiedene Weise argumentiert werden (vgl auch Ott MittBayNot 2025, 211, 214): Zum einen ist § 33 Abs 1 S 3 ErbbauRG teleologisch für Rechte zu reduzieren, die inhaltsgleich am Erbbaugrundstück bestehen (s oben Rn 24 und § 33 ErbbauRG Rn 10); dies hat dann auch für eine Vormerkung zu gelten, die den Anspruch auf ein entsprechendes Recht sichert. Zum anderen ist § 33 Abs 1 S 3 ErbbauRG teleologisch für solche Belastungen zu reduzieren, denen der Eigentümer qualifiziert (also mit der Maßgabe, dass sie beim Heimfall bestehen bleibt) zugestimmt hat (§ 33 ErbbauRG Rn 10). Weiterhin kann § 33 Abs 1 S 3 ErbbauRG insoweit abbedungen werden (s oben Rn 25 und § 33 ErbbauRG Rn 12). Jedoch liegt auch hier abseits der zitierten Entscheidung des OLG Hamm keine bestätigende Rechtsprechung vor. Darüber hinaus haften dieser Lösung allgemeine zivilrechtliche Herausforderungen an: Zum einen ist fraglich, ob die (einzige) Vormerkung auch für nachfolgende Heimfälle den Anspruch auf Wiedereintragung sichern kann (vgl Staudinger/Kesseler [2026] § 883 BGB Rn 73). Zum anderen ist bei einer Veräußerung des Grundstücks bzw des Erbbaurechts (je nachdem, wen man als Schulder des vormerkungsgesicherten Anspruchs ansieht) darauf zu achten, dass nach der Rechtsprechung (BGH 13. 2. 2014 – V ZB 88/13, NJW 2014, 2431) die Vormerkung bei einer Schuldübernahme wohl nur bestehen bleibt, wenn die Schuldübernahme zeitgleich mit dem Wechsel des Eigentums bzw des Erbbaurechts erfolgt; 27

belässt man es hingegen bei einer internen Erfüllungsübernahme, muss die Durchsetzung des Anspruchs möglicherweise nach Jahrzehnten gegenüber einem früheren Grundstückseigentümer bzw Erbbauberechtigten (oder deren Gesamtrechtsnachfolger) gesucht werden.

28 Weiterhin wird ein **Rangvorbehalt** als Lösungsvorschlag vorgeschlagen (Weber NotBZ 2015, 405, 408; Mascherini/Dieckmann notar 2024, 200, 209 f; Krauss notar 2024, 291, 300): Bei nachrangigen Belastungen, die beim Heimfall gem § 33 Abs 1 S 1, 2 ErbbauRG bestehen bleiben, also insbesondere Fremdgrundpfandrechten, soll nach dieser Ansicht ein Rangvorbehalt (§ 881 BGB) zugunsten der beim Heimfall erlöschenden, bis dahin vorrangigen Rechten eingetragen werden. Auf diese Weise könnten die erloschenen Rechte ohne Mitwirkung der vorrückenden Berechtigten rangrichtig neu bestellt werden. Im Erbbaurechtsvertrag soll flankierend vereinbart werden, dass der Grundstückseigentümer einer Belastung nach § 5 Abs 2 ErbbauRG nur dann zustimmen muss, wenn ein entsprechender Rangvorbehalt vereinbart wird. Da derjenige, dessen Rechte beim Heimfall erlöschen, den Rangvorbehalt nicht selbst ausnutzen kann, sondern nur der Erbbauberechtigte, hilft der Rangvorbehalt nur, wenn ein entsprechender Anspruch gegen den Erbbauberechtigten besteht (vgl Winkler/Schlögel § 2 Rn 100a zum Rangvorbehalt bei der Entschädigungsforderung – dazu Rn 31 – und mit dem Hinweis auf das Erfordernis der Weitergabe dieser schuldrechtlichen Verpflichtung bei einer Sonderrechtsnachfolge) oder wenn der Heimfallanspruch entsprechend eingeschränkt wurde (so Weber NotBZ 2015, 405, 408 f; vgl Ott MittBayNot 2025, 211, 213 in Fn 13). Fraglich erscheint zudem, ob §§ 876, 877 BGB die vorrangig dinglich Berechtigten davor schützen, dass der Rangvorbehalt ohne ihre Zustimmung wieder aufgehoben wird oder ob nur eine gem § 137 BGB lediglich schuldrechtlich wirkende Verpflichtung in Betracht kommt (für eine Vergleichbarkeit zu §§ 876, 877 BGB beim Rangvorbehalt bei der Entschädigungsforderung – dazu Rn 31 – Winkler/Schlögel § 2 Rn 100a).

29 Zum Schutz der am Erbbaurecht bestellten Rechte bei **Erlöschen** des Erbbaurechts und drohender Zwangsvollstreckung aus dem Entschädigungsanspruch (§ 28 ErbbauRG) werden folgende Lösungsvorschläge diskutiert:

Überzeugend (§ 28 ErbbauRG Rn 8) wird teilweise vertreten, dass der **Rang der Entschädigungsforderung** bereits im Erbbaurechtsvertrag oder auch nachträglich von Grundstückseigentümer und Erbbauberechtigten **abweichend von § 28 ErbbauRG** vereinbart werden kann (Rapp MittBayNot 2014, 412, 415; Rapp ZfIR 2017, 89, 95; Weber NotBZ 2015, 405, 413 f; Winkler/Schlögel § 2 Rn 100b; Ott DNotZ 2015, 341, 353 f; Ott MittBayNot 2025, 211, 216; Böttcher Rn 127; Ingenstau/Hustedt/Bardenhewer § 28 ErbbauRG Rn 8; MünchKommBGB/Weiss § 28 ErbbauRG Rn 1; OLG Hamm 27. 6. 2013 – I 22 U 165/12, MittBayNot 2014, 431, 433; **aA** BeckOK-BGB/Maass [1. 11. 2025] § 28 ErbbauRG Rn 3; Mönig ErbbauZ 2020, 5, 8). Die Möglichkeit der Rangvereinbarung besteht auch, wenn das Erbbaurecht iSd § 27 Abs 2 ErbbauRG zur Befriedigung des Wohnbedürfnisses minderbemittelter Bevölkerungskreise bestellt ist (Rapp ZfIR 2017, 89, 95; Ott DNotZ 2015, 341, 354; Weber NotBZ 2015, 405, 414; **aA** Böttcher Rn 128), da § 27 Abs 2 ErbbauRG nur auf die Höhe der Entschädigung abstellt und zudem Vereinbarungsmöglichkeiten nicht komplett ausschließt, sondern nur begrenzt. Einer Zustimmung von Gläubigern iSd § 29 ErbbauRG bedarf es nicht, wenn die Rangvereinbarung bereits im Erbbaurechtsvertrag und somit zwingend mindestens eine juristische Sekunde vor Belastung vereinbart wird (vgl Ott DNotZ 2015, 341, 354). In der Literatur wird empfohlen, im Erbbaurechtsvertrag eine begleitende Verpflichtung des Erbbauberechtigten aufzunehmen, bei Eintragung der Entschädigungsforderung im Grundbuch nach Erlöschen des Erbbaurechts die Eintragung eines Vermerks über den Nachrang seiner Forderung zu bewilligen, um bei einer Abtretung der Forderung einen gutgläubigen erstrangigen Erwerb zu verhindern (Ott MittBayNot 2025, 211, 216). Die Rangvereinbarung ist auf Grundlage des § 27 Abs 1 S 2 ErbbauRG als Inhalt des Erbbaurechts möglich, sodass sie ohne weiteres gegenüber Sonderrechtsnachfolgern wirkt (OLG Hamm 27. 6. 2013 – I 22 U 165/12, MittBayNot 2014, 431, 433; Ott MittBayNot 2025, 211, 216). Eine nachträgliche Änderung dieser Vereinbarung wäre eine Inhaltsänderung des Erbbaurechts und nach zutreffender Ansicht somit gem §§ 877, 876 BGB nur mit Zustimmung der dinglich Berechtigten am Erbbaurecht möglich, da sich ihre Rechtsstellung verschlechtern würde (vgl Ott DNotZ 2015, 341, 355 f), wobei auch insoweit bestätigende Rechtsprechung fehlt, sodass zusätzlich eine – nach § 137 BGB nur schuldrechtlich wirkende – Verpflichtung (mit Weitergabeverpflichtung) vorgesehen werden könnte, die Rangvereinbarung ohne Zustimmung der betroffenen dinglich Berechtigten nicht mehr aufzuheben.

Teilweise wird vorgeschlagen, den **Entschädigungsanspruch** unter der **Bedingung auszuschließen**, dass er erst verlangt werden kann, wenn der Erbbauberechtigte den zurückgetretenen Rechten den ursprünglichen Rang am Grundstück wieder verschafft hat (OLG Hamm 27. 6. 2013 – I 22 U 165/12, MittBayNot 2014, 431, 433; Rapp MittBayNot 2014, 412, 415; Winkler/Schlögel § 2 Rn 100a). Die Möglichkeit der Rangvereinbarung besteht auch, wenn das Erbbaurecht iSd § 27 Abs 2 ErbbauRG zur Befriedigung des Wohnbedürfnisses minderbemittelter Bevölkerungskreise bestellt ist (Ott DNotZ 2015, 341, 352 f; Winkler/Schlögel § 2 Rn 100a; **aA** Kesseler ZfIR 2014, 414, 416), da § 27 Abs 2 ErbbauRG nur auf die Höhe der Entschädigung abstellt und zudem Vereinbarungsmöglichkeiten nicht komplett ausschließt, sondern nur begrenzt. Die Einschränkung kann nach zutreffender, aber bestrittener, Ansicht auch zum Inhalt des Erbbaurechts gemacht werden, sodass sie ohne weiteres gegenüber Sonderrechtsnachfolgern wirkt (Winkler/Schlögel § 2 Rn 100a; Ott DNotZ 2015, 341, 352; **aA** OLG Hamm 27. 6. 2013 – I 22 U 165/12, MittBayNot 2014, 431, 433). Sofern man davon ausgeht, dass die Einschränkung dinglicher Inhalt des Erbbaurechts wird, wäre eine nachträgliche Änderung dieser Vereinbarung eine Inhaltsänderung des Erbbaurechts und somit gem §§ 877, 876 BGB nur mit Zustimmung des dinglich Berechtigten möglich, da sich seine Rechtsstellung verschlechtern würde (vgl Ott DNotZ 2015, 341, 355 f), wobei auch hier bestätigende Rechtsprechung fehlt, sodass zusätzlich eine – nach § 137 BGB nur schuldrechtlich wirkende – Verpflichtung (mit Weitergabeverpflichtung) vorgesehen werden könnte, die Einschränkung ohne Zustimmung der betroffenen dinglich Berechtigten nicht mehr aufzuheben. Geht man hingegen davon aus, dass die Einschränkung nur mit schuldrechtlicher Wirkung vereinbart werden kann, bleibt nur die Möglichkeit, dass sich die Vertragsparteien des Erbbaurechts zum einen verpflichten, die Vereinbarungen weiterzugeben und zum anderen (wiederum mit entsprechender Weitergabeverpflichtung) verpflichten, die Abbedingung nicht ohne Zustimmung der betroffenen dinglich Berechtigten aufzuheben; eine solche Vereinbarung hätte allerdings gem § 137 BGB wiederum nur schuldrechtliche Wirkung (vgl Ott DNotZ 2015, 341, 355 f). Problematisch an dieser Gestaltung ist, dass der Erbbauberechtigte zur Rangverschaffung die Mitwirkung etwaiger Gläubiger an der Entschädigungsforderung (§ 29 ErbbauRG) benötigt (Ott DNotZ 2015, 341, 353). 30

31 Schließlich wird ein **Rangvorbehalt** (§ 881 BGB) bei der Entschädigungsforderung als Lösung vorgeschlagen (Winkler/Schlögel § 2 Rn 100a; Mascherini/Dieckmann notar 2024, 200, 206 f; Kraus notar 2024, 291, 300): Die Entschädigungsforderung sei schon vor Erlöschen des Erbbaurechts taugliches Vorbehaltsgut iSd § 881 BGB (zweifelnd Ott MittBayNot 2025, 211, 216 f) und könne schon vor dem Erlöschen des Erbbaurechts sowohl im Grundstücksgrundbuch als auch im Erbbaugrundbuch eingetragen werden; spätestens nach dem Erlöschen des Erbbaurechts und mit Eintragung der Entschädigungsforderung sei der Vorbehalt bei dieser einzutragen und die begünstigten Rechte sogleich in den Vorrang einzuweisen (Mascherini/Dieckmann notar 2024, 200, 206 f; Kraus notar 2024, 291, 300). Da die Inhaber der nachrangigen Rechte den Rangvorbehalt nicht selbst ausnutzen können, sondern nur der Grundstückseigentümer, hilft der Rangvorbehalt nur, wenn ein entsprechender Anspruch gegen den Grundstückseigentümer auf Ausnutzung des Rangvorbehalts besteht (Winkler/Schlögel § 2 Rn 100a). Ein solcher Anspruch kann jedoch nur schuldrechtlich vereinbart werden mit der Folge, dass gegenüber Sonderrechtsnachfolgern nur bei entsprechender Weitergabe wirkt (Winkler/Schlögel § 2 Rn 100a). Fraglich erscheint zudem, ob §§ 876, 877 BGB die vorrangig dinglich Berechtigten davor schützen, dass der Rangvorbehalt ohne ihre Zustimmung wieder aufgehoben wird oder ob nur eine gem § 137 BGB lediglich schuldrechtlich wirkende Verpflichtung in Betracht kommt (für eine Vergleichbarkeit zu §§ 876, 877 BGB Winkler/Schlögel § 2 Rn 100a).

32 Wie eben aufgezeigt, sind die Lösungsvorschläge weitgehend kompliziert und alle mit Einwendungen und Risiken im Detail belastet. Der Gesetzgeber sollte hier **de lege ferenda** Rechtssicherheit schaffen und die allseits gewünschte Möglichkeit gesetzlich normieren, dass Belastungen des Erbbaurechts beim Heimfall und bei der Zwangsvollstreckung aus dem Entschädigungsanspruch nicht zwangsläufig erlöschen.

Insoweit wäre es für die Heimfallproblematik erwägenswert (Weber NotBZ 2015, 405, 415), § 33 Abs 1 ErbbauRG dahingehend zu ergänzen, dass die Rechte nicht erlöschen, wenn der Grundstückseigentümer diesen qualifiziert zugestimmt hat; hierbei sollte auch vorgesehen werden, dass das Bestehenbleiben im Grundbuch zu vermerken ist (ähnlich § 9 Abs 3 S 1 Nr 1 ErbbauRG). Diese Lösung hätte den Vorteil, dass sie nicht nur für zurücktretende Rechte gelten würde, sondern auch für Rechte, die während des Bestehens des Erbbaurechts nur an diesem eingetragen werden sollen und bei denen – aus welchem Grund auch immer – der Grundstückseigentümer einverstanden ist, dass diese beim Heimfall bestehen bleiben sollen.

Hinsichtlich des drohenden Erlöschens bei Zwangsvollstreckung aus dem Entschädigungsanspruch sollte gesetzlich normiert werden, dass Grundstückseigentümer und Erbbauberechtigter den Rang der Entschädigungsforderung abweichend von § 28 ErbbauRG vereinbaren können, wobei dies auch im Falle des § 27 Abs 2 ErbbauRG gelten sollte. Zu Überlegen wäre, ob der abweichende Rang der Entschädigungsforderung zum Schutz nachträglicher Gläubiger iSd § 29 ErbbauRG auch während des Bestehens des Erbbaurechts im Grundbuch zu verlautbaren ist.

5. Anwendung des Grundstücksrechts

§ 11
ErbbauRG

(1) Auf das Erbbaurecht finden die sich auf Grundstücke beziehenden Vorschriften mit Ausnahme der §§ 925, 927, 928 des Bürgerlichen Gesetzbuchs sowie die Vorschriften über Ansprüche aus dem Eigentum entsprechende Anwendung, soweit sich nicht aus diesem Gesetz ein anderes ergibt. Eine Übertragung des Erbbaurechts, die unter einer Bedingung oder einer Zeitbestimmung erfolgt, ist unwirksam.

(2) Auf einen Vertrag, durch den sich der eine Teil verpflichtet, ein Erbbaurecht zu bestellen oder zu erwerben, findet der § 311b Abs. 1 des Bürgerlichen Gesetzbuchs entsprechende Anwendung.

Materialien: Abs 2 in der Fassung des Ges v 30. 5. 1973 (BGBl I 501).

Systematische Übersicht

Alphabetische Übersicht

I. Überblick

1 § 11 ErbbauRG ordnet die (entsprechende) Anwendung anderer Vorschriften auf ein bereits bestehendes Erbbaurecht an.

Abs 1 S 1 entspricht im Allgemeinen dem früheren § 1017 aF. Zu beachten ist nur, dass § 11 ErbbauRG von „entsprechender Anwendung" spricht, während § 1017 Abs 2 aF diese Einschränkung nur für den Erwerb des Erbbaurechts und die Anwendung der Eigentumsansprüche getroffen hatte, § 1017 Abs 1 aF dagegen die auf Grundstücke sich beziehenden Vorschriften schlechthin für das Erbbaurecht gelten ließ.

Obwohl das Erbbaurecht nur ein beschränktes Recht an einem Grundstück ist, sollen dennoch im Allgemeinen die sich auf Grundstücke beziehenden Vorschriften entsprechende Anwendung finden, desgleichen auch die Vorschriften über die Ansprüche aus dem Eigentum. Dadurch wird das Erbbaurecht im Rechtsverkehr dem Eigentum sehr ähnlich. Man bezeichnet es deshalb auch als grundstücksgleiches Recht. Nicht anwendbar sind jedoch gemäß Abs 1 S 1 die §§ 925, 927, 928 BGB.

Nach **Abs 1 S 2** ist eine Übertragung des Erbbaurechts unter einer Bedingung oder Zeitbestimmung unwirksam.

In **Abs 2** wird die entsprechende Anwendung des § 311b Abs 1 BGB auf einen Vertrag, durch den sich ein Teil verpflichtet, ein Erbbaurecht zu bestellen oder zu erwerben, normiert.

II. Entsprechend anwendbare Vorschriften (Abs 1 S 1)

Abs 1 S 1 ordnet die **entsprechende Anwendung** der sich auf **Grundstücke** beziehen- 2
den Vorschriften sowie der Vorschriften über Ansprüche aus dem **Eigentum** an, soweit sich nicht aus diesem Gesetz etwas anderes ergibt. Diese Regelung gilt für ein bereits bestehendes Erbbaurecht (BeckOGK/Toussaint [1. 9. 2025] § 11 ErbbauRG Rn 8).

Dem Grundstück gleichgestellt ist durch die entsprechende Anwendung nicht der Gegenstand des Erbbaurechts (Bauwerk und Grundstück), sondern das Erbbaurecht selbst als solches.

Im Allgemeinen gelten nach Abs 1 S 1 **alle auf Grundstücke** sich **beziehenden Vor-** 3
schriften für das Erbbaurecht entsprechend, nicht bloß die speziell sachenrechtlichen Vorschriften für Grundstücke. Auf das Erbbaurecht sind hierbei **nicht nur** die Vorschriften des **BGB**, sondern **alle Vorschriften,** die sich auf Grundstücke beziehen, entsprechend anzuwenden, auch soweit sie sich aus Landesrecht oder sonstigen Rechtsnormen ergeben, auch soweit sie dem öffentlichen Recht (vor allem dem Baurecht) oder dem Steuerrecht zugehören.

Dies gilt jedoch **nicht, soweit** sich nicht aus den Vorschriften über das Erbbaurecht 4
oder aus dem Inhalt, Sinn und Zweck der entsprechend anzuwendenden Vorschriften etwas anderes ergibt (vgl RGZ 108, 70 ff).

Unanwendbar sind daher zB § 98 Nr 2 BGB; auch § 905 BGB ist mit folgender Einschränkung anzuwenden (RGZ 72, 305): Das Recht des Erbbauberechtigten auf den Erdkörper unter der Oberfläche des Grundstücks kann sich nicht weiter erstrecken, als dieser Raum für das Bauwerk, das er „haben" darf, erforderlich ist. Hinsichtlich des tiefer liegenden Raumes hat er kein Benutzungsrecht. Der Anwendbarkeit des § 905 BGB hinsichtlich des Raumes über dem Grundstück auf ein Erbbaurecht, das ein Recht auf den Erdkörper über der Oberfläche gibt, stehen keine Bedenken entgegen.

Gemäß Abs 1 S 1 ausdrücklich **ausgeschlossen** von der Anwendung sind die §§ 925, 5
927, 928 BGB. Die Unanwendbarkeit des § 928 BGB wird in der amtlichen Begründung der VO (veröffentlicht von Schmidt-Räntsch ZfIR 2019, 170) mit der Sicherung des

Bestandes des Erbbaurechtes und als Schutz vor der Willkür des Erbbaurechtsnehmers gegenüber Hypothekengläubigern begründet. § 926 BGB (Erwerb des Zubehörs) findet dagegen entsprechende Anwendung, auch wenn bei der Bestellung des Erbbaurechts das Bauwerk nebst Zubehör bereits vorhanden war (vgl § 12 ErbbauRG Rn 11).

6 Von den anwendbaren Vorschriften des BGB sind besonders hervorzuheben: §§ 416, 435 S 2, 436, 448 Abs 2 BGB; wegen der Vorschriften in §§ 464 ff BGB s § 31 Abs 3 ErbbauRG; §§ 566 ff BGB, vgl hierzu auch § 30 ErbbauRG; ferner §§ 648, 753, 836, 867, 873 ff, 903 ff BGB, insbes §§ 906, 907 (vgl aber auch RGZ 72, 309), 909, 910, 911, 912 ff (vgl § 12 ErbbauRG Rn 5), 917 ff (vgl RGZ 19, 118), 919, 946 BGB; wegen § 951 BGB s § 34 ErbbauRG Rn 6; wegen §§ 997, 258 BGB s § 34 ErbbauRG Rn 1; ferner §§ 1009, 1010, 1018 ff (wegen § 1026 s § 1 ErbbauRG Rn 37), 1113 ff, 1287 S 2, 1424 BGB; wegen § 1807 Abs 1 Nr 1 BGB vgl §§ 18–20 ErbbauRG.

Der dingliche Gerichtsstand gem § 24 ZPO gilt auch für das Erbbaurecht.

Hinsichtlich der Zwangsvollstreckung und des Arrests in ein Grundstück werden nach ausdrücklicher Vorschrift der §§ 864, 870 Abs 1, 932 ZPO die Berechtigungen, für welche die sich auf Grundstücke beziehenden Vorschriften gelten (also das Erbbaurecht) den Grundstücken gleichgestellt.

Die zum BGB erlassenen Ausführungsgesetze der Länder werden unmittelbar von § 11 ErbbauRG erfasst. Das Bay Ges über das Unschädlichkeitszeugnis ist auch beim Erbbaurecht entsprechend anzuwenden (BayObLG Rpfleger 1963, 87).

Auch die Vorschriften über rechtsgeschäftliche und gesetzliche Vorkaufsrechte sind entsprechend auf die Begründung, Erweiterung oder Übertragung eines Erbbaurechts anwendbar (Rn 41 ff).

III. Das bestehende Erbbaurecht im Rechtsverkehr

1. Grundbuchblatt

7 Die Grundstücksgleichheit des Erbbaurechts wird bereits dadurch augenscheinlich, dass nach § 14 ErbbauRG für das Erbbaurecht nicht bloß auf Antrag, sondern in jedem Fall ein besonderes Grundbuchblatt **(Erbbaugrundbuch)** anzulegen ist.

2. Inhaber subjektiv-dinglicher Rechte

8 **Subjektiv-dingliche Rechte** können zugunsten des Erbbaurechts bestellt werden. Sie gelten dann gem § 96 BGB als Bestandteile des Erbbaurechts und unterliegen damit den Belastungen des Erbbaurechts. Als solche Rechte kommen in Betracht: Grunddienstbarkeiten, Vorkaufsrechte (in dieser Hinsicht vgl aber auch § 2 Nr 6 ErbbauRG mit § 31 ErbbauRG), Reallasten, ferner auch die Notweg- und Überbaurenten (s §§ 916 ff BGB, sowie in Rn 6).

3. Die Belastung des Erbbaurechtes

a) Grundsatz

Das bestehende Erbbaurecht kann grundsätzlich wie ein Grundstück **belastet** werden 9
durch Einigung und Eintragung (§ 873 BGB) im Erbbaugrundbuch.

Denkbar ist etwa eine Belastung mit beschränkten persönlichen Dienstbarkeiten, Grunddienstbarkeiten, Reallasten (vgl hierzu auch § 9 ErbbauRG), Nießbrauchsrechten und Vorkaufsrechten. Zur Belastung des Erbbaurechtes mit Hypotheken, Grundschulden und Rentenschulden; wegen der Mündelhypotheken s näher §§ 18–20 ErbbauRG, sowie § 22 ErbbauRG wegen der landesrechtlichen Vorschriften. Auf die Belastung eines Erbbaurechts mit einem Nießbrauch findet, da es sich um einen Sachnießbrauch handelt, § 873 BGB Anwendung (also nicht § 1069 BGB) und auf dessen Beendigung §§ 875, 876, 889 BGB (nicht § 1072 BGB). Ein Erbbaurecht kann gem dem deklaratorischen § 42 Abs 1 WEG auch mit einem Dauerwohn- oder Dauernutzungsrecht belastet werden (Staudinger/Wobst [2023] § 42 WEG Rn 2; ferner Weitnauer DNotZ 1953, 119).

Bei Belastungen, die dem Berechtigten ein Nutzungsrecht gewähren, ist zu beachten, dass sie sich im Rahmen der dem Erbbauberechtigten selbst zustehenden Befugnisse halten (KG NJW-RR 1992, 214). So kann zB eine Tankstellendienstbarkeit an einem Erbbaurecht, das ausschließlich Wohnzwecken dient, nicht begründet werden (BayObLG DNotZ 1958, 542). Ein Dauerwohnrecht kann an einem Erbbaurecht, das nur für gewerbliche Zwecke bestimmt ist, nicht bestellt werden.

Auch Vormerkungen, Verfügungsbeschränkungen und Widersprüche können am Erbbaurecht eingetragen werden, ebenso eine Vereinbarung nach § 1010 BGB, wenn das Erbbaurecht in Mitberechtigung mehrerer Personen steht.

Die Belastung des Erbbaurechts mit einem **Vorkaufsrecht** (typischerweise für alle 10
Verkaufsfälle) **für den Grundstückseigentümer** ist in den Erbbaurechtsverträgen üblich (Dieckmann ErbbauZ 2020, 173 li; Kollmann ErbbauZ 2021, 68). Dieses Vorkaufsrecht am Erbbaurecht besteht so lange, wie das Erbbaurecht selbst besteht; wird dieses durch Vereinbarung (§ 26 ErbbauRG) oder durch Zeitablauf (§ 28 ErbbauRG) beendet, so erlischt auch dieses subjektiv dingliche Vorkaufsrecht.

Umgekehrt ist auch häufig ein **Vorkaufsrecht des Erbbauberechtigten** am Erbbaugrundstück bestellt. Ist das Erbbaurecht gem § 30 ErbbauRG in Wohnungserbbaurechte aufgeteilt, so vervielfältigt sich die Zahl der Vorkaufsberechtigten entsprechend der Zahl der Einheiten, zu denen das Erbbaurecht aufgeteilt wurde. In gleicher Weise vervielfältigen sich die Probleme, die bei der Belastung von Grundbesitz mit mehreren Vorkaufsrechten bestehen. Da das Wohnungserbbaurecht auf der Basis *eines* Erbbaurechtes begründet wird, ermöglicht der Erwerb einer Einheit alleine keine Möglichkeit der einseitigen Veränderung des Erbbaurechtsvertrages (Kollmann ErbbauZ 2021, 70). Als Ausweg aus diesen Problemen bietet es sich an, das Vorkaufsrecht der rechtsfähigen Gemeinschaft der Wohnungserbbauberechtigten (§ 9a Abs 1 S 1 WEG) zuzuordnen (Dieckmann ErbbauZ 2020, 173, 179).

Bei jeder Ausübung eines Vorkaufsrechtes entsteht ein Eigentümer-Erbbaurecht (Winkler/Schlögel § 6 Rn 6). Dadurch erlangt der Grundstückseigentümer die Möglichkeit, das Erbbaurecht aufzuheben und dadurch über das Gesamtobjekt zu verfügen oder das Erbbaurecht zu ändern, das veränderte Erbbaurecht anderweitig zu vergeben. Darin kann ein Wertschöpfungspotential bestehen (Kollmann ErbbauZ 2021, 69).

11 Zur Belastung des Erbbaurechts kann nach § 5 Abs 2 ErbbauRG bei entsprechender Vereinbarung die **Zustimmung des Grundstückseigentümers** erforderlich sein.

12 Die **Belastungen** des Erbbaurechts **gehen unter** bei Beendigung des Erbbaurechts durch Aufhebung und Zeitablauf (vgl §§ 26 ff ErbbauRG), sowie beim Heimfall des Erbbaurechts – hier allerdings mit Ausnahme von Hypotheken, Grund- u Rentenschulden, Reallasten, Dauerwohnrechten (§ 33 ErbbauRG). Bei einer Zwangsversteigerung des Grundstücks bleiben das Erbbaurecht und damit auch seine Belastungen bestehen, selbst wenn das Erbbaurecht bei der Feststellung des geringsten Gebots nicht berücksichtigt ist (§ 25 ErbbauRG).

b) Spezialfall: Untererbbaurecht

13 Zumindest früher war die Frage umstritten, ob ein Erbbaurecht mit einem Erbbaurecht belastet werden kann, sog **Untererbbaurecht** (dagegen etwa Schneider DNotZ 1955, 70; 1976, 411; Matthieu/Hieber DNotZ 1955, 324).

Nachdem der BGH (Z 62, 179) und in § 6a Abs 1 S 1, Abs 2 GBO auch der Gesetzgeber das Untererbbaurecht ausdrücklich als **zulässig** anerkannt haben, ist die Streitfrage trotz der noch offenen Zweifelsfragen in der Praxis gelöst. Im Grundsatz ist die Bestellung eines Untererbbaurechts daher möglich (statt aller Nagel/Götting § 11 ErbbauRG Rn 135 mwNw; eingehend Winkler/Schlögel § 3 Rn 17 ff).

Da nach ganz hM ein Grundstück nur mit *einem* Erbbaurecht belastet werden kann, kann konsequenterweise ein Erbbaurecht auch nur mit *einem* Untererbbaurecht belastet werden (vgl § 10 ErbbauRG Rn 9).

Sofern schon bei der Bestellung des (Ober-)Erbbaurechts absehbar ist, dass ein Untererbbaurecht bestellt werden soll, sollte hierauf bei der Gestaltung des Obererbbaurechtsvertrags Rücksicht genommen werden; andernfalls ist der Obererbbaurechtsvertrag später uU zu ändern.

14 Das Untererbbaurecht muss sich aber im **Rahmen des Obererbbaurechts** halten (BGH 22. 2. 1974 – V ZR 67/72, BGHZ 62, 179, 182; OLG Celle DNotZ 1972, 538, 539; MünchKommBGB/Weiss § 1 ErbbauRG Rn 37; Winkler/Schlögel § 3 Rn 27).

Bei Bestellung eines Untererbbaurechtes kann nicht mit dinglicher Wirkung vereinbart werden, dass der Untererbbauberechtigte zur Veräußerung und Belastung des Untererbbaurechtes der Zustimmung des Grundstückseigentümers bedarf; dies gilt auch dann, wenn das Erbbaurecht selbst nur mit Zustimmung des Grundstückseigentümers veräußert oder belastet werden kann (LG Augsburg MittBayNot 1995, 211).

Umstritten ist jedoch, ob sich für die Zulässigkeit des Untererbbaurechts weitere Anforderungen daraus ergeben, dass für das Obererbbaurecht das Haben eines Bauwerks gem § 1 Abs 1 ErbbauRG begriffsnotwendig ist (vgl Winkler/Schlögel § 3 Rn 25 mit der insoweit zutreffenden Aussage, dass das Untererbbaurecht nur bestehen kann, solange das Obererbbaurecht wirksam besteht). 15

Nach teilweise vertretener Ansicht ist erforderlich, dass sich das Obererbbaurecht und das Untererbbaurecht auf **verschiedene selbstständige Bauwerke** beziehen **oder** zumindest das gleiche Bauwerk **zeitlich gestaffelt** zunächst zum Untererbbaurecht und dann für einen „relevanten“ Zeitraum zum Obererbbaurecht gehört (Winkler/Schlögel § 3 Rn 26; MünchKommBGB/Weiss § 1 ErbbauRG Rn 36; Böttcher Rn 67; Wilsch ErbbauZ 2021, 35, 36: sonst drohe ein unzulässiges „Leererbbaurecht“, jew mwNw).

Nach der zutreffenden Gegenansicht gibt es solche Einschränkungen nicht (Erman/Grziwotz Vor § 1 ErbbauRG Rn 22; BeckOK-BGB/Maass [1. 11. 2025] § 1 ErbbauRG Rn 33; Ingenstau/Hustedt/Bardenhewer § 11 ErbbauRG Rn 19). Unabhängig davon, dass die Formulierung, wonach sich das Obererbbaurecht und das Untererbbaurecht auf verschiedene Bauwerke beziehen müssen, missverständlich ist, weil sich das Untererbbaurecht nur auf Bauwerke des Obererbbaurechts beziehen kann, da es nicht über dieses hinausgehen kann (gemeint ist daher wohl: der Ausübungsbereich des Untererbbaurechts sei auf einen Teil des Obererbbaurechts zu beschränken), bedarf es weder unterschiedlicher Bauwerke noch einer zeitlichen Staffelung:

Auch wenn sich das Obererbbaurecht und das Untererbbaurecht ausschließlich auf die gleichen Bauwerke beziehen und die gleiche Laufzeit aufweisen, steht dem Obererbbauberechtigten iSd § 1 Abs 1 ErbbauRG das Recht zu, ein Bauwerk zu haben. Zum einen setzt dies nicht zwingend auch das Eigentum an einem Bauwerk voraus, da das Erbbaurecht als dingliches Recht auch besteht, wenn kein Bauwerk errichtet wird. Zum anderen ist der Obererbbauberechtigte *gegenüber dem Grundstückseigentümer* auch dann zum Haben eines Bauwerks berechtigt iSd § 1 Abs 1 ErbbauRG, wenn er aufgrund einer privatautonomen Entscheidung ein Untererbbaurecht am Obererbbaurecht bestellt. Der Untererbbauberechtigte leitet sein Recht ausschließlich aus der Rechtsposition ab, die der Obererbbauberechtigte gegenüber dem Grundstückseigentümer hat. Wenngleich nicht erforderlich, lässt sich ergänzend argumentieren, dass das Untererbbaurecht theoretisch jederzeit aufgehoben werden kann (§ 26 ErbbauRG).

Eine Bestellung ist idR nur unter **Mitwirkung des Eigentümers** möglich, die auch dann noch notwendig ist, wenn dieser bei der Bestellung des Obererbbaurechts seine Einwilligung für eine künftige Untererbbaurechtsbegründung erteilt hat. Denn der Eigentümer muss mit seiner Erbbauzinsreallast und etwaigen sonstigen für ihn eingetragenen Rechten hinter das Untererbbaurecht zurücktreten, da dieses gemäß § 10 Abs 1 ErbbauRG ausschließlich erste Rangstelle am (Ober-) Erbbaurecht erhalten muss. 16

Im Falle des **Heimfalls des Obererbbaurechts** erlischt gemäß § 33 Abs 1 S 3 ErbbauRG das Untererbbaurecht. Diese Gefahr macht die Begründung eines Untererbbaurechts in der Praxis nahezu unmöglich. Daher sollte in diesem Fall im Obererbbaurechtsvertrag auf die Vereinbarung eines Heimfallrechts bestenfalls komplett ver- 17 zichtet werden. Wenn dies nicht gewünscht ist, sollte beim typischerweise gegebenen Heimfallanspruch wegen Nichtzahlung des Erbbauzinses dem Untererbbauberechtigten zumindest die Möglichkeit der Zahlung anstelle des Obererbbauberechtigten gegeben werden, wobei § 267 Abs 2 BGB abzubedingen ist (Böttcher Rn 64).

Da beim Heimfall des Obererbbaurechts und dem damit verbundenen Erlöschen des Untererbbaurechts der Untererbbauberechtigte keinen eigenen Ersatzanspruch nach § 32 ErbbauRG hat (Winkler/Schlögel § 3 Rn 23; Habel MittBayNot 1998, 315, 321), ist es erwägenswert, entweder die Geltung des § 32 ErbbauRG für diesen Fall auch im Verhältnis zwischen Obererbbauberechtigten und Untererbbauberechtigten schuldrechtlich zu vereinbaren und diesen Anspruch an etwaige Finanzierungsgläubiger abzutreten (Habel MittBayNot 1998, 315, 321; Böttcher Rn 66) oder den Anspruch auf Entschädigung für das Bauwerk, der dem Obererbbauberechtigten beim Heimfall gegen den Eigentümer zusteht (§ 32 ErbbauRG) schon bei Bestellung des Obererbbaurechts an den künftigen Untererbbauberechtigten abzutreten (Habel MittBayNot 1998, 315, 321; vgl § 32 ErbbauRG Rn 8). Diesen an ihn abgetretenen Anspruch kann dann der Untererbbauberechtigte an etwaige Finanzierungsgläubiger weiter abtreten (Habel MittBayNot 1998, 321).

18 Erlischt das Untererbbaurecht durch **Zeitablauf**, steht dem (ehemaligen) Untererbbauberechtigten ein Entschädigungsanspruch gegen den Obererbbauberechtigten zu, für welchen das Obererbbaurecht gemäß § 28 ErbbauRG haftet. Freilich geht diese dingliche Haftung verloren, wenn (danach) auch das Obererbbaurecht durch Zeitablauf erlischt.

Denkbar ist es, zur Sicherheit den Anspruch des Obererbbauberechtigten gegen den Grundstückseigentümer betreffend die Entschädigung für das Bauwerk an den Untererbbauberechtigten insoweit abzutreten, als sich das Untererbbaurecht auf dasselbe Bauwerk oder denselben Bauwerksteil bezieht, den der Obererbbauberechtigte zu haben berechtigt ist (vgl § 27 ErbbauRG Rn 37). Die Abtretung ist aufschiebend bedingt auf den Eintritt der Fälligkeit des Anspruchs des Obererbbauberechtigten gegenüber dem Grundstückseigentümer zu erklären. § 27 Abs 4 ErbbauRG (Abtretungsverbot bezüglich des Entschädigungsanspruchs) steht dem nur scheinbar entgegen. Zweck der Vorschrift des § 27 Abs 4 ErbbauRG ist es, den Entschädigungsanspruch zur Befriedigung der Grundpfandrechts- oder Reallastgläubiger gem § 29 ErbbauRG zu erhalten. Sind solche nicht vorhanden, so ist auch der Schutzbereich des § 27 Abs 4 ErbbauRG nicht betroffen. Gibt es im Zeitpunkt der bedingten Abtretung solche Berechtigten, so ist zur Wirksamkeit derselben deren Zustimmung erforderlich. Diese Dispositivität des § 27 Abs 4 ErbbauRG ist auch deshalb anzunehmen, weil die Entschädigung für das Bauwerk auch komplett ausgeschlossen werden kann (§ 27 Abs 1 S 2 ErbbauRG).

19 Im Hinblick auf die genannten Gründe sollte man daher ein Untererbbaurecht nur dann bestellen, wenn es sich um nicht auf andere Weise lösbare Fälle handelt und bei denen sowohl Ober- wie Untererbbaurecht aufgrund einer einheitlichen Planung konzipiert werden.

Ein solcher Fall – und hier liegt auch das praktische Bedürfnis für die Zulassung des Untererbbaurechts – ist zB gegeben, wenn ein öffentlich-rechtlicher Eigentümer ein

Grundstück dem Wohnungsbau zur Verfügung stellt, dabei aber weder das Eigentum aufgeben noch selbst bauen will und auch nicht auf Dauer mit einer Vielzahl von Berechtigten zu tun haben will (weitere Anwendungsfälle s WINKLER/SCHLÖGEL § 3 Rn 16 zB nur teilweise Weitergabe des Baurechtes). Hier ist dann eine Lösung über das Untererbbaurecht der einzige Weg, um den zwischengeschalteten Obererbbauberechtigten weiterhin als einzigen Ansprechpartner des Eigentümers zu haben. Der Obererbbauberechtigte erhält ein Erbbaurecht, das er mit einem Untererbbaurecht belastet, das alsdann in Wohnungserbbaurechte aufgeteilt wird und an einzelne Erwerber veräußert wird. Um dem Untererbbauberechtigten für den Fall des Heimfalls und für den Fall der Beendigung des Obererbbaurechtes die notwendigen Sicherungen zu verschaffen (es geht um die Vergütung bzw die Entschädigung für das Untererbbaurecht) kommt als Obererbbauberechtigter praktisch nur eine insolvenzfeste juristische Person des öffentlichen Rechts in Betracht (HABEL MittBayNot 1998, 321).

4. Vereinigung, Bestandteilszuschreibung

Inwieweit § 890 BGB über § 11 Abs 1 ErbbauRG auf das Erbbaurecht anwendbar ist, ist im Detail umstritten. Es sind verschiedene Konstellationen zu unterscheiden: Die Bestandteilszuschreibung bzw Vereinigung von zwei Erbbaurechten (Rn 21), die von Erbbaurecht und Grundstück (Rn 22) sowie die von erbbaurechtsbelasteten Grundstücken (Rn 23). **20**

Zulässig ist die **Vereinigung von zwei Erbbaurechten** gem § 11 Abs 1 S 1 ErbbauRG, § 890 Abs 1 BGB miteinander oder die **Bestandteilszuschreibung** eines Erbbaurechts zu einem anderen Erbbaurecht gem § 11 Abs 1 S 1 ErbbauRG, § 890 Abs 2 BGB (INGENSTAU/HUSTEDT/BARDENHEWER § 11 ErbbauRG Rn 24; LEMKE/CZUB § 11 ErbbauRG 23, jew mwNw; **aA** MünchKommBGB/WEISS § 11 ErbbauRG Rn 42: nur bei gleichzeitiger Vereinigung der Erbbaugrundstücke). Da die Vereinigung zweier Erbbaurechte bei gleichzeitiger Beibehaltung der Selbständigkeit der Grundstücke nichts anderes ist als die Bildung eines Gesamterbbaurechts, muss auch eine solche Vereinigung möglich sein. **21**

Ob die Vereinigung bzw Bestandteilszuschreibung eines Erbbaurechts mit einem Grundstück, insbesondere mit dem Erbbaugrundstück, zulässig ist, ist umstritten und vom BGH bisher nicht entschieden. **22**

Wohl überwiegend wird die Vereinigung bzw Bestandteilszuschreibung von Erbbaurecht und Nichterbbaurechtsgrundstück zugelassen (etwa SCHÖNER/STÖBER Rn 1487 f; ERMAN/GRZIWOTZ Vor § 1 ErbbauRG Rn 6, jew mwNw), teilweise sogar von Erbbaurechtsgrundstück und Erbbaurecht (etwa OLG Jena DNotZ 2018, 455; DNotI-Rep 2006, 112; BeckOK-BGB/MAASS [1. 11. 2025] § 11 ErbbauRG Rn 17; **aA** OLG Hamm 30. 1. 2019 – I-15 W 320/18, ErbbauZ 2020, 86; KG DNotZ 2011, 283; SCHÖNER/STÖBER Rn 1485). Teilweise werden diese Möglichkeiten auch komplett abgelehnt (STAUDINGER/PICKER [2025] § 890 BGB Rn 19; LEMKE/CZUB § 11 ErbbauRG 23; bis auf Ausnahmefälle auch MünchKommBGB/WEISS § 11 ErbbauRG Rn 41).

Für eine generelle Unzulässigkeit spricht, dass bei genauer Betrachtung § 11 Abs 1 ErbbauRG nicht das Erbbaurecht als Grundstück fingiert (mit der Folge, dass das Erbbaurecht für die Anwendung des § 890 BGB als Grundstück anzusehen wäre), sondern nur die für Grundstücke geltenden Vorschriften für entsprechend anwendbar erklärt, wodurch entsprechend § 890 BGB zwei Erbbaurechte miteinander vereinigt bzw als Bestandteil zugeschrieben werden können (Rn 21).

23 Die Vereinigung zweier Grundstücke bzw die Bestandteilszuschreibung eines Grundstücks zu einem anderen, wobei eines der Grundstücke mit einem Erbbaurecht belastet ist, unterfällt der direkten Anwendung des § 890 BGB.

Gem §§ 5 f GBO darf hiervon keine Verwirrung zu besorgen sein. Dies soll die Ausdehnung des Erbbaurechts erforderlich machen (Schöner/Stöber Rn 1844; MünchKomm-BGB/Weiss § 11 ErbbauRG Rn 40).

5. Teilung eines Erbbaurechtes

24 Die **Teilung eines Erbbaurechts** in mehrere selbständige Einzelerbbaurechte ist grds möglich.

Unter Zugrundelegung der Rechtsprechung des BGH zur Zulässigkeit des Nachbarerbbaurechts (§ 1 ErbbauRG Rn 73 ff) kann keine Voraussetzung für die Teilung sein, dass sich das zu teilende Erbbaurecht auf mehrere selbstständige Bauwerke bezieht – wohl aber, dass jedes der durch Teilung entstehenden Erbbaurechte das Recht zum Haben eines Bauwerks iSd § 1 Abs 1 ErbbauRG zum Gegenstand hat (vgl, aber insoweit noch vor Entscheidung des BGH zur Zulässigkeit von Nachbarerbbaurechten, Winkler/Schlögel § 5 Rn 163; BeckOK-BGB/Maass [1. 11. 2025] § 11 ErbbauRG Rn 15; Ingenstau/Hustedt/Bardenhewer § 11 ErbbauRG Rn 108). Dabei kann bei Vorliegen dieser Voraussetzungen durch die Teilung auch ein Überbau entstehen, auf welchen die Vorschriften der §§ 912 ff BGB Anwendung finden.

25 Voraussetzung für eine zulässige Teilung des Erbbaurechts ist allerdings, dass auch das **Grundstück geteilt** wird, sei es im Wege der Vermessung oder der Aufhebung einer Vereinigung, da ein Grundstück nach ganz hM nicht mit mehreren Erbbaurechten belastet sein darf (BeckOK-BGB/Maass [1. 2. 2026] § 11 ErbbauRG Rn 15; Winkler/Schlögel § 5 Rn 161; vgl § 10 ErbbauRG Rn 9).

26 Über die „Teilungserklärung" (materiell-rechtlich handelt es sich hierbei um eine Aufhebungserklärung nach § 875 BGB, Schöner/Stöber Rn 1851) des Erbbauberechtigten hinaus bedarf es keiner sog Enthaftungserklärung des Erbbauberechtigten, wonach jedes Teilgrundstück von dem darauf nicht mehr entfallenden Teil des Erbbaurechts freigestellt wird (Böttcher Rn 674; Ingenstau/Hustedt/Bardenhewer § 11 ErbbauRG Rn 13; Winkler/Schlögel § 5 Rn 166, jew mwNw; **aA** Staudinger/Rapp [2021] § 11 ErbbauRG Rn 16b).

27 Ein **Gesamterbbaurecht** kann – ohne weitere Grundstücksteilung – nur so geteilt werden, dass an jedem belasteten Grundstück ein Erbbaurecht besteht.

28 Die Teilung bedarf der **Zustimmung des Grundstückeigentümers** gem § 26 ErbbauRG (Winkler/Schlögel § 5 Rn 166).

Ein Anspruch hierauf besteht nicht. Die Rechtsstellung des Grundstückseigentümers wird dadurch beeinflusst, dass er es künftig mit einer Mehrzahl von Erbbauberechtigten zu tun haben kann, was sich auf die Sicherheit seines Erbbauzinses, auf die

Verwaltung und den Heimfall entscheidend auswirkt. Normalerweise wird der Erbbauberechtigte die Aufteilung des Erbbauzinses auf die Teilerbbaurechte wünschen, was wiederum nur mit Zustimmung des Grundstückseigentümers möglich ist und wozu dieser nicht verpflichtet ist (Winkler/Schlögel § 5 Rn 167; Böttcher Rn 666).

Zur Teilung ist die **Zustimmung der am Erbbaurecht** gem § 876 S 1 BGB **dinglich Berechtigten** erforderlich (BGH 21. 12. 1973 – V ZR 202/71, DNotZ 1974, 441; Schöner/Stöber Rn 1851; Böttcher Rn 670 mwNw). 29

Dagegen bedarf es keiner Zustimmung der am Grundstück dinglich Berechtigten (Schöner/Stöber Rn 1851; Lutter DNotZ 1960, 82; Böttcher Rn 672 mwNw), wobei für die Erbbauzinsreallast auf § 1109 Abs 1 BGB hinzuweisen ist. Da mit der Teilung des Erbbaurechtes zwangsläufig auch eine Teilung des Erbbaugrundstücks einhergehen muss, besteht nach § 1109 Abs 1 S 1 BGB die Reallast für die einzelnen Teile fort. Da die Einzelleistungen jedoch teilbar sind, sind die Grundstückseigentümer insoweit Teilgläubiger (§ 1109 Abs 1 S 2 BGB). Wird bei dieser Situation der Erbbauzins betragsmäßig auf die neuen Erbbaurechte verteilt (entweder durch Vereinbarung der Eigentümer mit den Erbbauberechtigten oder in entsprechender Anwendung des § 1132 Abs 2 BGB), so bedarf dies der Zustimmung von Grundpfandrechtsgläubigern am Grundstück gem §§ 877, 876 S 2 BGB, da nun nicht mehr jeder Grundstückseigentümer gegenüber jedem Erbbauberechtigten die ganze Teilforderung geltend machen kann (DNotI Fax-Pool § 876 BGB – 83674).

Die Teilung eines Erbbaurechtes und des Erbbaugrundstücks wirkt sich auf die häufig vereinbarten gegenseitigen Vorkaufsrechte zwischen dem Grundstückseigentümer und dem Erbbauberechtigten bzw umgekehrt wie folgt aus: 30

- Die Teilung des mit dem Erbbaurecht belasteten Grundstücks führt zum Entstehen mehrerer subjektiv dinglicher Einzelvorkaufsrechte an jedem neuen Grundstück, wobei beide Erbbauberechtigte gemeinschaftlich gemäß § 472 BGB berechtigt sind (Böttcher MittBayNot 1993, 129, 131 re; DNotI-Report 2010, 109, 110 li).

- Wird dagegen das berechtigte Grundstück oder Erbbaurecht eines subjektiv-dinglichen Vorkaufsrechtes real geteilt, so sind die Eigentümer bzw Berechtigten aller entstehenden Teilgrundstücke zusammen nach Maßgabe des § 472 BGB vorkaufsberechtigt (BGH 11. 7. 2014 – V ZR 18/13, NJW 2014, 3024 Rn 21; BayObLGZ 1973, 21, 23; Grüneberg/Herrler § 1094 BGB Rn 3).

- Bei Teilung eines Erbbaurechtes muss auch das Erbbaugrundstück in gleicher Weise wie das Erbbaurecht geteilt werden (Rn 25). Bezüglich der Vorkaufsrechte ist in diesem Falle gewünscht, dass gegenseitig vorkaufsberechtigt sind der jeweilige neue Erbbauberechtigte an dem Grundstück, auf dem sein Erbbaurecht besteht und umgekehrt. Dieses Ergebnis kann dadurch erreicht werden, dass bei mehreren Vorkaufsberechtigten stets derjenige gem § 875 BGB auf sein Vorkaufsrecht verzichtet bezüglich des Belastungsgegenstandes, an dem er nicht mehr Erbbauberechtigter bzw nicht mehr Grundstücksmiteigentümer ist (Winkler/Schlögel § 6 Rn 8; DNotI-Gutachten DNotI-Report 2010, 109 ff; s hierzu auch OLG München MittBayNot 2010, 42; Böttcher MittBayNot 1993, 129, 131).

6. Begründung von Wohnungserbbaurechten

31 Das Erbbaurecht kann nach § 30 WEG in **Wohnungs- und Teilerbbaurechte** aufgeteilt werden (Staudinger/Wobst [2023] § 30 WEG).

Für die Aufteilung des Erbbaurechts in Wohnungs- und Teilerbbaurechte ist die **Zustimmung** des **Grundstückseigentümers** grundsätzlich **nicht erforderlich**. Die ganz überwiegende Ansicht geht davon aus, dass die Wohnungs- und Teilerbbauberechtigten dann als Gesamtschuldner für den Erbbauzins haften und dass zur Verteilung des Erbbauzinses auf die einzelnen Einheiten die Mitwirkung des Grundstückseigentümers erforderlich ist (etwa Winkler/Schlögel § 6 Rn 61; BeckOGK/Schulz [1. 12. 2025] § 30 WEG Rn 17; **aA** jedoch Staudinger/Wobst [2023] § 30 WEG Rn 21: Automatisch Teilschuldner gem § 9a Abs 2 Alt 2, Abs 4 WEG). Hier ist zu beachten, dass der dingliche Erbbauzinsanspruch, auch bei einer derartigen Aufteilung in Richtung Schuldner beim Gläubiger immer ein einheitliches subjektiv dingliches Recht bleiben muss, und daher gläubigerseits nicht auf etwaige Miteigentümer aufgeteilt werden kann (BayObLGZ 1990, 212) (wohl aber beim Gesamterbbaurecht auf verschiedene Grundstückseigentümer).

32 Es können auch **behördliche Genehmigungen** erforderlich sein:

Eindeutig ist dies im Geltungsbereich einer RechtsVO der zuständigen Landesregierung nach **§ 250 Abs 1 S 1 BauGB** (eingefügt durch das Baulandmobilisierungsgesetz vom 22. 6. 2021, BGBl 2021 I 1802) für **Gebiete mit angespanntem Wohnungsmarkt**. In diesen ist die Begründung von Wohnungserbbaurechten gem § 250 Abs 6 BauGB genehmigungspflichtig. Die Genehmigungsfreigrenzen des § 250 Abs 1 S 2 und 6 BauGB sind jedoch von der ratio legis hier analog anwendbar (vgl Drexler notar 2021, 252, 255).

Ob für die Begründung von Wohnungs- bzw Teilerbbaurechten die Genehmigung auf Grundlage einer Satzung bzw Rechtsverordnung iSd § 172 Abs 1 S 4 BauGB **(Erhaltungssatzung)** erforderlich sein kann, ist umstritten. Nach der wohl überwiegenden Ansicht wird eine Anwendbarkeit des § 172 BauGB generell abgelehnt (vgl OVG Berlin Brandenburg ErbbauZ 2020, 56; Häublein ErbbauZ 2021, 164, 165 ff; Theus RNotZ 2019, 574, 585), insbesondere aufgrund eines Umkehrschlusses aus § 22 BauGB. Nach anderer Ansicht soll etwas anderes (nur) in Umgehungsfällen gelten (OLG München 17. 5. 2001, MittBayNot 2022, 88, 89; Jennissen/Grziwotz § 30 WEG Rn 11; BeckOGK/Schulz [1. 12. 2025] § 30 WEG Rn 15). Ausgehend vom Grundsatz des § 11 Abs 1 S 1 ErbbauRG stellt § 172 Abs 1 Satz 4 BauGB richtigerweise jedoch stets eine Ermächtigungsgrundlage für den Erlass einer landesrechtlichen Verordnung dar, wonach die Begründung von Wohnungs- und Teilerbbaurechten einer Genehmigung bedarf (Graf Wolffskeel von Reichenberg MittBayNot 2022, 215, 216 f).

IV. Begründung eines Erbbaurechts

1. Dingliches Rechtsgeschäft

33 Die Form für die rechtsgeschäftliche **dingliche Begründung** des Erbbaurechts ist dessen Rechtsnatur entsprechend die der Belastung eines Grundstücks mit einem be-

grenzten Recht. Erforderlich ist gemäß § 873 BGB die **Einigung** des Grundstückseigentümers und des Erbbaurechtserwerbers über die Bestellung des Erbbaurechts, sowie die **Eintragung** der Rechtsänderung im Grundbuch.

Zur Eintragung im Grundbuch muss nach § 20 GBO die Einigung beider Teile (§ 873 Abs 1 BGB) dem Grundbuchamt nachgewiesen werden, es genügt also nicht die einseitige Eintragungsbewilligung des Grundstückseigentümers allein (vgl Amtl Erläut zu § 11, sowie § 37 der VO mit Erl). Die Erklärungen können durch öffentliche Urkunden oder durch öffentlich beglaubigte Urkunden nachgewiesen werden (§ 29 GBO). Der Grundstückseigentümer wird mit der Erklärung über die Einigung zweckmäßig die weiter notwendige Eintragungsbewilligung (§ 19 GBO) verbinden; sie ist in gleicher Form abzugeben. Zur Einigung und Eintragungsbewilligung muss noch der (in der Regel formlose) Eintragungsantrag hinzukommen, der gemäß § 13 Abs 1 S 2 GBO im Falle des § 20 GBO von einem Notar im Namen des Grundstückseigentümers oder des Erbbauberechtigten eingereicht werden muss. 34

Der Beginn des Erbbaurechts als dingliches Recht ist somit die Eintragung, wenn die Einigung spätestens gleichzeitig vorliegt. Die Angabe eines Datums für den Beginn im Erbbaurechtsvertrag, das vor der Eintragung liegt, hindert die Eintragung dann nicht, wenn es sich um eine schuldrechtliche Vereinbarung handelt. Dies ist in der Regel dann der Fall, wenn dieses Datum erkennbar der Bestimmung des Endzeitpunktes des Erbbaurechts dienen soll (BayObLGZ 1991, 91; OLG Zweibrücken MittBayNot 1994, 542). Wurde ein Erbbaurecht im Grundbuch eingetragen und war die Einigung nichtig oder nicht vorhanden, so fragt es sich, inwieweit sich an die fehlerhafte Eintragung ein gutgläubiger Rechtserwerb anschließen kann. Da die §§ 891 ff BGB gemäß § 11 ErbbauRG auch für Erbbaurechte gelten, ist ein gutgläubiger Rechtserwerb nur dann nicht möglich, wenn sich aus dem Eintragungsvermerk die inhaltliche Unzulässigkeit der Eintragung ergibt (BGHZ 130, 171; OLG Frankfurt Rpfleger 1975, 305). Handelt es sich dagegen um ein seinem Inhalt nach zulässig eingetragenes Erbbaurecht, und ist das Grundbuch nur deshalb unrichtig, weil die Einigung fehlte, so ist ein gutgläubiger Erwerb des Erbbaurechts, wie auch der gutgläubige Erwerb von Rechten an dem Erbbaurecht möglich (BGH WM 1963, 533). 35

Zu **Bedingungen** und **Zeitbestimmungen** vgl § 1 ErbbauRG Rn 76 ff. § 925 Abs 2 BGB ist nicht anwendbar, auflösende Bedingungen sind aber nach § 1 Abs 4 ErbbauRG nicht zulässig. 36

2. Schuldrechtliches Rechtsgeschäft (Abs 2)

Auf einen Vertrag, durch den sich der eine Teil schuldrechtlich **verpflichtet**, ein Erbbaurecht zu **bestellen** oder zu **erwerben**, findet § 311b Abs 1 BGB entsprechende Anwendung, § 11 Abs 2 ErbbauRG. Ein solcher Vertrag bedarf daher der **notariellen** Beurkundung. Das schuldrechtliche Grundgeschäft kann dabei ein Rechtskauf (§ 453 BGB) oder auch eine Schenkung sein (Schreiber/Ruge Kap 10 Rn 5). Das Formerfordernis gilt – trotz des strengen Wortlauts – auch für den Fall, dass sich jemand vertraglich verpflichtet, ein Erbbaurecht an einem fremden Grundstück zu bestellen. 37

Ein ohne Beobachtung dieser Form geschlossener Vertrag wird aber seinem ganzen Inhalt nach gültig, wenn die Eintragung des Erbbaurechts in das Grundbuch erfolgt ist. Dies ergibt die entsprechende Anwendung des § 311b Abs 1 BGB (vgl BGH NJW 1960, 525; Lemke/Czub § 11 ErbbauRG Rn 38 ff).

3. Behördliche/gerichtliche Genehmigung

38 Zur Begründung eines Erbbaurechts können behördliche/gerichtliche Genehmigungen erforderlich sein

- Das **Kommunalrecht** aller Bundesländer enthält übereinstimmend das Erfordernis der **Genehmigung kreditähnlicher Zahlungsverpflichtungen** der Gemeinde durch die Kommunalaufsichtsbehörde (zu den einzelnen landesrechtlichen Vorschriften s Wilsch ErbbauZ 2020, 171 f). Von einer kreditähnlichen Zahlungsverpflichtung ist auszugehen, wenn die Gemeinde im laufenden Haushaltsjahr im Wesentlichen die volle Leistung erhält, die dafür zu erbringende Gegenleistung jedoch erst zu einem späteren Zeitpunkt erbringen muss. Maßgebliches Kriterium ist die Fälligkeit der Zahlungsverpflichtung der Gemeinde; ist die Gegenleistung der Gemeinde an sich mit der Leistung ihres Vertragspartners fällig, wird die Zahlung aber auf eine spätere Zeit hinausgeschoben, handelt es sich um ein kreditähnliches Rechtsgeschäft (BGH 22. 1. 2016 – V ZR 27/14, DNotZ 2016, 375 Rn 19; mit Anm Schlögel MittBayNot 2017, 304; s auch Amann DNotZ 2017, 328). Ist die kommunale Körperschaft Erbbauberechtigte, stellt der Erbbauzins ein Entgelt dar, das sie künftig für das dingliche Recht zahlen muss, welches sie berechtigt, auf dem fremden Grundstück ein Bauwerk zu haben. Die Gegenleistung wird nicht bei Erwerb des Erbbaurechtes geleistet, sondern in den kommenden Jahren erbracht. Damit liegt das wesentliche Merkmal eines kreditähnlichen Rechtsgeschäftes vor (BGH 22. 1. 2016 – V ZR 27/14, DNotZ 2016, 375 Rn 24 ff; Winkler/Schlögel § 5 Rn 49a). Für die Praxis ist daraus abzuleiten, dass bei jedem dinglichen Nutzungsrecht, gleich ob Erbbaurecht, Dienstbarkeit oder Nießbrauch, das einer Kommune gegen laufende Zahlungen eingeräumt oder an eine Kommune unter Übernahme einer laufenden Zahlungspflicht veräußert wird, die Genehmigung oder ein Negativzeugnis durch die Aufsichtsbehörde einzuholen ist. Das Negativzeugnis steht dabei einer Genehmigung gleich (Amann DNotZ 2017, 328, 334). Bestellt dagegen eine Kommune einem Dritten ein Erbbaurecht, so greift in allen Bundesländern das verfassungsrechtliche **Verbot des Unterwertverkaufes**. Es muss deshalb, soweit gesetzlich nichts anderes vorgegeben ist, der übliche Erbbauzins erhoben werden und der Wert eines vorhandenen Gebäudes abgelöst werden (MünchKommBGB/Weiss § 11 ErbbauRG Rn 50).

- Kirchen- und stiftungsaufsichtliche Genehmigungen nach den einschlägigen kirchenrechtlichen Normen.

- Eine Genehmigung nach dem **GrdstVG** ist nicht erforderlich. § 2 des GrdstVG kann auf das Erbbaurecht auch nicht entsprechend angewendet werden (vgl BGH NJW 1976, 519 = DNotZ 1976, 369; OLG Hamm NJW 1966, 1416; Ingenstau/Hustedt § 11 ErbbauRG Rn 97; Lemke/Czub § 11 ErbbauRG Rn 30; Schöner/Stöber Rn 1720; Erman/Grziwotz Vor § 1 ErbbauRG Rn 13–15, auch zu weiteren Genehmigungstatbeständen). § 2 GrdstVG enthält eine abschließende Aufteilung der Genehmigungstatbestände und kann als staatliche Eingriffsnorm auf im Gesetz nicht genannte Fälle nicht ausgedehnt werden (Winkler/Schlögel § 5 Rn 49; MünchKommBGB/Heinemann § 11 Rn 49).

- Zur Eintragung des Erbbaurechts im Grundbuch ist ebenso wie zur Eintragung der Übertragung des Erbbaurechts die Vorlage einer **Unbedenklichkeitsbescheinigung** des Finanzamts erforderlich (BFH NJW 1968, 1543).

- Mit Inkrafttreten des PrKG am 14. 9. 2007 ist die Genehmigungspflicht für Wertsicherungsklauseln aller Art entfallen.

- Die Teilung eines Erbbaurechts in **Wohnungs- und Teilerbbaurechte** (§ 30 WEG) kann auch genehmigungsbedürftig sein (Rn 32).

Zur Begründung eines Erbbaurechts, zur Veräußerung oder zum Erwerb eines beste- **39**
hendes Erbbaurechts kann die Zustimmung des Familien- bzw Betreuungsgerichts gem, s § 1850 Nr 1, 4, 5, 6 BGB (iVm § 1643 BGB bzw § 1799 BGB) erforderlich sein (vgl Wilsch ErbbauZ 2021, 13 re).

Besteht gegen den Eigentümer des Grundstücks ein **Verfügungsverbot** nach § 136 **40**
BGB zB aufgrund einer einstweiligen Verfügung, so kann ein Erbbaurecht nicht eingetragen werden (vgl Böttcher Rpfleger 1985, 381).

4. Vorkaufsrechte

Die **entgeltliche Bestellung, Erweiterung oder Übertragung** eines Erbbaurechts kann **41**
einen **Vorkaufsfall** darstellen. Hierbei ist einerseits zwischen gesetzlichen und rechtsgeschäftlichen Vorkaufsrechten und andererseits zwischen der Bestellung, der Erweiterung und der Übertragung eines Erbbaurechts zu unterscheiden (eingehend Graf Wolffskeel von Reichenberg NJW 2019, 3549):

Teilweise nehmen **gesetzliche Vorkaufsrechte** Erbbaurechte ausdrücklich von ihrem **42**
Anwendungsbereich aus (etwa §§ 24 Abs 2, 25 Abs 2 BauGB), teilweise erfassen diese sie ausdrücklich (etwa § 73 Abs 1 S 2 NRWWassG). Dies gilt dann sowohl für den Verkauf eines bestehenden Erbbaurechts als auch die entgeltliche Begründung eines Erbbaurechts (und mit Einschränkungen – nur, wenn es dem Grundstückseigentümer zum Zeitpunkt des Abschlusses des Erweiterungsvertrags möglich gewesen wäre, an der Erweiterungsfläche ein Eigentümererbbaurecht zu bestellen und dieses anschließend zu übertragen – auch für die entgeltliche Erweiterung eines bestehenden Erbbaurechts).

Soweit das Erbbaurecht keine ausdrückliche Regelung erfährt, ist gem § 11 Abs 1 S 1 ErbbauRG von der entsprechenden Anwendbarkeit auszugehen, sofern nicht Sinn und Zweck des gesetzlichen Vorkaufsrechts der entsprechenden Anwendung entgegensteht. Entscheidend wird jedoch regelmäßig sein, ob der Sinn und Zweck des gesetzlichen Vorkaufsrechts im Eigentumserwerb (nur) des Grund und Bodens besteht oder ob das Vorkaufsrecht nach seinem Telos (auch) auf den Eigentumserwerb des Bauwerks abzielt (für eine Anwendung des § 30 Abs 1 S 1 ThürDSchG auf den Verkauf eines Wohnungserbbaurechts: OLG Jena 28. 9. 2017 – 3 W 321/17, RPfleger 2018, 137). Auch dies gilt dann für den Verkauf eines bestehenden Erbbaurechts, die entgeltliche Begründung eines Erbbaurechts (insoweit in analoger Anwendung des § 11 Abs 1 S 1 ErbauRG, der direkt nur bereits bestehende Erbbaurechte erfasst) und mit der oben genannten Einschränkung auch für die entgeltliche Erweiterung eines Erbbaurechts.

43 Auch bei **rechtsgeschäftlichen**, mit dem Grundstückseigentümer vereinbarten **Vorkaufsrechten**, die sich dem Wortlaut nach nur auf Grundstücke beziehen, stellt sich die Frage, ob die entgeltliche Übertragung, Bestellung oder Erweiterung eines Erbbaurechts einen Vorkaufsfall darstellt.

§ 11 Abs 1 S 1 ErbbauRG führt nicht dazu, dass ein Vorkaufsrecht, das über ein Grundstück vereinbart ist, entsprechend bei der entgeltlichen Übertragung, Bestellung oder Erweiterung eines Erbbaurechts anzuwenden ist. Erforderlich ist vielmehr eine Auslegung der Vorkaufsrechtsvereinbarung. Diese führt in aller Regel nicht dazu, dass (auch) ein Erbbaurecht Gegenstand des Vorkaufsrechts ist. Vorkaufsrechtsgegenstand ist vielmehr allein das Grundstück. Die entgeltliche Übertragung, Bestellung oder Erweiterung eines Erbbaurechts stellt auch keinen kaufähnlichen Vertrag über das Grundstück dar.

V. Inhaltsänderung eines bestehenden Erbbaurechtes

44 Die **Änderung des Inhalts** eines bereits bestehenden Erbbaurechts richtet sich in dinglicher Hinsicht nach § 877 BGB, da es sich hierbei um die Änderung des Inhalts eines Rechts an einem Grundstück handelt; es finden also die §§ 873, 874, 876 BGB hierauf Anwendung. Es bedarf daher einer Einigung über die Inhaltsänderung und deren Eintragung im Grundbuch.

Auch eine Verlängerung der Laufzeit ist Inhaltsänderung (BayObLG DNotZ 1960, 540). § 20 GBO ist auch im Falle der Änderung des Inhalts eines Erbbaurechts anzuwenden; es muss also auch hier, wie bei einer Begründung oder Übertragung eines Erbbaurechts, die Einigung beider Teile dem Grundbuchamt bei Eintragung des Rechts in der grundbuchmäßigen Form nachgewiesen werden. Diejenigen, denen dingliche Rechte an dem Erbbaurecht zustehen, müssen ihre besondere Zustimmung zur Änderung geben, s § 876 BGB.

45 Die **schuldrechtliche Verpflichtung** zu einer Inhaltsänderung eines bereits bestehenden Erbbaurechts fällt dann unter § 311b Abs 1 BGB, wenn die Inhaltsänderung einer – stets beurkundungspflichtigen – Teil*aufhebung* oder Teil*neubestellung* des Erbbaurechts gleichkommt (Wufka DNotZ 1986, 475; BeckOK-BGB/Maass [1. 2. 2026] § 11 ErbbauRG Rn 23; MünchKommBGB/Weiss § 11 ErbbauRG Rn 36; unklar Lemke/Czub § 11 ErbbauRG Rn 35, 37). Entscheidend ist dabei die Wahrung der Identität des Rechtsverhältnisses. Wird sie gewahrt, handelt es sich um eine formfreie Änderung, wird sie nicht gewahrt, handelt es sich materiellrechtlich um Aufhebung oder Neubestellung (Wufka DNotZ 1986, 475). Es ist daher jeder Einzelfall für sich zu entscheiden. Beurkundungspflichtige Änderungen sind zB die nachträgliche Bildung eines Gesamterbbaurechts (MünchKommBGB/Weiss § 11 ErbbauRG Rn 36); Aufhebung oder Neubegründung eines Heimfallanspruchs, da hierdurch ein Anspruch auf Übertragung des Erbbaurechts entsteht oder wegfällt (Wufka DNotZ 1986, 475); Verlängerung der Laufzeit des Erbbaurechts; Einräumung von Optionen auf Verlängerung.

VI. Übertragung des Erbbaurechtes (Abs 1 S 2)

Die rechtsgeschäftliche Übertragung des Erbbaurechts steht nicht unter den Grundsätzen einer Übertragung des Eigentums an Grundstücken (Ausschluss des § 925 BGB gem § 11 Abs 1 ErbbauRG), sondern der Übertragung einer Belastung des Grundstücks entsprechend der wahren Natur des Erbbaurechts. Es genügt also auch hier, wie bei der Bestellung, in **dinglicher Hinsicht** die **Einigung** des Berechtigten und des Erwerbers, sowie die **Eintragung** der Rechtsänderung im Grundbuch. Die Einigung beider Teile ist aber auch hier dem Grundbuchamt nachzuweisen, § 20 GBO. 46

Unter einer **Bedingung oder Zeitbestimmung** kann die Übertragung nicht rechtswirksam erfolgen (Abs 1 S 2). Durch Abs 1 S 2 wird eine § 925 Abs 2 BGB entsprechende Rechtslage geschaffen, obwohl § 925 BGB nach Abs 1 S 1 ausdrücklich nicht anwendbar ist. Es besteht freilich insofern ein gewisser Widerspruch zur erstmaligen Begründung eines Erbbaurechts, die unter einer aufschiebenden Bedingung und unter Zeitbedingungen zulässig ist.

Das der Übertragung zugrundeliegende **schuldrechtliche Rechtsgeschäft** bedarf gemäß § 311b Abs 1 BGB der **notariellen Beurkundung**. Dies folgt dogmatisch aus Abs 1 S 1 iVm § 311b Abs 1 BGB. Ob sich dies für den Erwerber darüber hinaus auch aus Abs 2 ergibt, ist ohne praktische Relevanz (vgl Nagel/Götting § 11 ErbbauRG Rn 98); dagegen spricht, dass Abs 2 offensichtlich die erstmalige Bestellung des Erbbaurechts im Blick hat und nur erforderlich ist, weil sich Abs 1 nur auf bereits bestehende Erbbaurechte bezieht.

VII. Aufhebung des Erbbaurechtes

Zur rechtsgeschäftlichen **Aufhebung** eines dinglich belasteten Erbbaurechts ist erforderlich (Schöner/Stöber Rn 1870): 47

- die Erklärung des Erbbauberechtigten, dass er das Recht aufgebe, und zwar gegenüber dem Grundbuchamt oder demjenigen, zu dessen Gunsten sie erfolgt, § 875 Abs 1 BGB;

- die Zustimmung der am Erbbaurecht dinglich Berechtigten, die dem Grundbuchamt oder demjenigen gegenüber abzugeben ist, zu dessen Gunsten sie erfolgt, § 876 BGB;

- die Zustimmung des Grundstückseigentümers, die gegenüber dem Erbbauberechtigten oder gegenüber dem Grundbuchamt zu erklären ist, § 26 ErbbauRG;

- die Löschung des Erbbaurechts im Grundbuch, § 876 Abs 1 S 1 BGB.

Die gesetzwidrige Löschung eines Erbbaurechtes im Grundbuch führt nicht zu dessen Beendigung. Vielmehr wird das Grundbuch hierdurch unrichtig; das Erbbaurecht selbst besteht materiell-rechtlich außerhalb des Grundbuchs weiter. Es kann auch, ausnahmsweise unter Nichtbeachtung des § 10 ErbbauRG, an nächst offener Rangstelle neu eingetragen werden, wenn beispielsweise der Grundstückseigentümer zwischenzeitlich das Grundstück mit Grundpfandrechten belastet hat und diese Berechtigten ihr Recht gutgläubig gem § 892 BGB erworben haben (§ 10 ErbbauRG Rn 11; BGH 21. 10. 1968 – V ZR 117/67, BGHZ 51, 50 54).

48 Die schuldrechtliche **Verpflichtung zur Aufhebung** des Erbbaurechts bedarf der **Form des § 311b Abs 1 BGB**. Für ein altrechtliches Erbbaurecht (Verzicht auf das Recht) hat das OLG Frankfurt HEZ 1, 28 die Formbedürftigkeit damit begründet, dass durch den Verzicht auf das Erbbaurecht mit gleichzeitiger Verpflichtung, das Gebäude gegen Entgelt zu übertragen, wirtschaftlich ein Kaufvertrag vorliege. Der gleiche Rechtsgedanke gilt aber auch für die Verpflichtung zur Aufhebung nach § 26 ErbbauRG, da mit der Aufhebung das Eigentum am Bauwerk auf den Grundstückseigentümer übergeht. Der Normzweck des § 311b Abs 1 BGB, nämlich der Schutz der Beteiligten (Warn- und Schutzfunktion, Beweisbarkeit und Richtigkeitsgewähr) gilt auch für die Verpflichtung zur Aufhebung eines Erbbaurechts (§ 26 ErbbauRG Rn 9; Winkler/Schlögel § 5.197; Ingenstau/Hustedt § 11 Rn 78; Wufka DNotZ, 1989, 473, 475; Ott notar 2015, 75 re; BRHP/Maass § 11 ErbbauRG Rn 25).

Der durch das schuldrechtliche Rechtsgeschäft begründete Anspruch auf Aufhebung des Erbbaurechtes ist durch **Vormerkung** gem § 883 BGB sicherbar, die im jedenfalls im Grundstücksgrundbuch einzutragen ist, aber zusätzlich im Erbbaugrundbuch eingetragen werden kann (vgl Ott notar 2015, 75, 76; Winkler/Schlögel § 5 Rn 197).

Ein Fall des § 1 Abs 4 S 2 ErbbauRG liegt nicht vor (§ 26 ErbbauRG Rn 2).

49 Ein Erlöschen des Rechts des wirklichen Erbbauberechtigten durch Aufgebot zugunsten des nur tatsächlich besitzenden Erbbauberechtigten im Wege des § 927 BGB ist nicht möglich. Der Ausschluss des § 928 BGB von der entsprechenden Anwendung hat zur Folge, dass ein **einseitiger Verzicht** des Erbbauberechtigten auf sein Recht nicht zulässig ist. Durch den Ausschluss dieser Vorschrift soll der Bestand des Erbbaurechts gesichert und der Hypothekengläubiger am Erbbaurecht vor einer in der Willkür des Erbbauberechtigten stehenden Gefährdung seiner Hypothek geschützt werden (Amtl Erläut). Das Rechtsverhältnis zwischen Grundstückseigentümer und Erbbauberechtigten kann nicht durch Dereliktion beendet werden, da mit ihm Verpflichtungen gegenüber dem anderen Teil verbunden sind. Es gilt dasselbe wie bei der nicht möglichen Dereliktion eines Miteigentumsanteils (BGHZ 115, 1) oder eines Wohnungseigentums.

6. Bauwerk, Bestandteile

§ 12 ErbbauRG

(1) Das auf Grund des Erbbaurechts errichtete Bauwerk gilt als wesentlicher Bestandteil des Erbbaurechts. Das gleiche gilt für ein Bauwerk, das bei der Bestellung des Erbbaurechts schon vorhanden ist. Die Haftung des Bauwerks für die Belastungen des Grundstücks erlischt mit der Eintragung des Erbbaurechts im Grundbuch.

(2) Die §§ 94 und 95 des Bürgerlichen Gesetzbuchs finden auf das Erbbaurecht entsprechende Anwendung; die Bestandteile des Erbbaurechts sind nicht zugleich Bestandteile des Grundstücks.

(3) Erlischt das Erbbaurecht, so werden die Bestandteile des Erbbaurechts Bestandteile des Grundstücks.

Systematische Übersicht

Alphabetische Übersicht

I. Überblick

1 § 12 ErbbauRG regelt die **Rechtsverhältnisse am Bauwerk** (zum Begriff s § 1 ErbbauRG Rn 22 ff), insbesondere die Rechtsbeziehungen des Bauwerks zum Erbbaurecht.

§ 12 Abs 1 S 1 ErbbauRG betrifft dabei den Fall, dass ein Bauwerk in Ausübung des Erbbaurechtes errichtet wird, § 12 Abs 1 S 2 ErbbauRG den Fall, dass ein Bauwerk bereits errichtet ist. § 12 Abs 2 BGB ordnet die Anwendung der §§ 94 f BGB auf das Erbbaurecht an. Die Rechtsfolgen des Erlöschens des Erbbaurechts auf die (bis dahin bestehenden) Bestandteile des Erbbaurechts regelt § 12 Abs 3 ErbbauRG.

II. Errichtung des Bauwerks durch den Erbbauberechtigten (Abs 1 S 1)

1. Das Bauwerk als wesentlicher Bestandteil des Erbbaurechtes

2 Wenn der Erbbauberechtigte das Bauwerk in Ausübung des Erbbaurechts selbst errichtet, wird das Bauwerk im Hinblick auf § 95 Abs 1 S 2 BGB nicht Bestandteil des bebauten Grundstücks. Insoweit handelt es sich um einen Scheinbestandteil (Rapp, in: FS Wenzel [2005] 273 ff).

Darüber hinaus wird das aufgrund des Erbbaurechts errichtete **Bauwerk** gemäß Abs 1 S 1 für die Dauer des Erbbaurechts **wesentlicher Bestandteil** des **Erbbaurechts** selbst. Der ausdrücklichen Regelung bedurfte es, weil es zumindest zweifelhaft ist, ob man dieses Ergebnis auch aus einer mit § 11 Abs 1 S 1 ErbbauRG begründeten entsprechenden Anwendbarkeit der §§ 93 f BGB herleiten könnte (ablehnend BeckOGK/Touissant [1. 9. 2025] § 12 ErbbauRG Rn 9 im Hinblick auf die fehlende körperliche Verbindung zwischen Bauwerk und Erbbaurecht).

3 Voraussetzung für diese Rechtsfolge ist, dass das Erbbaurecht auch begründet ist. Wird der Bau begonnen, bevor der Bauherr als Erbbauberechtigter eingetragen ist, so ist eine solche vorweggenommene Ausübung der Ausübung eines bereits bestehenden Erbbaurechts nicht gleichzustellen. Mit der Entstehung des Erbbaurechts wird jedoch ein vorher begonnenes oder schon errichtetes Bauwerk wesentlicher Bestandteil des Erbbaurechts, Abs 1 S 2 (Rn 9).

2. Abweichung von der vereinbarten Bauerrichtung

4 Umstritten ist, wem ein Bauwerk gehört, dass vom Erbbauberechtigten **entgegen** den **Bestimmungen des Erbbaurechtsvertrags** errichtet wurde (eingehend zum Meinungsstand etwa Nagel/Swars § 12 ErbbauRG Rn 12 ff). Nach hA wurde auch ein solches Bauwerk **„aufgrund des Erbbaurechts“** errichtet iSd § 12 Abs 1 S 1 ErbbauRG, sodass es wesentlicher Bestandteil des Erbbaurechts ist (etwa Ingenstau/Hustedt/Bardenhewer § 12 ErbbauRG Rn 7; BeckOGK/Touissant [1. 12. 2025] § 12 ErbbauRG Rn 6 ff; BeckOK-BGB/Maass [1. 11. 2025] § 12 ErbbauRG Rn 2; Nagel/Swars § 12 ErbbauRG Rn 18 ff jew mwNw). Nach anderer Ansicht soll zu differenzieren sein: Wird die zulässige Anzahl an Bauwerken

überschritten, erfolge kein Eigentumserwerb des Erbbauberechtigten am Bauwerk; weiche die Art und Weise der Bebauung von den Vertragsbestimmungen ab, komme es darauf an, ob die Abweichung erheblich oder unerheblich sei (Winkler/Schlögel § 2 Rn 47; ähnlich MünchKommBGB/Weiss § 12 ErbbauRG Rn 6).

Der hA ist zuzustimmen: Soweit das Bauwerk auf dem Ausübungsbereich des Erbbaurechts errichtet wird, gilt es gemäß § 12 Abs 1 S 1 ErbbauRG als wesentlicher Bestandteil des Erbbaurechts (zu einer Überschreitung des Ausübungsbereichs s Rn 5). Der Wortlaut des § 12 Abs 1 S 1 ErbbauRG steht dem Ergebnis der hA nicht entgegen (und wenn nur ein Verstoß gegen die Vereinbarungen zur Verwendung des Bauwerks nach § 2 Nr 1 ErbbauRG vorliegt, ist es mE sogar eher fernliegend, nicht mehr von einer Errichtung aufgrund des Erbbaurechts auszugehen, zumal man sich sonst die Frage stellen müsste, welche Auswirkungen ein erst später eintretender Verstoß auf die Eigentumsverhältnisse haben sollte). Der Wille des Gesetzgebers, klare Eigentumsverhältnisse zu schaffen, spricht ebenfalls für die hA (Ingenstau/Hustedt/Bardenhewer § 12 ErbbauRG Rn 7). Die teilweise vorgeschlagene Abgrenzung von einer wesentlichen zu einer unwesentlichen Abweichung wäre zudem in der Praxis kaum handhabbar und würde zu Rechtsunsicherheit führen (Ingenstau/Hustedt/Bardenhewer § 12 ErbbauRG Rn 7). Der Hinweis der **aA** darauf, dass es inkonsequent sei, dass nach allgemeiner Ansicht bei der Bestellung eines Erbbaurechts der Bestimmtheitsgrundsatz zu beachten ist und das Erbbaurecht andernfalls nichtig sei (§ 1 ErbbauRG Rn 22, 27), aber bei einer von diesen bestimmt getroffenen Vereinbarungen abweichenden Bauausführung dennoch einen Eigentumserwerb des Erbbauberechtigten anzunehmen (Winkler/Schlögel § 2 Rn 44), ist zwar durchaus beachtenswert. Jedoch kann diese Überlegung ebenso gut gegen die Anwendung des – sowieso völlig aufgeweichten (§ 1 ErbbauRG Rn 28) – Bestimmtheitsgrundsatzes sprechen. Zum anderen sind zwei verschiedene Bereiche berührt, die nicht unbedingt übereinstimmen müssen: Einerseits, ob das Erbbaurecht als dingliches Recht abstrakt hinreichend bestimmt ist, andererseits, wem die Bauwerke auf dem vom Erbbaurecht betroffenen Grundstück gehören.

Baut der Erbbauberechtigte jedoch über den zum Bau bestimmten Teil des Grund- 5
stücks hinaus, so werden die Grundsätze über den **Überbau** (§ 912 BGB) entsprechend angewendet (vgl Ingenstau/Hustedt/Bardenhewer § 12 ErbbauRG Rn 8; Winkler/Schlögel § 2 Rn 48, § 3 Rn 87; Lemke/Czub § 12 ErbbauRG Rn 3). Dies ist (anders als die Frage, ob eine im Übrigen vertragswidrige Bauausführung vorliegt) auch ohne größere Schwierigkeiten zu überprüfen und jedenfalls nicht schwerer als bei Überbauverhältnissen ohne Erbbaurecht.

Unbeschadet der Eigentumszuordnung muss der Grundstückseigentümer ein ver- 6
tragswidrig errichtetes Bauwerk **nicht dulden**, sondern kann nach allgemeinen Regeln uU Abwehransprüche oder Schadensersatzansprüche haben (Ingenstau/Hustedt/Bardenhewer § 12 ErbbauRG Rn 9).

3. Keine Verfügungen über das Bauwerk alleine

Eine Sonderverfügung des Erbbauberechtigten über das von ihm errichtete Bauwerk 7
allein ohne das Erbbaurecht während der Dauer dieses Rechts ist ausgeschlossen, da ja das Bauwerk wesentlicher Bestandteil des Erbbaurechts ist (Schreiber/Ruge Kap 10

Rn 3). Daher ist auch die Eintragung einer Vormerkung zur Sicherung des Anspruchs auf Überlassung des Bauwerks rechtlich unzulässig (vgl RGZ 55, 273; 97, 103; 105, 215; 109, 129). Die Frage, ob der Erbbauberechtigte das Bauwerk getrennt vom Nutzungsrecht am Grundstück veräußern darf, hat übrigens wohl nur dann praktische Bedeutung, wenn der Grundstückseigentümer selbst das Bauwerk erwerben möchte. Im Hinblick auf § 93 BGB kann aber auch der Grundstückseigentümer das Bauwerk während der Laufzeit des Erbbaurechts nicht erwerben. Das Bauwerk bleibt, solange das Erbbaurecht besteht, im Eigentum des Erbbauberechtigten, da es wesentlicher Bestandteil des Erbbaurechts ist. Als wesentlicher Bestandteil des Erbbaurechts ist das Bauwerk eine unbewegliche Sache und unterliegt dem Immobiliarrecht. Es kann also nicht getrennt gepfändet oder verpfändet werden.

8 Alle Verfügungen über das Erbbaurecht ergreifen in vollem Umfang auch das Bauwerk. Durch eine Übertragung des Erbbaurechts (ob durch Rechtsgeschäft oder im Wege der Zwangsversteigerung oder auf sonstige Weise) erwirbt der Erwerber des Erbbaurechts auch das Eigentum am Bauwerk. Das Bauwerk fällt auch in die Insolvenzmasse, wenn über das Vermögen des Erbbauberechtigten das Insolvenzverfahren eröffnet wird. Alle Belastungen des Erbbaurechts treffen auch das Bauwerk (Rn 14).

III. Bereits errichtetes Bauwerk (Abs 1 S 2)

9 Ein Bauwerk, das bei der Bestellung des Erbbaurechts schon vorhanden ist, wird wesentlicher Bestandteil des Erbbaurechts selbst (Abs 1 S 2). Dies gilt freilich nur für Bauwerke, die auf dem Ausübungsbereich des Erbbaurechts stehen.

Auch das bei Entstehen des Erbbaurechts bereits vorhandene Bauwerk wird daher in diesem Zeitpunkt Eigentum des Erbbauberechtigten (vgl Ingenstau/Hustedt/Bardenhewer § 12 ErbbauRG Rn 14; Grüneberg/Wicke § 12 ErbbauRG Rn 2; OLG Nürnberg DNotZ 1955, 204; Rapp, in: FS Wenzel [2005] 282; **aA** Huber NJW 1952, 687). Das gilt auch für Bauwerke, deren Errichtung während der Verhandlung über den Erbbaurechtsvertrag begonnen und nach Begründung des Rechts fertiggestellt werden.

10 Der Erbbauberechtigte darf mit dem Bauwerk nach Belieben verfahren, soweit nicht eine Vereinbarung nach § 2 Nr 1 ErbbauRG entgegensteht. Wenn er körperliche Veränderungen vornimmt, so wird das, was er dem Bau hinzufügt (zB ein weiteres Stockwerk), Bestandteil des Bauwerks und wird sein Eigentum. Wenn er das Bauwerk abbricht, so werden die Materialien sein Eigentum. Das Recht, die Materialien zu veräußern, steht dem Erbbauberechtigten zu (vgl § 13 ErbbauRG Rn 5).

11 Gehört zu dem Bauwerk Zubehör, so findet § 926 BGB entsprechende Anwendung. Der Erbbauberechtigte erlangt auch hieran Eigentum.

IV. Dingliche Haftung des Bauwerkes (Abs 1 S 3)

12 Vom Zeitpunkt der Eintragung des Erbbaurechts an haftet das Bauwerk – gleichgültig ob vom Erbbauberechtigten selbst errichtet oder schon vorhanden – für alle dinglichen **Belastungen des Erbbaurechts** bis zu dessen Beendigung. Diese Haftung ist die unmittelbare Folge der Eigenschaft des Bauwerks als eines wesentlichen Bestandteils des Erbbaurechts.

Eine Haftung des Bauwerks für die **Belastungen des Grundstücks erlischt** mit der Eintragung des Erbbaurechts im Grundbuch (Abs 1 S 3). Das Bauwerk haftet somit während der Dauer des Erbbaurechts ausschließlich für die Belastungen des Erbbaurechts allein. Diese Rechtsfolge tritt kraft Gesetzes ohne Weiteres ein. Der Schutz der am Grundstück bereits vorhandenen Rechte ist durch § 10 ErbbauRG gewährleistet, da die Eintragung des Erbbaurechts nur an erster Rangstelle erfolgen darf.

Bestehen an dem mit dem Erbbaurecht zu belastenden Grundstück bereits Rechte, so kann eine Eintragung des Erbbaurechts ohne Zustimmung und Rangrücktritt oder Löschung dieser Berechtigten nicht erfolgen. Die Rechte, die nach der Ausnahme in § 10 Abs 1 S 2 ErbbauRG dem Erbbaurecht im Rang vorgehen dürfen, sind regelmäßig ihrer Natur nach im Verhältnis zum Wert des Grundstücks nicht so hoch zu bewerten, dass ihre Sicherheit gefährdet würde, wenn für sie die Haftung des Bauwerks erlischt.

Damit in Zusammenhang steht auch die Vorschrift des § 12 Abs 2 HS 2 ErbbauRG: 13
Die Bestandteile des Erbbaurechts sind nicht zugleich Bestandteile des Grundstücks. Dadurch ist die vollständige Abtrennung der Bestandteile des Erbbaurechts von jenen des Grundstücks während der Dauer des Erbbaurechts durchgeführt.

V. Bestandteile und Zubehör, Scheinbestandteile (Abs 2)

1. Wesentliche Bestandteile, Zubehör

Infolge der in Abs 2 angeordneten entsprechenden Anwendung des § 94 BGB gehö- 14
ren zu den wesentlichen **Bestandteilen** des Erbbaurechts „die mit dem Grund und Boden fest verbundenen Sachen, insbesondere Gebäude". Dies deckt sich ohnehin mit dem Begriff **„Bauwerk"** (vgl § 1 ErbbauRG Rn 23). Nach § 94 BGB sind zu den wesentlichen Bestandteilen auch die Erzeugnisse des Grundstücks, also die organischen Produkte, zu rechnen. Dies hat solange Bedeutung, als das Erbbaurecht auf einen für das Bauwerk nicht erforderlichen Teil des Grundstücks erstreckt wird und ein Pflanzenanbau (zB Nutzgarten) sich mit dem Erbbaurecht wirtschaftlich verträgt. Das Bauwerk muss wirtschaftlich die Hauptsache bleiben (vgl § 1 ErbbauRG Rn 38 ff).

Das Bauwerk kann für sich selbst wieder wesentliche und nicht wesentliche Bestandteile und Zubehörstücke haben. Von der unmittelbaren Verbindung mit dem Erbbaurecht werden an sich nur die wesentlichen Bestandteile des Bauwerks betroffen. Dazu gehören auch die zur Herstellung des Bauwerks eingefügten Sachen. Die nicht wesentlichen Bestandteile des Bauwerks und die Zubehörstücke unterliegen aber der Haftung für die auf dem Erbbaurecht lastenden Grundpfandrechte nach §§ 1120, 1121 BGB. Für Zubehörteile von Bauwerken, die bei Entstehung des Erbbaurechts schon vorhanden waren, gilt § 926 BGB entsprechend (Ingenstau/Hustedt/Bardenhewer § 12 ErbbauRG Rn 15; Winkler/Schlögel § 2 Rn 56; MünchKommBGB/Weiss § 12 ErbbauRG Rn 14). Sie werden Eigentum des Erbbauberechtigten. Beim Erlöschen des Erbbaurechts und beim Heimfall gehen die Zubehörstücke des Bauwerks nicht in das Eigentum des Grundstückseigentümers über, wohl aber die wesentlichen und nicht wesentlichen Bestandteile (vgl § 34 ErbbauRG).

2. Scheinbestandteile

15 Die entsprechende Anwendung des § 95 BGB ergibt Folgendes: Das vom Erbbauberechtigten in Ausübung seines Rechts errichtete Bauwerk wird sein Eigentum. Sachen, die nur zu einem vorübergehenden Zweck mit dem vom Erbbaurecht belasteten Grundstück verbunden sind, gehören nicht zu den Bestandteilen, und zwar weder zu den wesentlichen noch zu den unwesentlichen (Scheinbestandteile). Für diese Rechtswirkung ist es ohne Belang, ob die Verbindung von dem Erbbauberechtigten selbst oder von einem Dritten vorgenommen wurde. Es kann dies aber von Bedeutung sein für die Frage, ob ein vorübergehender Zweck der Verbindung anzunehmen ist. Das Gleiche gilt von einem Bauwerk, das der Erbbauberechtigte selbst nicht aufgrund seines Erbbaurechts, sondern eines anderen ihm neben dem Erbbaurecht zustehenden dinglichen Rechts errichtet hat, oder das ein Dritter – sei es aufgrund eines dinglichen Rechts am Grundstück oder in Ausübung eines Rechts am Erbbaurecht – mit dem Grundstück verbunden hat.

VI. Rechtsverhältnisse des Bauwerks bei Beendigung des Erbbaurechts (Abs 3)

1. Das Eigentum am Bauwerk bei Beendigung des Erbbaurechtes

16 Erlischt das Erbbaurecht, so werden die Bestandteile des Erbbaurechts und damit insbesondere das Bauwerk (nebst seinen wesentlichen und unwesentlichen Bestandteilen) Bestandteil des belasteten Grundstücks (Abs 3).

Der Erbbauberechtigte verliert damit das Eigentum am Bauwerk. Dieses geht im Wege eines Erwerbs durch Akzession auf den Grundstückseigentümer über. Es bedarf hierzu keiner Eintragung oder Übergabe (Rapp, in: FS Wenzel [2005] 275 f). Der Grundstückseigentümer hat aber, sofern im Vertrag nichts anderes bestimmt ist, eine Entschädigung für das Bauwerk nach § 27 ErbbauRG zu leisten.

17 Erlischt ein **Gesamterbbaurecht**, sind die sich aus § 12 Abs 3 ErbbauRG ergebenden Eigentumsverhältnisse umstritten (zur Entschädigungspflicht § 27 ErbbauRG Rn 12).

Hierzu ist zunächst klarzustellen, dass kein Problem besteht, wenn es sich um verschiedene Bauwerke handelt, die nicht an der Grundstücksgrenze durchschnitten werden; in diesem Fall wird jeder Grundstückseigentümer Alleineigentümer der Bauwerke auf seinem Grundstück (Nagel/Swars § 12 ErbbauRG Rn 12).

Wird jedoch ein Gebäude an der Grundstücksgrenze vertikal geteilt, nimmt eine Ansicht vertikal geteiltes Alleineigentum (Rothoeft NJW 1974, 665; Krämer DNotZ 1974, 647) an.

Eine andere Ansicht geht von Miteigentum der Grundstückseigentümer im Verhältnis untereinander nach § 947 BGB aus (vgl BGH NJW 1955, 257; 1959, 1364; 1962, 149; 1965, 811; Ingenstau/Hustedt/Bardenhewer § 12 ErbbauRG Rn 32; Nagel/Swars § 12 ErbbauRG Rn 63; Winkler/Schlögel § 3 Rn 67; Schräpler NJW 1974, 2076).

Eine weitere Ansicht möchte die Überbauvorschriften der §§ 912 ff BGB entsprechend anwenden (BeckOK-BGB/Maass [1. 2. 2026] § 12 ErbbauRG Rn 6; Heckscher RNotZ

2016, 1, 16; MünchKommBGB/WEISS § 1 ErbbauRG Rn 47). Für diese Ansicht spricht, dass sie die allgemeinen Rechtsgrundsätze anwenden kann, die unabhängig vom Erbbaurecht, das im entscheidenden Zeitpunkt nicht mehr existiert, gelten. Auch der BGH betont in seiner Entscheidung zur Zulässigkeit von Nachbarerbbaurechten die allgemeinen sachenrechtlichen Grundsätze und zitiert hierbei auch die §§ 912 ff BGB (BGH 19. 12. 2025 – V ZR 15/24, BeckRS 2025, 35774 Rn 38; siehe hierzu § 1 ErbbauRG Rn 73 ff).

Sinnvollerweise werden im Erbbaurechtsvertrag Vereinbarungen zur vorstehenden Frage getroffen. Diese haben aber nur schuldrechtliche Wirkung und können die sachenrechtliche Zuordnung nicht ändern.

Bei Beendigung des Erbbaurechts erlischt auch zugleich die Haftung des Bauwerks **18** für die Belastungen des Erbbaurechts endgültig, und zwar gleichgültig, ob das Bauwerk vom Erbbauberechtigten errichtet wurde, oder zur Zeit der Begründung des Erbbaurechts schon bestand. Den Realgläubigern werden aber entsprechende Befriedigungsrechte an der Entschädigungsforderung des Erbbauberechtigten für das Bauwerk nach § 29 ErbbauRG zugewiesen.

Unter Beendigung des Erbbaurechts ist seine Beendigung durch Zeitablauf zu ver- **19** stehen (§ 27 ErbbauRG). Eine Beendigung durch auflösende Bedingung kommt nach § 1 Abs 4 ErbbauRG nicht in Frage. Eine Beendigung durch Aufhebung (§ 26 ErbbauRG) gilt ebenfalls als Erlöschen iS des § 12 ErbbauRG (vgl INGENSTAU/HUSTEDT/BARDENHEWER § 12 ErbbauRG Rn 30). Beim Heimfall des Erbbaurechts gelten für das Erlöschen der Belastungen des Erbbaurechts die besonderen Vorschriften des § 33 ErbbauRG. Bei einer Erneuerung des Erbbaurechts (§ 31 ff ErbbauRG) wird an der bisherigen Haftung des Bauwerks nichts geändert.

Weder beim Heimfall noch beim Erlöschen des Erbbaurechts ist der Erbbauberech- **20** tigte befugt, das Bauwerk wegzunehmen oder sich Bestandteile desselben anzueignen (§ 34 ErbbauRG).

Die Zubehörstücke des Bauwerks werden von Abs 3 nicht betroffen, auch nicht **21** durch § 34 ErbbauRG. Der Erbbauberechtigte bleibt also Eigentümer des Zubehörs, soweit es ihm gehörte, und ist zu dessen Wegnahme befugt (MünchKommBGB/WEISS § 12 ErbbauRG Rn 17; BeckOK-BGB/MAASS [1. 11. 2025] § 12 ErbbauRG Rn 5; LEMKE/CZUB § 12 ErbbauRG Rn 6).

2. Mit dem Erbbaurecht verbundene subjektiv-dingliche Rechte

§ 12 Abs 3 ErbbauRG bestimmt, dass bei Erlöschen des Erbbaurechtes die Bestand- **22** teile des Erbbaurechts Bestandteile des Grundstücks werden. Ob § 12 Abs 3 ErbbauRG auch für **subjektiv-dingliche Rechte gemäß § 96 BGB** gilt, ist umstritten.

Nach **einer Ansicht** ist dies anzunehmen, da die subjekt-dinglichen Rechte gem § 11 Abs 1 S 1 ErbbauRG, § 96 BGB Bestandteile des Erbbaurechts seien und somit bei Erlöschen des Erbbaurechts gem § 12 Abs 3 ErbbauRG Bestandteil des Grundstücks werden (MAASS NotBZ 2012, 208; 2002, 389, 390; OTT notar 2015, 75, 84 li; MünchKommBGB/WEISS § 12 ErbbauRG Rn 19; LEMKE/CZUB § 12 ErbbauRG Rn 9; BÖTTCHER Rn 710 mwNw). Teilweise wird dahingehend eingeschränkt, dass dies (jedenfalls) gelten solle, wenn es sich um Rechte handelt, die dem wirtschaftlichen Zeck des Bauwerks dienen bzw für die Nutzung erforderlich sind (BeckOK-BGB/Maass [1. 2. 2026] § 12 ErbbauRG Rn 7; Winkler/Schlögel § 5 Rn 256; BeckOGK/Toussaint [1. 12. 2025] § 12 ErbbauRG Rn 29; Nagel/Swars § 12 ErbbauRG Rn 62).

Der **BGH** (BGH 17. 2. 2012 – V ZR 102/11, BGHZ 192, 335) hat die Rechtsfrage zumindest für spezielle Grunddienstbarkeiten im vorgenannten Sinne entschieden. Danach wird eine Grunddienstbarkeit für Wege- und Leitungsrechte (Erschließungsdienstbarkeiten) zugunsten des jeweiligen Erbbauberechtigten mit dem Erlöschen des Erbbaurechtes nach § 12 Abs 3 ErbbauRG Bestandteil des Grundstücks (BGHZ 192, 335 Rn 13). Ob dies auch für sonstige, in Abt II des Grundbuchs einzutragende Rechte gilt, die keine Nutzungsrechte darstellen (zB Reallast, Vorkaufsrecht), lässt der BGH offen.

Die **Gegenansicht** (Grüneberg/Wicke § 12 ErbbauRG Rn 5; Ingenstau/Hustedt/Bardenhewer § 12 ErbbauRG Rn 38; Erman/Grziwotz § 12 ErbbauRG Rn 5) geht davon aus, dass § 12 Abs 3 ErbbauRG keine Rechte erfasse. Die Vorschrift beziehe sich auf § 12 Abs 1, 2 ErbbauRG; die dortige Erwähnung von § 94, 95 BGB zeige, dass es sich nur um Sachen handeln solle, nicht jedoch um Rechte. Zweck der Vorschrift sei es, die Eigentumszuordnung an den Sachen, vor allem am Gebäude, bei Beendigung des Erbbaurechtes zu regeln. § 12 Abs 3 ErbbauRG wird sonach als Gegenstück zu § 12 Abs 1 ErbbauRG betrachtet.

23 Die Gegenansicht überzeugt. Den Übergang des Rechtes auf den Grundstückseigentümer würde aus einem zeitlich befristeten Recht ein zeitlich unbefristetes Recht machen (Grziwotz ZfIR 2012, 431 li). Dies ist weder von dem der Rechtsbestellung zugrundeliegenden Kausalgeschäft noch von der dinglichen Einigung umfasst. Hinzu kommt, dass der Eigentümer bei der Rechtsansicht des BGH bei Beendigung des Erbbaurechtes mehr zurückerhält als er dem Erbbauberechtigten bei Rechtseinräumung zur Verfügung gestellt hat. Unstimmig ist ferner, dass der Grundstückseigentümer bei Beendigung des Erbbaurechtes gem § 27 Abs 1 ErbbauRG lediglich das „Bauwerk" wertmäßig zu ersetzen hat, nicht jedoch den Wert der neu dem Grundstück zugewachsenen Grunddienstbarkeit.

Dogmatisch nicht zu begründen ist jedenfalls die Differenzierung, den Rechtsübergang zugunsten des Grundstückseigentümers nur für Erschließungsdienstbarkeiten, nicht jedoch für sonstige subjektiv-dingliche Rechte gem § 96 BGB anzunehmen (Grziwotz ZfIR 2012, 431 re; Satzl MittBayNot 2013, 42).

Schließlich besteht auch bei richtiger Ausnutzung der kautelarjuristischen Möglichkeit keine Notwendigkeit für eine Rechtsanwendung im Sinne des BGH. Wenn der Fortbestand eines subjektiv-dinglichen Rechtes gem § 96 BGB zugunsten eines jeweiligen Erbbauberechtigten über den Zeitpunkt der Beendigung des Erbbaurechtes hinaus sicher gestellt werden soll, ist bei Rechtsbegründung das Recht nicht nur zugunsten des jeweiligen Erbbauberechtigten sondern, aufschiebend bedingt durch das Erlöschen des Erbbaurechtes, auch zugunsten des jeweiligen Grundstückseigentümers einzuräumen (Grziwotz ZfIR 2012, 431 re; Maass NotBZ 2012, 208, 211 f; 2015, 75, 85 li; Böttcher 711). Das Erlöschen des Erbbaurechtes lässt damit die Grunddienstbarkeit zugunsten des jeweiligen Grundstückseigentümers entstehen.

3. Das Eigentum an Scheinbestandteilen bei Beendigung des Erbbaurechtes

Für Sachen, die gemäß § 95 BGB keine Bestandteile des Erbbaurechts sind, insbesondere Gebäude und andere Werke, die ein am Erbbaurecht dinglich Berechtigter in Ausübung seines Rechts errichtete, sind die Wirkungen des Erlöschens des Erbbaurechts nicht besonders geregelt; diese Rechtsverhältnisse werden durch das Erlöschen des Erbbaurechts grundsätzlich nicht geändert. Scheinbestandteile eines Erbbaurechtes (dasselbe gilt für jene eines Grundstücks) sind, auch wenn diese physikalisch betrachtet unbeweglich sind, rechtlich gesehen bewegliche Sachen und unterliegen den für diese geltenden Regelungen. Ihre Übereignung richtet sich nach §§ 929 ff BGB, der gutgläubige Erwerb nach §§ 932 ff BGB (BGH 21. 12. 1956 – V ZR 245/55, BGHZ 23, 57, 59 f; BGH 31. 10. 1986 – V ZR 168/85, NJW 1987, 774 re; DNotI-Gutachten v 8. 7. 2021 – pme – dd185629 – veröffentlicht in DNotI-Rep 2021, Abschn III 2). Für diese Scheinbestandteile gilt § 12 ErbbauRG nicht. Sie bleiben also bei Beendigung des Erbbaurechtes im Eigentum desjenigen, der sie mit dem Grund und Boden verbunden hat oder für ein Gebäude oder ein anderes Werk, das in Ausübung eines Rechtes an dem Erbbaurecht von dem Berechtigten mit dem Erbbaurecht verbunden worden ist. Hat also beispielsweise ein Dritter aufgrund einer Dienstbarkeit am Erbbaurecht auf dem Erbbaurechtsgebäude eine Photovoltaikanlage errichtet und endet das Erbbaurecht während der Laufzeit der Dienstbarkeit, so bleibt der Dritte Eigentümer der Anlage. 24

§ 13
ErbbauRG

Das Erbbaurecht erlischt nicht dadurch, daß das Bauwerk untergeht.

I. Allgemeines

Die Vorschrift des § 13 ErbbauRG entspricht dem früheren § 1016 BGB. Die Bestimmung ist eine Rechtsfolge aus dem Wesen des Erbbaurechts (§ 1 ErbbauRG), das nicht den Bestand eines Bauwerks voraussetzt, sondern ein Recht zum Haben eines Bauwerks gewährt. 1

Unter „Untergang“ idS ist die Zerstörung des Bauwerks zu verstehen. Auf den Grund hierfür kommt es nicht an (Nagel/Swars § 13 ErbbauRG Rn 3). 2

Es ist umstritten, ob § 13 ErbbauRG abbedungen werden kann (dafür Staudinger/Rapp [2021] § 13 ErbbauRG Rn 3; dagegen die hM, vgl Ingenstau/Hustedt/Bardenhewer § 13 ErbbauRG Rn 4 mwNw). Der hM ist zuzustimmen. Im Hinblick auf § 1 Abs 4 ErbbauRG kann § 13 ErbbauRG nicht abbedungen werden, da das Erbbaurecht sonst unter einer auflösenden Bedingung stünde. 3

Zulässig ist es aber, für den Fall des Untergangs des Bauwerks einen Heimfallanspruch zu begründen (Ingenstau/Hustedt/Bardenhewer § 13 ErbbauRG Rn 4 mwNw). Naheliegend ist es hierbei, einen solchen Heimfallanspruch nur für den Fall aufzustellen, dass der Erbbauberechtigte das Bauwerk nicht wieder herstellt (§ 2 Nr 4 mit Nr 2 ErbbauRG).

II. Wiederaufbau

4 Der Erbbauberechtigte ist berechtigt, das Bauwerk auf seine Kosten wieder zu errichten, und zwar auch dann, wenn das Bauwerk zur Zeit der Begründung des Erbbaurechts bereits bestand (vgl Mot III 473).

Die Fragen, ob der Erbbauberechtigte verpflichtet ist, das Bauwerk wieder herzustellen, oder ob andererseits der Grundstückseigentümer hierzu verpflichtet ist, sind zunächst nach dem Bestellungsvertrag und dessen Auslegung zu entscheiden (vgl auch § 2 Nr 2 ErbbauRG). Für den Regelfall ist mangels einer dahin lautenden oder auszulegenden Bestimmung im Bestellungsvertrag eine derartige Verpflichtung nicht anzunehmen.

III. Sonstiges

5 Die Baumaterialien werden beim Zerfall des Bauwerks bewegliche Sachen. Sie sind Eigentum des Erbbauberechtigten (§ 11 Abs 1 ErbbauRG, §§ 953, 95 Abs 1 S 2 BGB). Das gilt auch, wenn das Bauwerk bereits vor Entstehung des Erbbaurechts errichtet wurde (NAGEL/SWARS § 13 ErbbauRG Rn 11).

6 Wegen der Versicherung des Bauwerks vgl § 2 Nr 2 ErbbauRG und § 23 ErbbauRG mit Erl.

II. Grundbuchvorschriften

§ 14 ErbbauRG

(1) Für das Erbbaurecht wird bei der Eintragung in das Grundbuch von Amts wegen ein besonderes Grundbuchblatt (Erbbaugrundbuch) angelegt. Im Erbbaugrundbuch sind auch der Eigentümer und jeder spätere Erwerber des Grundstücks zu vermerken. Zur näheren Bezeichnung des Inhalts des Erbbaurechts kann auf die Eintragungsbewilligung Bezug genommen werden.

(2) Bei der Eintragung im Grundbuch des Grundstücks ist zur näheren Bezeichnung des Inhalts des Erbbaurechts auf das Erbbaugrundbuch Bezug zu nehmen.

(3) Das Erbbaugrundbuch ist für das Erbbaurecht das Grundbuch im Sinne des Bürgerlichen Gesetzbuchs. Die Eintragung eines neuen Erbbauberechtigten ist unverzüglich auf dem Blatte des Grundstücks zu vermerken. Bei Wohnungs- und Teilerbbauberechtigten wird der Vermerk durch Bezugnahme auf die Wohnungs- und Teilerbbaugrundbücher ersetzt.

(4) Die Landesregierungen werden ermächtigt, durch Rechtsverordnung zu bestimmen, dass die Vermerke nach Absatz 1 Satz 2 und Absatz 3 Satz 2 automatisiert angebracht werden, wenn das Grundbuch und das Erbbaugrundbuch als Datenbankgrundbuch geführt werden. Die Anordnung kann auf einzelne Grundbuchämter sowie auf einzelne Grundbuchblätter beschränkt werden. Die Landesregierungen können die Ermächtigung durch Rechtsverordnung auf die Landesjustizverwaltungen übertragen.

Materialien: Abs 1 S 3 wurde eingefügt durch Gesetz vom 18. 7. 1930 (RGBl I 305), Abs 3 S 3 durch Gesetz vom 30. 7. 1973 (BGBl I 910). Abs 4 wurde angefügt durch Gesetz vom 20. 12. 1993 (BGBl I 2182). Abs 1 Satz 2 wurde geändert und Abs 3 Satz 3 und Abs 4 wurden neu gefasst mWv 9. 10. 2013 durch Gesetz vom 1. 10. 2013 (BGBl I 3719).

Systematische Übersicht

Alphabetische Übersicht

I. Überblick

1 § 14 ErbbauRG eröffnet den II. Abschnitt des ErbbauRG über die Grundbuchvorschriften (§§ 14–17 ErbbauRG).

2 Aus der Natur des Erbbaurechts als Grundstücksbelastung einerseits und grundstücksgleichem Recht andererseits folgt sinnigerweise die in § 14 ErbbauRG vorgesehene zwingende Anlegung eines eigenen Erbbaugrundbuchs zusätzlich zur Eintragung des Erbbaurechts als Belastung des Grundstücks im Grundstücksgrundbuch.

Die zwingende Anlegung eines Erbbaugrundbuchs für ein Erbbaurecht wurde erstmals mit § 14 ErbbauVO angeordnet und weicht von der vorherigen Rechtslage ab, bei der nach § 7 GBO aF ein besonderes Blatt für das Erbbaurecht vom Amts wegen nur anzulegen war bei einer Veräußerung oder Belastung des Erbbaurechts und im Übrigen nur auf Antrag (vgl eingehend BeckOGK/Touissant [1. 9. 2025] § 14 ErbbauRG Rn 2.1 ff).

Aufgrund der Eintragungen sowohl im Grundstücksgrundbuch als auch im Erbbaurechtsgrundbuch bedarf es einer genauen Unterscheidung, welche Eintragungen in welchem Grundbuch vorzunehmen sind und welche Eintragungen in welchem Grundbuch konstitutive Wirkungen haben. 3

II. Das Grundbuch des belasteten Grundstücks

1. Die konstitutive Eintragung im Grundstücksgrundbuch

Die in der Bestellung des Erbbaurechts liegende Rechtsänderung besteht wegen der 4 rechtlichen Natur des Erbbaurechts (vgl § 1 ErbbauRG Rn 3) in einer Belastung des Grundstücks mit diesem Recht. Durch die in Abs 1 S 1 aufgestellte Vorschrift wird an dem materiellrechtlichen Grundsatz des § 873 BGB über die Belastung eines Grundstücks mit einem Recht nichts geändert. Das Erbbaurecht ist daher in **Abteilung II des für das Grundstück bestehenden Grundbuchblatts** einzutragen (vgl auch Rn 6). Diese Eintragung ist einerseits unbedingt zur Entstehung des Rechtes im Hinblick auf § 873 BGB notwendig, andererseits an sich aber auch genügend. Diese Eintragung auf dem Blatt des Grundstücks hat **konstitutive** Wirkung für die Entstehung und den rechtlichen Weiterbestand des Erbbaurechts. Wenn ein Erbbaurecht an einem dem Buchzwang nach § 90 GBO nicht unterliegenden und nicht gebuchten Grundstück begründet werden soll, so muss zunächst für dieses Grundstück ein Grundbuchblatt angelegt werden.

Die Eintragung auf dem Grundstücksblatt ist daher maßgebend für die Feststellung 5 der **Existenz des Erbbaurechts** im Rahmen des damit belasteten Grundstücks, sowie für das Rangverhältnis des Erbbaurechts zu den anderen Rechten am Grundstück (§ 10 ErbbauRG). Das Gleiche gilt für die **Löschung** des Erbbaurechts; auch diese kann rechtswirksam nur auf dem Blatt des Grundstücks erfolgen, wenngleich § 16 ErbbauRG für diesen Fall die (deklaratorische) Schließung des Erbbaugrundbuchs anordnet. Auch die **Änderungen in der Dauer** des Erbbaurechts bedürfen der Eintragung auf diesem Blatt, da sie zu dem allgemeinen Rahmen des Bestandes des Rechts zu zählen sind (OLG München MittBayNot 2019, 144). Damit erschöpft sich aber die Bedeutung des Grundstücksblatts für das Erbbaurecht. Gleichzeitig mit der Eintragung des Erbbaurechts auf dem Blatt des Grundstücks ist das Erbbaugrundbuch anzulegen, das für alles weitere, insbes auch für den näheren Inhalt des Erbbaurechts das maßgebende Grundbuch bildet, s näher Rn 9 ff.

2. Weitere Eintragungen im Grundstücksgrundbuch

Das Erbbaurecht ist auf dem Blatt des belasteten Grundstücks ganz allgemein ein- 6 zutragen: Erbbaurecht für NN, sowie die vereinbarte Dauer. Zur näheren Bezeichnung des Inhalts des Rechts ist auf das anzulegende besondere Erbbaugrundbuch Bezug zu nehmen, also kurz zu verweisen auf die Stelle, an der sich das besondere Erbbaublatt **(Abs 2)** befindet.

7 Eine Sondervorschrift trifft **Abs 3 S 2**, wonach die Eintragung eines neuen Erbbauberechtigten unverzüglich auf dem Blatt des Grundstücks zu vermerken ist. Die Eintragung dieses Vermerks hat jedoch lediglich deklaratorische Bedeutung; wer Erbbauberechtigter ist richtet sich ausschließlich nach der Eintragung des Berechtigten im Erbbaugrundbuch (statt aller Ingenstau/Hustedt/Bardenhewer § 14 ErbbauRG Rn 6 mwNw). Dieses ist für den Erwerb von Rechten am Erbbaurecht, auch im Falle eines gutgläubigen Erwerbs gem §§ 892 ff BGB, ausschließlich maßgebend.

8 Nach **Abs 3 S 3** wird der nach Abs 3 S 2 vorgesehen Vermerk bei **Wohnungs- und Teilerbbauberechtigten** durch Bezugnahme auf die Wohnungs- und Teilerbbaurechtsgrundbücher ersetzt.

III. Das besondere Blatt für das Erbbaurecht – Erbbaugrundbuch

9 Nach § 14 Abs 1 ErbbauRG ist für das Erbbaurecht von Amts wegen ein besonderes Grundbuchblatt (Erbbaugrundbuch) anzulegen. Bei Wohnungs- oder Teilerbbaurechten wird im Erbbaugrundbuch für jede Sondereigentumseinheit ein Wohnungserbbau- bzw Teilerbbaugrundbuch angelegt (§ 30 Abs 3 S 1 WEG). Das Erbbaugrundbuch ist für das Erbbaurecht das Grundbuch iSd BGB (§ 14 Abs 3 S 1 ErbbauRG).

1. Anlegung des Erbbaugrundbuchs

10 Für die Einrichtung dieses besonderen Blattes gelten die Vorschriften der §§ 54–60 GBV. Das Gesetz selbst gibt hierfür keine näheren formellen Vorschriften mit Ausnahme der in Abs 1 S 2 (Rn 13). Es wird somit hierfür das gewöhnliche Formular verwendet, und das Blatt bekommt die der Reihenfolge nächste offene Nummer, und zwar für denselben Grundbuchbezirk, zu dem das belastete Grundstück zählt. Das Erbbaurecht bildet hier den Bestand des dafür angelegten Blattes; der Erbbauberechtigte ist in die Abteilung I einzutragen, in die sonst der Eigentümer eingetragen wird. Die Eintragungsbewilligung mit dem Eintragungsantrag und dem miteingereichten Erbbauvertrag bilden die Grundakten für das Erbbaurecht. Der Erbbauzins ist als besondere Belastung des Erbbaurechts hier einzutragen.

2. Die Bezugnahme auf die Eintragungsbewilligung und ihre Grenzen

11 Gemäß Abs 1 S 3 (vgl die Parallelvorschrift des § 7 Abs 3 WEG) kann zur näheren Bezeichnung des Inhalts des Erbbaurechts auf die Eintragungsbewilligung Bezug genommen werden. Im Gegensatz zum Eigentum an einem Grundstück, das ein homogenes Recht darstellt und das nur durch Belastung beschränkt werden kann, hat das Erbbaurecht einen dinglich flexiblen Inhalt. Deshalb bedarf es der Regelung des Abs 1 S 3, die eine Folge davon ist, dass das Erbbaurecht ein grundstückgleiches Recht ist. Die Bezugnahmemöglichkeit gem § 874 BGB betrifft nämlich nur beschränkt dingliche Rechte, nicht aber das Eigentum selbst (Grüneberg/Herrler § 874 BGB Rn 4).

12 Im Einzelnen entscheidet das Ermessen des Grundbuchamtes, inwieweit von der Befugnis der Bezugnahme Gebrauch zu machen ist. Soweit eine Bezugnahme zulässig ist, bestimmt das Grundbuchamt ihren Umfang. Es ist danach nicht zu beanstanden,

wenn der Inhalt des Erbbaurechts teilweise im Bestandsverzeichnis ausdrücklich eingetragen wird, im Übrigen aber auf die Eintragungsbewilligung Bezug genommen wird (BayObLGZ 2001, 305; KG MittBayNot 2019, 341 Rn 19).

Für Bedingungen, Befristungen und Verfügungsbeschränkungen (§ 5 ErbbauRG) ist jedoch durch **§ 56 Abs 2 GBV** das Ermessen des Grundbuchamtes dahingehend eingeschränkt, dass diese Inhaltsbestimmungen (auch Verlängerungsoptionen) ausdrücklich eingetragen werden müssen, sodass eine Bezugnahme insoweit nicht zulässig ist (OLG München MittBayNot 2018, 144 Rn 24; Winkler MittBayNot 2019, 148). Ein Verstoß gegen § 56 Abs 2 GBV ist jedoch materiell-rechtlich irrelevant (vgl zu den Verfügungsbeschränkungen § 5 ErbbauRG Rn 6).

3. Vermerk des Grundstückseigentümers

Eine Sonderbestimmung trifft **Abs 1 S 2** dahin, dass im Erbbaugrundbuch auch der Eigentümer und jeder spätere Erwerber des Grundstücks vermerkt werden sollen. Dieser Vermerk ist, da keine besondere Abteilung im Erbbaugrundbuch dafür vorhanden ist, im Bestandsverzeichnis nach der Wiedergabe des Inhalts des Erbbaurechts zu machen. Die Anordnung dieses Vermerks bildet nur eine Ordnungsvorschrift. An dem öffentlichen Glauben des Grundbuchs nimmt dieser Vermerk nicht teil, da die für das Grundeigentum maßgebende Eintragung die auf dem Blatt des Grundstücks ist. Das entsprechende Gegenstück dieser Vorschrift für das Grundeigentum liegt in der Bestimmung in Abs 3 S 2. **13**

4. Das Erbbaugrundbuch als Grundbuch gem BGB (Abs 3 S 1)

Das besondere Blatt ist für das Erbbaurecht das Grundbuch im Sinne des BGB, § 14 Abs 3 S 1 ErbbauRG. **14**

Es sind daher nach seiner Anlegung auch alle das Recht betreffenden späteren Rechtsänderungen einzutragen, also die Übertragung und Belastung des Erbbaurechts sowie seine Inhaltsänderungen. Die Inhaltsänderungen sind hierbei an derselben Stelle im Erbbaugrundbuch einzutragen, wo der bisherige Inhalt eingetragen wurde. Der gemäß § 8 Abs 1 GBO zulässige Vermerk eines mit dem Erbbaurecht verbundenen subjektiv-dinglichen Rechts gehört gleichfalls in das Erbbaugrundbuch. Ebenso sind Verfügungsbeschränkungen des Erbbauberechtigten (vgl auch § 15 ErbbauRG), einschließlich des Zwangsversteigerungs- und Zwangsverwaltungsvermerks im Erbbaugrundbuch einzutragen.

IV. Die Wechselwirkungen zwischen den beiden Grundbuchblättern

1. Doppeleintragung im Grundstücksgrundbuch und Erbbaugrundbuch

Durch die getroffene Regelung ergibt sich eine eigenartige Trennung der sich auf das Erbbaurecht beziehenden Eintragungen. Dabei ist festzuhalten, dass das Blatt des Grundstücks für den Bestand des Rechts einschließlich der Dauer des Rechts maßgebend ist (OLG München MittBayNot 2019, 144 Rn 23), während der Erbbauberechtigte und der nähere Inhalt des Erbbaurechts, also seine Ausgestaltung im Einzelnen einschließlich der Änderungen seines ursprünglichen Inhalts, die Belastungen des **15**

Rechts und alle übrigen das Recht berührenden Rechtsvorgänge mit Ausnahme der Löschung durch das Erbbaugrundbuch maßgebend ausgewiesen werden (BeckOK-BGB/Maass [1. 11. 2025] § 14 ErbbauRG Rn 2 ff).

16 Bei einem Widerspruch zwischen dem Inhalt des Grundstücksblatts und dem des Erbbaugrundbuchs entscheidet also der Erstere darüber, ob und wie lange überhaupt das Erbbaurecht besteht, während das Letztere ausschlaggebend ist für den Inhalt des Erbbaurechts und die daran bestehenden Rechte. Danach richten sich auch die Rechtsvermutung des § 891 BGB und der Schutz des rechtsgeschäftlichen Erwerbs nach Maßgabe der §§ 892 ff BGB. Wenn zB das Erbbaurecht aus Versehen auf dem Grundstücksblatt gelöscht wurde und ein Dritter, der das Bestehen des Erbbaurechts nicht gekannt hat, das Grundstück rechtsgeschäftlich erwirbt, so erhält er es gutgläubig frei vom Erbbaurecht (BGH 31. 10. 1968 – V ZR 117/67, BGHZ 51, 50, 53 f). Wer das Erbbaurecht durch Übertragung oder ein Recht an dem Erbbaurecht erwerben will, muss daher auch das Grundstücksblatt darauf einsehen, ob das Erbbaurecht dort noch eingetragen und nicht etwa gelöscht ist; in den übrigen Beziehungen aber kann er sich auf das Erbbaugrundbuch verlassen.

2. Eintragungen auf dem betroffenen Grundbuchblatt

17 Widersprüche und Vormerkungen sind auf dem Blatt einzutragen, auf dem die Eintragung, die durch diese Maßnahmen getroffen werden soll, maßgebend steht. Ein Widerspruch gegen die Eintragung des Erbbaurechts oder seine Löschung ist daher zB auf dem Grundstücksblatt einzutragen; zum Erbbaublatt gehören dagegen zB Vormerkungen zur Sicherung des Anspruchs auf Übertragung des Rechts und Veräußerungsverbote, die sich gegen die Verfügungsberechtigung des Erbbauberechtigten richten.

V. Prüfungsrecht des Grundbuchamtes

18 Das **Grundbuchamt** hat bei der Eintragung des Erbbaurechts im Grundbuch kein unbeschränktes **Prüfungsrecht**. Sein Prüfungsrecht und seine Prüfungspflicht beschränken sich auf den dinglichen Teil, nämlich auf die rechtswirksame Einigung über die Bestellung des Erbbaurechts. Ein Prüfungsrecht über die Wirksamkeit des schuldrechtlichen Vertrages hat das Grundbuchamt nicht. Auch über die Wirksamkeit der Vereinbarungen nach § 2 ErbbauRG (zB im Hinblick auf § 138 BGB oder die Bestimmungen der §§ 305 ff BGB) hat das Grundbuchamt kein Prüfungsrecht.

19 Wegen Berichtigung des Grundbuchs durch Eintragung eines Erbbauberechtigten vgl die besondere Vorschrift in § 22 Abs 2 GBO.

VI. Eintragung des Vorrechtes und der Verkaufsverpflichtung

20 Vereinbarungen über den Inhalt des Erbbaurechts, namentlich die Einräumung des Vorrechts auf die Erneuerung (§ 2 Nr 6 ErbbauRG) und die Begründung der Verpflichtung des Grundeigentümers zum Verkauf des Grundstücks an den jeweiligen Erbbauberechtigten (§ 2 Nr 7 ErbbauRG) gehören zum Inhalt des Erbbaurechts und sind nur in das Erbbaugrundbuch und nicht in das Blatt des Grundstücks einzutragen. Dies ergibt sich aus § 31 Abs 4 S 3 ErbbauRG; sonst wäre nämlich diese

Vorschrift nicht notwendig gewesen, wonach bei dem Vorrecht auf Erneuerung eine derartige Vormerkung erst später unter bestimmten Voraussetzungen von Amts wegen einzutragen ist (vgl § 31 ErbbauRG Rn 10).

VII. Datenbankgrundbuch (Abs 4)

Für den Fall, dass das Grundbuch und das Erbbaugrundbuch in Zukunft als Datenbankgrundbuch geführt werden, hat der Gesetzgeber in Abs 4 die Möglichkeit geschaffen, durch Rechtsverordnung zu bestimmen, dass die Vermerke nach Abs 1 S 2 und Abs 3 S 2 automatisiert angebracht werden. 21

§ 15
ErbbauRG

In den Fällen des § 5 darf der Rechtsübergang und die Belastung erst eingetragen werden, wenn dem Grundbuchamte die Zustimmung des Grundstückseigentümers nachgewiesen ist.

Die Vorschrift setzt eine Vereinbarung nach § 5 ErbbauRG voraus und ergänzt die 1
§§ 5 ff ErbbauRG zum Schutz des Grundstückseigentümers.

Durch § 15 ErbbauRG wird eine Sperre des Grundbuchs gegen Verfügungen ohne eine nach § 5 ErbbauRG erforderliche Zustimmung des Grundstückseigentümers erreicht; die Wirkungen sind also weitergehender als bei einer Vormerkung.

Dabei bringt die Norm eine Selbstverständlichkeit zum Ausdruck: Eine nach § 6 ErbbauRG (schwebend) unwirksame Verfügung darf erst eingetragen werden, wenn dem Grundbuchamt die zur Wirksamkeit der Verfügung erforderliche Zustimmung nachgewiesen ist (vgl BeckOGK/Toussaint [1. 9. 2025] § 15 ErbbauRG Rn 2).

Die Vorschrift bezieht sich auf die Fälle, in welchen die Bindung einer Veräußerung 2
oder Belastung des Erbbaurechts an die Zustimmung des Eigentümers als Inhalt des Erbbaurechts im Sinne der §§ 5 ff ErbbauRG vereinbart wurde. Nur Belastungen mit Reallasten, Hypotheken, Grund- oder Rentenschulden, Dauerwohnrechten, nicht sonstige Belastungen, kommen gemäß § 5 Abs 2 ErbbauRG in Betracht; Inhaltsänderungen, die solche Belastungen erweitern, stehen nach § 5 Abs 2 S 2 ErbbauRG insoweit gleich. Vormerkungen zur Sicherung von Ansprüchen auf Übertragung oder Belastung des Erbbaurechts stehen diesen selbst nicht gleich und bedürfen keiner Zustimmung (§ 5 ErbbauRG Rn 22). § 15 ErbbauRG gilt nicht bloß für die Eintragung rechtsgeschäftlicher Verfügungen des Erbbauberechtigten, sondern auch für die Eintragung im Wege der Zwangsvollstreckung (BayObLGZ 1960, 472; s näher § 8 ErbbauRG mit Erl); die Eintragung einer sonstigen, kraft Gesetzes eintretenden Rechtsänderung fällt dagegen nicht unter § 15 ErbbauRG.

Wenn der Nachweis der Zustimmung fehlt, hat der Grundbuchbeamte nach Maßgabe 3
des § 18 GBO zu verfahren. Ein Anspruch des Erbbauberechtigten auf die Zustimmung gem § 7 ErbbauRG schließt die Anwendung des § 15 ErbbauRG nicht aus.

4 Nur die Zustimmung als solche, nicht aber deren Zugang ist dem Grundbuchamt in der Form des § 29 GBO nachzuweisen (LG München II MittBayNot 1984, 32; § 5 ErbbauRG Rn 36).Wenn die Zustimmung des Eigentümers durch gerichtlichen Beschluss ersetzt wird (§ 7 Abs 3 ErbbauRG), ist dieser Beschluss dem Grundbuchamt samt Rechtskraftzeugnis (§ 46 FamFG) vorzulegen.

5 Die Vorschrift des § 15 ErbbauRG ist nur eine Ordnungsvorschrift. Eine Eintragung ist also nicht deshalb unwirksam, wenn sie ohne den Nachweis der tatsächlich erfolgten Zustimmung geschah. Für die Wirksamkeit ist allein maßgebend, ob die erforderliche Zustimmung wirklich erteilt oder ersetzt ist, wenn auch erst nachträglich. Ist die Zustimmung nicht erteilt oder nicht ersetzt worden, so ist das Grundbuch unrichtig (MünchKommBGB/Weiss § 15 ErbbauRG Rn 4), mit der Folge, dass ein Amtswiderspruch (§ 53 Abs 1 S 1 GBO) einzutragen ist. An diese Unrichtigkeit des Grundbuchs kann sich jedoch ein gutgläubiger Erwerb nach den allgemeinen Regeln der §§ 892 f BGB anschließen. Ist ein Grundpfandrecht unter Verletzung der §§ 5, 6 oder 15 ErbbauRG eingetragen worden, so entsteht auch keine Eigentümergrundschuld.

§ 16 ErbbauRG

Bei der Löschung des Erbbaurechts wird das Erbbaugrundbuch von Amts wegen geschlossen.

1 Die Norm ordnet als Folge der Löschung des Erbbaurechts in Abt II des Grundstücksgrundbuchs die Schließung des Erbbaugrundbuchs von Amts wegen an. Es kommt hierdurch zu einem Gleichlauf der Eintragungen (Nagel/Kramer § 16 ErbbauRG Rn 1).

2 Für den Bestand des Erbbaurechts ist nicht die Schließung des Erbbaugrundbuchs, sondern die Eintragung im Grundstücksgrundbuch maßgeblich (Ingenstau/Hustedt/Bardenhewer § 16 ErbbauRG Rn 1). Die von § 16 ErbbauRG angeordnete Schließung des Erbbaugrundbuchs hat keine materiell-rechtlichen Folgen. Sie kann auch jederzeit nachgeholt werden, falls sie bei der Löschung im Grundstücksblatt versäumt wurde.

3 Für § 16 ErbbauRG ist irrelevant, warum das Erbbaurecht im Grundstücksgrundbuch gelöscht wird (BeckOGK/Toussaint [1. 9. 2025] § 16 ErbbauRG Rn 3).

Die Löschung des Erbbaurechts im Grundstücksgrundbuch setzt wiederum die Beendigung des Erbbaurechts voraus. Diese tritt insbesondere ein durch rechtsgeschäftliche Aufhebung des Erbbaurechts (§ 26 ErbbauRG) oder durch Zeitablauf (§§ 27 ff ErbbauRG). Bei Beendigung durch Rechtsgeschäft (§ 26 ErbbauRG) wirkt die Löschung des Erbbaurechts im Grundbuch des Grundstücks konstitutiv; in anderen Fällen handelt es sich bei der Löschung lediglich um eine Grundbuchberichtigung, da das Erbbaurecht (zB bei Zeitablauf) außerhalb des Grundbuchs erlischt (vgl § 22 GBO).

Die Löschung des Erbbaurechts im Grundstücksgrundbuch führt auch dann zur Schließung des Erbbaugrundbuchs von Amts wegen, wenn dem Erbbauberechtigten ein Vorrecht auf Erneuerung des Erbbaurechts eingeräumt ist. Dies hat nur die Folge, dass nach § 31 Abs 4 S 3 ErbbauRG in Verbindung mit § 17 Abs 2 S 2 GBV von Amts wegen eine Vormerkung auf jenem Blatt eingetragen wird. **4**

Das Schließungsverfahren richtet sich nach den Vorschriften der §§ 34 ff, 54, 56 Abs 6 GBV. **5**

§ 17
ErbbauRG

(1) Jede Eintragung in das Erbbaugrundbuch soll auch dem Grundstückseigentümer, die Eintragung von Verfügungsbeschränkungen des Erbbauberechtigten den im Erbbaugrundbuch eingetragenen dinglich Berechtigten bekanntgemacht werden. Im übrigen sind § 44 Abs. 2, 3, § 55 Abs. 1 bis 3, 5 bis 8, §§ 55a und 55b der Grundbuchordnung entsprechend anzuwenden.

(2) Dem Erbbauberechtigten soll die Eintragung eines Grundstückseigentümers, die Eintragung von Verfügungsbeschränkungen des Grundstückseigentümers sowie die Eintragung eines Widerspruchs gegen die Eintragung des Eigentümers in das Grundbuch des Grundstücks bekanntgemacht werden.

(3) Auf die Bekanntmachung kann verzichtet werden.

Materialien: Abs 1 Satz 2 wurde eingefügt durch Gesetz vom 20. 12. 1993 (BGBl I 2182).

I. Überblick

Sowohl der Grundstückseigentümer und die am Erbbaurecht dinglich Berechtigten haben ein starkes Interesse, über Eintragungen in das Erbbaugrundbuch auf dem Laufenden gehalten zu werden. Gleiches gilt für den Erbbauberechtigten hinsichtlich Veränderungen in der Person des Grundstückseigentümers und dessen Verfügungsfreiheit. Aus diesen Gründen schreibt § 17 ErbbauRG (in Erweiterung der Vorschriften des § 55 GBO, auf die in Abs 1 S 2 verwiesen wird) verschiedene Bekanntmachungen vor. **1**

§ 17 ErbbauRG stellt nur eine Ordnungsvorschrift dar. Über die nähere Art der Bekanntmachung entscheiden die landesrechtlichen Vorschriften. **2**

II. Eintragungen im Erbbaugrundbuch (Abs 1)

Nach Abs 1 soll jede Eintragung in das Erbbaugrundbuch auch dem Grundstückseigentümer bekannt gemacht werden, die Eintragung von Verfügungsbeschränkungen **3** des Erbbauberechtigten den in dem Erbbaugrundbuch eingetragenen dinglichen Berechtigten (also insbes den Grundpfandrechtsgläubigern).

4 Der später eingefügte Satz 2 in Abs 1 verweist auf verschiedene Normen in der GBO und ordnet hiermit einerseits diverse Bekanntmachungs- und Mitteilungspflichten an und ermöglicht – an systematisch etwas überraschender Stelle (vgl BeckOGK/Toussaint [1. 9. 2025] § 17 ErbbauRG Rn 2.2) – andererseits die Bezugnahme auf die Eintragungsunterlagegen bei Belastungen des Erbbaurechts gemäß § 44 Abs 2 GBO an.

III. Eintragungen im Grundstücksgrundbuch (Abs 2)

5 Nach Abs 2 soll dem Erbbauberechtigten bekannt gegeben werden: die Eintragung eines Wechsels im Eigentum, die Eintragung von Verfügungsbeschränkungen (allgemein ohne Einschränkung, vgl insbesondere § 32 InsO; §§ 20, 146, 14 ZVG; §§ 1984, 2112, 2113, 2205, 2211 BGB; auch im Enteignungsverfahren) des Grundstückseigentümers, sowie die Eintragung eines Widerspruchs (s § 899 BGB mit § 894 BGB, §§ 53, 71, 110 GBO), insofern sich dieser gegen die Eintragung des Eigentümers in das Grundbuch des Grundstücks richtet.

IV. Verzicht (Abs 3)

6 Auf die Bekanntmachung kann gemäß Abs 3 verzichtet werden. Diese Vorschrift entspricht der des § 55 S 3 GBO. Die Erklärung ist dem Grundbuchamt gegenüber abzugeben und bedarf keiner besonderen Form.

III. Beleihung

1. Mündelhypothek

§ 18
ErbbauRG

Eine Hypothek an einem Erbbaurecht auf einem inländischen Grundstück ist für die Anlegung von Mündelgeld als sicher anzusehen, wenn sie eine Tilgungshypothek ist und den Erfordernissen der §§ 19, 20 entspricht.

Systematische Übersicht

Alphabetische Übersicht

I. Überblick

Das Gesetz regelt in den §§ 18–20 ErbbauRG die Frage, wann eine Hypothek an einem Erbbaurecht für die Anlegung von Mündelgeld als sicher anzusehen ist („mündelsicher"). § 22 ErbbauRG begründet einen landesrechtlichen Vorbehalt für diese Fragen. Die praktische Bedeutung dieser Vorschriften des III. Abschnitts des ErbbauRG dürfte gering sein (BeckOGK/Toussaint [1. 9. 2025] § 18 ErbbauRG Rn 1). 1

II. Allgemeines über die Beleihung von Erbbaurechten

Das Erbbaurecht kann wie ein Grundstück mit **Hypotheken** (§§ 1113 ff BGB), **Grundschulden** (§§ 1191 ff BGB) und **Rentenschulden** (§§ 1199 ff BGB) belastet werden (vgl § 11 ErbbauRG Rn 9). Als wichtigste und häufigste Belastung erscheinen die Grundschuld und – nur noch selten – die Hypothek. 2

Das Erbbaurecht kann wie ein Grundstück auch mit einer **Gesamthypothek** belastet werden und zwar in der Weise, dass die Hypothek auf dem Erbbaurecht und zugleich auf einem anderen Erbbaurecht oder Grundstück lastet, vgl §§ 1132 ff BGB. Auch eine Gesamthypothek an dem Erbbaurecht und dem Grundstück, auf welchem das Erbbaurecht selbst lastet, ist möglich. 3

Ein Grundpfandrecht wird wie jede andere Belastung des Erbbaurechts ausschließlich auf dem für dieses angelegte Grundbuchblatt eingetragen. Gemäß § 17 ErbbauRG ist jede Eintragung in das Erbbaugrundbuch jedoch auch dem Grundstückseigentümer bekannt zu machen. Es kann im Wege des § 5 Abs 2 ErbbauRG mit dinglicher Wirkung vereinbart werden, dass die Belastungen der Zustimmung des Eigentümers bedürfen; über Ersatz dieser Zustimmung durch richterlichen Beschluss s § 7 Abs 2 u 3 ErbbauRG. 4

Grundschuld und Hypothek belasten das Erbbaurecht selbst und, da als dessen wesentlicher Bestandteil das darauf errichtete oder schon vorhandene Bauwerk gilt (§ 12 ErbbauRG), auch das Bauwerk nebst dessen Bestandteilen und Zubehörstücken. Die Haftung des Bauwerks für die Belastungen des Grundstücks erlischt mit 5 der Eintragung des Erbbaurechts in das Grundbuch (§ 12 Abs 1 S 3 ErbbauRG). Die Bestandteile des Erbbaurechts sind nicht zugleich Bestandteile des Grundstücks (§ 12 Abs 2 ErbbauRG).

Ein Grundpfandrecht auf dem Erbbaurecht ist daher eine Belastung in der Weise, dass an denjenigen, zu dessen Gunsten die Belastung erfolgt, eine bestimmte Geldsumme aus dem Erbbaurecht zu zahlen ist. Das mit dem Erbbaurecht belastete Grundstück wird von den am Erbbaurecht lastenden Grundpfandrechten nicht betroffen. Die §§ 1120 ff BGB finden auf das Erbbaurecht über § 11 Abs 1 ErbbauRG in gleicher Weise Anwendung, wie wenn das Grundstück belastet ist. So fallen die Erzeugnisse eines vom Erbbauberechtigten angelegten Gartens unter die hypothekarische Belastung des Erbbaurechts. Das Grundpfandrecht ergreift also auch das Zubehör, soweit dies dem Erbbauberechtigten gehört; es ergreift auch Miet- und Pachtzinsforderungen sowie die Ansprüche auf Leistungen aus den mit dem Erbbaurecht verbundenen Rechten (§ 1126 BGB); es haftet ferner zB auch die Feuer- und sonstige Versicherung des Gebäudes für die am Erbbaurecht eingetragenen Grundpfandrechte (§§ 1127–1130 BGB). Über den Anspruch auf Entschädigung für das Bauwerk als Haftungsgegenstand vgl §§ 29 f ErbbauRG.

6 Wenn das Erbbaurecht durch Zeitablauf oder Aufhebung erlischt, erlöschen auch die darauf lastenden Grundpfandrechte. In diesem Fall werden die Bestandteile des Erbbaurechts Bestandteile des Grundstücks, s § 12 Abs 3 ErbbauRG.

Beim Heimfall des Erbbaurechts (s §§ 2 Nr 4, 32 ff ErbbauRG) aber bleiben in der Regel die Hypotheken, Grund- und Rentenschulden bestehen, soweit sie nicht dem Erbbauberechtigten selbst zustehen (s näher § 33 ErbbauRG mit Erl).

III. Die Mündelhypothek

7 Bei den §§ 18–20 ErbbauRG handelt es sich um Spezialvorschriften für Mündelhypotheken.

Das Gesetz spricht in der Überschrift zu den §§ 18–20 ErbbauRG von Mündelhypothek und in §§ 18–20 ErbbauRG selbst nur von Hypotheken, während § 1807 Abs 1 Nr 1 aF auch Grund- und Rentenschulden ausdrücklich erwähnte. Die §§ 18 ff ErbbauRG gelten nicht für Grund- oder Rentenschulden (Ingenstau/Hustedt/Bardenhewer § 18 ErbbauRG Rn 8; Winkler/Schlögel § 5 Rn 118 mwNw).

8 Der unmittelbare Anwendungsbereich dieser Normen ergab sich früher aus § 1808 Abs 1 Nr 1 aF, der bestimmte, dass die in § 1806 aF vorgeschriebene Anlegung von Mündelgeld ua erfolgten sollte in Forderungen, für die eine sichere Hypothek an einem inländischen Grundstück besteht. Mit der Reform des Vormundschafts- und Betreuungsrechts (Gesetz v 1. 5. 2021, BGBl 2021 I 882) ist dieser Anwendungsbereich obsolet geworden (BeckOGK/Toussaint [1. 9. 2025] § 18 ErbbauRG Rn 4).

Erfasst von den §§ 18–20 ErbbauRG ist jedoch nicht nur die sog Mündelhypothek im engeren Sinne, dh wenn das Geld zur Hypothek aus dem Vermögen von unter Vormundschaft stehenden Mündeln hingegeben wird, sondern auch weitergehend all jene Fälle, in denen die Rechtsvorschriften überhaupt und allgemein eine mündelsichere Hypothekanlage verlangen (Ingenstau/Hustedt/Bardenhewer § 18 ErbbauRG Rn 7 mwNw). Es sind hier insbes zu nennen aus dem BGB: § 238 Abs 1 BGB (bei der Sicherheitsleistung), §§ 1079, 1083 Abs 2 BGB (bei dem Nießbrauch), § 1288 Abs 1 S 1 BGB (bei dem Pfandrecht an Forderungen), § 2119 BGB (bei Nacherbschaft).

Die Hypothek an einem Erbbaurecht auf einem inländischen Grundstück ist für die **9** Anlegung von Mündelgeld nur dann als sicher anzusehen, wenn sie eine **Tilgungshypothek** ist und den Erfordernissen der §§ 19, 20 ErbbauRG entspricht. Für die Hypotheken anderer Personen oder Rechtssubjekte, für die das Erfordernis der Mündelsicherheit jeweils nicht aufgestellt ist, bestehen keine besonderen gesetzlichen Vorschriften.

Über den Begriff der Tilgungshypothek im Einzelnen s Grüneberg/Herrler § 1113 BGB Rn 26 ff.

§ 19
ErbbauRG

(1) Die Hypothek darf die Hälfte des Wertes des Erbbaurechts nicht übersteigen. Dieser ist anzunehmen gleich der halben Summe des Bauwerts und des kapitalisierten, durch sorgfältige Ermittlung festgestellten jährlichen Mietreinertrags, den das Bauwerk nebst den Bestandteilen des Erbbaurechts unter Berücksichtigung seiner Beschaffenheit bei ordnungsmäßiger Wirtschaft jedem Besitzer nachhaltig gewähren kann. Der angenommene Wert darf jedoch den kapitalisierten Mietreinertrag nicht übersteigen.

(2) Ein der Hypothek im Range vorgehender Erbbauzins ist zu kapitalisieren und von ihr in Abzug zu bringen. Dies gilt nicht, wenn eine Vereinbarung nach § 9 Abs. 3 Satz 1 getroffen worden ist.

Materialien: Abs 2 S 2 neu eingefügt durch SachenRÄndG, in Kraft getreten seit 1. 10. 1994.

Systematische Übersicht

Alphabetische Übersicht

I. Allgemeines

1 § 19 ErbbauRG bestimmt Anforderungen an die Hypothek, damit diese gemäß § 18 ErbbauRG mündelsicher ist.

2 Der im Falle einer Beleihung zu ermittelnde Wert des Erbbaurechts ist nach dem Gesetz das arithmetische Mittel, also die **Hälfte von Bauwert und Nettoreinertrag**.

Die amtlichen Erläuterungen sagen hierzu:

> „Bei der Festlegung des Beleihungswertes von Erbbaurechten ist davon auszugehen, dass eine sichere Grundlage für Wertbemessung nur der jährliche Reinertrag bilden kann, den die aufgrund des Erbbaurechts errichteten Bauten mit etwaigen übrigen Anlagen bei ordnungsmäßiger Wirtschaft jedem Besitzer dauernd gewähren können. Gleichwohl musste auf die bauliche Beschaffenheit des Bauwerks Rücksicht genommen werden, um zu vermeiden, dass Erbbaurechte mit hohem Ertrags-, aber geringem baulichen Wert hoch beliehen werden, und dass bei einer etwaigen unvorhergesehenen Minderung des jährlichen Reinertrages der Hypothekengläubiger gefährdet wird."

Der Bodenwert bleibt hierbei ganz außer Ansatz, s Rn 3. Die mündelsichere Hypothek darf die Hälfte des hiernach gefundenen Wertes des Erbbaurechts nicht übersteigen (Abs 1 S 1); sie muss sich also innerhalb der einen Hälfte dieses Wertes bewegen. Man hat somit zu unterscheiden einerseits den Wert des Erbbaurechts (= Bauwert: 2 + Kapitalisierter Mietreinertrag : 2), andererseits einen Beleihungswert, der rechnerisch die eine Hälfte dieses Wertes ausmacht (es ist also zweimal zu halbieren, vgl das Beispiel in Rn 14).

II. Die Wertberechnung im Einzelnen (Abs 1 S 2 und 3)

1. Der Bauwert

3 Festzulegen ist zunächst die Summe des **Bauwerts**. Unter Bauwert ist der Wert der vom Erbbaurecht umfassten Baulichkeiten nebst Bestandteilen und Zubehör auf dem mit dem Erbbaurecht belasteten Grundstück zu verstehen, den diese zur Zeit der Hypothekenaufnahme darstellen. In S 2 sind die Worte: „des Bauwerkes" bei den Worten „des Bauwerts" als selbstverständlich zu ergänzen. Es ist dies der sog Zeit- oder Realwert (§ 27 Abs 2 ErbbauRG spricht vom „gemeinen Werte" des Bauwerks). Dieser Wert der Baulichkeiten ist entweder nach Neuwert an Hand der Baukosten zu ermitteln oder nach überschlägigem Tarif pro Kubikmeter umbauten Raumes abzüglich realistischer – nicht steuerlicher – Abschreibungen. Anzuwenden ist die ImmobilienwertermittlungsVO (ImmoWertV). Der Wert des Grund und Bodens

wird hier beim Erbbaurecht nicht in die Schätzung einbezogen, auch nicht in entsprechender Anwendung als sog Erbbau-Bodenwert (gegenwärtiger Wert der jährlichen Differenz zwischen der Normalverzinsung und dem Erbbauzins). Die Zeitdauer des Rechts ist bei dieser Wertberechnung nicht berücksichtigt, obgleich der Beleihungswert des Rechts auch hiervon abhängig ist und sich mit dem Laufe der Erbbauzeit ständig mindert; Rechnung getragen wird diesem Faktor aber in anderer Weise, nämlich bei den Erfordernissen der Tilgungsbestimmungen s § 20 Abs 1 Nr 3 und 4, Abs 2 ErbbauRG.

2. Der jährliche Mietreinertrag

Es ist ferner der jährliche **Mietreinertrag** festzulegen, den das Bauwerk nebst Bestandteilen des Erbbaurechts unter Berücksichtigung seiner Beschaffenheit bei ordnungsmäßiger Wirtschaft jedem Besitzer nachhaltig gewähren kann. Damit ist die sog Nettomiete gemeint. **4**

Um diese zu finden, ist zunächst die Bruttomiete zu berechnen aus der Summe der Mieterträgnisse für ein Jahr. Von dieser Summe ist ein ortsüblicher Satz für Kosten der Verwaltung und Instandhaltung, Rücklagenbildung und Grundsteuer für das Bauwerk abzuziehen. Der Erbbauzins ist bei der Berechnung des Mietreinertrags nicht abzuziehen (Ingenstau/Hustedt/Bardenhewer § 19 ErbbauRG Rn 9; Winkler/Schlögel § 5 Rn 125). **5**

Dies ergibt eine systematische Auslegung anhand von § 19 Abs 2 ErbbauRG: Dort ist geregelt, unter welchen Voraussetzungen der Erbbauzins von der Beleihungsgrenze abzuziehen ist und unter welchen Voraussetzungen nicht. Ein Abzug bei der Ermittlung des Wertes des Erbbaurechtes würde also dazu führen, dass der Erbbauzins uU zweimal zum Abzug kommt. Dies wäre wirtschaftlich inkonsequent (Winkler/Schlögel § 5 Rn 125). Der hiernach ermittelte Mietertrag ist sodann zu kapitalisieren. Der Entwurf hatte in dieser Hinsicht den zwanzigfachen Betrag der Nettorente als Norm aufgestellt. Das Gesetz hat aber davon abgesehen, hier eine Bindung aufzustellen, wohl weil die übliche Kapitalisierung mit 5 % des Nettobetrags, die dessen zwanzigfachem Betrag entspricht, nicht unter allen Umständen zutreffend und im Laufe der Zeit wandelbar ist.

Im Übrigen können auch hier die Landesgesetze nähere Vorschriften über die einschlägigen Feststellungen treffen.

Bei Häusern, die nicht vermietet werden (Eigenheime, selbstgenutzte Einfamilienhäuser usw), ist, um den Mietertrag zu finden, eine Vermietung zu fingieren. Es ist dann maßgebend, um welchen Preis die Räume sofort nach der derzeitigen Marktlage vermietet werden könnten, wie auch sonst bei Beleihung eines Hauses zur Zeit leerstehende Wohnungen entsprechend mitgerechnet werden; ebenso ist auch hinsichtlich des selbst bewohnten Teils zu verfahren, wenn ein Haus teils vermietet ist, teils vom Erbbauberechtigten selbst bewohnt wird. **6**

Soweit das Erbbaurecht – abgesehen vom Bauwerk – weitere Bestandteile hat, zB einen Garten, ist auch hierfür nach obigen Grundsätzen ein jährlicher Reinertrag zu errechnen und entsprechend zu kapitalisieren. **7**

8 **Abs 1 S 3** stellt noch eine Höchstziffer dahin auf, dass der angenommene Wert den kapitalisierten Mietreinertrag nicht übersteigen darf. Der letztere Betrag stellt also in jedem Fall die Obergrenze des anzunehmenden Wertes des Erbbaurechts dar. Dies ist besonders für die Fälle wichtig, in denen der Bauwert der Baulichkeiten sehr gut ist. Vgl das Beispiel in Rn 14.

3. Abzug des kapitalisierten Erbbauzinses (Abs 2)

9 Ein der Hypothek im Rang vorgehender **Erbbauzins** ist zu kapitalisieren und von ihr in **Abzug** zu bringen, § 19 Abs 1 S 1 ErbbauRG. Der kapitalisierte Erbbauzins ist nicht vom Gesamtwert des Erbbaurechts, sondern vom halben Wert des Erbbaurechts, also vom beleihungsfähigen Wert abzuziehen (Rn 11); der Ausdruck des Gesetzes, dass der kapitalisierte Zins „von der Hypothek" abzuziehen sei, drückt dies freilich nicht klar aus.

10 Dies gilt jedoch gem § 19 Abs 1 S 2 ErbbauRG nicht, wenn eine Vereinbarung nach § 9 Abs 3 S 1 ErbbauRG getroffen worden ist. Die Vereinbarung muss dabei nur den Fall betreffen, dass der Grundstückseigentümer aus der Erbbauzinsreallast die Zwangsversteigerung betreibt. Der Fall, dass die Erbbauzinsreallast zum Grundpfandrecht nachrangig ist, ist für die Ermittlung des Beleihungswertes irrelevant. Die Vereinbarung als Inhalt des Erbbauzinses dahingehend, dass die Reallast mit ihrem Hauptanspruch bestehen bleibt, wenn der Grundstückseigentümer aus der Reallast die Zwangsversteigerung des Erbbaurechtes betreibt, führt danach im Rahmen des Anwendungsbereiches von § 19 ErbbauRG zu einer erhöhten Beleihbarkeit des Erbbaurechtes (Ingenstau/Hustedt/Bardenhewer § 20 ErbbauRG Rn 16).

11 Der Erbbauzins ist nach § 9 ErbbauRG als Reallast anzusehen (vgl Erl zu § 9 ErbbauRG). Der Jahresbetrag dieser Reallast ist zu kapitalisieren; das Gesetz hat auch hier davon abgesehen, eine arithmetische Bindung für die Kapitalisierung aufzustellen; bei zeitlich begrenzten Erbbaurechten wird diese Kapitalisierung des Erbbauzinses (ebenso wie die Berechnung des Nettoreinertrags) richtiger unter Zusammenzählen der überhaupt noch zu zahlenden Beträge und deren Werterrechnung für den Zeitpunkt der Kapitalisierung durch Diskontierung zu erfolgen haben. Dieser Kapitalbetrag des Erbbauzinses ist sodann von dem nach Abs 1 zu errechnenden Beleihungswert des Erbbaurechts in Abzug zu bringen; dh dieser Kapitalbetrag muss mit dem Betrag der Hypothek zusammen noch in der einen Werthälfte des Erbbaurechts Deckung finden; vgl das Beispiel unten Rn 14.

12 Wirtschaftlich wird dieser Vorrang des Erbbauzinses die Beleihungsfähigkeit der Erbbaurechte freilich unter Umständen herabsetzen, denn der kapitalisierte Erbbauzins bildet unter diesen Umständen im Grunde doch nichts anderes als die erste Hypothek des Erbbaurechts. In dieser Situation verblieb bei der früheren Rechtslage nur die Möglichkeit einer „Stillhalteerklärung" (s hierzu § 9 ErbbauRG Rn 52 f). Sie führte zur Vorrangeinräumung der Grundpfandrechtsgläubiger und zum Bestehenbleiben der Erbbauzinsreallast bei einer Zwangsversteigerung auf Betreiben des vorrangigen Gläubigers. Nach der nunmehrigen Rechtslage empfiehlt sich eine Vereinbarung nach § 9 Abs 3 ErbbauRG, die auch bei bereits bestehenden Erbbaurechten getroffen werden kann (vgl § 9 Abs 3 S 2 ErbbauRG).

Bei Aufnahme einer weiteren mündelsicheren Hypothek ist rechnerisch entsprechend ebenso zu verfahren. Es müssen in diesem Fall sowohl der kapitalisierte Erbbauzins, wie die Beträge der ersten und zweiten Hypothek zusammen in der einen Werthälfte des Erbbaurechts Deckung finden. 13

Beispiel (Vereinbarung gemäß § 9 Abs 3 Nr 1 ErbbauRG ist nicht getroffen): 14

Beträgt der Bauwert 400.000 €, der jährliche Mietreinertrag 12.000 €, kapitalisiert der Einfachheit halber beispielsweise mit dem 20 fachen Betrag = 240.000 €, und ist der Erbbauzins jährlich mit 2000 € zu entrichten, kapitalisiert beispielsweise ebenfalls mit dem 20fachen Betrag = 40.000 €, so ergibt sich der Wert des Erbbaurechts:

(200.000 € + 240.000 €): 2 = 220.000 €

Der **beleihungsfähige Wert** ist aber nur die Hälfte davon (§ 19 Abs 1 S 1 ErbbauRG), also 110.000 € gem § 19 Abs 1 Nr 2–3. Von dieser Hälfte kommt ferner der kapitalisierte Erbbauzins in Abzug (§ 19 Abs 2 S 1 ErbbauRG): also 110.000 € – 40.000 €, sodass als mündelsichere Hypothek 70.000 € aufgenommen werden können. Weiteres Berechnungsbeispiel s bei Winkler/Schlögel § 5 Rn 127.

§ 20 ErbbauRG

(1) Die planmäßige Tilgung der Hypothek muß

1. unter Zuwachs der ersparten Zinsen erfolgen,

2. spätestens mit dem Anfang des vierten auf die Gewährung des Hypothekenkapitals folgenden Kalenderjahrs beginnen,

3. spätestens zehn Jahre vor Ablauf des Erbbaurechts endigen und darf

4. nicht länger dauern, als zur buchmäßigen Abschreibung des Bauwerks nach wirtschaftlichen Grundsätzen erforderlich ist.

(2) Das Erbbaurecht muß mindestens noch so lange laufen, daß eine den Vorschriften des Absatzes 1 entsprechende Tilgung der Hypothek für jeden Erbbauberechtigten oder seine Rechtsnachfolger aus den Erträgen des Erbbaurechts möglich ist.

Systematische Übersicht

I. Allgemein

1 § 20 ErbbauRG bestimmt in Ergänzung zu § 19 ErbbauRG Anforderungen an die Hypothek, damit diese gemäß § 18 ErbbauRG mündelsicher ist.

2 § 20 ErbbauRG stellt im Rahmen der Mündelhypothek **allgemeine Richtlinien** für die planmäßige **Tilgung** der Hypothek auf, die sich in der Hauptsache auf den Beginn und die Zeitdauer der gesamten Tilgung beziehen, hinsichtlich der einzelnen Tilgungsraten aber nur ein bestimmtes Erfordernis hervorheben.

Der Zweck, den der Gesetzgeber hierbei verfolgt, ist ein doppelter: Das Interesse des Hypothekengläubigers verlangt vor allem Sicherheiten, dass die volle Tilgung des Kapitals vollendet ist, bevor eine Beendigung des Erbbaurechts eintritt, auch für den Fall, dass der Erbbauberechtigte mit einzelnen Tilgungsraten im Rückstand geblieben ist. Da die Sicherung für den Hypothekengläubiger andererseits vor allem im Bauwerk liegt, musste zugleich Sorge dafür getroffen werden, dass die Tilgungsfrist nur so lange läuft, als ein entsprechender Zustand des Bauwerks gewährleistet ist. Diesem Zweck dienen die Vorschriften in Abs 1, insbes Nr 3 und 4.

Das wirtschaftliche Interesse des Erbbauberechtigten erfordert aber auf der anderen Seite, dass es diesem nach den wirtschaftlichen Verhältnissen des Erbbaurechts möglich sein muss, aus den Erträgen des Erbbaurechts die Mittel für die volle Tilgung der aufgenommenen Hypothek zu erzielen (Abs 2).

II. Der gesetzliche Tilgungsplan

3 Die Aufnahme der vorgeschriebenen Tilgungshypothek setzt die Aufstellung eines bestimmten **Tilgungsplans** voraus. An diesen werden folgende Anforderungen gestellt:

1. Die vorgeschriebenen Tilgungen

4 Nach **Nr 1** muss die Tilgung der Hypothek „unter Zuwachs der ersparten Zinsen" erfolgen. Das bedeutet, dass während der ganzen Tilgungsperiode in und mit den einzelnen Annuitäten das volle Kapital fortgesetzt „verzinst" werden muss, ohne Rücksicht auf die durch die Teilzahlungen am Kapital selbst eintretende fortlaufende Abminderung, wobei der an sich auf die bereits abgetragenen Kapitalteile treffende „Zins" in gleicher Höhe zwar weiter zu zahlen, aber auf die Tilgung des Kapitals anzurechnen ist. Dadurch wird mit dem Ansteigen der Jahre – auch bei Gleichbleiben der einzelnen Tilgungsquoten (die Vereinbarung höherer Tilgungsbeträge für die spätere Zeit ist natürlich zulässig) – immer mehr an Kapital selbst abgetragen.

5 **Nr 2**: Die Tilgung muss spätestens mit dem Anfang des vierten auf Gewährung des Hypothekenkapitals folgenden Kalenderjahres beginnen. Die Vorschrift ist aus wirtschaftlichen Rücksichten für den Schuldner getroffen worden, der regelmäßig bei Aufnahme einer Hypothek ohnedies größere Ausgaben zu tragen hat, zB für Beurkundungskosten, für Vermittlungsprovisionen oder überhaupt für Kosten des Bauwerks, wenn das Geld als Baudarlehen aufgenommen wurde. Unter Gewährung des Hypothekenkapitals ist hier nicht das Versprechen, sondern die Auszahlung des Kapitals zu verstehen.

Nr 3: Die Tilgung muss spätestens zehn Jahre vor Ablauf des Erbbaurechts endigen. Diese Fristsetzung trägt der Erwägung Rechnung, dass die Tilgung des Kapitals menschlicher Voraussicht nach und unter allen Umständen noch vor Ablauf des Erbbaurechts erfolgen kann (vgl Rn 2), selbst wenn der Erbbauberechtigte mit einigen Tilgungsbeträgen im Rückstand geblieben sein sollte. Dabei ist aber zugleich auf die Vorschrift des Abs 2 zu achten (vgl Rn 8). 6

Nr 4: Die Tilgung darf nicht länger dauern, als es zur buchmäßigen Abschreibung des Bauwerks nach wirtschaftlichen Grundsätzen erforderlich ist. Dadurch soll bewirkt werden, dass das Bauwerk, das für den Gläubiger das wichtigste Haftungsobjekt darstellt, auch gegen den Schluss der Tilgung hin noch einen gewissen Wert gewährleistet. Die Vorschrift gilt nicht nur für den Fall, dass das Hypothekenkapital zur Errichtung des Bauwerks gegeben ist (was regelmäßig der Fall sein wird), sondern auch für Fälle, in welchen Geld zu anderen Zwecken auf Hypothek gegeben wird. Hinsichtlich der buchmäßigen Abschreibung des Bauwerks ist einerseits als Grundlage von dem Wert (= Bauwerk, vgl § 19 ErbbauRG Rn 3) auszugehen, den das Bauwerk als solches zur Zeit der Hypothekenbestellung aufweist, andererseits ist aber auch eine bestimmte Abnutzungsquote für den einzelnen Fall aufzustellen. Der Abnutzungsprozentsatz wechselt mit der Art der Benutzung. Er ist ein anderer zB für Wohnräume als für Betriebsgebäude. 7

2. Die laufzeitgerechte Tilgung (Abs 2)

In Abs 2 wird eine allgemeine Richtlinie dahin aufgestellt, dass das Erbbaurecht mindestens noch solange laufen muss, dass eine den Vorschriften des Abs 1 entsprechende Tilgung der Hypothek für jeden Erbbauberechtigten oder seinen Rechtsnachfolger aus den Erträgen des Erbbaurechts möglich ist. Im einzelnen Fall kann hier freilich eine Kollision mit den Vorschriften des Abs 1 stattfinden. Würde zB das Bauwerk in den letzten 12 Jahren vor dem Ablauf des Erbbaurechts nicht mehr vermietet oder verpachtet werden können, so müsste weitergehend als in Nr 3 des Abs 1 schon 12 Jahre vor Ablauf des Erbbaurechts (und nicht bloß 10 Jahre) die Tilgung vollzogen sein. 8

§ 21 ErbbauRG

Aufgehoben mit Wirkung zum 15. 12. 2010. Die Nachfolgevorschriften regeln die Beleihung von Erbbaurechten durch privatschriftliche Versicherungsunternehmen (§ 3 Abs 1 Nr 1 Anl V iVm § 13 Abs 2 PfandBG, § 14 PfandBG). Dadurch wurde § 21 Abs 2 ErbbauRG gegenstandslos und aufgehoben. 1

2. Landesrechtliche Vorschriften

§ 22
ErbbauRG

Die Landesgesetzgebung kann für die innerhalb ihres Geltungsbereichs belegenen Grundstücke

1. **die Mündelsicherheit der Erbbaurechtshypotheken abweichend von den Vorschriften der §§ 18 bis 20 regeln,**

2. **bestimmen, in welcher Weise festzustellen ist, ob die Voraussetzungen für die Mündelsicherheit (§§ 19, 20) vorliegen.**

1 In § 1807 Abs 2 aF ist der Landesgesetzgebung die Befugnis eingeräumt worden, nähere Grundsätze über die Sicherheit einer Mündelhypothek aufzustellen. In Anbetracht dieser Regelung und im Hinblick auf die Verschiedenheit der landesgesetzlichen Bestimmungen zu § 1807 aF hielt man es für zweckmäßig, der Landesgesetzgebung die Möglichkeit offen zu halten, auch anderweitige Bestimmungen zur Regelung der Mündelsicherheit von Erbbaurechtshypotheken zu treffen, die Regelung des Verfahrens zur Feststellung der Mündelsicherheit von Erbbaurechtshypotheken gleichfalls der Landesgesetzgebung zu übertragen (Amtl Erläut).

2 Die landesgesetzlichen Vorschriften können sich daher nach zwei Richtungen bewegen:

Nach Abs 1 kann die Mündelsicherheit der Erbbaurechtshypotheken abweichend von den Vorschriften der §§ 18–20 ErbbauRG geregelt werden. Die Landesgesetzgebung hat in dieser Hinsicht freien Spielraum; sie kann das Erfordernis der Tilgungshypothek beseitigen, die Beleihungsgrenze, den Beleihungswert und die Tilgungsbedingungen anders als in §§ 18 ff ErbbauRG bestimmen.

Nach Abs 2 kann die Landesgesetzgebung auch besondere Vorschriften erlassen über die Art und Weise, wie die in §§ 19 u 20 ErbbauRG aufgestellten Voraussetzungen der Mündelsicherheit im Einzelnen festzustellen sind.

IV. Feuerversicherung, Zwangsversteigerung

1. Feuerversicherung

§ 23 ErbbauRG

Ist das Bauwerk gegen Feuer versichert, so hat der Versicherer den Grundstückseigentümer unverzüglich zu benachrichtigen, wenn ihm der Eintritt des Versicherungsfalls angezeigt wird.

I. Sinn und Zweck

Die Norm begründet keine Pflicht zum Abschluss einer Feuerversicherung. Jedoch 1
besteht in aller Regel eine solche Versicherung, zumal eine Verpflichtung des Erbbauberechtigten, eine Feuerversicherung für das Bauwerk abzuschließen, häufig als Inhalt des Erbbaurechts gem § 2 Nr 2 ErbbauRG vereinbart wird.

Die Vorschrift soll den Grundstückseigentümer in den Stand versetzen, seine Rechte 2
bei einem Feuerschaden entsprechend wahrzunehmen, insbesondere hinsichtlich der Vereinbarungen im Sinne des § 2 Nr 2 ErbbauRG, wobei hauptsächlich die entsprechende Wiederherstellung des Bauwerkes in Frage kommen wird (vgl auch §§ 93 VVG). Damit kann auch ein Heimfallanspruch (§ 2 Nr 4 ErbbauRG) vertragsmäßig verbunden werden für den Fall, dass der Erbbauberechtigte eine entsprechende Wiederherstellung nicht in die Wege leitet oder sonst zum Schaden des Grundstückseigentümers verfährt.

II. Voraussetzungen

Die Norm setzt das Bestehen einer Versicherung des Bauwerks gegen Feuer voraus. 3
Gemeint ist eine Gebäudefeuerversicherung iSd §§ 142 ff VVG; auf andere Versicherungen ist die Norm nicht anwendbar (BeckOGK/Toussaint [1. 9. 2025] § 23 ErbbauRG Rn 4).

Wenn das Erbbaurecht an einem bereits vorhandenen Bauwerk bestellt wurde und 4
dieses schon versichert war, so tritt im Hinblick auf § 12 Abs 1 S 2 ErbbauRG gemäß § 95 VVG der Erbbauberechtigte für die Dauer seines Rechts in die Rechte und Pflichten des Versicherungsnehmers aus dem Versicherungsvertrag ein.

Neben dem Bestehen der Versicherung erfordert § 23 ErbbauRG die Anzeige des 5
Versicherungsfalls an den Versicherer.

Die Regelung entfaltet nur dann Wirkungen, wenn Versicherungsnehmer – wie in al- 6
ler Regel – jemand anderes als der Grundstückseigentümer ist. Ist ausnahmsweise der Grundstückseigentümer der Versicherungsnehmer, trifft diesen selbst die Anzeigepflicht gegenüber der Versicherung, sodass er nicht von der Versicherung benachrichtigt werden muss.

III. Benachrichtigungspflicht

7 Eine Form für die Benachrichtigung ist nicht vorgeschrieben; zu beachten ist aber, dass der Versicherer die Gefahr der Übersendung trägt, da die Anzeige erst mit dem Zugang an den Empfänger wirksam werden kann. Wenn der Grundstückseigentümer seine Wohnung geändert hat, so ist § 147 VVG entsprechend anzuwenden.

8 Die Unterlassung oder Verzögerung der Benachrichtigung des Grundstückseigentümers begründet für diesen einen Anspruch auf Ersatz des dadurch erwachsenen Schadens, § 280 Abs 1 BGB.

IV. Sonstiges

9 Über das Verhältnis des Versicherers zu den Gläubigern der Hypotheken usw am Erbbaurecht s §§ 142 ff VVG; wegen des Erbbauzinses s § 9 Abs 1 S 1 ErbbauRG mit § 1107 BGB.

10 Hinzuweisen ist in diesem Zusammenhang ferner darauf, dass das Erbbaurecht selbst nicht dadurch erlischt, dass das Bauwerk untergeht (§ 13 ErbbauRG mit Erl).

11 Über die Frage, ob der Erbbauberechtigte mangels besonderer Vereinbarungen oder Versicherungen zur Wiederherstellung berechtigt oder verpflichtet ist, s § 13 ErbbauRG Rn 4.

2. Zwangsversteigerung

a) des Erbbaurechts

§ 24 ErbbauRG

Bei einer Zwangsvollstreckung in das Erbbaurecht gilt auch der Grundstückseigentümer als Beteiligter im Sinne des § 9 des Gesetzes über die Zwangsversteigerung und die Zwangsverwaltung.

Systematische Übersicht

I. Überblick

Die §§ 24 und 25 ErbbauRG befassen sich mit der Zwangsversteigerung. Hierbei behandelt § 24 ErbbauRG die Zwangsversteigerung des Erbbaurechts und § 25 ErbbauRG die Zwangsversteigerung des Grundstücks. Die Vorschrift des § 24 ErbbauRG ist zugunsten des Grundstückseigentümers getroffen, während § 25 ErbbauRG zugunsten des Erbbauberechtigten erlassen ist. Zugunsten des Erbbauberechtigten wirkt neben § 24 ErbbauRG auch § 8 ErbbauRG, soweit eine Vereinbarung nach § 5 ErbbauRG getroffen ist. 1

II. Zwangsvollstreckung in das Erbbaurecht

Das Erbbaurecht untersteht im Hinblick auf § 864 Abs 1 ZPO im Zusammenhang mit § 11 Abs 1 S 1 ErbbauRG den Vorschriften über Zwangsvollstreckung in das unbewegliche Vermögen. 2

Nach Maßgabe des § 870 iVm § 866 Abs 1 ZPO gibt es **drei Arten der Vollstreckung**: 3
Die Eintragung einer Sicherungshypothek für die Geldforderungen des Gläubigers, die Zwangsversteigerung und die Zwangsverwaltung (vgl §§ 146 ff ZVG). Der Gläubiger kann auch verlangen, dass eine dieser Maßnahmen allein oder neben den übrigen durchgeführt wird (§ 866 Abs 2 ZPO). Bei der Zwangsversteigerung wird eine Befriedigung des Gläubigers durch den Erlös aus einer Veräußerung des Erbbaurechts, bei der Zwangsverwaltung wird die Befriedigung aus den Nutzungen des Erbbaurechts gesucht. Zur Zwangsversteigerung und Zwangsverwaltung auf Antrag des Insolvenzverwalters s § 172 ZVG, zur Zwangsversteigerung auf Antrag der Erben s §§ 175, 176 ZVG, zu § 174a ZVG s § 9 ErbbauRG Rn 58, zur Zwangsversteigerung zwecks Aufhebung einer Gemeinschaft s §§ 180 ff ZVG und vgl § 9 ErbbauRG Rn 71.

III. Beteiligtenstellung des Grundstückseigentümers

Die Zwangsvollstreckung in das Erbbaurecht hat Auswirkungen auf den Grundstückseigentümer. Insbesondere bei einer Zwangsversteigerung droht dem Grundstückseigentümer nicht nur eine Rechtsbeziehung mit einem neuen Erbbauberechtigten, sondern auch, dass dieser nicht in die rein schuldrechtlichen Rechtsbeziehungen aus dem Erbbaurechtsvertrag eintritt; weiterhin droht das Erlöschen der Erbbauzinsreallast. 4

§ 24 ErbbauRG bestimmt daher zum Schutz des Grundstückseigentümers, dass bei einer Zwangsversteigerung oder Zwangsverwaltung in das Erbbaurecht, betrieben von einem Gläubiger des Erbbauberechtigten, auch der Grundstückseigentümer Beteiligter im Sinne des § 9 ZVG ist. Aus der Fassung des § 24 ErbbauRG ergibt sich, dass der Grundstückseigentümer auch ohne besondere Anmeldung als Beteiligter zu behandeln ist. 5

Der Vorteil der Rechtsstellung eines „Beteiligten" liegt im Allgemeinen darin, dass er zu allen wesentlichen Vorgängen im Verfahren zugezogen werden muss. Alle Vorschriften des ZVG, bei denen auf den Beteiligten Bezug genommen wird, sind für den Grundstückseigentümer anwendbar (BeckOGK/Toussaint [1. 9. 2025] § 24 ErbbauRG Rn 6). Hauptsächlich ist ihm die Bestimmung des Versteigerungs- und des Vertei- 6 lungstermins zuzustellen (§§ 41 Abs 1, 105 Abs 2 ZVG). Er kann ferner eine von den gesetzlichen Vorschriften abweichende Feststellung des geringsten Gebots und der Versteigerungsbedingungen (§ 59 Abs 1 ZVG), sowie bei der Versteigerung von jedem Bieter Sicherheitsleistung verlangen, falls sein Recht durch die Nichterfüllung des Gebots beeinträchtigt werden würde (§ 67 Abs 1 ZVG); auch steht dem Beteiligten gegen den Zuschlag der Rechtsweg der Beschwerde offen (§ 97 Abs 1 ZVG). Ein Anspruch auf eine Befriedigung aus dem Erlös der Zwangsversteigerung und Zwangsverwaltung aber steht dem Grundstückseigentümer, wenn er nicht selbst betreibender Gläubiger ist, nicht zu (§§ 10 ff ZVG).

7 Aus dem ausdrücklichen Verweis auf § 9 ZVG ergibt sich, dass § 24 ErbbauRG bei Zwangsversteigerung oder einer Zwangsverwaltung nach dem ZVG, nicht aber bei einer Eintragung einer Sicherungshypothek anwendbar ist (BeckOGK/Toussaint [1. 9. 2025] § 24 ErbbauRG Rn 3).

IV. Zustimmung des Grundstückseigentümers

8 Für den Fall, dass eine Vereinbarung nach § 5 ErbbauRG getroffen ist, wonach der Erbbauberechtigte zur Veräußerung oder Belastung des Erbbaurechts der Zustimmung des Grundstückseigentümers bedarf, bietet § 8 ErbbauRG neben § 24 ErbbauRG einen weiteren Schutz für den Grundstückseigentümer. In diesem Fall sind Vollstreckungshandlungen insoweit unwirksam, als sie die Rechte des Grundstückseigentümers aus solchen Vereinbarungen vereiteln oder beeinträchtigen würden. Es kommt dann im Einzelfall darauf an, ob die Veräußerung oder die Belastung oder beide Arten von Verfügungen an die Zustimmung des Grundstückseigentümers gebunden sind, s näher Erl zu § 8 ErbbauRG.

b) des Grundstücks

§ 25
ErbbauRG

Wird das Grundstück zwangsweise versteigert, so bleibt das Erbbaurecht auch dann bestehen, wenn es bei der Feststellung des geringsten Gebots nicht berücksichtigt ist.

1 Die Vorschrift des § 25 ErbbauRG dient dem Schutz des Erbbauberechtigten für den Fall, dass das Erbbaugrundstück zwangsversteigert wird.

Zweck der Vorschrift ist es, das Erbbaurecht während seiner gesamten Laufzeit zu erhalten und damit auch seine Beleihbarkeit zu gewährleisten. Da das Erbbaurecht durch die Zwangsversteigerung des Grundstücks unberührt bleibt, gilt dies erst recht für die Belastungen, die an diesem eingetragen sind (Ingenstau/Hustedt/Bardenhewer § 25 ErbbauRG Rn 3).

Da das Erbbaurecht nach § 10 ErbbauRG in der Regel nur zur ausschließlich ersten Rangstelle bestellt werden darf und diesen Rang auch während der Dauer des Rechts behalten muss, ist es bei der Zwangsversteigerung in das Grundstück regelmäßig ohnehin vom geringsten Gebot gedeckt (§ 44 ZVG). Es ist aber der allerdings seltene Fall möglich, dass infolge einer im Wege der zulässigen Ausnahmen des § 10 Abs 1 S 2 und Abs 2 aus etwa vorgehenden oder gleichrangigen Belastung die Zwangsversteigerung betrieben wird (zB aus der öffentlichen Last des noch zu Lasten des Grundstücks entstandenen Erschließungsbeitrages, § 134 Abs 2 BauGB) oder dass das Erbbaurecht etwa aus Versehen (bei einer Zwangsversteigerung wegen eines nachrangigen Rechts) im geringsten Gebot nicht berücksichtigt worden ist. In diesen Fällen bleibt das Erbbaurecht bestehen. § 25 ErbbauRG bewirkt eine gesetzliche Versteigerungsbedingung dahin, dass es vom Ersteher zu übernehmen ist. 2

Die Vorschrift gilt auch, wenn das Erbbaurecht im Grundbuch zu Unrecht gelöscht ist, danach Dritte gem § 892 BGB gutgläubig ein Verwertungsrecht am Grundstück erworben haben, das Erbbaurecht alsdann in zulässiger Weise (§ 10 ErbbauRG Rn 11) im Range nach den Grundpfandrechten neu eingetragen wurde und aus dem Grundpfandrecht alsdann die Zwangsversteigerung betrieben wird (MünchKommBGB/Weiss § 25 ErbbauRG Rn 2 mwNw). 3

Ein Erlöschen des Erbbaurechts durch den Zuschlag des Grundstücks ist daher nur für den Fall möglich, dass das Erlöschen nach Maßgabe des § 59 ZVG mit Zustimmung aller dadurch in ihren Rechten Beeinträchtigten als Versteigerungsbedingung gesetzt wird (ganz hM, vgl etwa MünchKommBGB/Weiss § 25 ErbbauRG Rn 2; zweifelnd BeckOGK/Toussaint [1. 9. 2025] § 25 ErbbauRG Rn 7.1). 4

Bei einer etwaigen Zwangsverwaltung des belasteten Grundstücks können die Rechte des Erbbauberechtigten nicht weiter beeinträchtigt werden; 25 ErbbauRG ist hierauf nicht anwendbar (Ingenstau/Hustedt/Bardenhewer § 25 ErbbauRG Rn 5). 5

V. Beendigung, Erneuerung, Heimfall

1. Beendigung

a) Aufhebung

§ 26
ErbbauRG

Das Erbbaurecht kann nur mit Zustimmung des Grundstückseigentümers aufgehoben werden. Die Zustimmung ist dem Grundbuchamt oder dem Erbbauberechtigten gegenüber zu erklären; sie ist unwiderruflich.

Systematische Übersicht

Alphabetische Übersicht

I. Überblick

1 Das Erbbaurecht kann auf zwei verschiedene Weisen erlöschen: Durch Zeitablauf oder durch rechtsgeschäftliche Aufhebung. § 26 ErbbauRG behandelt die **freiwillige Beendigung** des Erbbaurechts durch Rechtsgeschäft.

Hierbei betrifft § 26 ErbbauRG nur die **dingliche** Aufhebung des Erbbaurechts. Die Norm knüpft unausgesprochen an § 875 BGB an und ordnet eine über § 875 BGB hinausgehende Voraussetzung an: Die Aufhebung des Erbbaurechts ist nur mit Zustimmung des Grundstückseigentümers möglich. Eine entsprechende Anwendung des § 928 BGB (Aufgabe des Eigentums am Grundstück durch einseitigen Verzicht) ist in § 11 ErbbauRG ausdrücklich ausgeschlossen.

Die Löschung des Erbbaurechts infolge der rechtsgeschäftlichen Aufhebung erfolgt im Grundstücks- und im Erbbaugrundbuch. Maßgebend ist die Löschung im Grundbuch des Grundstücks (vgl § 14 ErbbauRG Rn 5). Mit der Löschung dort wird das Erbbaugrundbuch von Amts wegen geschlossen (§ 16 ErbbauRG).

2 Der dinglichen Aufhebung liegt ein **schuldrechtliches Rechtsgeschäft** zugrunde. Dies stellt keinen Fall des § 1 Abs 4 S 2 ErbbauRG dar (BeckOK-BGB/Maass [1. 11. 2025] § 26 ErbbauRG Rn 2). Der Unterschied zwischen dem schuldrechtlichen Aufhebungsvertrag und der unzulässigen Vereinbarung gem § 1 Abs 4 S 2 ErbbauRG liegt darin, dass die Letztere die Gefahr eines nicht zu kalkulierenden bzw unvorhersehbaren Erlöschens des Erbbaurechts während seiner Laufzeit darstellt. Demgegenüber ist das schuldrechtliche Grundgeschäft zur Aufhebung auf die konkrete und umgehende Beendigung des Erbbaurechtes gerichtet. Ein unzulässiger Schwebezustand wird gerade nicht

geschaffen (Ott notar 2015, 75, 76 li). Auch in der Vereinbarung, dass die Aufhebung erst nach Zahlung erfolgen soll, liegt keine unzulässige Bedingung (Winkler/Schlögel § 5 Rn 197; Ott notar 2015, 75, 76; BeckOK-BGB/Maass [1. 11. 2025] § 26 ErbbauRG Rn 2).

II. Aufgabeerklärung des Erbbauberechtigten

Die rechtsgeschäftliche Aufhebung des Erbbaurechts unterliegt den allgemeinen Vorschriften nach § 875 BGB. Erforderlich ist daher die **Erklärung des Erbbauberechtigten**, dass er das **Recht aufgebe**, und die **Löschung** des Rechts **im Grundbuch** erforderlich. Die **Erklärung des Erbbauberechtigten**, dass er das Erbbaurecht aufgebe, ist ein einseitiges empfangsbedürftiges Rechtsgeschäft abstrakter Natur, auf welches die Vorschriften der §§ 145–157 BGB Anwendung finden. Der Bestand der Erklärung ist unabhängig von dem ihr zugrundeliegenden Kausalgeschäft. Sie ist gegenüber dem Grundbuchamt oder dem Grundstückseigentümer abzugeben. Der Nachweis der dem Grundstückseigentümer gegenüber erklärten Aufgabe des Rechts muss dem Grundbuchamt in der Form des § 29 GBO erbracht werden. 3

III. Zustimmung des Grundstückseigentümers

Abweichend zu § 875 BGB schreibt § 26 ErbbauRG jedoch vor, dass das Erbbaurecht nur mit **Zustimmung** des **Grundstückseigentümers** aufgehoben werden kann. Die Zustimmung ist gegenüber dem Erbbauberechtigten oder gegenüber dem Grundbuchamt zu erklären, § 26 S 2 ErbbauRG. 4

Zweck dieses Zustimmungserfordernisses ist es, dass der Grundstückseigentümer ein Interesse an dem Fortbestand des Erbbaurechtes haben kann, zB zum Bezug der Erbbauzinsen. Der identische Rechtsgedanke tritt auch in § 1183 BGB auf, wo das Anwartschaftsrecht auf ein künftiges Eigentümerrecht gesichert wird.

Eine Verpflichtung des Grundstückseigentümers, der Aufhebung des Erbbaurechtes zuzustimmen, besteht nur, wenn ein entsprechendes schuldrechtliches Kausalgeschäft abgeschlossen wurde. Die Zustimmung kann auch nicht im Verfahren nach § 7 Abs 3 ErbbauRG ersetzt werden (Winkler/Schlögel § 5 Rn 199; Ott notar 2015, 75, 77 li).

Auch die Zustimmung des Grundstückseigentümers ist eine **einseitige, empfangsbedürftige Willenserklärung**, die den Vorschriften der §§ 104 ff, 158 ff BGB unterliegt. 5

Sie ist materiell-rechtlich an keine **Form** gebunden, somit im Zeitpunkt ihres Eingangs beim Grundbuchamt oder beim Erbbauberechtigten wirksam, § 26 S 2 ErbbauRG. Die Zustimmung ist keine Verfügung gem § 1850 Nr 1 BGB (vgl auch § 5 ErbbauRG Rn 31; **aA** Lemke/Czub § 26 ErbbauRG Rn 5). Formell-rechtlich ist die Zustimmung jedoch in der Form des § 29 GBO abzugeben, also dem Grundbuchamt durch öffentliche oder öffentlich beglaubigte Urkunden nachzuweisen. Die Zustimmung kann durch ein aufgrund des Kausalgeschäfts erwirktes Urteil des Erbbauberechtigten gegen den Grundstückseigentümer ersetzt werden (§ 894 ZPO, aber nicht nach § 7 ErbbauRG).

Die Zustimmung ist **unwiderruflich**, auch wenn sie zunächst formlos erklärt ist, § 26 S 2 HS 2 ErbbauRG. Sie kann der Aufgabeerklärung vorausgehen – § 26 ErbbauRG ist insoweit eine von § 183 S 1 BGB abweichende Sondervorschrift – oder nachfolgen. Ist sie erklärt, so wird sie von später eingetretenen Verfügungsbeschränkungen nicht berührt. Sie gilt auch gegenüber einem Rechtsnachfolger des Erbbauberechtigten.

6 Eine Zustimmung des bloßen Bucheigentümers des mit dem Erbbaurecht belasteten Grundstücks ist als Verzicht auf die Rechte des Eigentümers aus dem Erbbaurecht zugunsten des Erbbauberechtigten gem § 893 BGB wirksam.

IV. Zustimmung dinglich Berechtigter

7 Soweit dingliche Rechte Dritter am Erbbaurecht lasten, bedarf es zur Aufhebung des Erbbaurechts auch der **Zustimmung dieser Berechtigten**. Dies ergibt sich aus § 876 S 1 BGB.

Die Zustimmung eines Drittberechtigten ist jedoch nicht erforderlich, wenn dieser durch die Aufhebung des Erbbaurechtes nicht in seinen Rechten beeinträchtigt werden kann. Dies ist dann anzunehmen, wenn das Recht des Drittberechtigten bereits inhaltsgleich und ranggleich wie am Erbbaurecht am Erbbaugrundstück eingetragen ist oder gleichzeitig mit Aufhebung des Erbbaurechtes dort eingetragen wird; bezüglich des Ranges am Erbbaugrundstück ist darauf abzustellen, dass das Erbbaurecht dort gelöscht wird (Staudinger/C Heinze [2025] § 876 BGB Rn 15b; kritisch hierzu Ott notar 2015, 75, 77 f). Ist dagegen eine Vormerkung am Erbbaurecht eingetragen, so ist die Zustimmung des Vormerkungsberechtigten in jedem Falle zur Aufhebung erforderlich. Die Neueintragung einer Vormerkung am Grundstück macht die Zustimmung nicht entbehrlich; das Grundstück ist ein anderer Vertragsgegenstand als das Erbbaurecht (vgl Staudinger/C Heinze [2025] § 876 BGB Rn 15 ff).

8 Steht das dingliche Recht dem jeweiligen Eigentümer eines anderen Grundstücks zu, etwa bei einer Grunddienstbarkeit, und ist dieses Grundstück mit dem Recht eines Dritten belastet, bedarf nach § 876 S 2 BGB die Aufhebung des Erbbaurechtes auch der Zustimmung des Dritten, es sei denn, dass dessen Recht durch die Aufhebung nicht berührt wird. Dies ist insbesondere bei Grundpfandrechten der Fall.

Die Werthaltigkeit des Grundpfandrechtes wird durch das Erlöschen der Grunddienstbarkeit beeinträchtigt. Es ist kein Unterschied zu erkennen zu dem Sachverhalt, dass vom belasteten Grundstück eine Teilfläche weggemessen und lastenfrei veräußert werden soll (BGH 14. 6. 1984 – V ZB 32/82, BGHZ 91, 343, 346 f; BayObLG 18. 8. 1994 – 2 Z BR 30/94, DNotZ 1995, 607, 608; Staudinger/C Heinze [2025] § 876 BGB Rn 20 f; **aA** für Zustimmungsfreiheit: Ott notar 2015, 75, 79 li; in diesem Sinne auch OLG Brandenburg 4. 4. 2013 – 5 W 47/13, MittBayNot 2013, 482; BayObLG DNotZ 1985, 372). Mit der Aufhebung des Erbbaurechtes entfällt die Haftungsgrundlage für diese Rechte, weshalb für die Aufhebung und Löschung des Erbbaurechtes die Zustimmung der Rechtsinhaber erforderlich ist. Die Rechte setzen sich nicht von allein am Grundstück fort. § 12 Abs 3 ErbbauRG gilt hierfür weder direkt noch entsprechend (BayObLG 15. 12. 1983 – BReg 2 Z 110/83, DNotZ 1985, 372, 373).

V. Schuldrechtliches Kausalgeschäft

Für das **schuldrechtliche Kausalgeschäft** (Vertrag über die Aufhebung des Erbbaurechts zwischen Erbbauberechtigten und Grundstückseigentümer) gilt § 26 ErbbauRG nicht. Es handelt sich hier um einen Vertrag, welcher der Form des § 311b Abs 1 BGB bedarf (vgl § 11 ErbbauRG Rn 48; OLG Frankfurt HEZ 1, 28; Ott notar 2015, 75 re; Winkler/Schlögel § 5 Rn 196). 9

Der durch das schuldrechtliche Rechtsgeschäft begründete Anspruch auf Aufhebung des Erbbaurechtes ist durch Vormerkung gem § 883 BGB sicherbar, die im jedenfalls im Grundstücksgrundbuch einzutragen ist, aber zusätzlich im Erbbaugrundbuch eingetragen werden kann (vgl Ott notar 2015, 75, 76; Winkler/Schlögel § 5 Rn 197).

VI. Miet- und Pachtverträge

Auf **Miet- und Pachtverträge**, die der Erbbauberechtigte abgeschlossen hat, finden die im Fall der Übertragung des Eigentums geltenden Vorschriften entsprechende Anwendung. Miet- oder Pachtverträge bleiben demnach grundsätzlich mit der Maßgabe in Kraft, dass an die Stelle des Erbbauberechtigten der Grundstückseigentümer in das Miet- bzw Pachtverhältnis eintritt. S § 30 Abs 1 ErbbauRG. 10

VII. Bestandteile des Erbbaurechtes

Zur Frage, ob § 34 ErbbauRG, wonach der Erbbauberechtigte nicht berechtigt ist, beim Erlöschen des Erbbaurechts das Bauwerk wegzunehmen oder sich Teile des Bauwerks anzueignen, auch auf den Fall des § 26 ErbbauRG anzuwenden ist, s § 34 ErbbauRG Rn 3. Die Bestandteile des Erbbaurechts, wozu auch das Bauwerk gehört, werden nach § 12 Abs 3 ErbbauRG mit dem Erlöschen des Erbbaurechts Bestandteile des Grundstücks. 11

VIII. Entschädigung des Erbbauberechtigten

Über eine Entschädigung des Erbbauberechtigten für das Bauwerk sagt § 26 ErbbauRG nichts. Es bleibt Sache der Beteiligten, schon vorher für diesen Fall oder bei der Aufhebung selbst hierüber etwas zu vereinbaren (vgl § 34 ErbbauRG Rn 6). § 27 ErbbauRG betrifft lediglich das Erlöschen des Erbbaurechts durch Zeitablauf und kann nicht entsprechend auf die Fälle des § 26 ErbbauRG angewendet werden. 12

b) Zeitablauf

§ 27
ErbbauRG

(1) Erlischt das Erbbaurecht durch Zeitablauf, so hat der Grundstückseigentümer dem Erbbauberechtigten eine Entschädigung für das Bauwerk zu leisten. Als Inhalt

des Erbbaurechts können Vereinbarungen über die Höhe der Entschädigung und die Art ihrer Zahlung sowie über ihre Ausschließung getroffen werden.

(2) Ist das Erbbaurecht zur Befriedigung des Wohnbedürfnisses minderbemittelter Bevölkerungskreise bestellt, so muß die Entschädigung mindestens zwei Dritteile des gemeinen Wertes betragen, den das Bauwerk bei Ablauf des Erbbaurechts hat. Auf eine abweichende Vereinbarung kann sich der Grundstückseigentümer nicht berufen.

(3) Der Grundstückseigentümer kann seine Verpflichtung zur Zahlung der Entschädigung dadurch abwenden, daß er dem Erbbauberechtigten das Erbbaurecht vor dessen Ablauf für die voraussichtliche Standdauer des Bauwerks verlängert; lehnt der Erbbauberechtigte die Verlängerung ab, so erlischt der Anspruch auf Entschädigung. Das Erbbaurecht kann zur Abwendung der Entschädigungspflicht wiederholt verlängert werden.

(4) Vor Eintritt der Fälligkeit kann der Anspruch auf Entschädigung nicht abgetreten werden.

Systematische Übersicht

Alphabetische Übersicht

I. Überblick

1 Die §§ 27–30 ErbbauRG (zu § 30 ErbbauRG und seiner Anwendbarkeit auf die Beendigung nach § 26 ErbbauRG s § 30 ErbbauRG Rn 1) behandeln die **Beendigung** des Erbbaurechts durch **Zeitablauf**, gehen also von dem Fall aus, dass für die Dauer des Erbbaurechts eine bestimmte Zeitgrenze vereinbart ist, die nach einem bestimmten Kalendertag benannt oder durch Angabe einer gewissen Zahl von Jahren festgelegt werden kann.

2 § 27 ErbbauRG ordnet in Abs 1 S 1 eine Entschädigungspflicht des Grundstückseigentümers gegenüber dem bisherigen Erbbauberechtigten für das Grundstück an. Dass hierüber Vereinbarungen als Inhalt des Erbbaurechts getroffen werden können, normiert Abs 1 S 2. Dieser Gestaltungsfreiheit setzt Abs 2 wiederum Grenzen, wenn das Erbbaurecht zur Befriedigung der Wohnbedürfnisse minderbemittelter Bevölkerungskreise bestellt ist.

Abs 1 und Abs 2 ähneln in ihrer Struktur stark § 32 Abs 1, Abs 2 ErbbauRG, der einen Vergütungsanspruch des (bisherigen) Erbbauberechtigten beim Heimfall vorsieht.

Abs 3 bietet dem Grundstückseigentümer die Möglichkeit, die Entschädigungspflicht durch das Angebot einer Verlängerung des Erbbaurechts abzuwenden. Besondere Herausforderungen stellen sich insoweit bei Wohnungs- und Teilerbbaurechten.

Abs 4 regelt die Nichtabtretbarkeit der Entschädigungsforderung vor Fälligkeit.

II. Erlöschen von Gesetzes wegen, Grundbuchberichtigung

3 Das Erbbaurecht **erlischt** ohne Weiteres mit dem Ablauf des **Endtermins**. Es bedarf also nicht noch einer gesonderten Erklärung, dass es aufgegeben werde. Das Eigentum am Bauwerk geht kraft Gesetzes (§ 12 Abs 3 ErbbauRG) auf den Grundstückseigentümer über. Eine Einigung und eine Übergabe sowie eine Grundbucheintragung gem § 873 BGB sind nicht erforderlich.

Die **dinglichen Rechte**, die auf dem Erbbaurecht lasten, gehen mit dem Endtermin des Erbbaurechts unter, da in diesem Zeitpunkt das Erbbaurecht selbst, ihre Grundlage, erlischt. Durch § 29 ErbbauRG werden aber nur den dort genannten Realgläubigern zum Ersatz noch Rechte an der Entschädigungsforderung des Erbbauberechtigten eingeräumt und zwar im Wege einer dinglichen Surrogation (OLG Hamm DNotZ 2007, 751).

Diese Grundsätze gelten auch, wenn das Erbbaurecht gem § 30 WEG in Wohnungs- bzw Teilerbbaurechte aufgeteilt ist (Schneider ZfIR 2018, 593 li).

4 Ist der Zeitraum abgelaufen, so wird das **Grundbuch** (und zwar sowohl das Grundbuch des Grundstücks wie das des Erbbaurechts), das das Bestehen des Erbbaurechts noch ausweist, **unrichtig**. Damit besteht ein Grundbuchberichtigungsanspruch gem § 894 BGB des Grundstückseigentümers gegen den noch als solchen eingetragenen Erbbauberechtigten.

Die Berichtigung des Grundbuchs kann auf zwei verschiedene Weisen erfolgen:

Am problemlosesten ist die Grundbuchberichtigung durch Löschung des Erbbaurechtes dann, wenn sie vom Erbbauberechtigten bedingungslos, dh ohne Berücksichtigung der Entschädigungsforderung gem § 28 ErbbauRG, gem §§ 19, 29 GBO bewilligt wird, sog **Berichtigungsbewilligung**. Ist das Erbbaurecht noch mit Grundpfandrechten oder Reallasten belastet, so bedarf es zu dieser Löschung zusätzlich noch im Hinblick auf § 29 ErbbauRG der Zustimmung dieser Berechtigten gem § 876 BGB (BGH 11. 4. 2013 – V ZB 109/12, BGHZ 197, 140 Rn 13). 5

Da sich die Laufzeit des Erbbaurechtes aus öffentlichen Urkunden ergibt, ist auch eine **Grundbuchberichtigung gem § 22 GBO** ohne Berichtigungsbewilligung des bisherigen Erbbauberechtigten möglich (KG MittBayNot 2019, 341). 6

Dabei muss aber das Grundbuch insgesamt richtig werden (Winkler MittBayNot 2019, 147). Die ersatzlose Löschung des Erbbaurechtes führt nämlich zu einer neuen Grundbuchunrichtigkeit:

Denn im Wege der dinglichen Surrogation tritt an die Stelle des bisherigen Erbbaurechts die Entschädigungsforderung des Erbbauberechtigten gem § 28 ErbbauRG. Wiederum im Wege einer dinglichen Surrogation steht den bisherigen Grundpfandrechtsgläubigern und Reallastberechtigten an dieser Entschädigungsforderung ein Pfandrecht gem § 29 ErbbauRG zu. Dieser sachliche Zusammenhang zwischen Erlöschen des Erbbaurechtes und dinglichen Surrogationen schließt es jedoch aus, dass durch eine Grundbuchberichtigung – Löschung des Erbbaurechtes – eine neue Grundbuchunrichtigkeit – lastenfreies Grundstück ohne Verlautbarung einer Entschädigungsforderung – erzeugt wird (BGH 11. 4. 2013 – V ZB 109/12, BGHZ 197, 140 Rn 14, 16 ff; OLG München MittBayNot 2019, 144 Rn 20; KG 20. 12. 2021 – 1 W 295/21 DNotZ 2022, 618; Lemke/Czub § 27 ErbbauRG Rn 5; Erman/Grziwotz § 29 ErbbauRG Rn 4; Winkler/Schlögel § 5 Rn 209, 236 ff; Böttcher Rn 760). Damit würde zu Lasten des bisherigen Erbbauberechtigten das Risiko heraufbeschworen, dass nach Löschung des Erbbaurechtes der Grundstückseigentümer über das Grundstück verfügt und Dritte gem § 892 BGB gutgläubig Rechte am Grundstück mit Rang vor der Entschädigungsforderung erwerben würden (BGH 11. 4. 2013 – V ZB 109/12, BGHZ 197, 140 Rn 17). Da die Entschädigungsforderung auch unbeziffert in das Grundbuch eingetragen werden kann (§ 28 ErbbauRG Rn 6; BGHZ 197, 140 Rn 18) wird auf diesem Wege problemlos die aktuelle Rechtslage im Grundbuch publiziert. Durch die gleichzeitige allseitige Grundbuchberichtigung wird eine „optimale Grundbuchpublizität" (Maass DNotZ 2007, 754) erzielt. Darüber hinaus sind Ansprüche, die sich nach § 29 ErbbauRG an der Entschädigungsforderung fortsetzen, als Vermerk bei dieser einzutragen (KG 20. 12. 2021 – 1 W 295/21 DNotZ 2022, 618; vgl § 28 ErbbauRG Rn 6).

III. Entschädigung für das Bauwerk

1. Zweck des Entschädigungsanspruchs

Im Gegensatz zum früheren Recht (§ 1012 BGB aF) hat der Eigentümer dem Erbbauberechtigten beim Erlöschen des Erbbaurechts durch Zeitablauf eine Entschädigung zu leisten. Durch die Zubilligung einer Entschädigung wird der Erbbauberechtigte 7 veranlasst, das Bauwerk ordnungsgemäß zu unterhalten, da sich ja die Höhe der Entschädigung nach dem Wert des Bauwerks im Zeitpunkt der Beendigung des Erbbaurechts richtet. Die Vorschriften über die Entschädigung dienen daher allen Beteiligten.

2. Entschädigung für das Bauwerk (Abs 1 S 1)

8 Gem § 27 Abs 1 S 1 ErbbauRG hat der Grundstückseigentümer dem (bisherigen) Erbbauberechtigten bei Erlöschen des Erbbaurechts eine Entschädigung für das Bauwerk zu leisten. Die Formulierung unterscheidet sich insoweit von § 32 Abs 1 S 1 ErbbauRG, der beim Heimfall eine „angemessene Vergütung für das Erbbaurecht" anordnet. Der Anspruch aus § 27 Abs 1 S 1 ErbbauRG ist unverjährbar (Winkler MittBayNot 2019, 149).

9 Die Entschädigung ist für **Bauwerke** zu leisten, die in Ausübung des Erbbaurechtes errichtet wurden und bei Erlöschen gemäß § 12 Abs 3 ErbbauRG Bestandteil des Grundstücks werden (wegen der Gesetzeslücken hinsichtlich der Entschädigung für Bäume, Sträucher usw vgl Winkler/Schlögel § 5 Rn 212).

Nach dem eindeutigen Wortlaut des § 27 ErbbauRG besteht die Entschädigungspflicht des Eigentümers des Grundstücks ohne Rücksicht auf den Zeitpunkt der Errichtung des Bauwerks. Der Grundstückseigentümer, der ein Erbbaurecht mit bereits vorhandenem Bauwerk bestellt, wird in der Regel über diesen Mehrwert des Rechts besondere Abmachungen treffen oder die Entschädigungspflicht vertraglich ausschließen (vgl Ingenstau/Hustedt/Bardenhewer § 27 ErbbauRG Rn 3). Regelmäßig beeinflusst der Wert eines vorhandenen Gebäudes die Höhe des Erbbauzinses.

10 Nähere Anhaltspunkte über die **Berechnung der Entschädigung** gibt das Gesetz nicht. Man wird vom **Verkehrswert** ausgehen müssen, zumal dieser auch nach Abs 2 maßgebend ist (BGH 23. 11. 2018 – V ZR 33/18, DNotZ 2019, 627 Rn 16). Dabei wird der Wert des Gebäudes unter Berücksichtigung seiner Abnutzung maßgebend sein (vgl BGH NJW 1981, 1045; Brückner/Noack NJW 1971, 736; BGH Betrieb 1975, 685). Der steuerliche Einheitswert ist nicht maßgebend. Auch der Ertragswert kann nur bei solchen Gebäuden herangezogen werden, bei denen der Ertragswert auch zur Ermittlung des Verkehrswertes zugrunde gelegt wird, zB bei Häusern, die zur Vermietung bestimmt sind. Bei Ein- oder Zweifamilienhäusern, sowie bei gewerblichen Bauten, die üblicherweise nicht vermietet werden, kann die Wertermittlung nur nach dem Sachwertverfahren erfolgen.

11 **Berechtigt** die Entschädigung zu verlangen, ist der Erbbauberechtigte zur Zeit der Beendigung des Erbbaurechts (oder derjenige, dem die Entschädigungsforderung rechtswirksam abgetreten wurde, vgl Rn 37).

12 **Verpflichtet** ist der Grundstückseigentümer zur Zeit des Erlöschens des Erbbaurechts, und zwar persönlich (Winkler MittBayNot 2019, 149). Außerdem besteht hierfür die Haftung des Grundstücks nach § 28 ErbbauRG. Dabei unterliegt die persönliche Haftung der dreijährigen Regelverjährung gem §§ 195, 199 BGB, während der dingliche Anspruch auf Duldung der Zwangsvollstreckung aus der „Reallast" gem § 902 Abs 1 S 1 BGB unverjährbar ist (Winkler MittBayNot 2019, 149).

Sind Grundstückseigentümer und Erbbauberechtigter personengleich und ist das Erbbaurecht durch Zeitablauf erloschen, so führt dies nicht zum Erlöschen des Entschädigungsanspruchs. Nach § 889 BGB entsteht dieser vielmehr zulasten des Grundstücks. Zur Löschung und Schließung des Erbbaugrundbuchs ist eine öffentlich beglaubigte Löschungsbewilligung zusammen mit einem Löschungsantrag erforderlich (DNotI-Rep vom 3. 9. 2019 vhc-vs 172855-u-r-f).

Erlischt ein Gesamterbbaurecht durch Zeitablauf schulden die einzelnen Grundstückseigentümer die Entschädigung (auch im Außenverhältnis begrenzt) nur hinsichtlich der Bauwerke, deren Eigentümer sie werden (hierzu § 12 ErbbauRG Rn 17).

3. Vereinbarungen (Abs 1 S 2, Abs 2)

a) Inhaltsvereinbarung (Abs 1 S 2)

Die Beteiligten können **vertragsmäßig** schon bei der Bestellung des Erbbaurechts oder auch später über die Höhe der Entschädigung oder die Art ihrer Zahlung (zB Fälligkeitsregelung, Ratenzahlung, Einmalzahlung – abgezinst zu Beginn, Wertsicherung, s Meusel ErbbauZ 2020, 12) Bestimmungen treffen oder die Entschädigungspflicht ganz ausschließen (§ 27 Abs 1 S 2 ErbbauRG). Ein solcher Ausschluss bzw eine solche Minderung bedarf als Inhaltsbestimmung des Erbbaurechtes der Eintragung im Grundbuch (Böttcher Rn 754b), wobei eine Bezugnahme gem § 14 Abs 1 S 3 ErbbauRG zulässig ist (KG ErbbauZ 2020, 91 Rn 19). Vereinbarungen nach Abs 1 gehören unmittelbar zum Inhalt des Erbbaurechts. Sie wirken gegenüber den Rechtsnachfolgern. **13**

Wird bei einem Erbbaurecht mit Entschädigungsanspruch gem § 27 Abs 1 S 1 ErbbauRG nachträglich derselbe ausgeschlossen, so stellt dies eine Inhaltsänderung des Erbbaurechtes gem § 11 Abs 1 ErbbauRG, 877 BGB dar. Die Inhaltsänderung ist bei Grundpfandrechten und Reallasten, die bereits beim Erbbaurecht im Zeitpunkt der Inhaltsänderung eingetragen sind, nur wirksam, wenn diese gem §§ 877, 876 BGB zustimmen. Die Notwendigkeit dieser Zustimmung ergibt sich aus § 29 ErbbauRG, da die Inhaltsänderung zur Folge hat, dass die bereits bestehenden Gläubiger kein Pfandrecht an der Entschädigungsforderung gem § 29 ErbbauRG erhalten, da es eine solche nicht mehr gibt (Erman/Grziwotz § 27 ErbbauRG Rn 3; DNotI-Report 2012, 197, 198 li). Dienstbarkeitsberechtigte können von einer solchen Inhaltsänderung nicht im Sinne von § 19 GBO betroffen sein; eine Zustimmungspflicht entfällt deshalb. Dies gilt auch für einen dinglich Vorkaufsberechtigten auch wenn dieser bei Ausübung seines Vorkaufsrechtes am Erbbaurecht ein solches ohne einen Entschädigungsanspruch erhält. Dies wurde jedoch von den Vertragsteilen bei der Bemessung des Kaufpreises berücksichtigt. Insoweit kann auch der Vorkaufsberechtigte nicht betroffen sein (**aA** DNotI-Report 2012, 197, 199 re, 200 li). **14**

Nachdem der Anspruch auf Entschädigung grds auch völlig ausgeschlossen werden kann, kann vertraglich auch mit dinglicher Wirkung vereinbart werden, dass der Entschädigungsanspruch abweichend von § 28 ErbbauRG **Rang nach anderen Rechten** hat (§ 28 ErbbauRG Rn 7 ff). **15**

Von Bedeutung ist dies insbesondere für die Sicherung der Fortbestandes von Rechten, die bereits bei Begründung des Erbbaurechtes bestanden haben und deren Berechtigte im Range hinter das Erbbaurecht zurückgetreten sind, um die Rechtsentstehung gem § 10 Abs 1 ErbbauRG überhaupt zu ermöglichen (§ 10 ErbbauRG Rn 22 ff).

16 Ob ein Ausschluss des Entschädigungsanspruchs auch durch **allgemeine Geschäftsbedingungen** (gleichzustellen sind vorformulierte Vertragsbedingungen, auch nur bei einmaliger Verwendung, gem § 310 Abs 3 Nr 2 BGB) vereinbart werden kann, ist umstritten.

Teilweise wird dies unter Berufung auf eine Leitbildfunktion des Entschädigungsanspruchs iSv § 307 Abs 2 Nr 1 BGB abgelehnt (Boemke/Purmann NJW 2010, 2983, 2987; weitere Nachweise bei BGH 23. 11. 2018 – V ZR 33/18, DNotZ 2019, 627 Rn 14). Der BGH hat die Frage offengelassen (BGH 23. 11. 2018 – V ZR 33/18, DNotZ 2019, 627 Rn 14).

Richtigerweise kann der Ausschluss der Entschädigungsforderung auch durch AGB erfolgen (so auch etwa MünchKommBGB/Weiss § 27 ErbbauRG Rn 10; BeckOK-BGB/Maass [1. 11. 2025] § 27 ErbbauRG Rn 5, jew mwNw; Ott notar 2015, 75, 80). Hierfür spricht Folgendes:

§ 27 Abs 1 S 2 ErbbauRG lässt den Ausschluss des Entschädigungsanspruchs (von der Ausnahme des § 27 Abs 2 ErbbauRG abgesehen) ohne jeden Vorbehalt zu. Damit kann eine solche Öffnungsklausel keine unbillige Benachteiligung iSv § 307 BGB darstellen. Damit werden Interessenlagen erfasst, die es als nicht unbillig erscheinen lassen, den Entschädigungsanspruch auszuschließen. Man denke daran, dass ein Erbbaurecht an einem bebauten Grundstück schenkweise eingeräumt wurde. Oder daran, dass ein Erbbaurecht für einen bestimmten industriellen Zweck bestellt wurde von dem anzunehmen ist, dass er mit der fortschreitenden technologischen Entwicklung bei Beendigung der Laufzeit des Erbbaurechtes keine Bedeutung mehr haben wird und der Grundstückseigentümer deshalb das Grundstück für einen Zweck nutzen möchte, der den dann aktuellen Bedürfnissen entspricht. Auf diese Weise kann das Institut des Erbbaurechtes zum volkswirtschaftlichen Fortschritt und zur Modernisierung der Wirtschaft beitragen. Der Ausschluss einer Entschädigung ist auch typischer Weise bei solchen Bauwerken interessengerecht, die bei Zeitablauf keine oder nur eine geringe Marktgängigkeit haben, wie zB Schwimmbecken, Sportstätten, Schulen und auch Verbrauchermärkte (Amann MittBayNot 2019, 539 Fn 7). Gar nicht selten anzutreffen ist der Fall, dass der Ausschluss der Entschädigung die Kompensation für einen unter dem marktüblichen Niveau liegenden Erbbauzins ist (Meusel ErbbauZ 2020, 15; Winkler/Schlögel § 5 Rn 214). Die Folge davon ist, dass es eine gesetzliche Leitbildfunktion gem § 307 Abs 2 Nr 1 BGB bezüglich eines Entschädigungsanspruchs nicht gibt (bzgl einer Leitbildfunktion zweifelnd auch Krauss notar 2020, 259). Die Missbrauchsgrenze sowohl für den Individualvertrag als auch für den Fall der Verwendung allgemeiner Geschäftsbedingungen stellt das Gesetz selbst in § 27 Abs 2 ErbbauRG auf. Der Verweis auf § 951 Abs 1 S 1 BGB (Boemke/Purmann NJW 2010, 2983, 2985 re) ist nicht zielführend, da das Gesetz dort, im Gegensatz zu § 27 Abs 1 S 2 ErbbauRG, den Ausschluss einer Entschädigungsforderung gerade nicht vorsieht.

b) Wohnbedürfnisse „minderbemittelter Bevölkerungskreise“ (Abs 2)

17 In den Fällen, in denen das Erbbaurecht zur Befriedigung der Wohnbedürfnisse **minderbemittelter Bevölkerungskreise** bestellt ist, schränkt Abs 2 die durch Abs 1 S 2 eröffnete Gestaltungsmöglichkeit ein:

Die Entschädigung muss mindestens zwei Drittel des Verkehrswertes betragen, den das Bauwerk bei Ablauf des Erbbaurechts hat. Eine entgegenstehende Vereinbarung ist absolut nichtig; sie kann auch nicht im Grundbuch eingetragen werden (Ingenstau/Hustedt/Bardenhewer § 27 ErbbauRG Rn 19). Ein Verstoß gegen § 27 Abs 2 ErbbauRG berührt den übrigen Vertragsinhalt nicht (BGB-RGRK/Räfle § 27 ErbbauRG Rn 11).

Die Regelung des Abs 2 gilt auch dann, wenn der Grundstückseigentümer das Bauwerk selbst errichtet hat (MünchKommBGB/Weiss § 27 ErbbauRG Rn 12; **aA** Grüneberg/Wicke § 27 ErbbauRG Rn 3, wenn das Bauwerk dem Erbbauberechtigten kostenlos überlassen wurde). Der Wortlaut der Norm differenziert nicht und für eine teleologische Reduktion sind keine überzeugenden Gründe ersichtlich.

§ 27 Abs 2 ErbbauRG ist seinem Zweck entsprechend auch auf rein schuldrechtliche Vereinbarungen anzuwenden (Winkler/Schlögel § 5 Rn 217).

Der Begriff **„minderbemittelte Bevölkerungskreise"** deckt sich nicht mit dem Begriff „sozialer = öffentlich geförderter Wohnungsbau" (vgl KG Rpfleger 1981, 108; LG Frankfurt DNotZ 1969, 299; **aA** Ingenstau/Hustedt/Bardenhewer § 27 ErbbauRG Rn 18). Es kommt auf die tatsächlichen Umstände bei der Erbbaurechtsbestellung an (vgl MünchKommBGB/Weiss § 27 ErbbauRG Rn 11). Als minderbemittelt kann wohl nur jemand gelten, dessen Einkommen unter dem Durchschnittseinkommen der Angestellten in Industrie und Handel liegt. Gehört es zu den gesetzlichen oder satzungsmäßigen Aufgaben des Erbbaurechtsausgebers, öffentlich geförderten Wohnraum zu erstellen, so ist dies ein kaum widerlegbares Indiz für die Anwendbarkeit des § 27 Abs 2 ErbbauRG. 18

Ob der Erbbauberechtigte selbst unter den begünstigten Personenkreis fällt oder die Wohnung an solche begünstigte Personen vermietet hat, spielt keine Rolle. Entscheidend ist vielmehr, dass das Erbbaurecht im Zeitpunkt seiner Bestellung als Wohnung für solche Personen vorgesehen war. Dabei muss diese Zweckbestimmung nicht als Inhalt nach § 2 ErbbauRG vereinbart worden sein. Es genügt der beabsichtigte Zweck als Geschäftsgrundlage. Wird die Durchführung dieser Zweckbestimmung im Laufe der Erbbaurechtszeit nachhaltig – nicht nur vorübergehend – aufgegeben und befinden sich bei Zeitablauf keine minderbemittelten Personen mehr im Gebäude, so entfällt die Anwendung von Abs 2 gleichwohl nicht. Der Wortlaut des Abs 2 ist eindeutig: Es kommt nur auf die Situation zum Zeitpunkt der Bestellung an. Soll die Entschädigungspflicht später geändert oder ausgeschlossen werden, so bedarf dies einer Vereinbarung zwischen dem Eigentümer und dem Erbbauberechtigten, die gegen einen Rechtsnachfolger nur bei Eintragung wirkt.

IV. Verlängerung des Erbbaurechts (Abs 3)

1. Grundsätzliche Verlängerungsmöglichkeit

Von § 27 Abs 3 ErbbauRG wird die Selbstverständlichkeit vorausgesetzt, dass ein Erbbaurecht verlängert werden kann. Den Beteiligten ist es unbenommen, im Wege freier Vereinbarung das Erbbaurecht über die ursprünglich gesteckte Zeitspanne hinaus zu erstrecken. Materiell-rechtlich ist eine derartige Ausdehnung der Dauer des Erbbaurechts als eine **Änderung des Inhalts** des Erbbaurechts aufzufassen. 19

Erforderlich ist daher **Einigung und Eintragung** sowie die Erteilung etwaiger Genehmigungen, die zu einer Neubestellung erforderlich sind (Wilsch ErbbauZ 2021, 11 re). Die Einigung muss nach § 20 GBO dem Grundbuchamt in der Form des § 29 GBO nachgewiesen sein, eine einseitige Eintragungsbewilligung des Eigentümers genügt nicht. Steht das Erbbaurecht mehreren Personen zu, gleichgültig in welcher Rechtsform, so kommt eine Verlängerung des Erbbaurechtes nur in Betracht, wenn alle Erbbauberechtigten zustimmen; dies gilt auch, wenn es sich um ein Wohnungserbbaurecht handelt (Weber ZWE 2019, 251 re).

Eine Verlängerung des Erbbaurechts ist nur **vor** seinem Zeitablauf möglich, dh die Verlängerung muss im Grundbuch vor dem Zeitpunkt des Zeitablaufs eingetragen sein (vgl BGH NJW 1981, 1045). Der schuldrechtliche Anspruch auf Verlängerung des Erbbaurechtes kann auch durch Vormerkung gem § 883 BGB (einzutragen ins Grundstücksgrundbuch) gesichert werden.

20 Diejenigen, welche dingliche Rechte am Erbbaurecht haben, müssen ihre Zustimmung zur Änderung geben, es sei denn, ihr Recht wird durch die Änderung nicht berührt (§ 876 BGB). Eine solche Betroffenheit dürfte durch eine reine Verlängerung des Erbbaurechtes ohne weitere Änderungen (zB Änderung der Nutzungsmöglichkeit) nur in Ausnahmefällen anzunehmen sein (Wilsch ErbbauZ 2021, 11 li; Erman/Grziwotz § 27 ErbbauRG Rn 5: Bei Erbbauberechtigten stets zustimmungsfrei).

Für **Drittberechtigte am Erbbaurechtsgrundstück** wirkt sich jedoch die Verlängerung wie eine Neubestellung aus (Wilsch ErbbauZ 2021, 11 li). Sie verhindert das Erlöschen des Erbbaurechtes und nachfolgend auch der Entschädigungsforderung und damit das Aufrücken im Range von anderen Berechtigten am Grundstück. Die **Zustimmung** dieser Drittberechtigten am Erbbaurechtsgrundstück zur Verlängerung ist deshalb erforderlich (Erman/Grziwotz § 27 ErbbauRG Rn 5).

Besteht zugunsten des jeweiligen Berechtigten des Erbbaurechtes ein **subjektiv-dingliches** Recht gem § 96 BGB (zB eine Grunddienstbarkeit) so ist zur Verlängerung des Erbbaurechtes auch die Zustimmung des Eigentümers des mit dem subjektiv-dinglichen Recht belasteten Grundstücks erforderlich. Die Verlängerung hat nämlich zur Folge, dass sich auch der Bestand des subjektiv-dinglichen Rechtes über die ursprünglich vereinbarte Laufzeit des Erbbaurechts hinaus verlängert, was einer Neubelastung des Grundstücks gleich kommt (**aA** DNotI Fax-Pool Gutachten v 3. 8. 2010 kl-as 104747-f).

21 Bedarf die Bestellung eines Erbbaurechtes zugunsten einer kommunalen Gebietskörperschaft nach den Grundsätzen des BGH-Urteils 22. 1. 2016 – V ZR 27/14 = DNotZ 2016, 375 einer kommunalaufsichtlichen Genehmigung wegen der darin im Hinblick auf die Verpflichtung zur Zahlung des Erbbauzinses zu sehenden Kreditaufnahme, so ist auch die Verlängerung des Erbbaurechtsvertrages mit der einhergehenden Verlängerung der Verpflichtung zur Zahlung des Erbbauzinses kommunalaufsichtlich genehmigungspflichtig (Wilsch ErbbauZ 2020, 171 li).

22 Wird ein Erbbaurecht gegen Vereinbarung eines Erbbauzinses verlängert, ist grunderwerbsteuerrechtliche Bemessungsgrundlage der kapitalisierte Erbbauzins für die Verlängerungszeit (BFH 23. 4. 2020 – II B 80/19, ErbbauZ 2020 185 Rn 9 f).

2. Verlängerungsangebot nach Abs 3

a) Überblick

Einen Sonderfall der Verlängerung des Erbbaurechts betrifft **Abs 3**. Der Eigentümer kann seine Verpflichtung zur Zahlung der Entschädigung dadurch abwenden, dass er dem Erbbauberechtigten das Erbbaurecht **vor** dessen Ablauf für die voraussichtliche Standdauer des Bauwerks (die Nutzungsdauer) verlängert. Die „Verlängerung" ist dabei kein einseitiges Gestaltungsrecht des Eigentümers, das die Verlängerung bewirken würde. Es handelt sich vielmehr um ein Vertragsangebot. Die Verlängerung tritt jedoch erst ein, wenn sich die Vertragsteile dinglich über diese geeinigt haben und entsprechende Grundbucheintragung erfolgt ist. Das Vertragsangebot muss mit dem bisherigen Inhalt des Erbbaurechtsvertrages, auch bezüglich des Erbbauzinses, übereinstimmen. 23

Die Vorschrift des § 27 Abs 3 ErbbauRG begünstigt lediglich den Eigentümer (BGH 29. 11. 2018 – V ZR 33/18, DNotZ 2019, 627 Rn 10). Für den Erbbauberechtigten, für den kein Recht zur Abwendung besteht, kann diese Vorschrift unangenehme Folgen haben, besonders dann, wenn er mit der Beendigung des Erbbaurechts sicher rechnete und für diesen Fall bereits Maßnahmen getroffen, zB ein anderes Haus erworben hat. Der Grundstückseigentümer ist nämlich nicht verpflichtet, sein Angebot auf Verlängerung längere Zeit vor Ablauf des Erbbaurechts zu stellen; der Erfolg des Angebotes muss jedoch bei normalem Geschäftslauf möglich sein. Die Vorschrift gilt für alle Fälle, auch bei Wohnhäusern Minderbemittelter. Der Eigentümer ist an das Verlängerungsangebot bis zum Laufzeitende des Erbbaurechtes gebunden. § 27 Abs 3 ErbbauRG ist lex specialis zu §§ 147 ff BGB. 24

Die Vorschrift des Abs 3 ist durch Individualvertrag abdingbar und kann als Inhalt des Erbbaurechts mit dinglicher Wirkung ausgeschlossen werden (BGH 23. 11. 2018 – V ZR 33/18, DNotZ 2019, 627 Rn 8; Grüneberg/Wicke § 27 ErbbauRG Rn 3, 4; Winkler/Schlögel § 5 Rn 222). 25

Ob das Verlängerungsangebot und das daraus folgende Abwendungsrecht des Grundstückseigentümers bezüglich der Entschädigungspflicht gem § 27 Abs 3 ErbbauRG auch durch **allgemeine Geschäftsbedingungen** ausgeschlossen werden kann ist umstritten (vgl Böttcher Rn 737b, 737c). Der BGH (BGH 23. 11. 2018 – V ZR 33/18, DNotZ 2019, 627 Rn 15) nimmt an, dass ein formularmäßiger Ausschluss der Abwendungsbefugnis des Grundstückseigentümers mit den wesentlichen Grundgedanken der gesetzlichen Regelung in § 27 Abs 3 ErbbauRG unvereinbar und deshalb grundsätzlich unwirksam (§ 307 Abs 2 Nr 1 BGB) ist. Dem ist zuzustimmen (aA Amann MittBayNot 2019, 539). Sinn und Zweck der Abwendungsbefugnis ist es, den Grundstückseigentümer davor zu bewahren, durch die Entschädigungspflicht in wirtschaftliche Schwierigkeiten zu geraten (BGH 23. 11. 2018 – V ZR 33/18, DNotZ 2019, 627 Rn 17). Das Gesetz räumt ihm deshalb die Wahlmöglichkeit zwischen einer Entschädigungspflicht und einer Verlängerung des Erbbaurechtes ein. Zugleich weist das Gesetz das Risiko der weiteren Verwendung des Bauwerkes dem Erbbauberechtigten als demjenigen zu, der die baulichen Investitionen getätigt hat (BGH 23. 11. 2018 – V ZR 33/18, DNotZ 2019, 627 Rn 21). Diese Risikoverteilung zwischen dem Grundstückseigentümer und dem Erbbauberechtigten ist sachgerecht und hat Leitbildfunktion iSv § 307 Abs 1, Abs 2 Nr 1 BGB. Der Verstoß der allgemeinen Geschäftsbedingungen gegen das gesetzliche Leitbild führt im Zweifel zur Unwirksamkeit der Klausel. Anderes gilt nur, wenn die Leitbildabweichung sachlich gerechtfertigt ist und der gesetzliche Schutzzweck auf andere Weise sichergestellt wird (BGH 23. 11. 2018 – V ZR 33/18, DNotZ 2019, 627 Rn 23). Die Verringerung der Entschädigungssumme (im BGH-Fall auf zwei Drittel des Verkehrswertes) heilt den Verstoß gegen die Leitbildfunktion jedoch nicht, da bei einem hohen Verkehrswert die Entschädigungssumme zu wirtschaftlichen Problemen des Eigentümers führen kann (BGH 23. 11. 2018 – V ZR 33/18, DNotZ 2019, 627 Rn 24; so bereits die amtliche Begründung zu §§ 27–29 ErbbauRG, veröffentlicht von Schmidt-Rönsch ZfIR 2019, 180).

b) Form und Frist

26 Eine besondere **Form** für das Angebot des Eigentümers ist nicht vorgeschrieben. Da aber zur Verlängerung Einigung und Eintragung erforderlich sind, muss das Angebot der Verlängerung so **rechtzeitig** gestellt werden, dass die Eintragung der Verlängerung grundsätzlich vor Ablauf des Erbbaurechts im Grundbuch erfolgen kann (BGH 3. 10. 1980 – V ZR 125/79, NJW 1981, 1045, 1046 re: Ein Angebot, das so kurzfristig unterbreitet wird, dass eine Verlängerung nicht mehr wirksam werden kann, ist treuwidrig und löst nicht die Rechtsfolgen des § 27 Abs 3 ErbbauRG aus). Ist die Zeitdauer des Erbbaurechts bereits abgelaufen, so kann das Verlängerungsangebot nicht mehr gemacht werden, auch wenn das Erbbaurecht im Grundbuch noch nicht gelöscht ist. In der Praxis wird deshalb empfohlen, das Verlängerungsangebot mindestens ein halbes Jahr vor Ende des Erbbaurechtes zu machen (Winkler/Schlögel, § 5 Rn 226; Amann MittBayNot 2019, 544 li; zustimmend Schreinert notar 2019, 375, dgl Krauss notar 2020, 259). Da das Angebot jedoch bis zum regulären Laufzeitende angenommen werden kann, bewirkt bereits der fristgerechte Zugang der Annahmeerklärung beim Eigentümer die bis zur Grundbucheintragung nur schuldrechtlich wirkende Verlängerung des Erbbaurechtes. Der Rechtsgedanke des § 878 BGB ist hier anzuwenden (Erman/Grziwotz § 28 ErbbauRG Rn 5; **aA** BeckOK-BGB/Maass [1. 11. 2025] § 27 ErbbauRG Rn 3).

c) Verlust der Entschädigungsforderung

27 Das Angebot einer Verlängerung hat stets die Wirkung, dass die Entschädigungsforderung nicht zur Entstehung gelangt, mag der Erbbauberechtigte das Angebot annehmen oder ablehnen.

d) Eintragung der Änderung im Grundbuch

28 Willigt der Erbbauberechtigte in die Verlängerung ein, so ist die Verlängerung als Inhaltsänderung des Erbbaurechts durch Einigung und Eintragung vorzunehmen (Böttcher Rn 733). Da es sich nur um eine Verlängerung des Erbbaurechts handelt, wird am übrigen Inhalt des Erbbaurechts an sich nichts geändert. Die Verlängerung wird wie eine Neueintragung behandelt. Die Beteiligten können aber bei dieser Gelegenheit auch weitere Abänderungen vereinbaren. Eine Zustimmung der Erbbaurechtsgläubiger zur bloßen Verlängerung ist nicht erforderlich.

e) Zustimmung Drittberechtigter bei Ablehnung der Verlängerung

29 Lehnt der Erbbauberechtigte das Angebot auf Verlängerung ab oder nimmt er es bis zum Laufzeitende des Erbbaurechtes nicht an, erlischt der Anspruch auf Entschädigung gem § 27 Abs 1 S 1, Abs 3 S 1 ErbbauRG. Damit haben auch die Grundpfandrechtsgläubiger und die Reallastberechtigten am Erbbaurecht keinen Ersatzanspruch an der Entschädigungsforderung gem § 29 ErbbauRG. Gleichwohl bedarf die

Ablehnung der Verlängerung bzw die Nichtannahme des Angebots keiner Zustimmung dieser Realberechtigten (Ingenstau/Hustedt/Bardenhewer § 27 ErbbauRG Rn 32; BeckOK-BGB/Maass § 27 ErbbauRG Rn 8; Ott notar 2015, 75, 81 re; Grziwotz MittBayNot 2013, 518 li; Erman/Grziwotz § 28 ErbauRG Rn 5).

f) Zustimmung Drittberechtigter bei Verlängerung

Auch im Sonderfall des Abs 3 ist zur zur Verlängerung des Erbbaurechtes gem § 27 Abs 3 ErbbauRG die Zustimmung der dinglich Berechtigten am Erbbaugrundstücks erforderlich (BeckOK-BGB/Maass [1. 11. 2025] § 27 ErbbauRG Rn 7; Ingenstau/Hustedt/Bardenhewer § 11 ErbbauRG Rn 60, § 27 ErbbauRG Rn 31; MünchKommBGB/Weiss § 27 ErbbauRG Rn 15 mit dem Hinweis auf Schadensersatz gem § 826 BGB; Ott notar 2015, 75, 81 re; Grziwotz MittBayNot 2013, 518 li; Erman/Grziwotz § 28 ErbbauRG Rn 5; Schneider ZfIR 2018, 593 re; **aA** Staudinger/Rapp [2021] § 27 ErbbauRG Rn 19d). 30

g) Die Dauer der Verlängerung

Die Dauer der Verlängerung muss vom Eigentümer soweit erstreckt werden, als die Standdauer des Bauwerks voraussichtlich währt, solange also das Bauwerk in seinem bisherigen baulichen Zustand ohne besonders eingreifende Reparaturen noch erhalten werden kann. Diese voraussichtliche Standdauer ist nur vom Standpunkt des Eigentümers aus gedacht, um die weitere Dauer entsprechend abschätzen zu können. Zu den wirtschaftlichen und technischen Gesichtspunkten, nach denen die Entscheidung zu treffen ist, s Amann MittBayNot 2019, 544 re. Nach diesem Maßstab muss allerdings eine kalendermäßig bestimmbare Zeit festgelegt werden, da das Erbbaurecht sonst der notwendigen Bestimmtheit entbehren würde. Ein Angebot für eine kürzere Zeitspanne als die voraussichtliche Standdauer des Gebäudes hat nicht dic Wirkung des Erlöschens des Entschädigungsanspruchs. Die dinglichen Rechte am Erbbaurecht bleiben auch bei einer Verlängerung uneingeschränkt weiter bestehen. 31

h) Das Verlängerungsangebot im Falle des Abs 2

Das Verlängerungsangebot des § 27 Abs 3 ErbbauRG ist auch anzuwenden, wenn das Erbbaurecht zur Befriedigung des Wohnbedürfnisses minderbemittelter Bevölkerungskreise bestellt ist (§ 27 Abs 2 S 1 ErbbauRG). Der Grundstückseigentümer hat es also auch hier in der Hand, die Entschädigungszahlung, die zwingend einen Mindestwert von zwei Drittel des gemeinen Wertes nicht unterschreiten darf, abzuwenden. § 27 Abs 2 S 2 ErbbauRG schreibt zwar zwingend vor, dass sich der Grundstückseigentümer auf eine abweichende Vereinbarung nicht berufen kann. Die Gestaltungsmöglichkeit des Grundstückseigentümers gem § 27 Abs 3 ErbbauRG beruht jedoch nicht auf einer abweichenden Vereinbarung, sondern auf dem Gesetz. 32

i) Wiederholte Verlängerung

Diese Verlängerung des Erbbaurechts zur Abwendung des Entschädigungsanspruchs kann nicht bloß einmal vorgenommen werden (Abs 3 S 2). Die wiederholte Verlängerung dürfte allerdings in der Praxis keine allzu große Bedeutung haben. Kritisch zur gesetzlichen Regelung („mittelalterliches Lehenswesen“) Amann MittBayNot 2019, 545 li. 33

3. Wohnungs- bzw Teilerbbaurechte

34 Eines der größten praktischen Probleme des Erbbaurechts besteht in der Verlängerung von Wohnungs- bzw Teilerbbaurechten (vgl etwa WEBER ZWE 2019, 252; DIECKMANN ErbbauZ 2023, 2 ff, 38 ff; SCHNEIDER ZfIR 2018, 589; SCHNEIDER ErbbauZ 2024, 66; MAIER ErbbauZ 2025, 6, 20; GRAF WOLFFSKEEL VON REICHENBERG ErbbauZ 2022, 158, 160 ff).

Eine **Verlängerung** setzt die **Mitwirkung aller Wohnungs- bzw Teilerbbaurechtsinhaber** voraus, da eine Verlängerung nur insgesamt möglich ist (WEBER ZWE 2019, 251, 252; DIECKMANN ErbbauZ 2023, 2, 6 mwNw). Wirkt auch nur ein Wohnungs- bzw Teilerbbauberechtigter nicht mit, kann de lege lata insgesamt keine Verlängerung erfolgen.

De lege lata kann eine Verlängerung weder durch Mehrheitsbeschluss beschlossen noch umgesetzt werden; es besteht insoweit **keine Beschlusskompetenz** (WEBER ZWE 2019, 251, 253). Vereinzelt wird unter gewissen Umständen eine **(Treue-)Pflicht** der Wohnungserbbauberechtigten zur Mitwirkung bei der Verlängerung angenommen (SCHNEIDER ErbbauZ 2024, 66, 71; vgl auch WEBER ZWE 2019, 252, 254 zur Veräußerungspflicht).

Während im Regelfall des § 27 Abs 1 ErbbauRG die Erbbauberechtigten im Falle des Erlöschens zumindest eine **Entschädigung** erhalten, spitzt sich die Lage bei einem Angebot nach **§ 27 Abs 3 ErbbauRG** zu: Liegt ein entsprechendes Angebot des Grundstückseigentümers vor und lehnt nur ein Wohnungs- bzw Teilerbbauberechtigter das Angebot ab, erlöschen nach dem Wortlaut des Gesetzes sämtliche Wohnungs- und Teilerbbaurechte ersatzlos.

35 Zur Lösung dieses Problems **de lege lata** werden in der Literatur (neben dem Ansatz einer Treuepflicht zur Mitwirkung, s Rn 34) verschiedene Varianten diskutiert (vgl etwa WEBER ZWE 2019, 252; SCHNEIDER ZfIR 2018, 589; SCHNEIDER ErbbauZ 2024, 66, 72; DIECKMANN ErbbauZ 2023, 2 ff, 38 ff), die teilweise sehr kompliziert sind und hier nur ausgewählt und kursorisch dargestellt werden können:

Die von WEBER (ZWE 2019, 252) vorgeschlagene Differenzierung danach, ob die Initiative zur Teilung vom Grundstückseigentümer (dann Entschädigungspflicht auch bei Nichtannahme eines Angebots nach § 27 Abs 3 ErbbauRG) oder von einem (fremden) Erbbauberechtigten ausgegangen (dann wortlautgetreue Anwendung des § 27 Abs 3 ErbbauRG) ist, mag wertungsmäßig stimmig erscheinen, findet jedoch keinen dogmatischen Anknüpfungspunkt.

Weiterhin besteht die Möglichkeit, dass die verlängerungswilligen Erbbauberechtigten oder die Eigentümergemeinschaft die Einheiten derjenigen erwerben, die keine Verlängerung wünschen und sodann eine Verlängerung vereinbaren (vgl WEBER ZWE 2019, 252, 253 f); dies setzt aber auch die Mitwirkungsbereitschaft der veräußernden Berechtigten und entsprechende Geldmittel voraus.

Teilweise wird auch kautelarjuristisch die Aufnahme einer automatischen Verlängerung des Erbbaurechts vorgeschlagen, wenn kein Vertragsteil widerspricht (WEBER ZWE 2019, 251, 256 f; DIECKMANN ErbbauZ 2023, 2, 9 ff). Diese Idee hilft aber jedenfalls nicht weiter bei bereits bestehenden Wohnungserbbaurechten, bei denen keine automatische Verlängerung vorgesehen ist und eine Inhaltsänderung wiederum an der Mitwirkung aller Erbbauberechtigten scheitert.

Weiterhin wird vorgeschlagen, eine Lösung über den Heimfall zu finden (Weber ZWE 2019, 251, 257; Dieckmann ErbbauZ 2023, 38 ff, dieser auch zur Alternative über ein Ankaufsrecht): Es könne ein Heimfallanspruch für den Fall begründet werden, dass ein Erbbauberechtigter an der mehrheitlich gewünschten Verlängerung nicht mitwirkt.

Schließlich wird kautelarjuristisch die Vereinbarung eines zeitlich unbefristeten Erbbaurechts mit einem Erwerbsrecht des Grundstückseigentümers bei einem Andienungsrecht des Erbbauberechtigten nach Ablauf der sonst vorgesehenen Ablauffrist des Erbbaurechts diskutiert (Dieckmann ErbbauZ 2023, 38, 42 ff).

Letztlich kann nur der **Gesetzgeber** das Problem **de lege ferenda** rechtssicher und effizient lösen (Winkler/Schlögel § 3 Rn 128). **36**

Dabei sollte die Lösung nicht auf erbbaurechtlicher, sondern auf WEG-rechtlicher Seite gesucht werden (so auch Schneider ErbbauZ 2024, 66, 70). Denn der Grundstückseigentümer kann eine Aufteilung des von ihm bestellten Erbbaurechts nicht verhindern, sodass sich seine Position hierdurch nicht verändern sollte.

Denkbar wäre eine gesetzliche Neuregelung, wonach es für eine Verlängerung des Erbbaurechts genügt, dass sich die Mehrheit der Wohnungs- und Teilerbbauberechtigten mit dem Grundstückeigentümer einigt (vgl Weber ZWE 2019, 252, 257). Es wäre insoweit sogar eine gesetzliche Regelung dahingehend denkbar, dass aufgrund eines entsprechenden Beschlusses der Verwalter den Verlängerungsvertrag mit dem Grundstückseigentümer abschließt (ähnlich § 9b WEG); hierbei wird nicht übersehen, dass dies insofern Neuland wäre, dass der Verwalter in diesem Fall nicht für die rechtsfähige Gemeinschaft, sondern für die einzelnen Wohnungs- und Teilerbbauberechtigten auf sachenrechtlicher Ebene handeln würde.

Dies sollte nicht nur für den Spezialfall des § 27 Abs 3 ErbbauRG, sondern allgemein für die Verlängerung von Wohnungs- und Teilerbbaurechten gelten. Soweit hierbei der Erbbauzins erhöht wird, ist auch die Rechtsposition derjenigen zu klären, die am Erbbaurecht dinglich nachrangig zum Erbbauzins berechtigt sind. Da diese Rechte bei einem Erlöschen des Erbbaurechts ganz erlöschen würden (und sich nur ggf an der Entschädigungsforderung fortsetzen würden, §§ 28 f ErbbauRG) erscheint eine Gesetzesregelung denkbar, dass eine Erhöhung der Erbbauzinsreallast deren Vorrang unberührt lässt (zumindest, wenn die Verlängerung in gesetzlich zu definierender zeitlicher Nähe zum Zeitablauf erfolgt).

Nicht übersehen wird, dass dies für die Wohnungs- und Teilerbbauberechtigten, die nicht verlängern wollten (und – sofern kein Angebot nach Abs 3 vorlag – lieber eine Entschädigung nach Abs 1 in Anspruch nehmen wollten), eine Belastung bedeuten kann. Jedoch können diese ihr verlängertes Wohnungs- bzw Teilerbbaurecht regelmäßig verkaufen. Zwar theoretisch denkbar, aber daher letztlich nicht erforderlich, erscheint eine gesetzliche Regelung, wonach die Einheiten der nicht verlängerungswilligen Erbbauberechtigten auf die rechtsfähige Wohnungserbbauberechtigtengemeinschaft übergehen, welche diese hierfür zu entschädigen hat.

4. Abtretung der Entschädigungsforderung (Abs 4)

37 Der Entschädigungsanspruch ist Inhalt des Erbbaurechts und entsteht deshalb nicht erst mit Beendigung des Erbbaurechts (Winkler/Schlögel § 5 Rn 208). Lediglich die Fälligkeit des Anspruchs ist im Wege einer aufschiebenden Bedingung auf den Zeitpunkt der Beendigung des Erbbaurechts verlegt. Der Anspruch auf Entschädigung kann erst **abgetreten** werden, wenn er **fällig** ist.

Zweck des § 27 Abs 4 ErbbauRG ist es, den Grundpfandrechts- und Reallastgläubigern am Erbbaurecht mit dessen Erlöschen die Sicherung an der Entschädigungsforderung gem § 29 ErbbauRG zu gewährleisten. Sind solche nicht vorhanden oder haben solche Berechtigten zugestimmt, so kann vor dem Hintergrund dessen, dass der Entschädigungsanspruch gem § 27 Abs 1 S 2 ErbbauRG auch ganz ausgeschlossen werden kann, eine Abtretung des Entschädigungsanspruchs, jedenfalls aufschiebend bedingt auf dessen Fälligwerden, vereinbart werden. Ein Anwendungsfall hierzu ist der Entschädigungsanspruch des Obererbbauberechtigten gegenüber dem Grundstückseigentümer, der an den Untererbbauberechtigten abgetreten werden kann, der ansonsten bei Beendigung des Erbbaurechtes keine Entschädigung gem § 27 ErbbauRG erhalten würde (§ 11 ErbbauRG Rn 18).

38 Die Fälligkeit tritt mit dem Ablauf der Zeitdauer des Erbbaurechts ein, sofern nicht ein späterer Zeitpunkt der Fälligkeit besonders vereinbart wurde. Erforderlich ist noch die Zustimmung derjenigen, denen Rechte nach Maßgabe des § 29 ErbbauRG zustehen. Vor seiner Fälligkeit kann der Anspruch **nicht gepfändet** werden (vgl § 851 Abs 1 ZPO). Der Entschädigungsanspruch gilt als Surrogat des Erbbaurechts und haftet deshalb auch für die Grundpfandrechte und Reallasten. Der Erbbauberechtigte kann auf seinen Entschädigungsanspruch erst dann (ganz oder teilweise) verzichten, wenn er entstanden ist (vorausgesetzt, dass nicht von vornherein die Entschädigungspflicht vertraglich ausgeschlossen wurde). Auch zu einem solchen Verzicht ist die Zustimmung der Personen notwendig, denen noch Rechte an der Entschädigungsforderung im Sinne des § 29 ErbbauRG zustehen.

§ 28
ErbbauRG

Die Entschädigungsforderung haftet auf dem Grundstück an Stelle des Erbbaurechts und mit dessen Range.

Systematische Übersicht

I. Überblick

§ 28 ErbbauRG schließt an § 27 ErbbauRG an und begründet eine dingliche Sicherheit für den bisherigen Erbbauberechtigten hinsichtlich seiner Entschädigungsforderung bei Zeitablauf des Erbbaurechts. Anstelle des erloschenen Erbbaurechts lastet nun die Entschädigungsforderung auf dem Grundstück an der Rangstelle des Erbbaurechts, also in aller Regel (§ 10 ErbbauRG) an erster Rangstelle. 1

Die von § 28 ErbbauRG postulierte Rangstelle der Entschädigungsforderung verursacht in der Praxis **Probleme** bei dem Versuch, denjenigen dinglich Berechtigten am Grundstück, die hinter das Erbbaurecht zurückgetreten sind, um diesen die erforderliche Rangstelle (§ 10 ErbbauRG) zu verschaffen, Sicherheit zu gewähren (s eingehend § 10 ErbbauRG Rn 22 ff). Dieses Problem wird idR für sog existenznotwendige Dienstbarkeiten diskutiert, gilt aber (unabhängig von der Unbestimmtheit des Begriffs) auch **für** andere **zurücktretende Rechte**. Denn bei einer Zwangsversteigerung aus der Entschädigungsforderung erlöschen die nachrangigen Rechte. Die hier vertretene Ansicht, dass die Rangstelle der Entschädigungsforderung iSd § 28 ErbbauRG abweichend vereinbart werden kann (Rn 8), mildert dieses Problem zumindest. Letztlich ist aber der Gesetzgeber berufen, de lege ferenda eine rechtssichere Lösung zu schaffen (§ 10 ErbbauRG Rn 32). 2

II. Rechtsnatur

Der Anspruch des Erbbauberechtigten auf Entschädigung für das Bauwerk nach § 27 ErbbauRG soll durch § 28 ErbbauRG auf dem Grundstück selbst entsprechend sichergestellt werden. Über die nähere **Art der Sicherung** können nach dem Wortlaut und mangels genauer Ausdrucksweise des Gesetzes freilich Zweifel bestehen. Der vom Gesetzgeber gewählte Ausdruck „haften" ist im Sinne von „lasten" zu verstehen. Es entsteht somit kraft Gesetzes ein dingliches Recht am Grundstück in Höhe der Entschädigungsforderung (vgl Ingenstau/Hustedt/Bardenhewer § 28 ErbbauRG Rn 1). 3

Die genaue dogmatische Einordnung dieses dinglichen Rechts ist im Detail umstritten: 4

In der Vergangenheit wurde das Recht teilweise als **Sicherungshypothek** qualifiziert (Staudinger/Rapp[12] § 28 ErbbauRG; Hönn NJW 1970, 138). Dagegen spricht jedoch, dass bei Annahme einer Hypothek sich diese bei Zahlung der Entschädigung in eine Eigentümergrundschuld umwandeln würde. Die Hypothek wäre zudem in Abteilung III des Grundbuchs einzutragen und zwar im Range vor allen dort eingetragenen Rechten. Auf diese Weise würde aus einem Erbbaurecht nach Zahlung eine erstrangige Eigentümergrundschuld (Maass DNotZ 2007, 757). Dies würde jedoch die ansonsten im Grundstücksgrundbuch eingetragenen Berechtigten unangemessen benachteiligen.

Verbreitet wird das dingliche Recht des § 28 ErbbauRG als **reallastenähnliches Recht** eigener Art bezeichnet (Maass DNotZ 2007, 757; Ingenstau/Hustedt/Bardenhewer § 28 ErbbauRG Rn 5 mwNw). Dagegen spricht freilich, dass die Entschädigungsforderung mit den für die Reallast typischen wiederkehrenden Leistungen kaum etwas zu tun hat (vgl BeckOGK/Toussaint [1. 9. 2025] § 28 ErbbauRG Rn 8; BGH 11. 4. 2013 – V ZB 109/12 will zwar für die Eintragung im Grundbuch die Vorschriften über die Reallasten entsprechend anwenden, bezeichnet aber die Einordnung als reallastenähnliches Recht als andere Ansicht).

Letztlich handelt es sich um ein durch § 28 ErbbauRG geschaffenes **dingliches Sicherungsrecht eigener Art** (BGH 11. 4. 2013 – V ZB 109/12; Böttcher Rn 739). Einer Einordnung als „reallastenähnlich" bedarf es nicht, wenngleich dies nicht ausschließt, für die weitere Behandlung des Rechts mangels eigener gesetzlicher Vorgaben auf Regelungen zur Reallast zurückzugreifen (BeckOGK/Toussaint [1. 9. 2025] § 28 ErbbauRG Rn 9, 11).

III. Eintragung im Grundbuch

1. Eintragungsfähigkeit

5 Die **Eintragungsfähigkeit** des Sicherungsrecht im Grundbuch war früher umstritten (vgl Erl zu § 28 ErbbauRG in der 11. Aufl). Die heute wohl allgemeine Ansicht geht zutreffend von der Eintragungsfähigkeit aus (BGH 11. 4. 2013 – V ZB 109/12, BGHZ 197, 140 Rn 17; Lemke/Czub § 28 ErbbauRG Rn 3; Winkler MittBayNot 2019, 148; Winkler/Schlögel § 5 Rn 237; Grüneberg/Wicke § 28 ErbbauRG Rn 1; Ingenstau/Hustedt/Bardenhewer § 28 ErbbauRG Rn 5; MünchKommBGB/Weiss § 28 ErbbauRG Rn 4).

Dies trägt dem sachenrechtlichen Grundsatz der Publizität des Grundbuchs Rechnung; er besagt, dass eine dingliche Haftung des Grundstücks, von gesetzlich angeordneten Ausnahmen abgesehen, nur dann besteht, wenn diese aus dem Grundbuch ersichtlich ist. Angesichts des numerus clausus der Sachenrechte gibt es keine nicht vorgesehene private dingliche Last außerhalb des Grundbuchs (BGH 13. 9. 2013 – V ZR 209/12, BGHZ 198, 216 Rn 8, 10, 12, zur Haftung des Wohnungseigentums für rückständiges Hausgeld). Nach dem Wortlaut der Bestimmung tritt das Grundstück an die Stelle des Erbbaurechts und haftet an dessen Stelle. Damit ist der Grundsatz der Surrogation aufgestellt, dh die Entschädigungsforderung soll ebenso wie bisher das Erbbaurecht als Belastung am Grundstück ruhen, also durch Eintragung gesichert sein. Ohne die Eintragung wäre die Haftung des Grundstücks für die Entschädigungsforderung nicht im gleichen Ausmaß gewährleistet (BGH 11. 4. 2013 – V ZB 109/12, BGHZ 197, 140 Rn 19).

Die Eintragung erfolgt anstelle des Erbbaurechts in **Abt. II des Grundstücksgrundbuchs** (BGH 11. 4. 2013 – V ZB 109/12).

2. Die Eintragung als Grundbuchberichtigung

6 Die Eintragung der Entschädigungsforderung setzt das Erlöschen des Erbbaurechts durch Zeitablauf voraus. Mit Erlöschen des Erbbaurechts durch Zeitablauf wird das Grundbuch in mehrfacher Hinsicht unrichtig: Unrichtig ist das Erbbaurecht noch eingetragen und ist die Entschädigungsforderung noch nicht eingetragen.

Eine Löschung des Erbbaurechts kommt in diesem Fall entweder durch Berichtigungsbewilligung (§§ 19, 29 GBO) des formal noch eingetragenen Erbbauberechtigten oder durch Grundbuchberichtigung nach § 22 GBO in Betracht (BGH 11. 4. 2013 – V ZB 109/12).

Eine **Grundbuchberichtigung** in diesem Sinne ist jedoch nur möglich (vgl auch § 27 ErbbauRG Rn 6), wenn zugleich die ebenfalls kraft Gesetzes entstandene Entschädigungsforderung nach § 28 ErbbauRG in das Grundstücksgrundbuch eingetragen wird (BGH 11. 4. 2013 – V ZB 109/12). Ein Betrag braucht dabei nicht angegeben zu werden, da die geschuldete Leistung ausreichend bestimmbar ist (BGH 11. 4. 2013 – V ZB 109/12, BGHZ 197, 140 Rn 18; Maass DNotZ 2007, 758; OLG Hamm DNotZ 2007, 753; Winkler/Schlögel § 5 Rn 240). Bestehen am Erbbaurecht noch Grundpfandrechte und/oder eine Reallast, so ist im Wege der weiteren dinglichen Surrogation bei der Entschädigungsforderung auch der Bestand dieser Rechte gem § 29 ErbbauRG einzutragen (Winkler/Schlögel § 5 Rn 246, 248). Auch hier ist die Angabe eines Geldbetrages wie bei einem rechtsgeschäftlich bestellten Pfandrecht nicht erforderlich (Maass DNotZ 2007, 759).

3. Rangstelle der Entschädigungsforderung

Die Entschädigungsforderung erhält gem der ausdrücklichen Regelung des § 28 ErbbauRG dieselbe Rangstelle wie das durch Zeitablauf erloschene Erbbaurecht, also entsprechend § 10 ErbbauRG in aller Regel die erste Rangstelle. 7

Nach überzeugender Ansicht können Grundstückeigentümer und Erbbauberechtigter im Erbbaurechtsvertrag oder auch nachträglich eine **abweichende Rangstelle vereinbaren** (Rapp ZfIR 2017, 89, 95; Weber NotBZ 2015, 405, 413 f; Winkler/Schlögel § 2 Rn 100b; Ott DNotZ 2015, 341, 353 f; Ott MittBayNot 2025, 211, 216; Ingenstau/Hustedt/Bardenhewer § 28 ErbbauRG Rn 8; MünchKommBGB/Weiss § 28 ErbbauRG Rn 1; OLG Hamm MittBayNot 2014, 431, 433; **aA** BeckOK-BGB/Maass [1. 11. 2025] § 28 ErbbauRG Rn 3; Mönig ErbbauZ 2020, 5, 8). Insbesondere kann vereinbart werden, dass die Entschädigungsforderung Rang hinter den Belastungen des Grundstücks hat, die hinter das Erbbaurecht zurückgetreten sind, um ihm die erforderliche erste Rangstelle zu verschaffen (eingehend § 10 ErbbauRG Rn 29). Die Möglichkeit der Rangvereinbarung besteht auch, wenn das Erbbaurecht iSd § 27 Abs 2 ErbbauRG zur Befriedigung des Wohnbedürfnisses minderbemittelter Bevölkerungskreise bestellt ist (Rapp ZfIR 2017, 89, 95; Ott, DNotZ 2015, 341, 354; Weber, NotBZ 2015, 405, 414; **aA** Böttcher Rn 128), da § 27 Abs 2 ErbbauRG nur auf die Höhe der Entschädigung abstellt und zudem Vereinbarungsmöglichkeiten nicht komplett ausschließt, sondern nur begrenzt. 8

Die Gesichtspunkte, die für das Erfordernis der ersten Rangstelle des Erbbaurechts maßgebend sind – Bestehenbleiben in der Zwangsversteigerung und eigentumsähnliche Charakter des Erbbaurechts (§ 10 ErbbauRG Rn 5 f) – spielen bei der Entschädigungsforderung keine Rolle mehr. Die erste Rangstelle besteht hier unter Sicherheitsgesichtspunkten, da das Erlöschen des Erbbaurechtes über § 12 Abs 3 ErbbauRG (Übergang des Eigentums am Gebäude auf den Grundstückseigentümer) dem Erbbaurechtsausgeber einen Vermögenszuwachs und damit seinen am Erbbaugrundstück abgesicherten Grundpfandrechts- und Reallastgläubigern einen Sicherheitszuwachs beschert. Es liegt bei beiden eine Bereicherung „in sonstiger Weise" gemäß § 812 Abs 1 BGB vor, die nach der bereicherungsrechtlichen Sondervorschrift des § 27 ErbbauRG abgeschöpft wird (vgl Krauss notar 2013, 331, 335 re). Da jedoch dieser Anspruch, wie § 27 Abs 1 S 2 ErbbauRG zeigt, der Disposition der Vertragsteile unterliegt, unterliegt auch die Rangstelle ihrer Disposition. Grundstückseigentümer und Erbbauberechtigter können deshalb selbst entscheiden, mit welchem Sicherheitsniveau die Entschädigungsforderung abgesichert sein soll (Rapp MittBayNot 2014, 412, 415).

Einer Zustimmung von Gläubigern iSd § 29 ErbbauRG bedarf es nicht, wenn die Rangvereinbarung bereits im Erbbaurechtsvertrag und somit zwingend mindestens eine juristische Sekunde vor Belastung vereinbart wird (vgl Ott DNotZ 2015, 341, 354).

Die Vereinbarung der Rangstelle wird dinglicher Inhalt des Erbbaurechts und wirkt daher ohne weiteres gegenüber Sonderrechtsnachfolgern (Ott MittBayNot 2025, 211, 216). Eine nachträgliche Änderung dieser Vereinbarung wäre eine Inhaltsänderung des Erbbaurechts und somit gem §§ 877, 876 BGB nur mit Zustimmung der dinglich Berechtigten am Erbbaurecht möglich, da sich ihre Rechtsstellung verschlechtern würde (vgl Ott DNotZ 2015, 341, 355 f).

Da vorstehende Rechtsfrage noch nicht höchstrichterlich entschieden ist, verbleibt eine gewisse Rechtsunsicherheit. Der Gesetzgeber ist berufen, dieses Problem de lege ferenda zu lösen (§ 10 ErbbauRG Rn 32).

IV. Zurückbehaltungsrecht gegenüber der Entschädigungsforderung

9 An den noch in seinem Besitz befindlichen Bestandteilen des Erbbaurechts, insbesondere am Bauwerk und dessen Zubehör, hat der Erbbauberechtigte ein **Zurückbehaltungsrecht** bis zur Zahlung der Entschädigungsforderung, da die Bestimmungen über die gegenseitigen Verträge nach §§ 320 ff BGB anzuwenden sind. Allerdings kann sich aus Treu und Glauben ergeben, dass ein Zurückbehaltungsrecht nicht besteht, wenn ausreichende anderweitige Sicherungen vorhanden sind (vgl RGZ 85, 137; 140, 162). Demnach ist dem Erbbauberechtigten ein Zurückbehaltungsrecht mindestens solange zuzubilligen, bis seine Entschädigungsforderung getilgt ist.

§ 29
ErbbauRG

Ist das Erbbaurecht bei Ablauf der Zeit, für die es bestellt war, noch mit einer Hypothek oder Grundschuld oder mit Rückständen aus Rentenschulden oder Reallasten belastet, so hat der Gläubiger der Hypothek, Grund- oder Rentenschuld oder Reallast an dem Entschädigungsanspruch dieselben Rechte, die ihm im Falle des Erlöschens seines Rechts durch Zwangsversteigerung an dem Erlöse zustehen.

I. Zweck der Norm

1 Wenn das Erbbaurecht durch Zeitablauf erlischt, erlöschen automatisch auch alle dinglichen Rechte, die das Erbbaurecht belasten. Das Gesetz sichert in § 29 ErbbauRG die Realgläubiger bezüglich etwaiger noch bestehender Rechte.

II. Anwendungsbereich

2 Die Regelung des § 26 ErbbauRG ist dem klaren Wortlaut nach ausschließlich auf das Erlöschen durch Zeitablauf anzuwenden, nicht auf das Erlöschen des Erbbaurechts durch rechtsgeschäftliche Aufhebung.

Der berechtigte Personenkreis ist ausdrücklich beschränkt auf die Gläubiger einer Hypothek oder Grundschuld und auf die Gläubiger für Rückstände aus Rentenschulden oder Reallasten, soweit diese Rechte oder Rückstände aus ihnen bei Ablauf der Zeit, für die das Erbbaurecht bestellt war, noch zu Recht bestehen. Zu den Reallastgläubigern kann auch der Grundstückseigentümer für Rückstände aus dem Erbbauzins gehören. Dieser kann hier mit den Rückständen direkt aufrechnen gegenüber der von ihm zu zahlenden Entschädigungsforderung. 3

III. Sicherung durch Pfandrecht an der Entschädigungsforderung

Diesen Gläubigern stehen an dem Entschädigungsanspruch dieselben Rechte zu, die ihnen im Fall des Erlöschens ihres Rechts durch Zwangsversteigerung am Erlös zustehen würden. Es ist somit der Fall rechtsähnlich zu behandeln, wie wenn eine Zwangsversteigerung des Erbbaurechts den Betrag der Entschädigungsforderung als Erlös der Versteigerung ergeben hätte; das Erlöschen des Erbbaurechts durch Zeitablauf ist dabei als Rechtstatsache dem Zuschlag bei der Versteigerung gleichgestellt; s §§ 91, 92 ZVG. 4

In gleicher Weise sind im vorstehenden Fall die noch berechtigten Gläubiger Berechtigte an der Entschädigungsforderung des Erbbauberechtigten gegenüber dem Grundstückseigentümer. Der Grundstückseigentümer hat hierbei wegen der rechtsähnlichen Anwendung als „Ersteher" zu gelten, denn er ist es, der die als „Erlös" zu geltende Entschädigungsforderung schuldet. 5

Die Realberechtigten haben ein Recht darauf, nach den für die Zwangsversteigerung geltenden Vorschriften wegen ihrer Forderung befriedigt zu werden (vgl RGZ 64, 311). 6

Dieses Recht auf Befriedigung kommt sachgemäß einem Pfandrecht an der Entschädigungsforderung gleich und ist daher nach den Vorschriften über das Pfandrecht an Forderungen zu behandeln. Es kommen demnach die Bestimmungen der §§ 1277, 1282 ff BGB zur Anwendung (vgl Ingenstau/Hustedt/Bardenhewer § 29 ErbbauRG Rn 6; Lemke/Czub § 29 ErbbauRG Rn 2).

Ist die Entschädigungsforderung im Grundbuch eingetragen (vgl § 28 ErbbauRG Rn 5), erwerben die Hypotheken-, Grundschuld-, Rentenschuld- und Reallastgläubiger, deren Rechte am Erbbaurecht erloschen sind, kraft Gesetzes und dinglicher Surrogation ein Pfandrecht an dieser. Dieses kann, um lastenfreien Erwerb der Entschädigungsforderung auszuschließen, im Wege der Grundbuchberichtigung bei dieser vermerkt werden (vgl § 27 ErbbauRG Rn 6).

Der Erbbauberechtigte selbst ist nur Gläubiger der nach Befriedigung der Realgläubiger noch verbleibenden Restforderung. Die Rangordnung für die Verteilung regelt sich wie bei einer Zwangsversteigerung, vgl §§ 10 ff ZVG.

Für die einzelnen hier in Betracht kommenden Rechte untereinander ist nach § 11 ErbbauRG mit § 10 Nr 4 ZVG das bisherige Rangverhältnis unter den Rechten maßgebend; Rückstände kommen in dieser Rangfolge aber nur wegen der laufenden und der aus den letzten zwei Jahren schuldig gebliebenen Beträge in Betracht, ältere Rückstände gehen im Rang nach (§ 10 Nr 8 ZVG). Wegen des Vorrangs der öffentli- 7 chen Lasten des Grundstücks s aber § 10 Nr 3 ZVG; dieser Vorrang besteht auch wegen der laufenden und der aus den letzten zwei Jahren rückständigen Beträge, wegen der älteren Rückstände s § 10 Nr 7 ZVG.

§ 30
ErbbauRG

(1) Erlischt das Erbbaurecht, so finden auf Miet- und Pachtverträge, die der Erbbauberechtigte abgeschlossen hat, die im Falle der Übertragung des Eigentums geltenden Vorschriften entsprechende Anwendung.

(2) Erlischt das Erbbaurecht durch Zeitablauf, so ist der Grundstückseigentümer berechtigt, das Miet- oder Pachtverhältnis unter Einhaltung der gesetzlichen Frist zu kündigen. Die Kündigung kann nur für einen der beiden ersten Termine erfolgen, für die sie zulässig ist. Erlischt das Erbbaurecht vorzeitig, so kann der Grundstückseigentümer das Kündigungsrecht erst ausüben, wenn das Erbbaurecht auch durch Zeitablauf erlöschen würde.

(3) Der Mieter oder Pächter kann den Grundstückseigentümer unter Bestimmung einer angemessenen Frist zur Erklärung darüber auffordern, ob er von dem Kündigungsrecht Gebrauch mache. Die Kündigung kann nur bis zum Ablauf der Frist erfolgen.

Systematische Übersicht

Alphabetische Übersicht

I. Überblick

§ 30 ErbbauRG behandelt die Einwirkung der Beendigung des Erbbaurechts auf noch laufende **Miet- oder Pachtverträge**, die der Erbbauberechtigte abgeschlossen hat. Das Gesetz folgt dabei im Wesentlichen der Regelung in § 1056 BGB beim Nießbrauch. Auch wenn § 30 ErbbauRG systematisch bei den Regelungen zum Zeitablauf des Erbbaurechts verortet (§§ 27–30 ErbbauRG) ist, **gilt** – wie auch § 30 Abs 2 ErbbauRG mit seinen zwei Varianten zeigt – die Regelung nach allg Ansicht **für alle Fälle des Erlöschens des Erbbaurechts** (BeckOGK/Toussaint [1. 9. 2025] § 30 ErbbauRG Rn 5 mwNw). 1

Der Erbbauberechtigte kann sein Bauwerk und etwaige Nebenflächen iSd § 1 Abs 2 ErbbauRG wie ein Grundstückseigentümer (vgl § 11 Abs 1 ErbbauRG) vermieten oder verpachten. Es stellt sich die Frage, welchen Einfluss eine Veräußerung oder Versteigerung des Erbbaurechts einerseits und ein Erlöschen des Erbbaurechts andererseits auf abgeschlossene Miet- bzw Pachtverträge hat. 2

Bei einer Veräußerung des Erbbaurechts finden die Vorschriften der §§ 566 ff, 581 Abs 2 BGB über § 11 Abs 1 S 1 ErbbauRG entsprechende Anwendung. Zu einer solchen Veräußerung des Erbbaurechts gehört auch der Heimfall des Erbbaurechts, bei dem das Erbbaurecht gerade nicht erlischt. Bei einer Zwangsversteigerung des Erbbaurechts sind gemäß § 11 Abs 1 S 1 ErbbauRG, § 57 ZVG die §§ 566 ff BGB nach Maßgabe der §§ 57a und 57b ZVG anwendbar. Bei einer Zwangsversteigerung zur Aufhebung der Gemeinschaft (§ 180 ZVG) tritt der Ersteher nach § 1 Abs 1 S 1 ErbbauRG, §§ 183, 57 ff ZVG in den Miet- bzw Pachtvertrag ein. 3

§ 30 ErbbauRG behandelt schließlich das Schicksal bestehender Miet- bzw Pachtverhältnisse betreffend das Erbbaurecht bei Erlöschen des Erbbaurechts durch Zeitablauf oder rechtsgeschäftliche Aufhebung. Hierbei ordnet Abs 1 einen Übergang dieser Rechtsverhältnisse auf den Grundstückseigentümer an (Rn 5 ff), wohingegen Abs 2 Kündigungsrechte des Grundstückseigentümers bestimmt (Rn 8 ff) und Abs 3 dem Mieter bzw Pächter eine Möglichkeit gibt, Klarheit über seine Position zu erlangen (Rn 14 f). 4

II. Übergang der Miet- und Pachtverträge (Abs 1)

§ 30 Abs 1 ErbbauRG bestimmt, dass die gleichen Bestimmungen, die nach dem oben Gesagten bei einer Veräußerung des Erbbaurechts gelten, auch in dem Fall zur Anwendung kommen sollen, wenn das Erbbaurecht erlischt, wobei als selbstverständliche Voraussetzung gedacht ist, dass sich die Miet- oder Pachtzeit über das Ende des Erbbaurechts hinaus erstreckt (vgl §§ 566, 566e, 567b BGB; das Wort „Erwerber" hierin ist durch „Grundstückseigentümer" zu ersetzen, die Worte „das veräußerte Grundstück" durch „das mit dem Erbbaurecht belastete Grundstück", der „Vermieter" ist der Erbbauberechtigte und statt „Eigentumsübergang" ist das „Erlöschen des Erbbaurechts" einzusetzen). Die laufenden Miet- oder Pachtverträge bleiben daher mit ihrem Rechtsinhalt in Kraft, an die Stelle des Erbbauberechtigten tritt der Grundstückseigentümer in die Vertragsverhältnisse ein. 5

6 Ein Erlöschen des Erbbaurechts iSd § 30 Abs 1 ErbbauRG tritt ein durch Zeitablauf oder durch Aufhebung des Erbbaurechts (Rn 1).

7 § 30 Abs 1 ErbbauRG betrifft dem nach seinem Wortlaut Miet- oder Pachtverträge, die der Erbbauberechtigte abgeschlossen hat. Fraglich ist die Anwendbarkeit, wenn der entsprechende Vertrag entweder von einem vorherigen Erbbauberechtigten oder noch vor Entstehung des Erbbaurechts vom Grundstückseigentümer abgeschlossen wurde.

Wohl unbestritten ist, dass § 30 Abs 1 ErbbauRG nicht nur dann anwendbar ist, wenn der Miet- bzw Pachtvertrag von demjenigen Erbbauberechtigten abgeschlossen wurde, der bis zum Erlöschen des Erbbaurechts Erbbauberechtigter war, sondern auch dann, wenn der Miet- bzw Pachtvertrag von einem vorherigen Erbbauberechtigten abgeschlossen wurde und dann auf den letzten Erbbauberechtigten nach § 11 Abs 1 ErbbauRG, § 566 BGB übergegangen ist (vgl BeckOGK/Toussaint [1. 9. 2025] § 30 ErbbauRG Rn 8).

Umstritten ist jedoch die Anwendbarkeit des § 30 Abs 1 ErbbauRG, wenn der Miet- bzw Pachtvertrag noch vor Entstehung des Erbbaurechts vom Grundstückseigentümer geschlossen wurde. Teilweise wird die Norm dennoch für anwendbar gehalten (BeckOGK/Toussaint [1. 9. 2025] § 30 ErbbauRG Rn 8), überwiegend werden in diesem Fall §§ 566 ff BGB gem § 11 Abs 1 ErbbauRG ohne Rekurs auf § 30 Abs 1 ErbbauRG für einschlägig erachtet (Winkler/Schlögel § 5 Rn 261; Nagel/Schäfer § 30 ErbbauRG Rn 3). Letztlich ist diese Frage hinsichtlich der identischen Ergebnisse ohne praktische Relevanz. Etwas anderes gilt für die (zu verneinende) Frage, ob in dieser Konstellation § 30 Abs 2 ErbbauRG anwendbar ist (Rn 10).

III. Kündigungsrecht (Abs 2)

8 Abs 2 S 1 begründet ein Kündigungsrecht für den Grundstückseigentümer bei Erlöschen des Erbbaurechts. Hierbei unterscheidet Abs 2 in der näheren Ausgestaltung danach, ob das Erbbaurecht regulär mit Zeitablauf erlischt (S 2) oder vorzeitig erlischt, also durch Aufhebung (S 3). Die Norm ähnelt § 57a ZVG.

9 Trotz der systematischen Stellung der Norm innerhalb des Unterabschnitts 1 des Abschnitts V des ErbbauRG unter der Überschrift „Zeitablauf" und trotz des Wortlauts („durch Zeitablauf") gilt das Kündigungsrecht nach § 30 Abs 2 S 1 ErbbauRG nicht nur bei Beendigung des Erbbaurechts durch Zeitablauf, sondern auch bei Aufhebung des Erbbaurechts (Rn 1). Dies ergibt sich bereits daraus, dass Abs 3 S 3 ErbbauRG ein vorzeitiges Erlöschen des Erbbaurechts voraussetzt.

10 Das Kündigungsrecht nach Abs 2 S 1 besteht jedoch nicht, wenn der Grundstückseigentümer den Miet- oder Pachtvertrag noch selbst vor Entstehung des Erbbaurechts geschlossen hat (Winkler/Schlögel § 5 Rn 261; Nagel/Schäfer § 30 ErbbauRG Rn 3; Ingenstau/Hustedt/Bardenhewer § 30 ErbbauRG Rn 10; **aA** BeckOGK/Toussaint [1. 9. 2025] § 30 ErbbauRG Rn 12.1, der nur eine Missbrauchskontrolle im Einzelfall vornehmen will). Denn in diesem Fall hatte es der Grundstückseigentümer selbst in der Hand, den Miet- bzw Pachtvertrag nach seinen Vorstellungen zu gestalten und ist daher nicht schutzbedürftig, wenn er nach Beendigung des Erbbaurechts wieder in diesem Vertrag eintritt.

Das Kündigungsrecht nach Abs 2 S 1 lässt gesetzliche Kündigungsschutzbestimmungen (§§ 573 ff BGB für Wohnraummietverhältnisse) unberührt (Winkler/Schlögel § 5 Rn 262 mwNw) und entfaltet in diesen Fällen seine Bedeutung bei befristet abgeschlossenen Mietverträgen, bei denen eine ordentliche Kündigung während des Zeitlaufs selbst bei Vorliegen eines Kündigungsgrundes ausgeschlossen wäre, oder bei vertraglich länger vereinbarten Kündigungsfristen (BeckOGK/Toussaint [1. 9. 2025] § 30 ErbbauRG Rn 13). **11**

Die Kündigung nach Abs 2 S 1 hat unter Einhaltung der gesetzlichen Kündigungsfrist zu erfolgen, also unter Berücksichtigung von §§ 573c, 580a, 584 BGB. **12**

Das Sonderkündigungsrecht des Abs 2 S 1 unterliegt zudem verschiedenen Beschränkungen nach Abs 2 S 2 und S 3. **13**

Erlischt das Erbbaurecht durch Zeitablauf kann die Kündigung nur für einen der beiden ersten Termine erfolgen, für die sie unter Berücksichtigung der gesetzlichen Kündigungsfristen zulässig ist, Abs 2 S 2.

Bei einem vorzeitigen Erlöschen des Erbbaurechts, also bei einer Aufhebung, kann der Grundstückseigentümer sein Kündigungsrecht zudem erst ausüben, wenn das Erbbaurecht auch durch Zeitablauf erloschen wäre, Abs 2 S 3.

IV. Fristsetzung (Abs 3)

Nach Abs 3 kann der Mieter oder Pächter den Grundstückseigentümer unter Bestimmung einer angemessenen Frist zur Erklärung darüber auffordern, ob er von dem Kündigungsrecht Gebrauch mache (dies entspricht dem § 1056 Abs 3 BGB); die Kündigung kann nur bis zum Ablauf dieser Frist erfolgen (Abs 3). Diese Aufforderung ist im Interesse des Mieters oder Pächters zugelassen, dem hierdurch ermöglicht werden soll, die Schwebezeit abzukürzen. **14**

Die Aufforderung ist eine einseitige und formlose, jedoch empfangsbedürftige Erklärung, sie untersteht daher den Vorschriften der §§ 130 ff BGB. Der Mieter oder Pächter hat eine angemessene Frist zur Erklärung zu setzen. Angemessen ist die Frist nur dann, wenn sie dem Grundstückseigentümer genügend Zeit einräumt, um sich wegen seines Kündigungsrechts zu entscheiden und die Kündigung auch auszuüben; unter Umständen hat der Grundstückseigentümer hier noch Erkundigungen einzuziehen. Durch die Bestimmung einer zu kurzen Frist wird zugleich die angemessene in Lauf gesetzt. Die Kündigung muss dem Mieter oder Pächter noch innerhalb der Frist zugehen. **15**

2. Erneuerung

§ 31
ErbbauRG

(1) Ist dem Erbbauberechtigten ein Vorrecht auf Erneuerung des Erbbaurechts eingeräumt (§ 2 Nr. 6), so kann er das Vorrecht ausüben, sobald der Eigentümer mit einem Dritten einen Vertrag über Bestellung eines Erbbaurechts an dem Grundstück geschlossen hat. Die Ausübung des Vorrechts ist ausgeschlossen, wenn das für den Dritten zu bestellende Erbbaurecht einem anderen wirtschaftlichen Zweck zu dienen bestimmt ist.

(2) Das Vorrecht erlischt drei Jahre nach Ablauf der Zeit, für die das Erbbaurecht bestellt war.

(3) Die Vorschriften der §§ 464 bis 469, 472, 473 des Bürgerlichen Gesetzbuches finden entsprechende Anwendung.

(4) Dritten gegenüber hat das Vorrecht die Wirkung einer Vormerkung zur Sicherung eines Anspruchs auf Einräumung des Erbbaurechts. Die §§ 1099 bis 1102 des Bürgerlichen Gesetzbuchs gelten entsprechend. Wird das Erbbaurecht vor Ablauf der drei Jahre (Abs. 2) im Grundbuch gelöscht, so ist zur Erhaltung des Vorrechts eine Vormerkung mit dem bisherigen Rang des Erbbaurechts von Amts wegen einzutragen.

(5) Soweit im Falle des § 29 die Tilgung noch nicht erfolgt ist, hat der Gläubiger bei der Erneuerung an dem Erbbaurecht dieselben Rechte, die er zur Zeit des Ablaufs hatte. Die Rechte an der Entschädigungsforderung erlöschen.

Systematische Übersicht

Alphabetische Übersicht

I. Überblick

1 Die Vorschriften des § 31 ErbbauRG beziehen sich auf den Fall, dass dem Erbbauberechtigten im Sinne des § 2 Nr 6 ErbbauRG ein Vorrecht auf Erneuerung des Erbbaurechts nach dessen Ablauf vertragsmäßig eingeräumt ist.

2 Das Vorrecht weist gewisse **Ähnlichkeiten** mit einem **Vorkaufsrecht** auf. Wie bei einem Vorkaufsrecht dem Vorkaufsberechtigten ermöglicht wird, bei Eintritt des Vorkaufsfalls durch Erklärung einen Kaufvertrag mit dem Verpflichteten abzuschließen, wird durch das Vorrecht dem bisherigen Erbbauberechtigten die Möglichkeit eröffnet, ohne Weiteres als Berechtigter den Abschluss eines Bestellungsvertrags herbeizuführen, mit dem der Grundstückseigentümer einem Dritten ein Erbbaurecht hinsichtlich des gleichen Grundstücks eingeräumt hat. Wegen dieser Ähnlichkeit werden daher auch eine Reihe von Vorschriften aus dem Vorkaufsrecht auf das Vorrecht zur Anwendung gebracht (s näher Rn 7 ff).

Ein wesentlicher **Unterschied** zwischen beiden Rechtsinstituten liegt aber in Folgendem: Das Vorrecht bildet eine besondere Bevorzugung für den Erbbauberechtigten und verschafft diesem ein weiteres neues Erbbaurecht, das als solches bisher noch nicht bestand. Ein Vorkaufsrecht an einem Erbbaurecht setzt hingegen ein bestehendes Erbbaurecht voraus. Auch stellt das Vorrecht anders als ein Vorkaufsrecht am Erbbaurecht keine Belastung des Erbbaurechts dar, sondern eine zum Inhalt des Erbbaurechts gehörige eigenartige Belastung des Grundstücks zugunsten des Erbbauberechtigten.

3 Von der Erneuerung des Erbbaurechts im Sinne des § 31 ErbbauRG ist **zu unterscheiden** eine **Verlängerung** eines bereits bestehenden Erbbaurechts im Wege freiwilliger Vereinbarung zwischen Grundstückseigentümer und Erbbauberechtigtem. Diese ist eine Änderung des Inhalts des Erbbaurechts und ist von der formellen und sachlichen Seite aus grundbuchmäßig so zu behandeln.

II. Die Sicherung und Ausübung des Vorrechtes

1. Voraussetzungen für die Ausübung des Vorrechtes (Abs 1, 2)

4 Das Vorrecht kann ausgeübt werden, sobald der Grundstückseigentümer mit einem Dritten einen Vertrag über die Bestellung eines **neuen Erbbaurechts** geschlossen hat (Abs 1 S 1).

Wie bei einem Vorkaufsfall (vgl § 463 BGB) muss der Vertrag mit dem Dritten grundsätzlich wirksam sein (vgl zum Vorkaufsfall Graf Wolffskeel von Reichenberg NJW 2024, 2425). Anders als bei einem Vorkaufsrecht kommt es beim Vorrang nicht darauf an, ob das Erbbaurecht entgeltlich oder unentgeltlich bestellt wird.

5 Allgemein **ausgeschlossen** ist das Vorrecht, wenn das für den Dritten neu bestellte Erbbaurecht einem **anderen wirtschaftlichen Zweck** zu dienen bestimmt ist, als er dem bisherigen Erbbaurecht zugrunde lag **(Abs 1 S 2)**, zB wenn das bisherige Erbbauwohnhaus in eine gewerbliche Anlage umgewandelt werden soll. Der wirtschaftliche Unterschied muss sich aber objektiv aus dem Inhalt des neuen Erbbaurechts ergeben. Auf die subjektiven Beziehungen zwischen Eigentümer und neuem Erbbauberechtigten kommt es nicht an.

6 Das Vorrecht ist ferner ausgeschlossen, wenn der Grundstückseigentümer den neuen Erbbauvertrag später als drei Jahre schließt, gerechnet von dem Zeitpunkt des Erlöschens des bisherigen Erbbaurechts an **(Abs 2)**; vgl auch § 188 Abs 2 BGB wegen der Berechnung.

Die Vorschrift spricht eine Ausschlussfrist aus, keine Verjährungsfrist (Winkler/Schlögel § 4 Rn 147; Lemke/Czub § 31 ErbbauRG Rn 4). Durch diese Vorschrift wird freilich dem Grundstückseigentümer die Möglichkeit eröffnet, das Vorrecht dadurch völlig gegenstandslos zu machen, dass er drei Jahre lang seit dem Erlöschen des Erbbaurechts keine Verpflichtung zur Bestellung eines neuen Erbbaurechts eingeht. Diese Regelung mindert daher den praktischen Wert des Vorrechts ganz erheblich. Die Frist von drei Jahren kann sowohl bei Bestellung des Erbbaurechtes als auch danach vertraglich verlängert oder auch verkürzt werden. Dies bedarf als Inhaltsänderung des Erbbaurechtes der Grundbucheintragung.

2. Anwendung der Vorschriften über das Vorkaufsrecht (Abs 3, 4)

7 Auf das Vorrecht finden sowohl die Vorschriften der §§ 464–469, 472, 473 BGB über das schuldrechtliche Vorkaufsrecht entsprechende Anwendung als auch die §§ 1099–1102 BGB aus dem dinglichen Vorkaufsrecht **(Abs 3 und Abs 4 S 2)**. Da diese Vorschriften damit zum Inhalt eines dinglichen Rechts gemacht sind, sind sie in diesem Rahmen auch zwingendes Recht.

8 Das Vorrecht gehört zum Inhalt des Erbbaurechts (§ 2 Nr 6 ErbbauRG), es geht daher einerseits auf jeden Erbbauberechtigten über, andererseits wirkt es auch gegen jeden Erwerber des Grundstücks.

Das Vorrecht kann **nicht gesondert übertragen** werden; als dogmatische Grundlage wird hierfür regelmäßig § 31 Abs 3 ErbbauRG iVm § 473 S 1 Var 1 BGB genannt (vgl Nagel/Schäfer § 31 ErbbauRG Rn 21). Dies ist aufgrund des ausdrücklichen Gesetzesverweises zutreffend, ergibt sich aber letztlich bereits daraus, dass das Vorrecht Inhalt des Erbbaurechts ist und somit von diesem nicht getrennt werden kann. Aus dieser Betrachtung folgt zwanglos, dass das Vorrecht zwar **nicht gesondert vererbt** werden kann (so auch normiert in § 31 Abs 3 ErbbauRG iVm § 473 S 1 Var 2 BGB), aber als Inhalt des Erbbaurechts mit diesem vererbt wird; insoweit muss keine Ausnahme zu § 31 Abs 3 ErbbauRG iVm § 473 S 1 Var 2 BGB begründet werden (so aber etwa Ingenstau/Hustedt/Bardenhewer § 31 ErbbauRG Rn 5 mwNw), da nicht das Vorrecht als solches, sondern das Erbbaurecht vererbt wird.

9 **Dritten gegenüber** wirkt das Vorrecht gemäß Abs 4 S 1 wie eine **Vormerkung** zur Sicherung des Anspruchs auf Einräumung des Erbbaurechts, also nach Maßgabe des

§ 883 Abs 2 BGB dahin, dass jede Verfügung über das Grundstück insoweit unwirksam ist, als sie das Vorrecht vereiteln oder beeinträchtigen würde. Dies gilt auch, wenn die Verfügung im Wege der Zwangsvollstreckung oder der Arrestvollziehung oder durch den Insolvenzverwalter erfolgt. Als „Dritter" ist dabei jeder zu verstehen, dessen Erwerb durch die Ausübung des Vorrechts unwirksam wird, demnach der neue Erbbauberechtigte oder sein Rechtsnachfolger. Vgl auch § 888 BGB und § 1098 BGB. Nach § 888 BGB sind die Dritten verpflichtet, der Bestellung des neuen Erbbaurechts für den Berechtigten durch den Verpflichteten sowie der Löschung derjenigen Eintragungen zuzustimmen, die mit diesem Recht in Widerspruch stehen. Da das Vorrecht zum Inhalt des Erbbaurechts selbst gehört, wird es zunächst nicht selbst als besondere Vormerkung im Grundbuch eingetragen; es ist vielmehr da einzutragen, wo auch der sonstige wesentliche Inhalt des Erbbaurechts einzutragen ist, s § 14 ErbbauRG Rn 20.

Wird das Erbbaurecht nach Ablauf seiner Geltungsdauer gelöscht (auf dem Blatt **10** des Grundstücks, s § 16 ErbbauRG Rn 2), so muss zur Erhaltung des Vorrechts von Amts wegen eine Vormerkung, welche den Vorrechtsanspruch des Erbbauberechtigten zum Ausdruck bringt, mit dem bisherigen Rang des Erbbaurechts, also in der Regel nach § 10 ErbbauRG an erster Stelle, auf dem Grundbuchblatt des Grundstücks eingetragen werden **(Abs 4 S 3)**. Ist Zug um Zug mit der Löschung des Erbbaurechtes die Entschädigungsforderung gem § 28 ErbbauRG im Wege der Grundbuchberichtigung einzutragen, so erhalten diese und die Vormerkung für die Erneuerung erste Rangstelle untereinander im Gleichrang.

Das Grundbuchamt hat somit bei der Löschung eines Erbbaurechts von Amts wegen zu prüfen, ob ein Vorrecht auf Erneuerung als Inhalt des Rechts vereinbart ist und ob die dreijährige Frist noch läuft. Ein besonderer Antrag auf Eintragung einer solchen Vormerkung ist, da die Vormerkung von Amts wegen einzutragen ist, nicht notwendig, aber zulässig (BGH 11. 4. 2013 – V ZB 109/12, BGHZ 197, 140 Rn 19). Bei Eintragung der Vormerkung ist anzugeben, dass die Vormerkung den Rang des Erbbaurechts hat; auch ist beim Löschungsvermerk auf sie hinzuweisen. Wird die Eintragung der Vormerkung unterlassen, so bleibt das Vorrecht an sich bestehen, gegenüber gutgläubigen Dritten aber ist es ohne Wirkung. Die Vormerkung wird wieder gegenstandslos und ist zu löschen, wenn die drei Jahre verflossen sind, innerhalb deren Vorrechte ausgeübt werden können. Da die Nichtausübung des Vorrechts nicht in der Form des § 29 GBO nachgewiesen werden kann, ist die Löschung der Vormerkung nur aufgrund einer Bewilligung des Berechtigten möglich, welche im Verweigerungsfall durch Urteil ersetzt werden kann.

Der Grundstückseigentümer muss dem Erbbauberechtigten den **Inhalt des** mit dem **11** Dritten geschlossenen **Erbbauvertrags unverzüglich mitteilen**. Diese Mitteilung kann auch von dem Dritten ausgehen (§ 469 Abs 1 BGB). Der Erbbauberechtigte muss sich innerhalb einer Frist von zwei Monaten von dem Empfang der Mitteilung an darüber entscheiden, ob er das Vorrecht ausüben will. Diese **Frist von zwei Monaten** ergibt sich aus der entsprechenden Anwendung des § 469 Abs 2 S 1 BGB, der bei Grundstücken, als welches auch das Erbbaurecht zu gelten hat (vgl § 11 Abs 1 ErbbauRG), diese Frist vorschreibt. Die dreijährige Frist nach § 31 Abs 2 ErbbauRG (vgl Rn 6) kann hier nicht zur Anwendung kommen, wenngleich man vielleicht durch § 469 Abs 2 S 2 BGB zu dieser Annahme verleitet werden könnte, denn es bleibt zu beachten, dass Abs 2 des § 31 ErbbauRG die Frage regeln will, für welche Fälle innerhalb einer begrenzten Zeitdauer das Vorrecht überhaupt besteht, nicht aber die Art seiner Ausübung in einem einzelnen Fall.

12 **Ausgeübt** wird das Vorrecht durch eine **formlose Erklärung** des bisherigen Erbbauberechtigten gegenüber dem Grundstückseigentümer, § 31 Abs 3 ErbbauRG iVm § 464 Abs 1 BGB. Dadurch kommt zwischen den beiden ein neuer Erbbaurechtsvertrag zustande, und zwar mit dem Inhalt, wie ihn der Grundstückseigentümer mit dem Dritten vereinbart hat (§ 31 Abs 3 ErbbauRG iVm § 464 Abs 2 BGB). Der Grundstückseigentümer kann diese Rechtsfolge dem bisherigen Erbbauberechtigten gegenüber nicht dadurch verhindern, dass er durch eine Vereinbarung mit dem Dritten die Rechtsgültigkeit des neuen Erbbauvertrags von der Nichtausübung des Vorrechts abhängig macht oder dass er sich den Rücktritt für den Fall vorbehält, dass das Vorrecht ausgeübt wird (§ 31 Abs 3 ErbbauRG iVm § 465 BGB).

13 Wenn der Dritte für die Bestellung des Erbbaurechts eine Gegenleistung zu entrichten hat, die gestundet ist, so kann der Erbbauberechtigte solche **Stundung** seinerseits nur beanspruchen, wenn er Sicherheit leistet (§ 31 Abs 3 ErbbauRG iVm § 468 Abs 1 BGB). Die sinngemäße Anwendung des § 468 Abs 2 BGB ist auf den Fall abzustellen, dass als Gegenleistung ein Erbbauzins ausbedungen ist; hier ist dann keine Stundung erforderlich; der Erbbauberechtigte tritt insoweit einfach in den Vertrag ein.

14 Eine Anwendung der §§ 466, 467 BGB wird in der Praxis kaum in Frage kommen. § 472 BGB bezieht sich auf ein gemeinschaftliches Vorkaufsrecht. Wegen des § 473 BGB vgl Rn 7 f. Da § 31 Abs 3 ErbbauRG nicht auf § 470 BGB verweist, kann das Vorrecht auch ausgeübt werden, wenn die neue Bestellung an einen gesetzlichen Erben mit Rücksicht auf ein gesetzliches Erbrecht erfolgt.

15 Nach Abs 4 S 2 ErbbauRG sind §§ 1099–1102 BGB entsprechend anwendbar. Hieraus ergibt sich Folgendes:

§ 1099 Abs 1 BGB: Der neue Erbbauberechtigte kann dem Berechtigten des Vorrechts den Inhalt des Erbbaurechtsvertrags mit der Wirkung des Fristanlaufs mitteilen.

§ 1099 Abs 2 BGB: Wenn der Grundstückseigentümer das neue Erbbaurecht dem Dritten bereits dinglich bestellt hat und dann erst das Vorrecht ausgeübt wird, hat er den Dritten von der Ausübung des Vorrechts sofort zu benachrichtigen; er hat ihm auch dann Kenntnis zu geben, wenn etwa der frühere Erbbauberechtigte die Frist ungenützt hat verstreichen lassen oder auf die Ausübung des Vorrechts verzichtet hat.

§ 1100 BGB: Gemäß § 888 Abs 1 BGB muss der neue Erbbauberechtigte der Eintragung des früheren Erbbauberechtigten im Grundbuch zustimmen; er hat ihm auch das Bauwerk herauszugeben. Wenn er aber dem Grundstückseigentümer bereits die vereinbarte Gegenleistung für die Bestellung des Erbbaurechts entrichtet hat, kann er diese Zustimmung und die Herausgabe des Bauwerks solange verweigern, bis ihm das Gezahlte erstattet ist. Sobald das Erbbaurecht auf den früheren Erbbauberechtigten wieder übertragen ist, kann er auch das Gezahlte von diesem im Wege der

Klage ersetzt verlangen, er muss sich dann auch zur Herausgabe des Bauwerks bereit erklären.

§ 1101 BGB: Sofern und soweit der frühere Erbbauberechtigte dem neuen Erbbauberechtigten die Gegenleistung für das Erbbaurecht erstatten muss, braucht er diese dem Grundstückseigentümer nicht zu zahlen.

§ 1102 BGB: Wenn der neue Erbbauberechtigte die Gegenleistung noch nicht entrichtet hat und er das Erbbaurecht wieder verliert, weil der bisherige Erbbauberechtigte das Vorrecht auf die Erneuerung ausübt, so wird er von seiner Verpflichtung hinsichtlich dieser Gegenleistung frei; bereits Gezahltes kann er vom Grundstückseigentümer nicht zurückfordern, weil er ja dafür den Ersatzanspruch gegen den bisherigen Erbbauberechtigten hat.

3. Die Sicherung von Gläubigern bei Ausübung des Vorrechtes (Abs 5)

Die Vorschrift des § 31 Abs 5 ErbbauRG regelt die Rechtsstellung der in § 29 ErbbauRG näher aufgeführten **Realgläubiger des bisherigen Erbbauberechtigten** für den Fall der Erneuerung des Erbbaurechts: Nach § 29 ErbbauRG haben die dort benannten Realgläubiger nach Ablauf des Realrechts durch Zeitablauf (§ 27 ErbbauRG) an der Entschädigungsforderung des Erbbauberechtigten für das Bauwerk dieselben Rechte, wie im Fall einer Zwangsversteigerung eines Grundstücks an dem Erlös aus der Versteigerung (vgl näher die Erl zu § 29 ErbbauRG). Es kann hier aber der Fall eintreten, dass das Erbbaurecht erneuert wird, bevor diese Gläubiger ihre Befriedigung nach Maßgabe des § 29 ErbbauRG gefunden haben. 16

Für diesen Fall schreibt Abs 5 S 1 vor, dass die Gläubiger, soweit ihre Befriedigung gemäß § 29 ErbbauRG noch nicht erfolgt ist, dieselben **Rechte an dem neu bestellten Erbbaurecht** haben sollen, die ihnen im Zeitpunkt der Beendigung an dem früheren Erbbaurecht zustanden. Das neue Erbbaurecht tritt an Stelle der Entschädigungsforderung des Erbbauberechtigten nach §§ 27 ff ErbbauRG in die Haftung ein, die Hypotheken usw werden wieder Erbbaurechtsbelastungen derselben Art und mit dem gleichen Rang wie zur Zeit des Erlöschens. Diese Rechtsänderungen treten kraft Gesetzes ein; die Gläubiger können die Eintragung im neuen Erbbaugrundbuch im Weg der Grundbuchberichtigung verlangen (§ 894 BGB). Selbstverständlich können die Beteiligten aber auch besondere Abmachungen für die Erneuerung ihrer Rechte treffen. 17

Eine nähere Bestimmung darüber, welches **Rangverhältnis** zwischen den Gläubigern des alten Erbbaurechts und dem etwa auf dem neuen Recht lastenden Erbbauzins besteht, enthält das Gesetz nicht. Den bisherigen Realgläubigern muss aber der Vorrang vor dem Erbbauzins des neuen Erbbaurechts zugebilligt werden, da ihre Rechte an der Entschädigungsforderung erlöschen und Sinn und Zweck des § 31 Abs 5 ErbbauRG nur dahin gehen kann, dass die Realgläubiger nach Möglichkeit keine Einbuße erleiden, sondern eine ihrer früheren gleichstehenden Rechtsstellung erhalten sollen. Würde ihnen diese verweigert, so könnten sie den Grundstückseigentümer zwingen, ihnen den Vorrang vor dem Erbbauzins einzuräumen, da es in ihrer Macht steht, durch Nichtfreigabe der ersten Rangstelle, die durch die hypothekarisch gesi- 18 cherte Entschädigungsforderung verbraucht wird, die Entstehung des neuen Erbbaurechts zu verhindern (vgl dazu Erl zu § 29 ErbbauRG).

19 Der Anspruch dieser Gläubiger auf Befriedigung aus der Entschädigungsforderung für das Bauwerk (§ 29 ErbbauRG) erlischt hingegen (Abs 5 S 2).

20 Darüber, ob auch die **Entschädigungsforderung des Erbbauberechtigten selbst** und das damit verbundene dingliche Sicherungsrecht (§ 28 ErbbauRG Rn 4) bei der Erneuerung erlischt, enthält das Gesetz keine Vorschrift.

Das Erlöschen dieser Forderung ist jedoch notwendige Voraussetzung für die Eintragung und damit für die Entstehung des neuen Erbbaurechts, weil sonst die dafür erforderliche erste Rangstelle nicht frei wird. Jedenfalls muss die dingliche Sicherung für die Entschädigungsforderung (sei es durch Zahlung oder durch Verzicht) beseitigt werden. Für den Fall, dass die Erneuerung lediglich die Fortsetzung des früheren Erbbaurechts mit dem bisherigen Bauwerk unter denselben Bedingungen darstellt, wird die Freigabe der ersten Rangstelle durch Verzicht auf die Entschädigungsforderung kaum Schwierigkeiten bereiten. Will aber der Grundstückseigentümer für das neue Erbbaurecht höhere Gegenleistungen als für das ursprüngliche, so ist es Sache besonderer Vereinbarungen mit dem Erbbauberechtigten, dessen Zustimmung zur Löschung oder zu einem Rangrücktritt hinsichtlich seiner Reallast für die Entschädigungsforderung herbeizuführen. Für die Annahme, dass die Entschädigungsforderung mit der Ausübung des Erneuerungsrechts ohne Weiteres erlischt, besteht keine gesetzliche Grundlage (vgl Winkler/Schlögel § 4 Rn 152; Ingenstau/Hustedt/Bardenhewer § 31 ErbbauRG Rn 27; **aA** Lemke/Czub § 31 ErbbauRG Rn 12).

Auch wenn die Entschädigungsforderung nicht im Grundbuch eingetragen ist, hat die kraft Gesetzes außerhalb des Grundbuchs entstandene Forderung (vgl § 29 ErbbauRG) Vorrang und hindert die Eintragung des Erbbaurechts. Denn die Entschädigungsforderung kann auf Antrag jederzeit mit ihrem Vorrang eingetragen werden (vgl § 28 ErbbauRG Rn 7 ff), da der neue Erbbauberechtigte als Gläubiger niemals im guten Glauben hinsichtlich des Vorrangs sein kann, da diesbezüglich die Vormerkung gem § 31 Abs 4 S 3 ErbbauRG eingetragen ist.

3. Heimfall

§ 32
ErbbauRG

(1) Macht der Grundstückseigentümer von seinem Heimfallanspruch Gebrauch, so hat er dem Erbbauberechtigten eine angemessene Vergütung für das Erbbaurecht zu gewähren. Als Inhalt des Erbbaurechts können Vereinbarungen über die Höhe dieser Vergütung und die Art ihrer Zahlung sowie ihre Ausschließung getroffen werden.

(2) Ist das Erbbaurecht zur Befriedigung des Wohnbedürfnisses minderbemittelter Bevölkerungskreise bestellt, so darf die Zahlung einer angemessenen Vergütung für das Erbbaurecht nicht ausgeschlossen werden. Auf eine abweichende Vereinbarung kann sich der Grundstückseigentümer nicht berufen. Die Vergütung ist nicht angemessen, wenn sie nicht mindestens zwei Drittel des gemeinen Wertes des Erbbaurechts zur Zeit der Übertragung beträgt.

Systematische Übersicht

Alphabetische Übersicht

I. Überblick

1 § 32 ErbbauRG ordnet in Abs 1 S 1 grds einen Vergütungsanspruch des Erbbauberechtigten im Falle des Heimfalls an, erlaubt aber in Abs 1 S 2 eine Vereinbarung über diesen Anspruch als Inhalt des Erbbaurechts. In Abs 2 werden Vorgaben für diese Vereinbarung getroffen, wenn das Erbbaurecht zur Befriedigung des Wohnbedürfnisses minderbemittelter Bevölkerungskreise bestellt ist.

2 § 32 ErbbauRG gewährt beim **Heimfall des Erbbaurechts** dem Erbbauberechtigten einen Anspruch auf angemessene **Vergütung für das Erbbaurecht** aus denselben Grün-

den, aus denen in § 27 ErbbauRG eine Entschädigung für das Bauwerk vorgesehen ist; darüber hinaus verfolgt § 32 ErbbauRG den Zweck (vgl Begr zu § 27 ErbbauRG): „ein Gegengewicht gegen eine zu scharfe Anwendung der Heimfallklausel durch den Grundeigentümer zu bilden". Die „angemessene Vergütung" setzt sich also zusammen aus dem Wert des Bauwerkes, der nach denselben Prinzipien wie bei Beendigung des Erbbaurechtes durch Zeitablauf zu ermitteln ist (§ 27 ErbbauRG Rn 9) und dem Wert der vorzeitigen Erlangung des Nutzungsrechtes am Erbbaugrundstück.

Der Wortlaut des § 32 ErbbauRG erinnert an die Regelung zur Entschädigung bei Erlöschen des Erbbaurechts durch Zeitablauf (§§ 27 ff ErbbauRG), jedoch bestehen auch Unterschiede, die auch damit zusammenhängen, dass beim Heimfall das Erbbaurecht nicht erlischt (vgl Nagel/Götting § 32 ErbbauRG Rn 6 f).

3 § 32 ErbbauRG ist nur im Falle eines Heimfalls anwendbar. Wird das Erbbaurecht nicht aufgrund eines zu seinem Inhalt gehörigen Heimfallrechts, sondern nur aufgrund eines persönlichen Anspruchs (zB Rückübertragung des Erbbaurechtes nach vorhergehender familieninterner Überlassung bei Verwirklichung eines bestimmten Ereignisses) oder aufgrund freiwilliger Rückübertragung ohne Ausübung des Heimfallrechts auf den Eigentümer übertragen, so findet § 32 ErbbauRG keine Anwendung; näheres ist dann Sache besonderer Vereinbarung.

4 § 32 ErbbauRG gilt im Falle der Bestellung eines **Untererbbaurechts** zu Gunsten des Untererbbauberechtigten nur dann, wenn es sich um den Heimfall des Untererbbaurechts handelt. Beim Heimfall des Obererbbaurechts gilt § 32 ErbbauRG nur zugunsten des Obererbbauberechtigten. Das Untererbbaurecht erlischt beim Heimfall des Obererbbaurechts entschädigungslos (§ 33 ErbbauRG Rn 14).

II. Vergütungsanspruch (Abs 1 S 1)

1. Allgemeines

5 Abs 1 S 1 stellt als Grundsatz auf, dass der Grundstückseigentümer, wenn er von seinem Heimfallanspruch Gebrauch macht, dem Erbbauberechtigten eine **angemessene Vergütung** für das Erbbaurecht (also nicht bloß für das Bauwerk allein, wie im Falle des § 27 ErbbauRG, sondern auch für das Erbbaurecht, also den vorzeitigen Rückfall der Bodennutzung) zu gewähren hat (vgl BGH 19. 1. 2024 – V ZR 191/22, ErbbauZ 2024, 48, 51 Rn 23). Das Recht als solches kann einen Wert dann haben, wenn der Erbbauzins im Verhältnis zum aktuellen Grundstückswert niedriger ist, aufgrund des Vertrages oder gem § 9a ErbbauRG auch nicht so erhöht werden kann, dass er dem aktuellen Wert entspricht.

6 Im Gegensatz zur Regelung nach §§ 27, 28 ErbbauRG sichert das Gesetz diesen Vergütungsanspruch nicht dinglich, sondern nur mit **schuldrechtlichem Charakter**. Eine dingliche Sicherung bedarf einer besonderen Vereinbarung. Dem Erbbauberechtigten steht aber ein Zurückbehaltungsrecht zu (vgl § 28 ErbbauRG Rn 9). Im Hinblick auf § 33 Abs 2 ErbbauRG haftet der Vergütungsanspruch auch nicht dem Grundpfandrechtsgläubiger des Erbbauberechtigten, da diese bestehen bleiben.

Voraussetzung für den Vergütungsanspruch nach § 32 Abs 1 S 1 ErbbauRG ist, dass der Eigentümer von seinem Heimfallrecht auch Gebrauch macht, es genügt mithin nicht (wie bei § 27 ErbbauRG), dass die Grundlagen für den Anspruch an sich gegeben sind. 7

Der Vergütungsanspruch **entsteht** jedoch erst mit der Erfüllung des Heimfallanspruchs, also mit Einigung und Eintragung (BGHZ 116, 163; 111, 154). Wegen der Vergütungsforderung besteht ein Zurückbehaltungsrecht gem § 273 Abs 1 BGB gegenüber dem Heimfallanspruch (BGHZ 116, 164). Hierfür genügt es, dass die eigene Forderung des Schuldners (Erbbauberechtigter) mit Erfüllung der Gegenforderung entsteht und fällig wird (BGHZ 111, 156).

Berechtigter des Vergütungsanspruchs ist der Erbbauberechtigte zum Zeitpunkt des Entstehens des Vergütungsanspruchs. Mit diesem Zeitpunkt wird auch der Anspruch fällig. 8

Eine Bestimmung wie § 27 Abs 4 ErbbauRG, dass der Anspruch vor seiner Fälligkeit nicht **abgetreten** werden kann, fehlt hier. Ein solches Abtretungsverbot, das der Werterhaltung des Erbbaurechtes im Interesse der Gläubiger des Erbbauberechtigten dient (§ 27 ErbbauRG Rn 37), ist bei Heimfall auch nicht erforderlich, da die Grundpfandrechtsgläubiger des Erbbauberechtigten auch mit Vollzug des Heimfalls dinglich und persönlich gesichert bzw verpflichtet sind (§ 33 Abs 2 ErbbauRG). Der Anspruch kann daher nach überzeugender, wenngleich bestrittener, Ansicht (als künftiger Anspruch) schon vor seiner Fälligkeit formlos abgetreten, verpfändet und gepfändet werden (BGH NJW 1976, 895; BeckOGK/Toussaint [1. 9. 2025] § 32 ErbbauRG Rn 9 mwNw; **aA** etwa Winkler/Schlögel § 4 Rn 113a), vorausgesetzt, dass der Verfügende auch noch im Zeitpunkt der Entstehung des Anspruchs Erbbauberechtigter ist (Lemke/Czub § 32 ErbbauRG Rn 8). Der Anspruch kann daher auch als Sicherheit für einen Untererbbauberechtigten beim Heimfall des Obererbbaurechtes eingesetzt werden (§ 11 ErbbauRG Rn 17).

Verpflichtet ist der Eigentümer persönlich, der im Zeitpunkt der Entstehung des Vergütungsanspruchs Eigentümer ist und nicht der Eigentümer, der vom Heimfallrecht Gebrauch gemacht hat. Bei einem Wechsel des Eigentums in der Zeit zwischen Ausübung und Erfüllung des Heimfallanspruchs geht die Verpflichtung zur Zahlung des Entschädigungsanspruchs kraft Gesetzes auf den neuen Eigentümer über. Dies gilt auch, wenn der Eigentümer bei Eintritt des Heimfalls gem § 3 ErbbauRG verlangt, dass das Erbbaurecht auf einen von ihm zu benennenden Dritten übertragen werden soll. 9

Wird bei einem Gesamterbbaurecht der Heimfall geltend gemacht, ist (sind) entschädigungsverpflichtet der (die) Eigentümer, die den Heimfall geltend machen, bei mehreren Eigentümern im Anteilsverhältnis gem § 472 BGB (§ 3 ErbbauRG Rn 8), wobei abweichende Vereinbarungen zulässig sind.

Die Forderungen, die der Grundstückseigentümer nach § 33 Abs 2 ErbbauRG zu übernehmen hat, werden auf die Vergütung angerechnet (vgl § 33 ErbbauRG Rn 21). 10

11 Können sich die Beteiligten über die Höhe der Vergütung nicht einigen, so ist der Streit im ordentlichen Prozessweg zu entscheiden. Dies gilt auch für den Fall des Abs 2.

12 Der Anspruch unterliegt der regelmäßigen dreijährigen **Verjährung** (Winkler/Schlögel § 4 Rn 113a; Lemke/Czub § 32 ErbbauRG Rn 10; Böttcher Rn 230; **aA** BeckOK-BGB/Maass [1. 11. 2025] § 32 ErbbauRG Rn 2). Aus § 4 ErbbauRG ergibt sich die Tendenz des Gesetzgebers, den Heimfall und seine Rechtsfolgen in kurzer Zeit abzuwickeln (Lemke/Czub § 32 ErbbauRG Rn 10, § 4 ErbbauRG Rn 1a).

2. Wertermittlung

13 Welche Vergütung **„angemessen"** ist, wird vom Gesetz nicht bestimmt. Man hat im Allgemeinen vom gemeinen Wert des Erbbaurechts auszugehen (dies ist aus Abs 2 zu entnehmen). Der gemeine Wert setzt sich zusammen aus dem realen Wert des Bauwerks (das ist der Verkehrswert, BGHZ 116, 166; vgl § 27 ErbbauRG Rn 10) zur Zeit des Heimfalls und dem Ertragswert des Erbbaurechts von diesem Zeitpunkt an, veranschlagt für die Zeit bis zum normalen Ablauf des Erbbaurechts (vgl BGH 19. 1. 2024 – V ZR 191/22, ErbbauZ 2024, 48, 51 Rn 23; WM 1975, 256; 1976, 402; NJW 1981, 1045; NJW 1992, 1454; Schreinert notar 2019, 368).

14 Die Frage, wie der Wert zu ermitteln ist, ist im Detail sehr umstritten (vgl zum Streitstand etwa Nagel/Götting § 32 ErbbauRG Rn 52 ff; BeckOGK/Toussaint [1. 9. 2025] § 32 ErbbauRG Rn 12 ff, jew mwNw).

Nach überwiegender Ansicht ist nicht der Bodenwert iSd § 16 ImmoWertV anzusetzen, sondern ein eigenständiger Ertragswert des Erbbaurechts anzunehmen, wobei nach vielfach vertretener Ansicht der **Ertragswert des § 19 ErbbauRG** herangezogen wird (Winkler/Schlögel § 4 Rn 115; BeckOK-BGB/Maass [1. 11. 2025] § 27 ErbbauRG Rn 2; Lemke/Czub § 32 ErbbauRG Rn 11; Böttcher Rn 225). Folgt man dieser Ansicht, ist nach der voraussichtlichen Restdauer des Erbbaurechts zu kapitalisieren. Bei dieser Bewertung sind die auf dem Erbbaurecht ruhenden Lasten, soweit sie den Ertrag mindern, abzuziehen – ausgenommen dem Erbbauberechtigten zustehende Eigentümerrechte – ebenso auch die Ausgaben, die dem Erbbauberechtigten noch in Folgezeit für das Erbbaurecht voraussichtlich erwachsen wären.

15 Für den **Zeitpunkt** der Wertermittlung gilt: Der für die Höhe der Heimfallvergütung maßgebende Wert des Erbbaurechts ist, wenn nichts anderes vereinbart ist, in allen Fällen des § 32 ErbbauRG nach den Verhältnissen im Zeitpunkt der Erfüllung des Heimfallanspruchs, also bei Vollzug im Grundbuch, zu ermitteln (BGH NJW 1992, 1454).

III. Rechtsgeschäftliche Vereinbarungen über die Vergütung beim Heimfall (Abs 1 S 2, Abs 2)

1. Vereinbarung über die Höhe der Vergütung (Abs 1 S 2)

16 Es steht den Beteiligten frei, **Vereinbarungen** über die Höhe einer solchen Vergütung und die Art ihrer Zahlung zu treffen, auch ihre Ausschließung zu verabreden, ausge-

nommen den Fall des Abs 2. Derartige Vereinbarungen sind, wenn sie (unter Bezugnahme auf die Eintragungsbewilligung) eingetragen sind, **Inhalt des Erbbaurechts** und wirken gegenüber den Rechtsnachfolgern, soweit nichts anderes vereinbart ist.

Bei Abschluss einer derartigen Vereinbarung sollte der Eigentümer darauf achten, dass die Entschädigung in keinem Fall höher sein sollte als die Schuld aus den Grundpfandrechten, die nach § 33 ErbbauRG auf den Eigentümer beim Heimfall übergeht und die er von der Entschädigungssumme abziehen kann (§ 33 Abs 3 ErbbauRG).

2. Mindestvergütung gem Abs 2

Eine Ausnahmeregelung trifft Abs 2 für den Fall, dass das Erbbaurecht zur Befriedigung des **Wohnbedürfnisses minderbemittelter Bevölkerungskreise** bestellt wurde (vgl § 27 ErbbauRG Rn 17 f). Hier kann die Zahlung einer angemessenen Vergütung nicht ausgeschlossen werden, Abs 2 S 1. Gemäß Abs 3 S 2 ist die Vergütung in diesem Fall nicht angemessen, wenn sie nicht mindestens zwei Drittel des gemeinen Wert des Erbbaurechts zur Zeit der Übertragung beträgt. 17

Abs 2 ist eine Schutzvorschrift für die Beschaffung von Wohnraum für die minderbemittelte Bevölkerung. Ob diese dabei als eigennutzender Erbbauberechtigter oder als vorgesehener Mieter auftritt, spielt keine Rolle, es muss lediglich eine nutzbare Wohnung vorhanden sein. Wird aber das Heimfallrecht ausgeübt, solange überhaupt kein Bauwerk vorhanden ist, kann Abs 2 aus dem genannten Normzweck heraus nicht angewandt werden. Gerade um die Spekulation mit Erbbaurechten zu verhindern, wird häufig ein Heimfallrecht für den Fall vereinbart, dass das Erbbaurecht vor Errichtung des Bauwerks veräußert wird. Hier kann die Zahlung der Vergütung für das Erbbaurecht abbedungen werden, weil die in Abs 2 geschützten Personen als Benützer der Wohnung noch gar nicht vorhanden sind. 18

Die Bestimmung, wonach sich der Eigentümer auf eine abweichende Vereinbarung nicht berufen kann **(Abs 2 S 2)**, gilt für den ganzen Abs 2, auch für den S 3. 19

Der Erbbauberechtigte kann selbstverständlich im Einzelfall davon absehen, die Vergütung zu beanspruchen. Er kann auch auf den Anspruch, wenn er einmal entstanden ist, ganz oder teilweise verzichten. Ein früherer Verzicht ist aber unwirksam.

3. Ausschluss der Vergütung durch AGB bzw in städtebaulichen Verträgen

Umstritten und vom BGH bisher nicht entschieden ist die Frage, inwieweit ein Ausschluss der Vergütung durch AGB möglich ist (BGH 19. 1. 2024 – V ZR 191/22, ErbbauZ 2024, 48, 51 Rn 24). Hier kann auf die Ausführungen zum Ausschluss der Entschädigung für das Bauwerk durch allgemeine Geschäftsbedingung bei Beendigung des Erbbaurechtes durch Zeitablauf verwiesen werden (§ 27 ErbbauRG Rn 16). 20

Nach zutreffender Ansicht des BGH steht das Angemessenheitsgebot gem § 11 Abs 2 BauGB einem Ausschluss der Heimfallvergütung nicht entgegen (BGH 19. 1. 2024 – V ZR 191/22, ErbbauZ 2024, 48, 51 f; **aA** die Vorinstanz OLG Stuttgart 13. 9. 2022 – 10 U 278/21, ErbbauZ 2022, 167). 21

§ 33
ErbbauRG

(1) Beim Heimfall des Erbbaurechts bleiben die Hypotheken, Grund- und Rentenschulden und Reallasten bestehen, soweit sie nicht dem Erbbauberechtigten selbst zustehen. Dasselbe gilt für die Vormerkung eines gesetzlichen Anspruchs auf Eintragung einer Sicherungshypothek. Andere auf dem Erbbaurecht lastende Rechte erlöschen.

(2) Haftet bei einer Hypothek, die bestehen bleibt, der Erbbauberechtigte zugleich persönlich, so übernimmt der Grundstückseigentümer die Schuld in Höhe der Hypothek. Die Vorschriften des § 416 des Bürgerlichen Gesetzbuchs finden entsprechende Anwendung. Das gleiche gilt, wenn bei einer bestehenbleibenden Grundschuld oder bei Rückständen aus Rentenschulden oder Reallasten der Erbbauberechtigte zugleich persönlich haftet.

(3) Die Forderungen, die der Grundstückseigentümer nach Absatz 2 übernimmt, werden auf die Vergütung (§ 32) angerechnet.

Materialien: § 61 des Gesetzes vom 1. 6. 1909 ist praktisch nicht wirksam geworden, weil die dazu nötige DurchführungsVO nicht erlassen und die sog Bauschöffenämter nie errichtet wurden. Die nunmehrige Fassung beruht auf dem Gesetz vom 19. 4. 2006 (BGBl I 866), Art 138 Nr 3.

Systematische Übersicht

Alphabetische Übersicht

I. Überblick

§ 33 ErbbauRG regelt die **Rechtswirkungen des Heimfalls** des Erbbaurechts **auf** dessen **Belastungen**. Die Norm erfasst nur die Übertragung des Erbbaurechtes auf den Grundeigentümer aufgrund eines Heimfallanspruchs gem § 2 Nr 4 ErbbauRG. Sie gilt nicht bei einer Übertragung ohne eine solche Rechtspflicht. In diesem letzteren Falle bleibt es bei der bisherigen gesetzlichen Folge, dass alle an dem Erbbaurecht bestehenden dinglichen Rechte unberührt bleiben (amtliche Begründung zu §§ 32, 33 ErbbauRG, veröffentlicht von Schmidt-Räntsch ZfIR 2019, 180). 1

Abs 1 regelt, welche Belastungen des Erbbaurechts beim Heimfall bestehen bleiben und welche Belastungen erlöschen. Soweit Belastungen bestehen bleiben, ordnet Abs 2 an, inwieweit auf den Grundstückseigentümer auch zugrundeliegende Verbindlichkeiten übergehen. Kommt es zu einem Schuldübergang nach Abs 2, normiert Abs 3 eine Anrechnung auf die nach § 32 ErbbauRG zu leistende Vergütung. 2

Normzweck des § 33 ErbbauRG ist einerseits die Sicherung der Beleihungsfähigkeit des Erbbaurechts durch das Bestehenbleiben der dinglichen Verwertungsrechte, andererseits der Schutz des Eigentümers gegen die Übernahme von Rechten, die für ihn hinderlich oder unangenehm sind oder die das Erbbaurecht entwerten (zB Nießbrauch an demselben) und deren Entstehung er nicht verhindern konnte, weil für diese Rechte kein Zustimmungsvorbehalt gem § 5 Abs 2 ErbbauRG vereinbart werden konnte. 3

Das in Abs 1 S 3 angeordnete Erlöschen der Belastungen verursacht in der Praxis erhebliche **Probleme im Hinblick auf Rechte** am Grundstück, **die hinter das Erbbaurecht zurücktreten**, um diesem die regelmäßig erforderliche erste Rangstelle (§ 10 ErbbauRG) zu verschaffen (s eingehend § 10 ErbbauRG Rn 22 ff). Dieses Problem wird häufig für sog „existenznotwendigen Dienstbarkeiten" diskutiert, gilt aber auch (unabhängig von der Unbestimmtheit des Begriffs) auch für nicht existenznotwendige Rechte, die der Berechtigte nicht verlieren möchte (insoweit besteht das Problem auch bei Rechten, die nicht zurücktreten, sondern die erst nach Entstehung des Erbbaurechts (nur) am Erbbaurecht bestellt werden und mit deren Bestehenbleiben 4 beim Heimfall der Grundstückseigentümer – aus welchem Grund auch immer – einverstanden ist). Das Problem ist zumindest entschärft, wenn man eine teleologische Reduktion und bzw oder eine Abbdingbarkeit dieser Norm anerkennt (Rn 10 ff). Letztlich ist jedoch der Gesetzgeber berufen, de lege ferenda eine rechtssichere Lösung zu entwickeln (§ 10 ErbbauRG Rn 32).

II. Bestehenbleibende und erlöschende Rechte (Abs 1)

5 Abs 1 ordnet in Satz 1 und Satz 2 an, welche Belastungen des Erbbaurechts beim Heimfall bestehen bleiben. Andere Belastungen des Erbbaurechts erlöschen gemäß Satz 3, soweit keine ungeschriebenen Ausnahmen gelten.

Zu beachten ist, dass über § 33 Abs 1 ErbbauRG hinaus § 42 Abs 2 WEG ausdrücklich einen Fall regelt, bei dem eine Belastung des Erbbaurechts beim Heimfall bestehen bleibt: Hiernach erlischt beim Heimfall ein am Erbbaurecht lastendes **Dauerwohnrecht** nicht. Gleiches gilt für ein **Dauernutzungsrecht**, § 31 Abs 3 WEG.

1. Bestehenbleibende Belastungen aufgrund ausdrücklicher gesetzlicher Anordnung (Abs 1 S 1, S 2)

6 Gemäß **Abs 1 S 1 HS 1 bleiben** beim Heimfall die Hypotheken (§ 1113 BGB), Grund- und Rentenschulden (§§ 1191, 1199 BGB), sowie Reallasten (§ 1105 BGB, zu denen auch Überbau- und Notwegerenten nach §§ 914, 917 BGB und die Erbbauzinsreallast gehören), grds **bestehen.**

Eine **Ausnahme** gilt für diese Rechte, soweit sie die dem Erbbauberechtigten selbst zustehen, **Abs 1 S 1 HS 2**. Diese erlöschen beim Heimfall gem Abs 1 S 3. Der wirtschaftliche Ausgleich liegt darin, dass diese Rechte auch bei der Berechnung der Vergütung zu Lasten des Erbbauberechtigten nicht mehr abgezogen werden können.

7 Wenn der Grundstückseigentümer oder der Dritte, auf den das Erbbaurecht nach § 3 HS 2 ErbbauRG übertragen wird, selbst ein solches Recht am Erbbaurecht hat, erlischt dieses Recht nicht, sondern verwandelt sich in ein Eigentümerrecht (§§ 889, 1177, 1200 BGB).

8 Gem **Abs 1 S 2** bleibt beim Heimfall zudem die Vormerkung eines gesetzlichen Anspruchs auf Eintragung einer **Vormerkung** eines **gesetzlichen Anspruchs** auf Eintragung einer Sicherungshypothek (zB sog Bauhandwerkerhypothek gem § 650e BGB).

Die Vormerkungen von **vertraglichen Ansprüchen** auf Begründung irgendwelcher Rechte am Erbbaurecht erlöschen hingegen grundsätzlich gem Abs 1 S 3. Dies gilt unabhängig davon, ob sich um Rechte handelt, die nach Abs 1 S 1 bestehen bleiben oder die nach Abs 1 S 3 erlöschen würden (Winkler/Schlögel§ 4 Rn 119 mwNw). **Etwas anderes gilt** jedoch ausnahmsweise aufgrund einer telelogischen Reduktion des Abs 1 S 3 für Vormerkungen, die der Eigentümer selbst bei Ausgabe des Erbbaurechts zur Eintragung bewilligt und die einen Anspruch auf erstrangige Neubestellung eines Rechtes sichern soll, das ursprünglich am Grundstück an erster Rangstelle eingetragen war und durch dessen Rangrücktritt hinter das Erbbaurecht erst die Entstehung des Erbbaurechts ermöglicht wurde; diese Vormerkungen bleiben beim Heimfall bestehen (s Rn 11 und § 10 ErbbauRG Rn 24).

2. Ungeschriebene Gründe für das Bestehenbleiben

Nach ungeklärter, aber überzeugender Ansicht bestehen ungeschriebene Gründe für 9
das Bestehenbleiben von Rechten entgegen § 33 Abs 1 S 3 ErbbauRG. Da die Rechtslage aber unsicher ist, ist der Gesetzgeber berufen, de lege ferenda eine rechtssichere Lösung zu entwickeln (s eingehend § 10 ErbbauRG Rn 22 ff).

a) Teleologische Reduktion des Abs 1 S 3

§ 33 Abs 1 S 3 ErbbauRG ist **teleologisch zu reduzieren** (BeckOK-BGB/Maass [1. 11. 10
2025] § 33 ErbbauRG Rn 2; Rapp ZfIR 2017, 89, 91 f; Graf Wolffskeel von Reichenberg ErbbauZ 2022, 158, 159; **aA** Mascherini/Dieckmann notar 2024, 200, 208). Aus der Gesetzesbegründung ist ersichtlich, dass die Norm den Grundstückseigentümer schützen soll.

Er ist jedoch jedenfalls bezüglich solcher Belastungen nicht schutzwürdig, die inhaltsgleich am Grundstück bestehen, denen er also ohne das Erbbaurecht auch ausgesetzt wäre. Solche Belastungen bleiben daher beim Heimfall bestehen.

Für Belastungen des Erbbaurechts, die nicht auch am Grundstück bestehen, gilt das Gleiche, wenn der Grundstückseigentümer diesen nicht nur einfach (etwa aufgrund einer schuldrechtlichen Vereinbarung im Erbbaurechtsvertrag, wonach die Belastung der Zustimmung des Grundstückseigentümers bedarf), sondern qualifiziert (also mit der Maßgabe, dass sie beim Heimfall bestehen bleibt) zugestimmt hat (BeckOK-BGB/Maass [1. 11. 2025] § 33 ErbbauRG Rn 2.1). Zuzugeben ist die Nachweisproblematik, ob eine entsprechende qualifizierte Zustimmung erfolgt ist (Rapp ZfIR 2017, 89, 92 sieht kein Problem für den Rechtsverkehr, geht jedoch offenbar nur von Belastungen aus, die inhaltsgleich am Grundstück bestehen).

Die teleologische Reduktion gilt auch für den Fall, dass der Grundstückseigentümer beim Heimfall gem § 3 HS 2 ErbbauRG die Übertragung an einen Dritten verlangt, da dieser sein Recht vom Grundstückseigentümer als Heimfallberechtigten ableitet und das Erbbaurecht daher nur in dem Zustand erhalten kann, wie es der Grundstückseigentümer könnte (**aA** Mascherini/Dieckmann notar 2024, 200, 208).

Ohne höchstrichterliche Klärung kann der Praxis selbstverständlich nicht geraten werden, sich auf die teleologische Reduktion zu verlassen.

Die telelogische Reduktion gilt insbesondere auch für eine Vormerkung, die der Ei- 11
gentümer selbst bei Ausgabe des Erbbaurechts zur Eintragung bewilligt und die einen Anspruch auf erstrangige Neubestellung eines Rechtes sichern soll, das ursprünglich am Grundstück an erster Rangstelle eingetragen war und durch dessen Rangrücktritt hinter das Erbbaurecht erst die Entstehung des Erbbaurechts ermöglicht wurde (s hierzu § 10 ErbbauRG Rn 27). Würde man die Vormerkung zur Neueintragung des Rechtes am Erbbaurecht zur Löschung bringen, so stünde der Grundstückseigentümer durch die Ausübung des Heimfalls besser als er vor Bestellung des Erbbaurechtes mit seinem dienstbarkeitsbelasteten Grundstück gestanden hat

b) Rechtsgeschäftliche Abbedingung des Abs 1 S 3

12 Über die telelogische Reduktion (Rn 10 f) hinaus ist es nach teilweise vertretener und überzeugender Ansicht auch möglich, die Rechtsfolge des § 33 Abs 1 S 3 ErbbauRG ganz oder teilweise durch Rechtsgeschäft zwischen Grundstückseigentümer und Erbbauberechtigten **abzubedingen** (Kesseler ZfIR 2014, 414, 417 ff; Staudinger/Rapp [2021] § 33 ErbbauRG Rn 12 ff; Böttcher Rn 123b, **aA** Ingenstau/Hustedt/Bardenhewer § 33 ErbbauRG Rn 13; Mascherini/Dieckmann notar 2024, 200, 208; zweifelnd Weber NotBZ 2015, 405, 407; MünchKommBGB/Weiss § 33 ErbbauRG Rn 5).

Dies verstößt nicht gegen den sachenrechtlichen Typenzwang: Der Heimfall ist kein gesetzlicher Inhalt des Erbbaurechts; er besteht gem § 2 Nr 4 ErbbauRG nur, wenn er ausdrücklich als Inhalt des Erbbaurechtes vereinbart worden ist. Aus der nur fakultativen Geltung ergibt sich, dass die Heimfallfolgen dann zur Disposition zwischen Grundstückseigentümer und Erbbauberechtigten stehen, wenn Rechte Dritter oder Interessen des Rechtsverkehrs nicht entgegenstehen. Ein Grundstückseigentümer, der eine unter § 33 Abs 1 S 3 ErbbauRG fallende Belastung bei Begründung des Erbbaurechtes selbst vereinbart hat bzw einer solchen zugestimmt hat, wird durch deren Fortbestand beim Heimfall nicht beeinträchtigt. Auch der bisherige Erbbauberechtigte erlangt durch den Fortbestand des Rechtes keinen Nachteil, höchstens einen Vorteil: Er vermeidet Schadenersatzansprüche des Berechtigten aus dem kausalen Schuldverhältnis, das der Rechtsbestellung zugrunde liegt. Auch sonstige, im Verhältnis zur Dienstbarkeit nachrangige Berechtigte, insbesondere Grundpfandrechtsgläubiger am Erbbaurecht sind durch den Fortbestand kraft Abbedingung nicht in ihren Rechten beeinträchtigt. Zwar erlangen sie durch den Fortbestand des Rechtes keine Rangverbesserung, hierauf haben sie jedoch auch keinen Anspruch. Auch der Rechtsverkehr als solcher wird durch die Abbedingung des § 33 S 1 S 3 ErbbauRG nicht beeinträchtigt: Geschützt sind nur solche Eintragungen, die jeweils mit Zustimmung des Grundstückseigentümers vorgenommen wurden. Diese ergibt sich aus dem Erbbaurechtsvertrag und bei späterer Eintragungsbewilligung aus dieser. Jeder Rechtsnachfolger im Grundstückseigentum kann diese Rechtslage erkennen, da sie durch Grundbucheintragung dinglicher Inhalt des Erbbaurechtes geworden ist. Die Abbedingung beeinträchtigt auch in keiner Weise die Beleihbarkeit des Erbbaurechtes.

Gerichtliche Entscheidungen liegen freilich nicht vor, sodass die Rechtslage unsicher ist.

Weiterhin ist **zweifelhaft**, ob die Abbedingung zum **dinglichen Inhalt des Erbbaurechts** gemacht werden kann, sodass die Vereinbarung ohne weiteres gegenüber Sonderrechtsnachfolgern gilt (ablehnend Ott DNotZ 2015, 341, 347 f; Rapp MittBayNot 2014, 412, 415; Nagel/Bohlsen ErbbauZ 2022, 62, 63; dafür wohl Kesseler ZfIR 2014, 414, 418). Hierfür könnte sprechen, dass nach § 2 Nr 4 ErbbauRG Vereinbarungen über den Heimfall zum Inhalt des Erbbaurechts gemacht werden können. Dagegen spricht, dass bei diesem Verständnis die ausdrückliche Regelung in § 32 Abs 1 S 2 ErbbauRG überflüssig wäre.

Sofern man davon ausgeht, dass die Abbedingung dinglicher Inhalt des Erbbaurechts wird, wäre eine nachträgliche Änderung dieser Vereinbarung eine Inhaltsänderung des Erbbaurechts und somit gem §§ 877, 876 BGB nur mit Zustimmung der dinglich Berechtigten am Erbbaurecht möglich, da sich ihre Rechtsstellung verschlechtern würde (vgl Ott DNotZ 2015, 341, 355 f), wobei auch hier bestätigende Rechtsprechung fehlt. Geht man hingegen davon aus, dass die Abbedingung nur mit schuldrechtlicher Wirkung vereinbart werden kann, bleibt nur die Möglichkeit, dass sich die Vertragsparteien des Erbbaurechts (mit entsprechender Weitergabeverpflichtung) verpflichten, die Abbedingung nicht ohne Zustimmung der betroffenen dinglich Berechtigten aufzuheben; eine solche Vereinbarung hätte allerdings gem § 137 BGB wiederum nur schuldrechtliche Wirkung (vgl Ott DNotZ 2015, 341, 355 f).

3. Erlöschende Rechte (Abs 1 S 3)

Soweit keine Ausnahme greift (Rn 9 ff), **erlöschen andere** auf dem Erbbaurecht lastende **Rechte,** also insbesondere Dienstbarkeiten, Nießbrauch, Vorkaufsrechte. Auch Vormerkungen, die nur den persönlichen Anspruch auf Einräumung solcher Rechte sichern, erlöschen grds; ebenso Widersprüche in diesem Rahmen. Auch eine Vormerkung zur Sicherung des Anspruchs auf Übertragung des Erbbaurechts erlischt. Die erlöschenden Rechte setzen sich nicht wie bei § 29 ErbbauRG an dem Vergütungsanspruch fort. 13

Auch ein **Untererbbaurecht** erlischt und damit sämtliche am Untererbbaurecht eingetragenen Rechte (vgl BGH NJW 1974, 1137; § 11 ErbbauRG Rn 17). Ein Ersatzanspruch nach § 32 ErbbauRG gegenüber dem Grundstückseigentümer steht dem Untererbbauberechtigten von Gesetz wegen nicht zu. § 32 ErbbauRG gilt nur für das „Obererbbaurecht". Es empfiehlt sich daher, dass der Obererbbauberechtigte seinen Ersatzanspruch schon bei der Bestellung des Untererbbaurechts dem Untererbbauberechtigten abtritt und dies dem Grundstückseigentümer angezeigt wird (§ 11 ErbbauRG Rn 17; § 32 ErbbauRG Rn 8). 14

Die **Löschung** erfolgt im Wege der **Grundbuchberichtigung** nach § 22 GBO. Dabei ist allerdings die Bewilligung der Berechtigten erforderlich, da die Rechtsfolge des Erlöschens von der Ausübung des Heimfallrechts abhängt und die Ausübung des Heimfallrechts kaum in der Form des § 29 GBO nachgewiesen werden kann. Verweigern die Berechtigten der erloschenen Rechte die Abgabe der Berichtigungsbewilligung, so kann sie im Klagewege herbeigeführt und durch Urteil ersetzt werden (§ 894 ZPO). 15

III. Schuldübernahme (Abs 2)

Besondere Vorschriften stellt **Abs 2 S 1, S 2** für den Fall auf, dass bei einer bestehenbleibenden **Hypothek** der Erbbauberechtigte auch persönlich haftet: In diesem Fall übernimmt der Grundstückseigentümer die Schuld in Höhe der Hypothek. 16

Haftet ein Dritter persönlich, kommt die Vorschrift nicht zur Anwendung. Die Vorschrift des Abs 2 entspricht dem § 53 ZVG. Bei einer sonstigen Übertragung, die nicht Heimfall ist, regelt sich die Schuldübernahme nach den allgemeinen Vorschriften der §§ 414 ff BGB.

Geht das Erbbaurecht beim Heimfall nicht auf den Eigentümer, sondern nach § 3 HS 2 ErbbauRG auf einen vom Eigentümer bestimmten Dritten über, so ist es zunächst eine Frage der Auslegung der Vereinbarungen über das Heimfallrecht, ob 17 eine unmittelbare Schuldübernahme durch den Dritten anzunehmen ist. Fehlt die vertragliche Grundlage dafür, so bleibt es bei der gesetzlichen Regelung, wonach der Grundstückseigentümer die persönliche Haftung übernimmt (Lemke/Czub § 33 ErbbauRG Rn 12; **aA**: Gesetzliche Schuldübernahme durch den Dritten: Erman/Grziwotz § 33 ErbbauRG Rn 7; MünchKommBGB/Weiss § 33 ErbauRG Rn 10, jew mwNw). Die Vorschrift des Abs 2 S 1 ist eng auszulegen. Eine Verpflichtung zur Übernahme einer fremden Schuld kann nicht im Wege rechtsähnlicher Gesetzesanwendung auferlegt werden.

18 Aus dem Wort „übernimmt" kann nicht gefolgt werden, dass ein besonderer Übernahmeakt durch den Eigentümer stattzufinden hat. Die persönliche Schuld geht vielmehr von selbst über, sobald die Übertragung des Erbbaurechts auf den Eigentümer rechtswirksam durch Einigung und Eintragung erfolgt ist (vgl BGH NJW 1990, 2067), und zwar kraft Gesetzes in der Weise, dass der Eigentümer zunächst kumulativ neben dem Erbbauberechtigten als dem ursprünglichen persönlichen Schuldner haftet, andererseits aber diesem gegenüber einzustehen hat, dass dieser aus der Schuld nicht mehr in Anspruch genommen wird. Die Schuldübernahme wirkt also nur im Verhältnis zwischen Eigentümer und Erbbauberechtigten. Die Schuldübernahme findet nur in Höhe der Hypothek statt. Ist im Einzelfall die persönliche Schuld des Erbbauberechtigten höher als die Hypothek, so bleibt dieser bezüglich dieses Mehrbetrages Alleinschuldner.

19 Durch die gemäß Abs 2 S 2 vorgegebene entsprechende Anwendung des § 416 BGB ist dem Erbbauberechtigten die Möglichkeit gegeben, dem Hypothekengläubiger gegenüber von seiner an sich noch bestehenden persönlichen Haftung frei zu werden. Zu diesem Zweck hat der Erbbauberechtigte dem Gläubiger, nachdem das Erbbaurecht im Grundbuch auf den Eigentümer umgeschrieben ist, schriftliche Mitteilung über die Schuldübernahme durch den Eigentümer zu machen und den Gläubiger darauf hinzuweisen, dass die Schuldübernahme als genehmigt gilt, wenn nicht die Genehmigung innerhalb von sechs Monaten dem bisherigen Erbbauberechtigten gegenüber verweigert wird. Erklärt sich der Gläubiger nicht, so ist der Erbbauberechtigte von seiner Schuld frei. Versagt allerdings der Gläubiger die Genehmigung der Schuldübernahme, so haftet der Erbbauberechtigte weiter, hat aber gegen den Eigentümer des Grundstücks einen Anspruch auf Freistellung von seiner Schuld.

20 Das Gleiche gilt gem Abs 2 S 3, wenn bei einer bestehenbleibenden **Grundschuld** oder bei Rückständen **aus Rentenschulden** oder **Reallasten** der Erbbauberechtigte zugleich **persönlich haftet** (zB für eine Schuld, zu deren Sicherung eine Grundschuld bestellt wurde).

§ 416 BGB ist auch bei der Übernahme der persönlichen Schuld, die durch eine Grundschuld abgesichert ist, entsprechend anzuwenden. Für künftig fällig werdende Einzelleistungen einer Reallast trifft den Erwerber des Erbbaurechts nach § 1108 BGB die persönliche Haftung.

Mit Grundschulden ist auch häufig ein abstraktes Schuldanerkenntnis des Schuldners zugunsten des Grundschuldgläubigers verbunden. Der Anspruch aus einem solchen abstrakten Schuldanerkenntnis ist nicht gleichzusetzen mit der persönlichen Schuld, die auf den Eigentümer übergeht. Es handelt sich vielmehr um eine zusätzliche Sicherung der persönlichen Schuld, und zwar durch Grundschuld *und* abstraktes

Schuldanerkenntnis. Mangels einer ausdrücklichen gesetzlichen Vorschrift geht die Verpflichtung aus dem abstrakten Schuldanerkenntnis nicht auf den Grundstückseigentümer über, sondern bleibt beim Erbbauberechtigten. Dieser kann dann entweder nach § 812 BGB die Entlassung aus dieser Verpflichtung verlangen, wenn der Gläubiger die Übernahme der persönlichen Schuld durch den Eigentümer genehmigt hat, oder die Genehmigung nach § 416 BGB als erteilt gilt, oder aber es bleibt seine Verpflichtung aus dem abstrakten Schuldanerkenntnis zur Sicherung der Forderung des Gläubigers gegen ihn bestehen.

Die Bestimmungen des Abs 2 können vertraglich nicht zwischen dem Grundstückseigentümer und dem Erbbauberechtigten ausgeschlossen werden, da sie dem Interesse der Realgläubiger dienen und die Beleihbarkeit des Erbbaurechts gewährleisten sollen (Winkler/Schlögel § 4 Rn 117; Ingenstau/Hustedt/Bardenhewer § 33 ErbbauRG Rn 17; MünchKommBGB/Weiss § 33 ErbbauRG Rn 1; zweifelnd BeckOGK/Touissant [1. 12. 2025] § 33 ErbbauRG Rn 23; Dieckmann BWNotZ 2021, 250, 359 f). **21**

Gegen eine zu starke Inanspruchnahme kann sich der Grundstückseigentümer im Wesentlichen durch einen Belastungsvorbehalt gem § 5 Abs 2 ErbbauRG schützen. Freilich kann eine Pflicht zur Zustimmung zur Belastung gem § 7 Abs 2 ErbbauRG bestehen. Insoweit kommen verschiedene kautelarjuristische Vorkehrungen in Betracht, um den Grundstückseigentümer besser zu schützen (eingehend DNotI-Report 2024, 65; Dieckmann BWNotZ 2021, 350; Hofstetter BWNotZ 2025, 196; Winkler/Schlögel § 5 Rn 149a ff): Einerseits wird eine schuldrechtlich wirkende Konkretisierung der Zustimmungspflicht im Erbbaurechtsvertrag vorgeschlagen dahingehend, dass der Grundstückseigentümer einer Belastung nur zustimmen muss, wenn sich der Gläubiger dem Grundstückseigentümer zur Löschung des Grundpfandrechts beim Heimfall verpflichtet (Winkler/Schlögel § 5 Rn 149c). Andererseits werden Lösungen bei der Grundpfandrechtsbestellung durch Abtretung von Rückgewähransprüchen, Zustimmungspflichten bei Neuvalutierung, Einholen von Verzichtserklärungen und Teillöschungsbewilligungen gesucht (Dieckmann BWNotZ 2021, 350, 261 ff).

IV. Anrechnung auf Vergütung (Abs 3)

Die Forderungen, die der Grundstückseigentümer nach Abs 2 persönlich übernehmen muss, werden auf die dem Erbbauberechtigten nach § 32 ErbbauRG zu leistende Vergütung angerechnet, Abs 3. **22**

Wenn aber der Gläubiger die Schuldübernahme nicht genehmigt und den Erbbauberechtigten doch noch in Anspruch nimmt, so kann der Erbbauberechtigte vom Eigentümer den Betrag ersetzt verlangen, der an seiner Vergütung dafür abgezogen wurde. Es ergibt sich dies aus einer entsprechenden Anwendung des § 415 Abs 3 BGB. Bei solchen Hypotheken oder Grundschulden, bei denen der Erbbauberechtigte nur dinglich und nicht persönlich haftet, besteht keine Anrechnungspflicht an der Vergütung. Mittelbar haben solche Rechte aber dennoch Einfluss auf die Höhe der Vergütung, da sie bei der Ermittlung des Ertragswertes wertmindernd zu veranschlagen sind (vgl § 32 ErbbauRG Rn 14).

V. Miet- und Pachtverträge bei Heimfall

23 Über die Rechtslage der beim Heimfall noch laufenden **Miet- oder Pachtverträge** trifft das Gesetz keine Regelung. Da das Erbbaurecht nicht untergeht, sind §§ 566 ff, 581 Abs 2 BGB entsprechend anzuwenden. Die Verträge bestehen fort. Der Erwerber des Erbbaurechts tritt in sie ein. Ein Recht zu vorzeitiger Kündigung besteht nicht.

VI. Der Heimfallanspruch in der Zwangsversteigerung

24 Wird während eines laufenden **Zwangsversteigerungsverfahrens** über das Erbbaurecht das Heimfallrecht ausgeübt, so steht das Recht des Eigentümers der Fortsetzung des von einem persönlichen Gläubiger des Erbbauberechtigten betriebenen Zwangsversteigerungsverfahrens entgegen (vgl AG Arnsberg Rpfleger 1979, 274).

4. Bauwerk

§ 34
ErbbauRG

Der Erbbauberechtigte ist nicht berechtigt, beim Heimfall oder beim Erlöschen des Erbbaurechts das Bauwerk wegzunehmen oder sich Bestandteile des Bauwerks anzueignen.

I. Überblick

1 Die Norm untersagt dem Erbbauberechtigten, beim Heimfall oder beim Erlöschen des Erbbaurechts das Bauwerk wegzunehmen oder sich Bestandteile des Bauwerks anzueignen.

Es handelt sich um eine Spezialregelung zu § 951 BGB und zu § 258 BGB, die von § 34 ErbbauRG verdrängt werden (Nagel/Götting/Swars § 34 ErbbauRG Rn 1).

2 Diese Regelung steht im Gegensatz zur Rechtslage bei den altrechtlichen Erbbaurechten nach §§ 1012 ff BGB aF, bei welchen der Erbbauberechtigte als Eigentümer des von ihm selbst erstellten Bauwerks auch zur Wegnahme desselben oder von Teilen davon berechtigt ist.

II. Anwendungsbereich

3 Neben dem Heimfall ist § 34 ErbbauRG auch anwendbar, wenn das Erbbaurecht erlischt. Unter „Erlöschen" iS des § 34 ErbbauRG ist nicht nur das Erlöschen durch Zeitablauf, sondern auch die Beendigung durch rechtsgeschäftliche Aufhebung zu verstehen. Bei einer rechtsgeschäftlichen Aufhebung haben es die Vertragsteile in der Hand, Vereinbarungen zur Entschädigung und zum Wegfall des Bauwerks zu

treffen (Nagel/Götting/Swars § 34 ErbbauRG Rn 3). Die Norm ist zudem anwendbar bei einer Aufhebung des Erbbaurechts durch Enteignung.

Dem Erbbauberechtigten wird verboten, das Bauwerk wegzunehmen oder sich Bestandteile desselben anzueignen. Als „Bauwerk“ kommt hier nur in Betracht, was wesentlicher Bestandteil des Erbbaurechts nach § 12 Abs 1 ErbbauRG ist. Zeitbauten (Scheinbestandteile) nach § 95 BGB gehören nicht hierher. Hinsichtlich der Bestandteile fallen sowohl wesentliche als auch unwesentliche Bestandteile unter das Verbot. Zubehörstücke fallen nicht unter das Verbot. 4

In zeitlicher Hinsicht gilt: An sich hat der Erbbauberechtigte das Recht zum Abbruch und zur beliebigen Veränderung oder zur Wegnahme. Derartige Maßnahmen im Rahmen des § 34 ErbbauRG sind aber dann unzulässig, wenn sie nur mit Rücksicht auf das bevorstehende Ende des Erbbaurechts geschehen. Dies muss auch schon für die entsprechende Zeit vor Eintritt des Heimfalls oder des Erlöschens des Erbbaurechts gelten (Nagel/Götting/Swars § 34 ErbbauRG Rn 5). 5

III. Rechtsfolgen

Für den Verlust des Eigentums am Bauwerk bei Heimfall bzw bei Erlöschen des Erbbaurechts (§ 12 Abs 3 ErbbauRG) sieht das Gesetz einen Ausgleich vor: Bei Heimfall steht dem Erbbauberechtigten grds eine Entschädigung nach § 27 ErbbauRG zu, bei einem Erlöschen durch Zeitablauf grds eine Vergütung nach § 32 ErbbauRG. Bei einer rechtsgeschäftlichen Aufhebung nach § 26 ErbbauRG können Grundstückseigentümer und Erbbauberechtigter eine Entschädigung vereinbaren. Eine Entschädigung nach § 951 BGB scheidet jedoch aus, da § 34 ErbbauRG eine Sonderregelung dieses Tatbestandes darstellt. 6

Eine gesetzliche Verpflichtung zur Wegnahme des Bauwerks auf Verlangen des Grundstückseigentümers besteht nicht. 7

IV. Sonstiges

§ 34 ErbbauRG ist ein Schutzgesetz iS des § 823 Abs 2 BGB (vgl Ingenstau/Hustedt/Bardenhewer § 34 ErbbauRG Rn 5). 8

§ 34 ErbbauRG ist eine dispositive Vorschrift. Die Beteiligten können abweichende Bestimmungen vertraglich vereinbaren. Soweit Rechte Dritter berührt werden, dürfen nur nicht die Grundsätze des § 12 Abs 3 ErbbauRG beeinträchtigt werden. 9

VI. Schlußbestimmungen

§ 35
ErbbauRG

(1) Für nach dem Inkrafttreten des Gesetzes zur Änderung der Verordnung über das Erbbaurecht vom 8. Januar 1974 (BGBl. I S. 41) am 23. Januar 1974 fällig werdende Erbbauzinsen ist § 9a auch bei Vereinbarungen des dort bezeichneten Inhalts anzuwenden, die vor dem 23. Januar 1974 geschlossen worden sind.

(2) Ist der Erbbauzins auf Grund einer Vereinbarung nach Absatz 1 vor dem 23. Januar 1974 erhöht worden, so behält es hierbei sein Bewenden. Der Erbbauberechtigte kann jedoch für die Zukunft eine bei entsprechender Anwendung der in Absatz 1 genannten Vorschrift gerechtfertigte Herabsetzung dann verlangen, wenn das Bestehenbleiben der Erhöhung für ihn angesichts der Umstände des Einzelfalles eine besondere Härte wäre.

Materialien: § 35 ErbbauRG hat seine jetzige Fassung durch Gesetz vom 19. 4. 2006 (BGBl I 866) erhalten. Art 138 Nr 4 dieses Gesetzes und übernimmt die durch Art 139 des Gesetzes aufgehobene Übergangsregelung zu § 9a in Art 2 des Gesetzes vom 8. 1. 1974 (BGBl I 41).

1 Die Übergangsregelung betrifft vor dem 23. 1. 1974 geschlossene Vereinbarungen des in § 9a ErbbauRG bezeichneten Inhalts, mithin (schuldrechtliche) Anpassungsklauseln des Erbbauzinses, wenn das Bauwerk Wohnzwecken dient.

2 Die Übergangsregelung führt zu einem rückwirkenden Eingriff in den Erbbaurechtsvertrag (BeckOGK/Toussaint [1. 9. 2025] § 35 ErbbauRG Rn 5).

3 § 35 Abs 1 ErbbauRG ordnet an, dass § 9a ErbbauRG auch auf Erbbaurechtsverträge anwendbar ist, die vor dem 23. 1. 1974 abgeschlossen wurden. Die Regelung des § 9a ErbbauRG gilt insoweit auch für nach dem 23. 1. 1974 fällig werdende Erbbauzinsen (eingehend BeckOGK/Toussaint [1. 9. 2025] § 35 ErbbauRG Rn 9 ff).

4 § 35 Abs 2 ErbbauRG regelt den Fall, dass die Erhöhung des Erbbauzinses bereits vor dem 23. 1. 1974 erfolgte. Eine solche Erhöhung hat grundsätzlich Bestand (Abs 1 S 1), jedoch kommt in Ausnahmefälle eine Herabsetzung in Betracht (Abs 1 S 2).

§ 36
ErbbauRG

1 Aufgehoben durch Art 138 Nr 5 Gesetz v 19. 4. 2006 (BGBl I 866).

§ 37
ErbbauRG

Betraf Änderungen der Grundbuchordnung, die bereits durchgeführt sind. 1

§ 38
ErbbauRG

Für ein Erbbaurecht, mit dem ein Grundstück am 21. Januar 1919 belastet war, bleiben die bis dahin geltenden Gesetze maßgebend.

Systematische Übersicht

I. Anwendung alten Rechts

§ 38 ErbbauRG regelt den Übergang des alten Rechts zum Recht des neuen Gesetzes. 1

Für die alten Rechte sind die früheren Gesetze maßgebend. Zeitlich bildet der 22. 1. 1919 die maßgebliche Grenze. Das Erbbaurecht muss in diesem Zeitpunkt (am Beginn dieses Tages) bereits eingetragen gewesen sein.

Als fortgeltende Bestimmungen kommen in Betracht: als materiell-rechtliche Vorschriften die §§ 1012–1017 BGB (vgl dazu Rn 6 ff); als formell-rechtliche Vorschriften die §§ 7, 20 GBO in ihrer früheren Fassung. 2

Auch die Prozessrechtlichen Vorschriften zB des ZVG gelten weiter. Es kann daher zB (im Gegensatz zu § 25 ErbbauRG) ein altrechtliches Erbbaurecht durch die Zwangsversteigerung des Grundstücks unter Umständen erlöschen.

Für die bereits bestehenden Erbbaurechte ordnet § 38 ErbbauRG allgemein und ohne Einschränkung die Fortgeltung des früheren Rechts an. Das frühere Recht bleibt in jeder Beziehung maßgebend. Auch für alle neuen Rechtsvorgänge hinsichtlich altrechtlicher Erbbaurechte gelten die früheren Bestimmungen in materieller und formeller Art. 3

Insbesondere gilt: Für die Übertragung ist daher weiterhin die Form der Auflassung notwendig. Auch auflösende Bedingungen, die einem Erbbaurecht beigefügt sind, bestehen weiter und können das Erlöschen des Rechts herbeiführen. Auch die Bestandteilseigenschaft des Bauwerks richtet sich nach altem Recht. Soll einem altrechtlichen Erbbaurecht ein weiteres Grundstück als Belastungsgegenstand unterstellt werden, so sind für diese Erweiterung, wenn sie nach Inkrafttreten des neuen Gesetzes erfolgt, die Bestimmungen des neuen Gesetzes maßgebend.

4 Da Überleitungsbestimmungen im Gesetz fehlen, bilden somit das altrechtliche und das neurechtliche Erbbaurecht zwei verschiedene Rechtsinstitute. Es ist allerdings zulässig, im Wege der Inhaltsänderung ein altrechtliches Erbbaurecht in ein neurechtliches umzuwandeln. Denn wenn schon der Gesetzgeber den Inhalt des Erbbaurechtsinstituts ändert, weil er die bisherige Gestaltung missbilligt, so muss auch den Beteiligten eine den neuen Vorschriften entsprechende Änderung gestattet werden (vgl Ingenstau/Hustedt/Bardenhewer § 38 ErbbauRG Rn 4; LG Frankfurt DNotZ 1956, 488).

5 Die dem § 14 ErbbauRG durch § 35 des Grundbuchbereinigungsgesetzes vom 22. 7. 1930 neu eingefügte Vorschrift, wonach zur näheren Bezeichnung des Inhalts auf die Eintragungsbewilligung Bezug genommen werden kann (§ 14 Abs 1 S 3 ErbbauRG), gilt auch für Eintragungen, die vor dem Inkrafttreten des Gesetzes bewirkt sind.

II. Kurze Erläuterung zu den früheren §§ 1012–1017 BGB

6 Im Folgenden werden die früheren §§ 1012–1017 BGB kurz erläutert, soweit sie heute noch von Bedeutung sein können. Im Übrigen darf auf die Erläuterungen in den früheren Auflagen verwiesen werden.

7 *§ 1012*

Ein Grundstück kann in der Weise belastet werden, daß demjenigen, zu dessen Gunsten die Belastung erfolgt, das veräußerliche und vererbliche Recht zusteht, auf oder unter der Oberfläche des Grundstücks ein Bauwerk zu haben (Erbbaurecht).

§ 1012 BGB stimmt völlig mit § 1 Abs 1 ErbbauRG überein. Vgl daher über den Begriff des Erbbaurechts, über den Begriff des Bauwerks und über das Verhältnis des Bauwerks zum Erbbaurecht die Erl zu § 1 ErbbauRG.

Belastet werden kann nur ein Grundstück im Ganzen.

Veräußerlichkeit und Vererblichkeit sind wesentliche Eigenschaften. Die Hinzufügung auflösender Bedingungen und Endtermine sind grundsätzlich nicht ausgeschlossen (vgl RGZ 61, 1). Wird allerdings ein Erbbaurecht auf Lebenszeit des Berechtigten oder unter der auflösenden Bedingung der Veräußerung bestellt, so ist zu prüfen, ob überhaupt ein Erbbaurecht vorliegt und nicht eine beschränkte persönliche Dienstbarkeit oder nur ein schuldrechtliches Rechtsverhältnis. Eine schuldrechtliche Verpflichtung des Erbbauberechtigten, das Erbbaurecht nicht zu veräußern, ist zulässig. Im Übrigen vgl wegen Zeitbestimmungen und Bedingungen § 1 ErbbauRG Rn 76 ff.

Die Entrichtung einer jährlichen Abgabe ist keine notwendige Voraussetzung. Eine solche Zinspflicht kann dinglich durch Bestellung einer Reallast am Erbbaurecht begründet werden.

Der Erbbauberechtigte hat ein uneingeschränktes Verfügungsrecht über den Gegenstand seines Rechts. Besondere Erhaltungspflichten, wie beim Nießbrauch, werden dem Berechtigten nicht auferlegt. Sie können aber vertraglich vereinbart und als Bedingung oder durch Reallast gesichert werden. Die Lasten des Grund und Bodens berühren den Erbbauberechtigten nicht. Die Lasten des Bauwerks sind von ihm zu tragen.

§ 1013

Das Erbbaurecht kann auf die Benutzung eines für das Bauwerk nicht erforderlichen Teil des Grundstücks erstreckt werden, wenn sie für die Benutzung des Bauwerks Vorteil bietet.

Diese Bestimmung unterscheidet sich vom Abs 2 des § 1 ErbbauRG nur dadurch, **8** dass hier das Bauwerk wirtschaftlich nicht die Hauptsache bleiben muss, sondern dass es genügt, wenn die Benützung des weiteren Grundstücksteils für die Benützung des Bauwerks Vorteil bietet. Dadurch wird im Einzelfall die Bestellung einer besonderen Dienstbarkeit erspart.

§ 1014 **9**

Die Beschränkung des Erbbaurechts auf den Teil eines Gebäudes, insbesondere auf ein Stockwerk, ist unzulässig.

§ 1014 BGB stimmt völlig mit § 1 Abs 3 ErbbauRG überein.

§ 1015 **10**

Die zur Bestellung des Erbbaurechts nach § 873 erforderliche Einigung des Eigentümers und des Erwerbers muß bei gleichzeitiger Anwesenheit beider Teile vor dem Grundbuchamt erklärt werden.

Für die Übertragung des Erbbaurechts gilt ebenfalls die Auflassungsform. Eine bedingte oder befristete Übertragung ist aber zulässig.

Für die Inhaltsänderung ist die Auflassungsform nicht erforderlich.

Die früher zulässige Ersitzung (vgl RGZ 7, 144) findet nicht mehr statt. Hinsichtlich der Buchersitzung s § 900 BGB.

Im Übrigen s §§ 11, 14 ErbbauRG.

§ 1016 **11**

Das Erbbaurecht erlischt nicht dadurch, daß das Bauwerk untergeht.

§ 1016 BGB stimmt völlig mit § 13 ErbbauRG überein.

§ 1017 **12**

Für das Erbbaurecht gelten die sich auf Grundstücke beziehenden Vorschriften.

Die für den Erwerb des Eigentums und die Ansprüche aus dem Eigentum geltenden Vorschriften finden auf das Erbbaurecht entsprechende Anwendung.

§ 1017 BGB deckt sich im Allgemeinen mit § 11 Abs 1 ErbbauRG. Letztere hat lediglich die Anwendung der §§ 925, 927 und 928 BGB ausgeschlossen. Unterschiede zum jetzigen Rechtszustand bestehen für altrechtliche Erbbaurechte insofern, als die Belastungen des Erbbaurechts mit diesem erlöschen. Das durch das Gesetz eingeführte Heimfallrecht war dem BGB nicht bekannt. Die Übertragung des Erbbaurechts vollzieht sich in Form der Auflassung und Eintragung.

Die für den Verlust des Eigentums geltenden Vorschriften sind nicht für anwendbar erklärt. Infolgedessen ist auch für das altrechtliche Erbbaurecht § 928 BGB nicht anwendbar. Für die Aufgabe ist § 875 BGB maßgebend. Die §§ 875, 876 BGB gelten auch für die rechtsgeschäftliche Aufhebung des Erbbaurechts.

Über die Form eines Vertrages, der die Verpflichtung zum Verzicht auf ein altrechtliches Erbbaurecht enthält, nämlich notarielle Beurkundung, vgl OLG Frankfurt HEZ 1, 28.

§ 39
ErbbauRG

Erwirbt ein Erbbauberechtigter auf Grund eines Vorkaufsrechts oder einer Kaufberechtigung im Sinne des § 2 Nr. 7 das mit dem Erbbaurecht belastete Grundstück oder wird ein bestehendes Erbbaurecht erneuert, sind die Kosten und sonstigen Abgaben nicht noch einmal zu erheben, die schon bei Begründung des Erbbaurechts entrichtet worden sind.

1 Die Vorschrift privilegiert den Nacherwerb des Grundstücks durch den Erbbauberechtigten sowie die Erneuerung eines bestehenden Erbbaurechts, indem Kosten und sonstige Abgaben, die schon bei der Begründung des Erbbaurechts entrichtet worden sind, nicht nochmals anfallen (BeckOGK/Toussaint [1. 9. 2025] § 39 ErbbauRG Rn 1).

2 Von der Norm erfasst werden der Erwerb des Grundstücks durch den Erbbauberechtigten aufgrund eines (schuldrechtlichen oder dinglichen) Vorkaufsrechts oder einer Kaufberechtigung iSd § 2 Nr 7 ErbbauRG. Die Privilegierung gilt nicht für auf anderen Rechtsgründen beruhenden Erwerben des Grundstücks durch den Erbbauberechtigten. Nach dem klaren Wortlaut gilt sie auch nicht für den Erwerb des Erbbaurechts durch den Grundstückseigentümer.

3 Von der Norm erfasst ist auch die Erneuerung eines bestehenden Erbbaurechts. Hierunter ist jedenfalls die Erneuerung iSd §§ 2 Nr 6, 31 ErbbauRG zu verstehen; entsprechendes gilt aber auch für die Verlängerung gemäß § 27 Abs 3 ErbbauRG (BeckOGK/Toussaint [1. 9. 2025] § 39 ErbbauRG Rn 4). Nach allgemeiner Ansicht nicht erfasst ist jedoch die Verlängerung des Erbbaurechts durch inhaltsändernde Vereinbarung (MünchKommBGB/Weiss § 39 ErbbauRG Rn 3 mwNw).

4 Auf Rechtsfolgenseite schließt § 39 ErbbauRG die erneute Erhebung solcher Kosten und Abgaben aus, die bereits bei Begründung des Erbbaurechts erhoben worden sind. Ob eine solche erneute Erhebung vorliegt, ist wirtschaftlich zu betrachten (BeckOGK/Toussaint [1. 9. 2025] § 39 ErbbauRG Rn 7).

5 Die Privilegierung gilt für Grundbuchgebühren, jedoch nach allgemeiner Ansicht jedoch nicht für die Notarkosten (MünchKommBGB/Weiss § 39 ErbbauRG Rn 3 mwNw). Die Norm gilt zudem für Steuern, wobei die Auswirkungen der auf die Grunderwerbsteuer unklar sind (vgl hierzu BeckOGK/Toussaint [1. 9. 2025] § 39 ErbbauRG Rn 7; Nagel/Nagel § 39 ErbbauRG Rn 6 ff).

Sachregister

Die fetten Zahlen beziehen sich auf die Paragraphen, die mageren Zahlen auf die Randnummern.

J. von Staudingers Kommentar zum Bürgerlichen Gesetzbuch mit Einführungsgesetz und Nebengesetzen

Übersicht vom 15. 5. 2026

Die Übersicht informiert über die Erscheinungsjahre der Neubearbeitungen der Kommentierungen (= Gesamtwerk STAUDINGER).

Die Übersicht ist zugleich ein Vorschlag für das Aufstellen des „Gesamtwerk STAUDINGER" (insbesondere für solche Bände, die nur eine Sachbezeichnung haben). Es wird empfohlen, die Austauschbände chronologisch neben den überholten Bänden einzusortieren, um bei Querverweisungen auf diese schnell Zugriff zu haben. Bei Platzmangel sollten die ausgetauschten Bände an anderem Ort in gleicher Reihenfolge verwahrt werden.

	Neubearbeitungen				
Buch 1. Allgemeiner Teil					
Einl BGB; §§ 1–14; VerschG	2004	2013	2018	2024	
§§ 21–79a	2005	2019	2023		
§§ 80–89	2017				
§§ 90–124; 130–133	2012	2017	2021		
§§ 125–129; BeurkG	2012	2017	2023		
§§ 134–138	2003	2011	2017	2021	2024
§§ 139–163	2003	2010	2015	2020	2025
§§ 164–240a	2004	2009	2014	2019	2024
Buch 2. Recht der Schuldverhältnisse					
§§ 241–243	2005	2009	2015	2019	2024
§§ 244–248; PrKG	2016	2021	2024		
§§ 249–254	2005	2017	2021		
§§ 255–304	2004	2009	2014	2019	2025
§§ 305–310; UKlaG	2006	2013	2019	2022	2025
Anh zu §§ 305–310			2019	2022	2025
§§ 311, 311a–c	2012	2018	2023		
§§ 312–312m	2012	2019	2024		
§§ 313, 314	*2028*				
§§ 315–326	2004	2009	2015	2020	2026
§§ 327–327u	2023				
§§ 328–345	2009	2015	2020		
§§ 346–354	2012	2022			
§§ 358–360	2016	2021			
§§ 362–396	2006	2011	2016	2022	2026
§§ 397–432	2005	2012	2017	2022	
§§ 433–480	2004	2013			
§§ 433–448			2023		
§§ 449–473; 480–487			2024		
Wiener UN-Kaufrecht (CISG)	1999	2005	2013	2018	2025
§§ 488–490; 607–609	2010	2015	2025		
§§ 491–512	2004	2012			
§§ 516–534	2005	2013	2021	2026	
§§ 535–556g	2011	2014	2018	2021	2024
§§ 557–580a; Anh AGG	2011	2014	2018	2021	2024
Leasing	2004	2014	2018	2023	
§§ 581–606	2005	2013	2018	2024	
§§ 607–610 (siehe §§ 488–490; 607–609)	./.				
§§ 611–613	2011	2016	2020	2022	2025
§§ 613a–619a	2011	2016	2019	2022	2025
§§ 620–630	2012	2016	2019	2022	2025
§§ 630a–630h	2021				
§§ 631–650h; §§ 650p–650t	2024				
§§ 650i–650o; §§ 650u–650v	2025				
§§ 651a–651y	2003	2011	2016	2024	
§§ 652–655; 656a–656d	2021				
§§ 655a–656; 657–661a	2020				
§§ 662–675b	2017				
§§ 675c–676c	2012	2020			
§§ 677–704	2015	2020	2025		
§§ 705–740	2003				
§§ 741–764	2002	2008	2015	2021	
§§ 765–778	2013	2020	2025		
§§ 779–811	2002	2009	2015		
§§ 779–782				2020	2026
§§ 809–811				2023	
§§ 812–822	1999	2007			
§§ 823 A–D	2017				
§§ 823 E–I, 824, 825	2009	2021			
§§ 826–829; ProdHaftG	2003	2009	2014	2018	2021
§§ 830–838	2002	2008	2012	2018	2022
§§ 839, 839a	2007	2013	2020		
§§ 840–853	2007	2015	2023		
AGG	2018	2020			
UmweltHR	2002	2010	2017		
Buch 3. Sachenrecht					
§§ 854–882	2000	2007	2012	2018	2025
§§ 883–888	2002	2008	2013	2020	2026
§§ 889–902	2019	2025			

§§ 903–924	2002	2009	2016	2020	2025
§§ 925–984; Anh §§ 929 ff	2004	2011	2017	2020	
§§ 985–1011	1999	2006	2013	2019	2023
ErbbauRG	2021	2026			
§§ 1018–1112	2025				
§§ 1113–1203	2002	2009	2015	2019	
§§ 1204–1296; §§ 1–84 SchiffsRG	2002	2009	2019		
§§ 1–17 WEG	2018	2023			
§§ 18–49 WEG	2018	2023			

Buch 4. Familienrecht

§§ 1297–1352	2007	2012	2015	2018	2023
LPartG	2010				
§§ 1353–1362	2007	2012	2018	2024	
§§ 1363–1407	2017				
§§ 1408–1563	2018	2023			
§§ 1564–1568b	2004	2010	2018	2024	
§§ 1569–1586b	2014				
§§ 1587–1588; VAHRG	2004				
§§ 1589–1600d	2000	2004	2011		
§§ 1601–1615n	2000	2018	2022		
§§ 1616–1625	2007	2015	2020	2026	
§§ 1626–1633; §§ 1–11 RKEG	2007	2015	2020		
§§ 1638–1683	2004	2009	2016	2020	
§§ 1684–1717	2006	2014	2018	2023	
§§ 1741–1772	2007	2019	2023		
§§ 1773–1895	2004	2014	2020		
§§ 1896–1921	2006	2013	2017		

Buch 5. Erbrecht

§§ 1922–1966	2000	2008	2017		
§§ 1967–2063	2002	2010	2016	2020	
§§ 2018–2063					2025
§§ 2064–2196	2003	2013	2019		
§§ 2087–2196				2026	
§§ 2197–2228	2003	2012	2016	2021	
§§ 2229–2302	2022				
§§ 2303–2345	2015	2021			
§§ 2346–2385	2010	2016			
§§ 2346–2352			2022		
§§ 2353–2370			2023		

EGBGB

Einl EGBGB; Art 1, 2, 50–218	2005	2013	2018	2025	
Art 219–232	2016				
Art 233–248	2016				

EGBGB/Internationales Privatrecht

Einl IPR	2012	2019	2024		
Art 3–6	2013				
Art 3–4		2019	2025		
Art 7–12, 47, 48	2007	2013	2019	2024	
IntGesR	1998	2024			
Art 13–17b	2003	2010			
Art 18; Vorbem A + B zu Art 19	2003				
Haager Unterhaltsprotokoll (HUP)		2016	2021		
Vorbem C–H zu Art 19	2009				
EU-VO u Übk z Schutz v Kindern		2018			
IntVerfREhe 2	2016				
IntVerfREhe (Brüssel IIb-VO)	2015	2023			
Art 19–24	2008	2014	2019	2022	
Art 25, 26	2000	2007			
Art 1–10 Rom I-VO	2011	2016	2021		
Art 11–29 Rom I-VO; Art 46b, c; IntVertrVerfR	2011	2016	2021		
Art 1–3; 10–14 Rom II-VO	2023				
Art 38–42	2001				
IntWirtschR	2006	2010	2015	2019	2023
Art 43–46	2015				

Eckpfeiler des Zivilrechts	2014	2018	2020	2022	2024

Demnächst erscheinen

§§ 839, 839a				2026	
UmweltHR				2026	

Verlag Dr. Otto Schmidt und Walter de Gruyter Verlag OHG
Genthiner Str. 13, 10785 Berlin, Telefon (030) 2 60 05-0, E-Mail staudinger@degruyterbrill.com